国家出版基金项目
NATIONAL PUBLICATION FOUNDATION

当代国际政治丛书
Contemporary International Politics Series

投资国家能力

外国直接投资结构与发展中世界的国家建设

INVESTING IN STATE CAPACITY

FDI STRUCTURE AND STATE

BUILDING IN THE DEVELOPING COUNTRIES

陈兆源

著

上海人民出版社

丛书总序

当今世界,正在前所未有地进入一个变化和动荡的时代。人类的创造和生产能力在带来繁荣与奇迹之后,正在经历成功所伴生的挑战。全球化进程依然不折不挠地向前推进,但已遭逢挫折。第二次世界大战之后的总体和平虽能维持,显然也面临着不只是擦枪走火的严重威胁。国家、地区和全球层面上的治理模式在不断获得更新改造的同时,明显地要为满足人们的各种诉求而付出进一步的艰巨努力。

激荡着当今世界变迁的,远不止当下来自四面八方的利益诉求和观念纷争,而且,还来自长时段的各种因素重现于世。远比人类存在更为悠久的地理现象,以及由此而产生的空间条件的差异,正在重新成为当今国际政治的动因之一。千百年来,人类各民族魂牵梦绕的文明因素,正在大步进入国际政治最为敏感的争议领域。同时,始终与人类相伴随的气候条件也直截了当地成为国际政治最紧迫的工作目标。这些状况,使得当代国际政治不仅充满盎然新意,而且也始终沉潜与贯穿着人与人、人与自然世代共生的丰厚积淀。

如果说,几十年前人们的求索目标,是在纷繁复杂的国际现象背后,不仅要知其然,还要知其所以然,那么,今天人们更为关切的是,究竟以怎样的思想原则、怎样的路径方法,包括怎样的心理和交往态度,来探求被称为国际政治研究的这一知识和认知领域。

虽然,世界范围内的政治、经济、文化和军事等问题与国家间关系的研究是一个非常年轻的学科门类,但是,对于这一新兴门类的各方面需求之急迫、这一门类自身学科发展与演进的节奏之迅速、这一学科与其他学科之间交往互动之频繁和深入,足以令世人叹为观止。甚至,有关未来国际社会和国家间关系的讨论与辩论,从来没有像今天这样,几乎成为街谈巷议的一个经常的主题。

正因为年轻，恰恰给予国际政治学科一个非常有利的条件，那就是从已有的各门学科中博采众长。纵观国际政治学科百多年的历史，可以清晰地看到，无论本身历史悠长的人文学科，还是刚刚形成规模的社会学科，都给予国际政治这一后起门类以无数滋养和正反面的教益。从今天来看，无论是来自古希腊史的"修昔底德陷阱"争议，还是带有20世纪系统结构理论中的"单极""两极""多极"等极化现象的描述，都有来自各门人文社会学科投射的痕迹。令人欣慰的是，世纪之交以来，一个更为深入而广泛的学科借鉴进程，正围绕着国际研究学科的成长而展开。不光是政治学、经济学、社会学等社会科学的理论和方法与国际研究的紧密交织，而且，来自哲学、伦理学、心理学、行为科学，尤其是全球史、文明史、思想史、民族与人类学研究等诸多门类正在进一步把国际现象作为自己的探索研究对象。人们似乎已经越来越难以容忍国际研究客体与各门学科研究对象被相互分离的现状，因为这个世界早已被结合成为一个整体。所以，国际政治研究的多学科、跨学科背景这一与生俱来的特性，可能会始终伴随这一学科继续前行的步履。

国际研究学科自身的开放特性，使其也受到来自既是学科多源，同时也是相关的社会利益与观念偏好的多元、多样特性的必不可免的影响。如果说，数千年来人文学科的演进尚且难以规避来自不同地域、不同时代、不同观念、不同利益背景与意愿的影响，那么，与近现代欧美社会，特别是与19世纪工业化进程相伴随的现代社会科学形成过程，更是难以避免其成长环境与其学科内容与原则的内在关联性。而在此背景下形成的现代国际政治理论，尤其体现这一特征。正当国际政治现实中的利益与观念之争越来越进入一个白热化的阶段，国际政治研究中的利益与观念之争、学派之争、方法论之争，很可能使得国际政治研究领域也硝烟弥漫，不亚于战场上的刀光剑影。尤其作为直接与国家利益、国家对外政策，乃至与国际社会整体发展相关联的一个知识与认知门类，国际政治研究承担着处理内部与外部、局部与整体、当下与长远、人类社会与自然环境等相互之间关系的智识供应的重大责任。在此背景下，如何区分人类文明遗产中的精华与糟粕，如何取舍普遍性要义与被无端添加的各类局部性偏好与利益，对于构建国际政治学科而言，乃是一个艰巨而持续的考验。

当代国际政治研究,尤其是国际政治理论研究的领域,是一个充满着进取与反思精神的研究领域。这一现象,既体现于学派争议之间、学派思潮更替的内部,也反映来自不同国别和文明背景之下的理论与学术的创新竞争。从前者来看,尤其是在欧美国际政治理论各大流派之间,从来就没有停止过有关基本思想原则的激烈争议,而且,经常可见与时俱进的演进。包括各个思想流派的内部在维护各自基本原则的前提之下,时有革故更新。这样一种从思想原则到基本认知规则与方法的学术辩论,既内在深入,又全面广泛,是一个值得进一步开掘的学术演进历程。尤其需要一提的是,在西方国际政治研究的学术发展进程中,出现过不少与现实的欧美政治取向与战略政策并不一致、甚至保持尖锐批评态度的理论学说和专家。从这个意义上说,国际政治研究并非仅仅寻求克敌制胜之术,而是通晓天下各家之说,知己知彼,寻求互赢共存之道。由此看来,先从思想理论切入,乃是未来国家间政治的必经之道。

考察近几十年来世界范围的合作与竞争态势,可以看到,不同国家与文明背景下的国际政治研究,出现了若干重要变化。冷战终结前后,很多新兴国家程度不等地出现了对于西方国际政治理论研究的热潮,特别是美国国际关系理论的传播是 20 世纪八九十年代以后一个极其广泛的现象。世纪之交开始,首先是在欧美国际政治研究领域的内部,出现了对于美国式国际关系理论的既来自局部又有整体性的反思。而在此之前,大体是在 20 世纪 80 年代,建构主义学派的出现本身,就是对欧美传统国际政治研究的一个批判性和规范性的总结与反思。与此同时,非欧美国家学术界的国际政治理论研究也在深入推进,出现了不少带有新兴国家和非欧美文明的本土特色的理论创新之作。尤为值得重视的是,随着 21 世纪以来国际政治经济领域本身的变化加快,国际研究领域的学术与理论推进也是层峦叠起,创新不断。无论是对传统的西方主导的国际史的重新界说,还是对曾经流行于世的国际理论的重新阐发,一个深入探究、重新构建的热潮正在跃跃欲试。

如果把国际政治理论研究作为一个社会学过程来加以观察的话,那么至少可以发现,这一领域的起源、发展、反思和创新的过程几乎与国际政治经济现象本身的起落,是同步行进的。总体上说,国际政治学科本身的出现要落后于一般现代社会科学研究领域,更不用说历史悠久的人文研究。这可能与20世纪之前国际社会本身成熟、发展，包括受到全球性巨大变故冲击的程度有关。当代国际研究，特别是理论性研究的崛起发端于第二次世界大战之后的冷战阶段，这与美苏对抗与美国称霸的时局密切关联。其间若干流派的涌现，如新自由主义流派的出现，与经济政治危机状态下西方社会的自身反思有关。实证统计表明，建构主义思潮的崛起、乃至替代新自由主义学派而风行各国，是与从20世纪80年代一直到冷战终结前后更为广泛而复杂的国际局势与思潮变迁相互联系的。而近年来，在东西方几乎同时出现的对于既有国际政治理论的观照与总结，对现有思想成果的吸收与批评，结合现状所做的理论与学术创新，显然与这一时段以来"世界处于百年未有之大变局"有着密切的关联。

世界大变局下的中国，无可推卸地承担着推进国际政治理论研究的责任。与数千年前中华文明创建时期诸子百家对于当时背景下的世界秩序和对外交往的思考相比，与百多年来为救亡图存、实现国家现代化和世界大国地位的仁人志士前赴后继的卓绝努力相比，与40多年来中国改革开放实践的巨大成就相比，我们没有任何理由，甘愿承受中国的国际理论研究落后于人而长期不被改变的现状。固然，思想与理论构建对于任何一方的学术专家而言，都非易事。尤其在信息社会，有时连"后真相""后事实"的局面尚难以改变，何况经常处于纷争与对立状态下的思想与理论思辨。然而，反观人类思想演进的任何一次重大进步，哪一次不是在极其艰难困厄的条件之下，千寻百觅、上下求索之后，方得真经。

26年前，为建构中国背景的国际政治理论体系，回应国际社会走向新世界进程中提出的重大问题，本丛书应运而生，先后出版了几十种著作，推动了中国国际政治学科的发展。26年后，我们更希望这套丛书能为处于世界大变局下的中国国际政治理论体系的建设和创新作出新的贡献。

生逢变世，凡智识者，不能不闻道而立言；凡欲自立于世界先进民族之林者，不能不明理而立志。以上所言，乃本丛书所邀同仁相约共推此举之宗旨。

冯绍雷、陈昕

2021 年 3 月 29 日

目　录

导　论

　　一种理论对科学知识增长所能作出的最持久的贡献,就是它所提出的新问题。科学和知识的增长永远始于问题,终于问题——愈来愈深化的问题,愈来愈能启发新问题的问题。[1]

——卡尔·波普尔

　　自第二次世界大战结束以来,国际政治经济中无论哪个方面都未曾像跨国公司的全球性扩张问题那样众说纷纭,莫衷一是。[2]

——罗伯特·吉尔平

第一节　问题的提出

　　开放经济深刻影响了国内政治。全球化时代意味着我们需要更加严肃地对国内政治进行国际经济溯源。[3]商品、资本与人的跨国流动构成了经济全球化的三大维度。其中,与世界生产结构变革紧密相关的外国直接投资(Foreign Direct Investment,FDI),由于与东道国政权、市场和社会的深度嵌入,因而成为塑造东道国国内政治不容忽视的因素。[4]20世纪90年代,全球外国直接投资流量的年度增速一度大幅高于全球货物贸易增长率和全球国内生产总值(Gross Domestic Product,GDP)平均增长率(见图0.1)。其中的重要趋势是,跨国资本已不仅集中在发达国家内部进行流动,"卢卡斯悖论"显得不再突出,[5]大量外国直接投资流入发展中国家。[6]2012年发展中经济体吸纳的外国直接投资首次超过发达国家。[7]2018年国际投资整体下滑,流入发达经济体的外国直接投资为2004年来的最低值,而发展中国家吸纳外资的数量则逆势上扬,在世界投资流量总额中占比达到54.4%的高点。[8]2020年全球投资受新冠肺炎疫情影响整体下滑,流入发达经济体的外国直接投资同比下降58%,而发展中国家吸纳外资的流量则表现出相当的韧性，在世界投资流量总额中占比达到 66% 的历史新高。[9] 发展中经济体在成为外国直接投资主要目的地的同时也成为不可或缺的资本来源国。

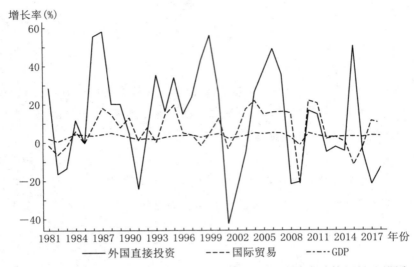

注：外国直接投资流量年度增长率根据 UNCTAD 数据库计算而得；国际贸易年度增长率取自 UNCTAD 数据库中的货物贸易增速；GDP 年度增长率取自世界银行数据库。

图 0.1 外国直接投资、国际贸易与 GDP 增长率（1981—2018 年）

为保护和促进外国直接投资，且由于全球性国际投资协调机制供给不足，双边投资协定（Bilateral Investment Treaties，BITs）成为调节跨国资本的主要国际制度。在实质性条款和执行方面，以双边投资协定为主体的国际投资法可能是目前存在的最强有力的国际机制。[10] 联合国 2006 年的专题报告显示，约 25% 的全球双边投资协定在发展中国家之间缔结。超过 100 个发展中经济体与其他同类经济体签署了双边投资协定。[11] 目前，双边投资协定网络已覆盖 234 个经济体，2019 年新签订的 13 份协定中，有 6 份为南—南双边投资协定。[12] 这不免让人好奇，外国直接投资对身处第三世界[13] 的东道国是否有或有怎样的政治影响。

作为外国直接投资的主要使用者，跨国公司（Transnational Corporations，TNCs）[14] 一直是当代国际关系的重要行为体。[15] 广义上的跨国公司在现代资本主义世界市场形成初期便已出现，例如英国东印度公司（the British

East India Company)、荷兰东印度公司(Vereenigde Oostindische Compagnie)和马萨诸塞海湾公司(Massachusetts Bay Company)。"不断扩大产品销路的需要,驱使资产阶级奔走于全球各地。它们必须到处落户,到处开发,到处建立联系。"[16]根据联合国贸发会议在21世纪初的统计,全球前100位的经济实体(economic entity)中有29席为跨国公司。[17]按照2017年的收入计算,沃尔玛(Walmart)以4 860亿美元超过比利时成为世界第24大经济实体,大众汽车(Volkswagen)超过智利位列世界第43位,苹果公司(Apple Inc.)则超过葡萄牙位列47位。[18]根据2022年1月的数据,苹果公司更是成为全球首个市值达3万亿美元的公司,该数值在世界银行发布的2020年各国国内生产总值中超过英国,排名第5位。[19]不过,跨国公司的发展壮大并非毫无争议,从东道国的角度而言尤其如此。

罗伯特·吉尔平曾总结现代世界的三次投资浪潮。第一次是17世纪和18世纪"旧殖民主义"时期的西班牙、荷兰和英国公司在美洲和部分亚洲地区开发矿产和建立种植园;这些活动剥削了当地人民,掠夺了他们的矿藏和其他财富。第二次是19世纪末期的"新帝国主义",非洲、东南亚和其他一些区域被纳入几个帝国体系,在延续剥削的同时,欧洲投资者也为许多欠发达国家建造了港口、公路和城市中心等基础设施。第三次始于20世纪60年代,通过设立高贸易壁垒、税收优惠及相关政策,欠发达国家鼓励美国和其他发达国家的跨国公司在本国开设分厂,但投资者在此期间也招致了许多批评,包括经济、政治、文化和生态环境等各个方面。[20]在本书所关心的东道国国内政治领域,跨国公司的影响[21]同样见仁见智。

关于政权稳定,跨国公司既可能游说母国干预东道国政权,也可能起到维持东道国政权稳定的作用。有证据显示,跨国公司曾是发展中东道国独裁政府的支持者。在危地马拉第一位民选总统哈科沃·阿本斯·古斯曼(Jacobo Árbenz Guzmán)将联合果品公司(United Fruit Company)资产国有化之后,美国中央情报局支持卡洛斯·卡斯蒂略·阿马斯(Carlos Castillo Armas)于1954年推翻阿本斯政府,建立了亲美独裁政权。[22]智利民选总统萨尔瓦多·阿连德·戈森斯(Salvador Allende Gossens)就任后于1971年实行了针对铜矿的国有化政策,不力的赔偿措施使美国跨国公司蒙受损失,成为阿连德在1973年军事政变中被奥古斯特·皮诺切特(Augusto Pinochet）推翻的一大原因。[23]不过，同样有经验显示跨国公司对发展中东道国起到了政权巩固作用，例如越南政府要求跨国公司与国有企业之间建立合资企业，因而更加增强了执政者的经济资源；跨国公司还为印度尼西亚政府应对1997年亚洲金融危机提供了一臂之力，来自欧美和日本的投资者利用他们的影响力推动母国政府参与救援计划以帮助印尼政府渡过难关。[24]不难看出，在不同条件下，推翻和维持现政权都可能成为跨国公司的行为偏好。

关于劳工保护，跨国公司既有可能为了控制劳动力成本而侵犯劳工权利，也可能客观上因政商关系的相对疏离而促进劳工保障落到实处。前者的现实对照物是加工出口工厂（maquiladoras）和"血汗工厂"类型的逐底竞争（race to the bottom），如体育用品生产商耐克公司（Nike, Inc.）曾通过劳工成本优势获得了领先的市场份额，但其一系列海外工厂的劳工权利问题在20世纪90年代给耐克公司的形象造成了严重负面影响，包括印尼员工的酬不抵劳问题、柬埔寨和巴基斯坦的童工问题，以及在中国和越南恶劣的工作条件。[25]不过，基于中国江苏省的调查发现，依赖外资的昆山市社会保障发展更为快速，而内资主导的张家港市福利水平则相对逊色。[26]此外，一些跨国企业进行直接投资时，在关注东道国劳动力成本的基础上同样，甚至是更加关注其质量，因而更有可能对当地劳动力进行人力资本投资。[27]由此可见，跨国公司对东道国劳工保护的影响也并不是非黑即白的，难以统而论之。

无论是作为例证的政权稳定还是劳工保护，都可以被纳入东道国国家能力的范畴。国家能力是指国家将其偏好付诸现实的能力，维持政权稳定和提供社会保护都体现了国家为实现其偏好的努力。[28]换言之，以上现实经验表明，跨国公司及其实施的对外直接投资对发展中世界的东道国国家能力产生了可被观察的影响。

国家能力（state capacity）是比较政治学中最引人关注的议题之一，同样如此的还有政体类型（regime type）。而政体之所以受到关注，恐怕也与国家能力密切相关。[29]由于国家能力对政权合法性、经济发展和社会保护所起到的支柱性作用，[30]国家能力建设无疑是发展中国家极端重要，甚至是最为重要的课题。[31]以财政汲取能力[32]为例，发展中国家在这方面仍然不够充分和平衡。一方面，与发达国家相比，发展中国家仍有一定差距。

2014 年发达经济体税收占 GDP 比值的平均数为 25.4%,转型经济体和发展中经济体的这一指标分别为 21.1% 和 16.6%,后者不足发达国家的七成。经济合作与发展组织(The Organization for Economic Co-operation and Development, OECD)创始成员国中该比例更是达到 27.3%。[33] 另一方面,发展中国家间汲取能力存在较大差异。税收占 GDP 比值的平均数无法反映同类国家之间的不平衡情况,箱形图(boxplot)则可以帮助我们更直观地得知数据的分布情况(见图 0.2)。相较于发达经济体,发展中经济体的财政汲取能力更为分散,上界和下界外均有离群值。如果考虑到各年份之间的动态演变,发展中国家内部汲取能力的差异将更加突出。

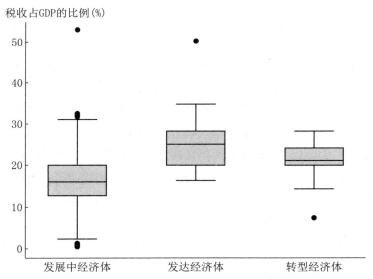

注:根据 IMF Revenue Longitudinal Database 中 2014 年数据计算绘制而成,各经济体的分类参照联合国,更为详细的国家类别参见附录 1。

图 0.2　发展中经济体、发达经济体和转型经济体税收占 GDP 的比例

为何有些发展中国家能够相对成功地进行国家能力建设,另一些却无法积累起这些能力,这是社会科学长期致力于回答的现实问题。[34] 开放经济条件下,外国直接投资是否会对发展中东道国国家能力产生影响,以及如何影响,这便是本书要着力探讨的问题。研究第三世界国家能力建设的比较政治学者经常忽视作为解释变量的外国直接投资的重要作用,而研究外国直接投资的世界经济和国际政治经济学者却不甚关心作为被解释变量的国家能力建设，本书将为填补此空缺作出贡献，从跨国联系（transnational linkages）视角为国家能力建设提供一种新解释。

第二节 既有解释及其不足

国家是近代社会科学的核心概念，在众多理论中扮演着关键角色。国家能力建设作为国家理论的组成部分，同样吸引了大量研究者的关注。[35]围绕国家能力的来源这一主题，既有研究可主要归纳为三种视角——工业主义、权力分配和跨国联系。本节综述了关于国家建设的主要解释，并在此基础上指出现有文献的不足之处。

一、国家建设的工业主义视角

工业主义（industrialism）视角认为国家能力的提升源于该国经济结构的工业化。当一国从传统农业社会向现代工业社会转型时，其社会结构变得愈发分化和复杂。城市人口的集中和以市场为基础的社会关系削弱了国家此前对社会的组织和管理，国家需要也势必对此作出回应。例如，马克斯·韦伯（Max Weber）称现代官僚制是一种为资本市场的有效运作提供保障的制度，并提供了现代文化所要求的关于规则的可计算性（calculability of rules）。[36]道格拉斯·诺思（Douglass C. North）在讨论工业革命对结构变迁的影响时亦指出：

> 现代国家管理的变化与源于第二次经济革命的相对价格的根本变化相关。在19世纪以前的西方世界，农业生产占统治地位，这就导致了国家控制土地财产和土地收入（包括来自农业与资源的贸易与运输的收入）分配的斗争。随着第二次经济革命的展开，地租（和地主）的相对重要性下降，制造业与服务业的重要性上升，劳务收入所占份额提高，特别是人力资本重要性的提高，已转换了生产结构并产生了新的利益集团。……他们成为为控制国家而斗争的基点。[37]

作为管理日益复杂社会的一种组织机制，国家有充分的意愿提高其能力以应对工业发展带来的经济与社会结构变化。[38]哪怕这种意愿起初并不强烈，工业主义及与之密切相关的资本主义、市场经济的"破坏性"结果也会迫使国家作出被动反应。[39] 国家能力的发展源于其纠正信息不完全、市场机制不完整的需要。工业化不仅为国家能力建设提供了动机,而且还使得国家拥有更多可得的资源来实施其能力建设。数字时代的国家能力建设依然分别从需求侧和供给侧反映着上述"动机"和"资源"。[40] 现代经济与现代国家的发展是相辅相成的,商品化、市场化和城市化为国家完善其机构和制度提供了物质基础。

来自工业主义视角的解释本质上是一种现代化理论,即认为经济的现代化会带来国家治理方式的现代化。但这种解释也存在三方面的问题。首先,工业化与国家建设可能存在倒果为因。诚如卡尔·波兰尼(Karl Polanyi)所言,"若仅凭事物自然发展,自由市场永远不会形成……自由放任本身也是由国家强制推行的"[41]。与其说工业化提升了国家能力,倒不如说国家能力是实现工业化的前提。其次,工业主义的解释对象聚焦在欧洲和北美,对发展中国家的讨论有限。[42] 最后,现代经济中的工业化并不是外生的(exogenous)。工业化的实现离不开作为行为体的资产阶级,其与同一系统中的劳工阶级(大众)和土地精英的战略互动也值得展开讨论。故仅仅讨论国内经济结构变化的影响是不充分的,还应从国内政治中的权力分配角度对国家能力建设进行分析。

二、国家建设的权力分配视角

要解释国家能力建设,对国内政治中权力分配和行为体互动的讨论至关重要。一是阶级斗争。从此角度研究国家能力来源的学者大多具有马克思主义思想渊源,强调处于从属地位的阶级所进行的各种形式的阶级斗争会对国家能力产生扩张性影响。[43] 在资本主义社会,国家不断被卷入劳工和资本家的阶级冲突之中。为维持经济秩序,国家必须在阶级斗争加剧的同时扩大其调解或(和)镇压能力。[44] 对此,恩格斯曾在《家庭、私有制与国家的起源》中颇具洞见地论及:

> 国家是社会在一定发展阶段上的产物;国家是表示:这个社会陷入了不可解决的自我矛盾,分裂为不可调和的对立面而又无力摆脱这些对立面。为了使这些对立面,这些经济利益互相冲突的阶级,不致在无谓的斗争中把自己和社会消灭,就需要有一种表面上凌驾于社会之上的力量,这种力量应当缓和冲突,把冲突保持在"秩序"范围

以内；这种从社会中产生但又自居于社会之上并且日益同社会相异化的力量，就是国家。[45]

随着国家在资本积累过程中发挥越来越重要的作用，国家更积极地作出有关生产和消费的决策，资本积累过程逐渐政治化。其结果是，阶级斗争在总体上亦变得愈发政治化，工人阶级的要求往往指向国家。而国家为了获得统治的合法性必须努力回应和管理工人阶级的斗争。[46]近代以来，工人阶级一直在为更好的生产条件斗争，并且努力避免市场经济的破坏效应。工人阶级的斗争具体表现为要求增加工资、改善工作条件、提高就业水平和扩大公共教育[47]，这些斗争将成为国家扩张的主要动力，因为它们均具有合法化功能。

当然，被统治阶级的斗争也不总是以统治阶级的妥协收场，尽管一定程度的妥协较为常见。在统治阶级看来，工人阶级过分激进的要求会被认为是挑战，并招致镇压，从而使得国家保护社会（尤其是工人阶级）能力的提升受到限制。[48]因此，阶级斗争对国家建设的影响也是有条件的，当工人阶级的斗争加剧或"商业信心"在战争或萧条等危机下变得无关紧要时，国家更有可能对阶级斗争作出积极回应，从而增强对被统治阶级的保护。[49]这种解释对先进资本主义社会中福利国家的出现尤其具有解释力，但早期文献往往忽略了对第三世界国家的讨论。[50]此外，来自阶级斗争的解释通常将国家视为阶级统治的工具，或是各社会群体追逐利益的竞技场，忽视了国家中政治精英的能动性。

二是精英冲突。从精英冲突的角度研究国家建设颇具生命力[51]，其中的核心在于追问是精英冲突还是精英团结更有利于发展国家能力，或者更一般地，何种组合的精英冲突和精英团结是国家建设的最优值。其中的理论逻辑是符合直觉的。当精英冲突程度过低时，执政者并没有强烈的动机进行国家建设，因为其统治并未面临足够的挑战；当精英冲突程度过高时，执政者就算有意愿，也常常没有充足的能力进行国家建设。事实上，精英冲突的加剧还可能因不确定性的增加而降低执政者对国家建设的投资，因其担心国家建设的成果被其他势力"捡便宜"。[52]对先发国家的研究多强调精英冲突（或竞争）的重要性，而对发展中国家的经验研究则倾向于突出精英团结的意义。

迈克尔·赫克特（Michael Hechter）和威廉·布鲁斯坦（William Brustein）

对早期西欧国家形成的研究发现,不同的地区模式会造成不一样的国家建设后果,在定居畜牧(sedentary pastoral)、小商品(petty commodity)和封建制三种生产方式中,封建制对现代国家建设最为有利,其背后的机制便是传统土地贵族与新兴城市精英之间的利益冲突。[53] 马克思和恩格斯曾指出封建主义是历史上第一个导致城乡对立的生产方式,但他们未能分析这种对立如何预示着现代国家的形成。[54] 历史上,封建地区的政治权力在一定程度上划分为两个互相竞争的阶级,与此形成对比的是定居畜牧和小商品地区的政治权力被一个阶级垄断,这增加了封建地区国家形成的可能性。强大国家的发展得益于社会中精英冲突的存在,而缺乏精英冲突则阻碍了这种发展。与此相似,保罗·肯尼迪(Paul Kennedy)在比较视野下分析大国的兴衰时亦留意到多元、分化的政治格局对欧洲资本主义国家崛起的作用。尽管城市经济精英的崛起使统治者感到不安,但是欧洲没有当权者能够有效地阻止这类商业发展。[55] 针对国家能力中的财政能力,通过建立简单的形式模型并基于 30 多国的 1870 年至 2010 年的长时段经验证据,巴勃罗·贝拉门迪(Pablo Beramendi)、马克·丁切科(Mark Dincecco)和梅利莎·罗杰斯(Melissa Rogers)论证了在早期工业化国家中,资本主义精英与农业精英间的经济博弈更有可能是零和的,这使得精英之间冲突加剧,促进了以累进税为特征的大型财政国家的发展。相比之下,后工业化国家中的农业精英更有可能保持其传统优势,故精英之间的竞争往往较低,产生了以累退税为特征的小型财政国家。[56] 不难发现,对大多数关于现代化初期的西欧叙事而言,传统和新兴精英之间的冲突和竞争对打造强大国家必不可少。

面对后发国家汇聚的发展中世界,与针对先发国家的研究不同,学者更多地发掘了精英团结对国家能力建设的价值。鉴于国家建设被认为是经济发展的重要决定因素,戴维·瓦尔德纳(David Waldner)重点分析了国家能力差异的起源,即为何有的国家比另一些国家的建设更好。其核心解释变量是精英冲突的强度,因为精英冲突的强度决定了国家吸纳平民阶层的时间点——是否发生在完成从间接统治到直接统治的转型之前。当精英冲突强度高时,精英被迫建立以高水平转移支付为基础的跨阶级联盟,这种广泛的跨阶级联盟是形成早熟的凯恩斯主义国家的充分条件。当精英冲突强度低时,精英能够建立小范围的联盟,成为克服集体行动困境、构建发展型国家的必要条件。其经验检验以土耳其和叙利亚为负面案例，韩国为正面案例，前者精英冲突强而后者弱。精英冲突带来的跨阶级联盟会压缩国家的政策空间。统治精英的分裂过早地将大众吸纳进政治舞台，从而影响了国家自主性和一个理性的制度化的官僚系统的建立与完善。[57] 希勒尔·戴维·索伊费尔（Hillel David Soifer）对拉丁美洲的研究同样强调了中央精英和地方精英的团结将有助于建设国家能力。[58] 当然，精英冲突的强度也不是外生的，而是取决于诸多社会经济因素，如精英同质性程度[59]、共同经验和价值观等。

丹·斯莱特（Dan Slater）在强调精英团结对国家建设重要性的基础上对精英集体行动的原因作了进一步分析，他对东南亚七国国家能力的研究可视作这支文献的延续。[60] 在其著作中，斯莱特强调特定类型的抗争政治（contentious politics）对巩固国家能力至关重要。[61] 当抗争政治被精英们广泛认为是流行（endemic）且难以控制（unmanageable）的类型时——意味着抗争已影响城市区域并加剧社区紧张局势，国家官员、经济精英、中产阶级、社区精英这四类精英群体便会出于对底层再分配诉求的共同恐惧而团结起来，通过制定"保护盟约"（protection pacts）来维护其财产和人身安全。这种保护盟约为执政者提供了强大的联盟基础，从而使其能够调动充足的资源提升国家能力。[62] 弗朗西斯科·加菲亚斯（Francisco Garfias）和埃米莉·塞拉斯（Emily A. Sellars）在一篇文章中从反面论证了相似观点。通过分析墨西哥 18 世纪末到独立战争期间的次国家数据，他们发现中央精英和地方精英之间的分裂增大了农民起义的概率。[63] 此外，加菲亚斯对墨西哥 20 世纪上半叶的次国家分析表明，精英竞争的优势由经济精英倒向政治精英时，国家能力将会提升。因为在这些情况下，政治精英一方面可以通过侵占经济精英来巩固自身权威，另一方面未来国家能力的预期收益使统治者更有可能增加对国家能力投入。[64]

考察这类文献的共识和分歧不难发现，精英冲突对国家建设的影响绝不是线性的，一定程度（既不过大也不过小）的精英竞争有利于国家建设。以精英间关系解释国家建设后果之所以受到青睐，大概因其在强调关键行为体的同时可以将诸多社会经济条件和历史制度遗产的影响纳入其中。不过尽管如此，制度安排作为影响国内权力分配的另一维度，也会对国家能力造成影响。

　　三是制度安排。制度可以被认为是"凝固的"权力分配。[65]讨论一国国内制度安排对国家建设的影响需要格外谨慎,因为在许多情况下,不是某种制度安排提升了国家能力,而是这些制度安排本身便是国家能力的象征和组成部分。故此处尽可能选取既有文献中相对国家能力具有一定区分度的国内制度安排,其中最值得注意的便是分权制衡和竞争性选举。

　　关于分权制衡,道格拉斯·诺思和巴里·温格斯特(Barry R. Weingast)认为,英国光荣革命后国王之所以能够更加成功地通过征税和借款等方式获取财政资源,原因在于其行政权(王权)、立法权和司法权的分权制衡使得王室能够对议会和债权人作出可信的承诺。对行政权的制衡不仅没有使国家借到的钱减少,反而使英国政府因这场财政革命而财力大增。[66]中国古代的皇权相权分离以及新中国成立后央地关系的调整都是分权制衡影响国家建设和国家治理的重要案例。[67]加菲亚斯以 18 世纪墨西哥为例,论证了精英联盟支持的有限政府会促进国家财政能力的发展,因为精英对政府的制约有助于提高其可信性,从而扫清了建立强大财政国家路途中的障碍。[68]不过,这一影响深远的观点并不是免于争议的。

　　根据质性研究中的"有效引用"(Active Citation)标准,[69]托马索·帕沃内(Tommaso Pavone)对诺思和温格斯特的这篇文章进行了复制(replication),发现该文令人惊讶地依赖于有限的二手资料证据来支持其因果机制,并且从分析透明性来看相当模糊,存在选择资料的遗漏过错(sins of omission)。帕沃内认为,强调议会组成和利益的"组织偏好论"比"宪制约束论"更好地解释了英国财政能力的增长。[70]戴维·斯塔萨维奇(David Stasavage)亦认为诺思与合作者的解释不够充分,参加议会的成本决定了一国政治代表制的有效程度,而国家疆域在背后起了决定性作用。在地理疆域较辽阔的领土国家中,几乎不可能存在商人发挥重要作用的活跃的政治代表制。[71]与"无代表,不纳税"反道而行,黛博拉·博科亚尼斯(Deborah Boucoyannis)认为历史的逻辑恰恰论证了"不纳税,无代表"。在近代之前的欧洲,代表权最初是一项法律义务,而不是一种权利。它成为中央机构的组织原则,统治者可以要求各团体派出代表,授权他们对中央机构的决策作出承诺。因此,代表权的前提是强大的国家能力,尤其是税收能力。[72]迈克尔·赫克特和威廉·布鲁斯坦同样不认为代表权对财政收入有促进作用,他们反而发现,代议制在所谓小商品区过于强大,阻碍

11

了中央政府的能力建设。[73]但无论如何，在讨论国家能力建设时，分权制衡依然是学者和决策者需要严肃考虑的制度安排。

与分权制衡相比，竞争性选举更加强调国家制度安排中的政体类型。[74]深受约瑟夫·熊彼特（Joseph A. Schumpeter）的影响，西方社会科学中多将竞争性选举视为民主政体的必要条件和极简定义。[75]汉娜·贝克（Hanna Bäck）和阿克塞尔·哈德尼乌斯（Axel Hadenius）根据1984年至2002年125个国家的时间序列数据较早地对民主与国家行政能力之间的关系进行了大样本讨论。他们发现民主与行政绩效之间存在"J型曲线"的关系，即在高度威权主义的国家，民主化导致行政能力下降；半威权国家的进一步民主化对该能力不产生影响，而在更民主的国家进一步加强民主往往对国家行政能力产生积极且显著的影响。[76]丹·斯莱特则通过对马来西亚、印度尼西亚和菲律宾三个东南亚发展中国家的质性研究总结了竞争性选举促进国家基础性权力的三大机制：其一，竞争性选举鼓动建立了群众性政党，这些政党反过来对已当选政府施加压力以使后者提高制度性能力和提供更具挑战性和普遍性的政策；其二，竞争性选举所需的选民登记程序使国家能够更清楚地了解民众，从而为国家基础性权力的发展提供基础和起点；其三，竞争性选举使国家努力建立一个选举管理机构并征服国家的边缘或顽抗地区，选举过程可被视为创造政治秩序的工具。[77]在上述研究的基础上，乔瓦尼·卡尔博内（Giovanni Carbone）和温琴佐·梅莫利（Vincenzo Memoli）梳理了民主促进国家建设的三类理论机制，分别是民主包容带来的合法性和有效性、政治竞争带来的问责制和绩效、选举程序中的制度建设。文中通过构建122个国家在3个年份的指数进行面板分析，结果显示民主质量及其与民主制持续时间的交互项的确有助于解释一国的国家建设。[78]不过客观上说，他们的文章并没有很好地在理论和实证中建立起对应关系，甚至未在实证部分控制地区和时间固定效应。王海骁和徐轶青在实证上作了进一步改进，将样本扩展到174个国家1960年至2009年的数据，并使用多种测量和工具变量法检验了民主对国家能力的积极影响，并推断其中的潜在因果机制主要源于民主制带来的政治竞争而非政治参与。[79]这种对政治竞争的强调可以在其他探讨国家能力的著作中得到呼应。即使同为民主政体，其中政治竞争程度的大小也存在差异。通过形式模型，芭芭拉·格迪斯（Barbara Geddes）解释了拉丁美洲民主国家中更为激烈的政治竞争如何促进了与国家建设相关的改革。[80]在后共产主义民主国家中,安娜·格兹马拉-布塞(Anna Grzymała-Busse)发现政治竞争越激烈,执政党面临可信的替代威胁就越多,它们就更有可能通过建立正式壁垒、节制自身行为及与反对派分享权力来抑制剥削。[81]

竞争性选举对国家建设的促进作用也遭到了部分学者质疑。一些学者对这一流行观点中简单的线性思维持怀疑态度,强调需进一步探讨民主促进国家建设的条件性。政治发展的"次序论"者认为,没有国家建设就不可能有现代民主,故国家建设应先于民主化,或者他们至少认为民主建设需要以一部分国家建设为代价。[82]另外有学者发现,民主化在减少冲突、增加税收和抑制腐败等方面也不总是起到积极作用。[83]如民主制所导致的种族清洗与屠杀;[84]新兴民主国家在民主化过程中由于制度力量较弱更容易发动战争。[85]在贫穷国家,民主化对国家建设的作用是消极的。[86]罗伯特·贝茨(Robert H. Bates)通过对非洲国家的研究更是指出"选举竞争和国家失败相伴而行"。[87]虽然存在诸多理论和经验上的有力质疑,但亦有许多研究表明,以竞争性选举为特征的民主制与国家能力间的关系是互为补充而非相互替代。[88]换言之,部分学者仍视竞争性选举为国家建设问题的配套解决方案之一,"国家—民主关联"(state-democracy nexus)仍有待继续挖掘。

阶级斗争、精英冲突、制度安排作为权力分配视角的三个方面,为理解国家建设提供了重要启示。但我们无法忽视跨国联系对国家建设的影响,其中不仅包括战争、殖民地传统等传统解释要素,也包括日益突出的经济全球化和国际协调等对发展中国家能力建设的影响。

三、国家建设的跨国联系视角

国家的特殊性之一便是处于国内结构和国际结构的交界位置。[89]斯蒂芬·克拉斯纳(Stephen D. Krasner)在提出其国家主义理论时指出,一方面国家与社会是分开的,国家有其独立的目标和利益;另一方面国家在实现自身利益的过程中既要应对国内力量,也要面对跨国压力。[90]由于处于世界经济体系边缘(或半边缘)的第三世界国家相较于发达资本主义国家更容易受到外部因素的影响,跨国联系也成为研究发展中国家能力建设不可或缺的视角。[91] 与权力分配视角不同，跨国联系视角下国家能力建设的研究相对分散，该视角各核心解释变量的共同特征是均强调了国家所在的国际环境以及所受的跨国影响。

一是国家间战争。从跨国联系视角研究国家建设最为著名的论断当属查尔斯·蒂利（Charles Tilly）的"战争制造国家，国家制造战争"[92]。事实上，早在蒂利的系统论述之前，德国历史学家奥托·欣策（Otto Hintze）在 1906 年便已注意到战争对国家制度发展的重要作用。[93] 持类似观点的学者还包括理查德·莫里斯·蒂特马斯（Richard Morris Titmuss）、理查德·比恩（Richard Bean）和佩里·安德森（Perry Anderson），他们均认为战争促使国家建立了税收系统和权力更加集中的官僚体系，故促进了国家建设。[94] 自蒂利于 1975 年出版其经典著作以来，越来越多的研究者，如布莱恩·唐宁（Brian Downing）、托马斯·埃特曼（Thomas Ertman）、塞缪尔·芬纳（Samuel E. Finer）和迈克尔·曼（Michael Mann），认同并赋予了战争在现代欧洲国家建设中的独特重要性。[95] 战争—财政模型的主要观点认为，战争策略与军事技术在欧洲的变迁对一国的中央财政汲取能力提出了更高的要求，导致了国家征税规模和领土范围的扩张。

受蒂利的启发，一些学者考察了国家间战争对发展中世界的影响。杰弗里·赫布斯特（Jeffrey Herbst）、罗伯特·贝茨在考察非洲的国家建设时指出，国家间战争的缺失导致非洲国家能力屡弱，这为蒂利的理论提供了负面案例。[96] 在研究亚非拉的国家建设时，卡梅隆·蒂斯（Cameron G. Thies）对蒂利的理论进行了扩展，认为不止是国家间的战争压力促进了国家建设，国家内部反对派和敌对势力的存在也会刺激一国的汲取能力建设。[97] 理查德·多纳（Richard F. Doner）等对东北亚和东南亚的分析表明，即使不爆发国家间战争，地缘政治不安全所导致的体系性脆弱和生存压力是此地区发展型国家的国际起源。[98] 蒂莫西·贝斯利（Timothy Besley）和托尔斯滕·佩尔松（Torsten Persson）进一步将外部冲突和战争用形式模型进行了表述。[99] 赵鼎新对中国历史的研究同样认为，战争通过促进积累式发展刺激了以公共利益为导向的工具理性的兴起，有助于国家及其官僚机构的发展。[100] 许田波（Victoria Tin-bor Hui）亦强调了战争及相应的国内战略对古代中国国家形成的作用。[101] 尽管将春秋战国和近代早期欧洲进行对比的方法论不乏质疑，[102] 但她对战争之所以产生不同影响的国内政治条件的观察是敏锐的。对拉丁美洲的研究发现战争对国家能力的建设取决于另一些条件,否则频仍的战争并不会自然地带来国家能力的提升。米格尔·安赫尔·森特诺(Miguel Angel Centeno)指出,战争要起到作用需满足三个特定条件。其一,战争需要迫使国家通过增加国内汲取的方式应对财政挑战。如果国家通过其他方式能够更容易地获得资源,那就没有理由期待它会采取政治和组织上的措施来渗透社会。其二,必须已经存在一定程度的行政能力作为国家增长力量的基础。战争带来的混乱和暴力无法为低度开发的国家组织(underdeveloped polities)充当孵化器。其三,各国需要特定的社会盟友对政权的强制和汲取能力提供支持。[103]迪达克·克拉尔特(Didac Queralt)为上述第一个条件提供了系统的经验证据,强调战争中不同的融资方式会对国家财政能力产生差异化影响,比起从国际金融市场为战争筹措资金的情形,依靠国家—社会互动的税收方式为战争融资更有助于国家的财政能力建设。[104]对比较政治学而言,国家间战争和地缘政治竞争作为国家形成及财政能力建设的"催生婆"已成为一种传统智慧。[105]不过,国家间战争频率的大规模减少使其无法为第二次世界大战之后国家建设的正面案例提供很好的解释。

二是殖民地传统。在现代世界形成的过程中,殖民主义对广大发展中国家造成了深远影响。尽管殖民者的动机可能以经济事务为主,但其实现这些目标却主要依靠的是政治控制,故殖民地传统将对第三世界国家能力建设产生深远影响。对此通常的回答是,殖民主义对国家建设造成了负面效应。[106]不过,殖民地传统对第三世界国家建设也并非一文不值,正如马克思在分析英国对印度的殖民统治时指出:

> 英国在印度要完成双重的使命:一个是破坏性的使命,即消灭旧的亚洲式的社会;另一个是重建的使命,即在亚洲为西方式的社会奠定物质基础。……英国的工业巨头们之所以愿意在印度修筑铁路,完全是为了要降低他们的工厂所需要的棉花和其他原料的价格。但是,你一旦把机器应用于一个有铁有煤的国家的交通运输,你就无法阻止这个国家自己去制造这些机器了。……由铁路系统产生的现代工业,必然会瓦解印度种姓制度所凭借的传统分工,而种姓制度则是印度进步和强盛的基本障碍。[107]

不难发现,英国殖民者在自利的同时也改变了印度的国内政治经济结构,其中既包括破坏也包括重建。[108]在阿图尔·科利（Atul Kholi）看来，由于大部分发展中国家的政权都是殖民主义的产物，殖民地传统将成为这些国家成型的决定性因素。[109]而殖民者之所以会带来不同结果，一部分原因是不同殖民者带来的是不同的意识形态，另一部分原因是殖民者的动机和能力在不同时间和空间里有所不同。

　　科利在书中讨论了殖民地传统对韩国、巴西、印度和尼日利亚的影响，其中韩国是发展成功的案例，尼日利亚是发展失败的案例，巴西和印度则为混合案例。科利认为，韩国的发展型国家来源于日本殖民统治。在日本的影响下，韩国的国家从一个相对腐败和无效的社会机构转变为一个高度威权、渗透性的组织，且能够同时控制和改造社会；包括国家和统治阶级在内的生产型联盟逐渐形成，导致制造业的大规模扩展；出口以及城市和农村的下层阶级开始受到国家和统治阶级的系统性控制。相反，英国殖民主义却在尼日利亚创造了一个高度扭曲的国家，使其演变出一套缺乏效力的新世袭性政治组织。英国在尼日利亚的统治是廉价的，利用各类"传统"统治者来建立秩序。殖民主义加强了尼日利亚的世袭以及个人化统治模式，从而使其无法集中权威并发展出具有效力的公共服务体系。[110]乔尔·米格代尔（Joel S. Migdal）对殖民地传统持相似的意见。殖民者依靠分散的当地精英进行统治导致了弱国家和社会控制的碎片化；而殖民者对全国性统治机构的支持则使社会控制得以集中化。[111]马修·兰格（Matthew Lange）详细考察了英国殖民主义对被殖民国家权力的差异化影响。兰格认为，直接统治和间接统治是英国在其庞大海外帝国中使用的两种根本不同的控制系统。直接统治依赖于一套完整的国家机器，它要求废除原有的政治制度，建立由殖民官员控制的集权的、全境的和官僚制的法律行政制度，故直接统治具有更为彻底的变革性。澳大利亚、斯里兰卡和巴巴多斯便是英国实施过直接统治的殖民地。间接统治则是通过与掌控地区政治制度的当地中间人合作来进行殖民统治，各类世袭统治者与官僚制下的官员既相互依赖又相互合作，维系着分散并分裂的殖民统治系统。英属非洲为这种间接统治提供了例证。[112]故相较于间接统治，具有直接统治传统的殖民地往往拥有更高的国家能力。虽然并未直接讨论国家建设问题，但达伦·阿西莫格鲁（Daron Acemoglu）等关于殖民地遗产的研究有助于理解不同国家的制度差异。他们认为，相较于用于短期掠夺的殖民地,追求长期收益的殖民地会演化出更加包容性的制度。[113]而殖民者对这些包容性制度的经营意味着更佳的国家建设。

不过,一些讨论认为并不是殖民者的不同统治方式或制度遗产,而是殖民地社会本身的差异性导致了国家建设的异质性。例如,对石油资源丰富的特立尼达和多巴哥与加蓬的比较历史分析发现,殖民时期有组织的工人运动有助于激发国家能力,跳出资源诅咒。特立尼达和多巴哥提供的发展经验是,强大的工人阶级可以倒逼当权的精英向社会进行再分配,[114]关于拉丁美洲前殖民制度(pre-colonial institutions)的研究则走得更远,研究者认为前殖民时期制度的复杂性对之后制度建设和经济发展具有独立的重要性,而不仅是通过殖民活动发挥作用。[115]这类研究多与历史制度主义颇为亲近,强调历史上的关键节点和制度遗产对当今国家建设的重要性。

三是他国政府。尽管国家在国际法意义上主权相对平等,但其中一些国家的主权在面对国内社会时却呈现出"有限的国家地位"(limited statehood)。他国政府作为外部的国家建设者会选择参与其中。戴维·莱克(David A. Lake)认为这类外国干预很难取得成功。理想情况下,外来的国家建设者可以成为失败国家中社会秩序的催化剂,但是只有在此过程中能实现自身利益的国家会承担起这项责任。他国政府在该国的利益诉求越大,前者就越有可能支持一个愿意效忠的领导人上台,其结果恰恰是缺乏国内层面的合法性。这便是他国政府作为国家建设者的困境,它们一方面想要对象国新的执政者对其忠诚,另一方面又希望这些领导人有足够的合法性驾驭社会。[116]不过,他国政府或者包括他国政府参与的公私伙伴关系(Public-private Partnerships)在某些条件下的确起到了国家建设的功能,如维持社会秩序、提供公共健康服务、减少腐败等。斯蒂芬·克拉斯纳和托马斯·里塞(Thomas Risse)在一期特刊的开篇论文中提炼了影响广义上外部行为体参与国家建设成功与否的因素:合法性、任务复杂性和制度设计(见图0.3)。[117]第一个关键点涉及合法性,即国内行为体对外部行为体的接受程度,这对后者在对象国加强国家能力或提供服务的任何努力的成功必不可少。缺乏合法性是西方国家在伊拉克和阿富汗国家建设失败的核心原因。[118]相比之下,由于大多数当地行为体认为具有合法性,澳大利亚领导的所罗门群岛区域援助团(Regional Assistance Mission to the Solomon Islands，RAMSI)取得了更大成功。[119]合法性的差异也解释了欧盟[120]打击腐败在格鲁吉亚的成功和在阿塞拜疆的失败。[121]第二个关键点意味着，如果他国政府在国家建设项目中具有合法性，那么简单任务比复杂任务更容易成功。即使在饱经战争的索马里中部，外部行为体分发抗疟疾蚊帐和抗结核病的努力也可以有效完成。[122]第三个关键点说明，面对具有合法性的复杂任务，唯有高度制度化才能成功。资金充足和高度制度化的公私伙伴关系在为孟加拉、印度和肯尼亚提供清洁水、卫生设施和营养食品等公共服务时更容易取得成功。[123]由此可见，他国政府为帮助对象国进行国家建设需满足一定条件，否则可能适得其反。

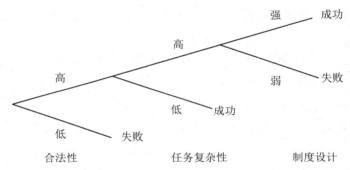

资料来源：Stephen D. Krasner and Thomas Risse，"External Actors，State-Building，and Service Provision in Areas of Limited Statehood：Introduction，" *Governance：An International Journal of Policy，Administration，and Institutions*，Vol.27，No.4，2014，p.560。

图0.3　合法性、任务复杂性、制度设计与外部行为体国家建设结果

他国政府还可以通过提供援助的方式影响受援国的国家能力建设。[124]虽然援助为受援国政府带来了额外的资金，但许多学者发现援助并未使发展中国家更乐于投资国家能力，其机制在于其中的道德风险问题。援助让目前掌权的政府免于承受现状的全部后果，这使得它们更不愿意改革。[125]换言之，由于援助带来了易得的租金资源，国家提升国家能力的需求变得不再迫切了，这与"资源诅咒"的逻辑是类似的。相应的经验研究显示，援助与一国税收占 GDP 的比无显著相关性，甚至在某些发展中国家的某些时间段还呈显著负相关。[126]还有研究发现援助并未促进甚至阻碍了受援国的市场化改革和产权保护。[127]基于相近的理由，国际援助的直接效应也会增加国内冲突发生的可能性及其烈度,因为援助的增加会使反对派更有动力夺取政权,援助的突然减少也会激化国内政治矛盾。[128]当然,不同的国内制度条件会影响援助的实施效果。不少学者认为援助对接受国国家建设的影响具有一种放大效应(amplification effect),即并不是让"差的变好"或者让"好的变差",而是让"好的更好、差的更差"。[129]当一国的制度遗产中拥有较为强大的国家时,来自他国政府的援助有望进一步加强国家建设,反之则可能进一步强化国家已有的弱点。[130]另一些研究则强调不同援助的异质性对国家建设的影响,如援助的形式是赠予还是贷款[131]、援助的渠道是双边还是多边[132]、资金的来源是传统援助国还是新兴援助国[133]等。不过,这类研究的结果大多混合的,仍需要进一步厘清相应的理论机制及其适用条件。

四是国际制度。虽然有大量研究表明国际制度会对国内政治产生影响,但目前尚未有系统的研究探讨国际制度对国家能力建设的影响。这方面最为接近的成果之一讨论了国际制度如何增进了国家自主性。田野的相关分析表明,参与国际制度有助于解决国家自主性的分配困境、否决困境和动员困境,从而让国家能够更好地克服来自社会的阻力。当国家行为体在纯粹的国内制度背景下遭遇自主性困境时,国家可以通过参与国际制度的方式改变行为体互动的制度环境,从而推动自身政策偏好的实现。[134]其他关于国际制度的相关研究则关注与国家建设密切相关的各类政治后果,尽管它们都几乎不被框定在国家能力——或者广义上国家主义——的叙述中。

国际制度被认为有助于减少冲突。与国际层面的"贸易制度和平论"不同[135],毛维准采用断点回归设计(Regression Discontinuity Design)发现关贸总协定或世界贸易组织成员资格能够在整体上显著降低国内武装冲突发生的可能性。[136]国际制度还有助于维持政权稳定。克里斯蒂娜·科蒂耶罗(Christina Cottiero)考察了区域一体化组织对非洲国家国内政治的影响,指出这些国际制度对维持其成员国的政权生存具有积极意义,因其提供了跨境精英合作网络并且为低收入国家的领导人提供了一系列提高生存能力的战略。[137]苏米亚吉特·马祖姆德(Soumyajit Mazumder)认为双边投资协定为外资企业提供了不同于国内企业的产权环境,从而降低了外国行为体通过更换政权来保护投资的动力,对威权国家而言尤为如此。[138]另一类分析指出，国际制度可能有助于经济改革。詹姆斯·雷蒙德·弗里兰（James Raymond Vreeland）对国际货币基金组织（International Monetary Fund，IMF）的研究表明，该组织融资项目所具有的条件性会改变国内的权力分配，使得国家更能克服社会阻力推行经济改革。[139]田野和夏敏亦注意到世界贸易组织对中国国内改革的促进作用。[140]若社会中有影响力的部门反对改革且国内制度致使政策制定者对社会压力特别敏感，通过外部机制，如参与国际贸易协定，来锁定这些政策变化的吸引力就会增加。[141]莱奥纳尔多·巴奇尼（Leonardo Baccini）和约翰内斯·乌尔佩莱宁（Johannes Urpelainen）也持有相似观点，当对经济改革感兴趣的领导人无法形成强有力的联盟来推行改革措施时，具有约束力的国际制度——包括国际货币基金组织、双边投资协定、特惠贸易协定等——通过充当国际盟友提高了改革承诺的可信性。[142]还有一些研究指出参与国际制度会影响一国的国家治理。埃米莉·哈夫纳-伯顿（Emilie M. Hafner-Burton）和克里斯蒂娜·施奈德（Christina J. Schneider）分析了国际制度的成员国网络对一国腐败程度的影响，国际组织成员的特点决定了腐败是否得到容忍，以及正式的反腐败规则在多大程度上有效地解决了这一问题。当所在国际组织成员国的反腐败水平普遍较高时，会出现"近朱者赤"的现象，反之则是"近墨者黑"。[143]需要承认，关于国际制度如何影响成员国国家建设的研究仍十分不足。当田野试图在国家主义理论语境下探讨国际制度如何影响了国家自主性时，虽然其关于国家自主性的概念化[144]与国家能力之间具有相通性，但其主要解释的议题却仍是国家对外经济政策、国有企业改革和劳资冲突解决的法律化，且偏重关注中央政府的政策制定而非政策实施，这为我们进一步探讨国家能力建设的其他核心维度留下了大量空间。

五是经济全球化。在"第一波现代化"的国家建设中，大西洋贸易便起到了至关重要的作用。[145]第二次世界大战后，随着世界市场的不断扩展，经济全球化如何影响第三世界国家建设也受到广泛关注。伊曼纽尔·沃勒斯坦（Immanuel Wallerstein）在世界体系分析中较早系统阐述了世界经济的生产分工结构对现代政治的重要意义。与蒂利等对政治—军事竞争的强调不同，沃勒斯坦认为现代世界体系从根本上起源于中心—边缘的劳动分工及随之而来的商品交换带来的资本主义世界经济。[146]"中心—半边缘—边缘"的划分意味着处在边缘地带的发展中世界必然在这一体系中承受着不公平待遇,从而一定程度上抑制了后发国家的政治和经济发展。[147]不过整体而言,世界体系和依附论者还是更关心经济全球化的经济后果。

当谈论经济全球化对国家能力的影响时,长期以来的标准看法是将全球化视为对国家的约束。[148]随着经济开放程度的提高以及伴随这一过程的跨境网络的增长,世界之间的联系日益紧密。这种相互联系正在以牺牲国家(经济和政治)网络为代价,增强全球(经济和政治)互动网络的力量。经济开放创造了"进入"和"退出"的新资本主义。随着贸易、投资和金融壁垒的下降,各国政府甚至一国内部的各地方政府越来越多地通过竞争以吸引和保留移动资本。[149]因此,它们必须奉行与跨国公司和金融市场的偏好相辅相成的政策,以免这些高度流动的投资者行使退出选择权,并逃往低税率和福利保守的环境。[150]结果,金融的开放性和公司的流动性预计将对财政和社会政策施加下行压力,迫使福利部门缩减、公司减税以及税收负担从资本转移到劳动力。这就是通常所说的"逐底竞争"的效果。因此,贸易竞争的压力,跨国公司和金融市场的偏好以及多边主义规则被认为是对政策选择的"束缚"。经济全球化给国家能力带来了挑战,因为前者增加了国际市场中行为体(如投资者和贸易商)的权力,而这是以国家权力流散为代价的。[151]因此,从这个角度来看,最主要的结论是,不仅国家的决策能力,而且国家本身也在转变,从而缩小了其权力和能力,并向当地的其他政治和经济参与者分配了权力。

不过,除了资本流动和国际协定的增长所带来的结构性压力之外,经济全球化带来的相互依存还有为国家赋能的一面,而这在很大程度上被约束论者所忽视。[152]与约束论者强调退出的经济逻辑不同,赋能论者揭示了竞争与不安全感的政治逻辑,这敦促各国政府主动采取行动,加强国家的创新和社会保护体系(关于经济全球化约束论和赋能论的逻辑见图0.4)。关于经济全球化对国家的约束与赋能,最直观的体现便是对政府规模的考察。有一定数量的经济学和政治学文献关注到经济全球化对政府规模的影响,并列出各式各样的证据和条件变量。[153]不过在这类研究中,几乎也未曾有文献考虑外国直接投资对东道国国家建设的具体影响机制。

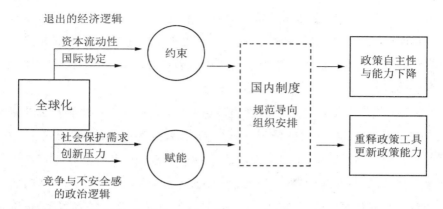

资料来源：参考 Linda Weiss, ed., *State in the Global Economy：Bringing Domestic Institutions Back in*, New York：Cambridge University Press, 2013, p.6。有所改动。

图 0.4　经济全球化对国家的约束与赋能

本书旨在研究的外国直接投资与东道国国家能力建设议题同样属于经济全球化对国内政治影响的子领域。来自国际经济和国际商务领域的学者注意到，跨国企业与东道国制度环境之间存在三种互动方式。[154]一是制度规避。跨国投资者将制度环境视为外生给定的，不过其可在不同制度环境之间作出选择。二是制度适应。跨国投资者通过调整自身的组织结构和行为模式以更好地适应东道国制度环境。三是制度协同演化（co-evolution）。跨国投资者在适应制度环境的同时能发挥一定的能动性，对东道国制度环境产生影响。[155]尽管提出了学术议程，不过囿于学科背景的限制，他们更多把关注点放在了跨国企业的演化上，而对制度环境的演化讨论不足。作为广义上制度环境的一部分，国家建设这一议题并未进入其视野。一个值得注意的例外是考察跨国资本与国家财政收入的关系，例如逯建和杨彬永基于 221 个中国城市测算了外国直接投资是否增加了城市税收收入。其研究结果发现，外国直接投资显著降低了各城市的这一指标，而地方政府为吸引外资而推行的税收优惠政策可能是背后原因。[156]其背后理论逻辑与约束论者相似。

同许多国际经济因素一样，跨国资本会在东道国国内产生分配效应。彼得·埃文斯（Peter B. Evans）在其分析跨国资本的代表作中提出了一个"三角联盟"，认为东道国政府、国内企业和外国资本发生了合谋，并以此来剥削工人。[157]这种视角带有很明显的阶级冲突成分，即由于劳资之间不可调和的矛盾，国际和国内的资本家将联合起来共同压榨劳工阶级。由此产生的预测是，国内的企业主将会欢迎跨国资本，劳工将会反对，而这与很多经验事实不符。正如豪尔赫·多明格斯（Jorge I. Domínguez）在几乎同一时期所指出的，国内资本和外国资本的联盟是不稳定且短命的。[158]外国投资者与本地资本的关系可能比依附理论预计的更为紧张。

　　巴勃罗·平托（Pablo M. Pinto）和索纳·潘迪亚（Sonal S. Pandya）的研究均试图论证，外国直接投资将使东道国的劳工受益而本地资本受损，且对劳工更为友好的民主政体和左翼政党让劳动力所有者的偏好更容易转化为政策结果。潘迪亚以受访者的教育程度作为技能水平的代理变量，考察了1995年、1998年、2001年三轮拉美民主动态调查（Latinobarometer）中民众对外国直接投资的态度，发现受教育年限越长的样本对外资的态度也越积极。[159]当政治家更加看重狭隘的精英利益而非更广泛选民的总体经济利益时，他们就会选择限制性的外资政策；民主化和民主程度的提高则通过激励政治家制定有利于劳工的政策，促进了外资政策的自由化。通过构建1970年至2000年间的跨国原创数据集，潘迪亚对上述机制进行了检验，发现相比于非民主政体而言，民主国家对制造业和服务业的外国直接投资限制减少了6%。[160]传统观点认为，亲资本的右翼政党将与外国资本更加意气相投，但平托更为系统的理论和经验研究显示左翼党派治下的政府通常对外资更为开放。平托的理论基础同样是外国直接投资的国内分配效应：劳工欢迎对外资更加友好的政策，资本寻求更多的限制性政策。其构建的形式模型推测，无论是劳工集团还是资本集团成为统治联盟中的一部分，东道国政府都可能会设定相应的政策以增进其支持者的福利。亲劳工的政府可能会降低税率，但亲资本的政府则倾向于增加税率以减少外国投资。因此，政府的党派性对外国直接投资政策起到了重要作用。其基本发现是，劳工在政治上更有影响力的国家更有可能采取对外国投资者友好的政策，而在左翼政权中，由于劳工是政府获得政治支持的基本盘，故会采取对外资更为鼓励的举措。[161]但遗憾的是，与惯常的开放经济政治学（Open Economy Politics, OEP）范式下的研究成果一样，他们将研究问题局限在对外经济政策上，[162]并未对跨国资本在国内政治中的其他后果展开深入分析。

在国家能力语境下关注外国直接投资影响的研究尚不多见。彼得·埃文斯是其中一个例外。他对第二次世界大战后第三世界国家经济角色的研究发现，虽然属于不同类型的跨国资本，但是采掘业投资、制造业投资和跨国借贷资本对国家行为的影响似乎完全一致，即导致国家角色的扩张而非收缩。[163]不过这篇开创性的文献在理论意义上也仍然是零散而未成熟的。或许由于其社会学背景，埃文斯在其中提出的不少洞见并没有在后续的政治学研究中受到应有的回应和严肃对待，不免让人感到遗憾。李洙勋（Su-Hoon Lee）较早采用跨国数据讨论了发展中国家在1960年至1980年的国家能力建设，并发现包括外国直接投资在内的跨国经济联系相较于国内经济结构和阶级斗争对国家建设更具解释力。[164]不过其著作并不指望发现新的理论机制，而是希望通过统计方法初步比较既有理论的解释力。

一些学者注意到外国直接投资对东道国国内冲突的影响。在"资源诅咒"理论中，进入采掘业的外国直接投资会为国内反叛武装提供动力和补给，从而加剧国内冲突。[165]不同行业的外国直接投资对国内冲突的影响存在差异，以采掘业为代表的第一产业的外国直接投资会增加国内武装冲突的可能性，而对第三产业的投资则会降低这种可能性。[166]达林·克里斯坦森（Darin Christensen）剔除了矿产资源中的石油要素，并区分了外国投资对不同类型国内冲突的影响。他发现，外国矿产投资对东道国社会冲突和武装冲突有着不同影响。矿产投资后，发生抗议或骚乱的可能性增加了一倍以上，但叛乱事件或致命武装冲突发生的可能性仍然较低。[167]平托和竺波亮认为，跨国公司的活动会影响东道国的市场结构，创造了更多租金。对租金控制和分配的关切反过来又增加了叛乱集团和政府的斗争激励。[168]这些研究也说明，尽管国内冲突一般被视为吸引外资的负面因素，但外资的进入却并未当然地减少国内冲突，甚至有所增加。

外国直接投资是否与某些国际贸易一样具有加利福尼亚效应也就是所谓"逐底效应"（race-to-the-bottom effect）同样引起学界与政策界的关注。部分分析者担心发展中国家政府为了提高对外国投资者的吸引力会不惜牺牲一国的劳工权利，并恶化发展中国家的相应社会保护规制。[169]与之相对，同样有研究发现外国直接投资会改善一国的劳工处境。[170]这既有可能因为外国投资者在关心劳动者成本之余同样关心劳动者质量，也可能因为外国投资者拥有的较好劳工权利实践在东道国发生了外溢。

在探讨外国直接投资的国内政治效应时,研究者还格外关心对东道国营商环境和制度质量的影响。其一,外资有助于东道国的产权保护。由于外国资本适用于国际投资保护协定,故国内企业可以通过与跨国企业合作的方式获得投资保护协定所提供的产权保护。[171]跨国公司可以通过与东道国企业结盟,共同游说东道国加强产权保护。[172]当东道国已经对行政者具有一定程度限制时,外资对产权保护的促进效应更明显。[173]此外,跨国公司还可以游说母国政府在对外交往中敦促东道国保护产权。[174]其二,外资有助于东道国的经济改革。内森·詹森(Nathan Jensen)等总结了外资促进经济改革的四条渠道:向政策制定者提供有关其他国家法规的信息和专门知识;游说官员,在这一过程中往往与其他当地行为体结盟;使用强制,包括积极的(慈善捐赠或获得专有技术)和消极的(威胁退出);通过提供其他税收来源和创造就业机会,让政策制定者摆脱根深蒂固的利益集团的控制。这些在转型国家和拉美国家的经济改革中有所体现。[175]其三,外资有助于提升东道国的制度质量和治理能力。黄玖立等以世界银行的世界治理指数作为国家治理能力的测量,根据人口和地理特征构建工具变量,发现外资对东道国国家治理能力具有外溢效应。[176]利用世界银行的营商环境数据,对"一带一路"沿线东道国的研究也有类似发现。[177]潘春阳与合作者讨论了中国对外直接投资与东道国制度质量间的关系,指出中国的对外直接投资对"一带一路"沿线国家的制度质量有显著的正向影响。[178]且发现中国的对外直接投资显著提高了"较低制度质量"国家的制度质量,主要体现在腐败控制、监管质量和法治水平三个维度;对"较高制度质量"国家的影响不显著。[179]也有研究者发现中国对外石油投资虽然对东道国的经济指标有利,但对其治理水平不利。[180]

基于中国的经验,王裕华和竺波亮分别讨论了外国直接投资与国内腐败之间的关系,并得出了不完全一致的结论。王裕华认为相较于国内资本,外国直接投资者缺乏国内的关系网络,由于这种疏离感,外国投资者更有动力推动司法公正,从而削减腐败。[181]竺波亮则发现跨国公司活动更多的省份的腐败程度更高;在跨国公司活动更多的地区,企业总体上行贿更多。其理论机制是跨国公司活动增加了东道国市场的租金数量:一方面跨国公司可以通过进入有高进入壁垒的市场来创租,另一方面跨国公司活动通过挤出国内投资，可能会增加市场集中度，因而有助于创租。高的租金使得企业能够将用于行贿的成本内部化。对于东道国那些能对这些企业施加影响的官僚来说，高的租金使他们所掌握的控制权变得更有价值，并且也激励他们将权力变现为贿赂。由此，东道国的腐败行为增多了。[182]王裕华在研究中刨除了与中国关系紧密的华人华侨类的外国直接投资，两位学者之间的分歧或许与资本来源国等条件变量有关，仍有待进一步研究。

四、既有研究的不足之处

国家能力建设不仅主题意义重大，而且内容包罗万象。本节从工业主义、权力分配和跨国联系三大视角出发，梳理了国家建设的主要理论机制。[183]要言之，在国家能力建设议题上，既有研究取得了一些结果，但也存在进一步探讨的空间。

首先，既有研究在讨论国家能力建设议题时几乎没有将跨国资本作为核心的解释变量，对外国直接投资与国家能力建设的研究仍显不足。例如，在艾丽莎·贝里克（Elissa Berwick）和弗蒂尼·克里斯蒂亚（Fotini Christia）近期关于国家能力的文献综述中，未囊括一篇经济全球化与国家能力的文献，更加没能细化到外国直接投资对国家建设的影响。[184]而事实上，随着第二次世界大战以后经济全球化的大幅推进，发展中国家在进行国家建设时几乎不可能没有外国投资者在场，故外国直接投资对东道国国家建设的影响值得进一步评估。应当承认的是，在对外国直接投资的研究中，只有很少一部分着眼于其国内政治效应；而在这类讨论国内政治效应的研究中，大多数关心的是政权政体问题，对国家能力相关问题的研究则少之又少。

其次，国家能力是一个多维度的概念，既有对国家能力的讨论大多侧重于其中的一个方面——强制能力、财政能力或发展经济的能力等，缺乏整体讨论。[185]尽管不同领域的国家能力可能存在差异，但这并不意味着从整体意义上探究国家能力的来源是无用的。当我们关注的领域越小，就越容易将关于政策选择的政治决定与执行这些政策的能力混为一谈。在跨国联系视角下，现有研究要么是讨论相关议题却不靠近国家能力语境；要么是对国家能力进行未经操作化的笼统探讨；要么是只强调国家能力在某个特定领域的体现。克拉斯纳和里塞颇具归纳性的讨论也只是提供了一种分析框架。[186]此状况较之跨国联系的重要性显得尤为不相称,有必要从跨国联系视角出发,识别潜在解释变量,进而为国家能力来源提供新的整体解释。

再次,既有研究在讨论外国直接投资的国内政治影响时远未达成一致,依附理论和现代化理论的争论仍在继续,关于外国直接投资在何种条件下对东道国国家建设产生积极影响,而何种条件下又将带来消极影响的理论机制十分缺乏。外国直接投资不仅仅约束国家主权,也有可能帮助国家扩大其权力。这其中的条件性在既有研究中揭示得不够。在国家能力建设议题上,将基于先发国家实践总结的理论经验简单挪用至第三世界是不恰当的,故对发展中国家的国家建设仍有可继续挖掘的地方。

最后,关于中国对外直接投资的政治效应及其与传统西方投资者之间的异同仍然缺乏经验研究。在相当长一段时间内,跨国资本的相关研究多以西方发达国家的经验为基础,然而把适用于先进经济体的理论解释运用到发展中国家时,其解释力存在短板。当发展中国家对外直接投资的规模较小时,这或许不构成对主流理论的挑战,但随着以中国为代表的新兴经济体的资本国际化成为不容忽视的事实,研究者应该严肃对待不同类型外国投资者的政治效应,并提供相应的理论解释。

第三节　基本概念、研究方法与结构安排

本节交代了主要概念及研究所适用的情境,介绍了研究方法中的理论路径和方法论工具,概述论点并预告了之后的章节安排。

一、基本概念

在说明本项研究的方法和论点之前,有必要对文中所涉及的主要概念及讨论的情境作出说明。

1. 国家能力

国家能力是本书的被解释变量。作为国家的属性特征之一,对国家能力的讨论需要首先明确在何种意义上使用国家这一众说纷纭的概念。

我们此处无意给国家进行一番定义梳理，正如诺思等所坦言的，"我们回避定义国家这一问题，部分是因为这是一个很难的问题，也是因为在描述清楚框架前，纠缠于国家的定义没有太大意义"[187]。不妨援引马克斯·韦伯对现代国家[188]的最低限度定义（minimal definition）："国家是一种在一个给定范围领土内（成功地）垄断了武力合法使用权的人类共同体。"[189]韦伯式的国家观要求我们超越将国家纯粹视为结构的视角。在本书中，国家既不是多元主义者所说的"竞技场"，也不是精英主义者和工具马克思主义所说的"统治工具"，而是历史舞台上具有自主性的独立行为体。正是因为国家与社会之间所存在的分殊（differentiation），分析国家能力——国家行为体实现其偏好的能力——才有逻辑上的可能。[190]在个体单位的选择上，国家行为体在一般情况下是指中央政府的核心决策者。[191]与官僚制国家观相区别，我们不考虑领导人与公务员之间的委托—代理关系[192]，而是考虑中央政府的核心决策者的偏好、所面临的约束，以及其所作出的战略选择。

根据西达·斯考切波（Theda Skocpol）的经典定义，国家能力是国家行为体执行官方目标和政策的能力，特别是在面对强大的社会集团实际或潜在的反对，或面对顽固的社会经济环境时。[193]在国家能力是一个关系型概念[194]这点上，学者们基本达成了一致，即国家能力是相对于社会而言的；[195]或者更一般意义上说，国家能力是相对于非国家行为体而言的。有能力的国家可能以不同的方式管理经济和社会生活，并可能通过与社会群体建立不同的关系来实现这些目标。[196]不过研究者对国家能力的具体组成则各有侧重。例如，米格代尔将国家能力划分为渗入社会的能力、调节社会关系、提取资源，以及特定方式配置或运用资源四大能力。[197]王绍光和胡鞍钢认为国家能力主要指中央政府能力，可概括为汲取能力、调控能力、合法化能力和强制能力。[198]贝斯利和佩尔松则将国家能力划分为财政能力、法律能力和集体能力。[199]由于国家能力的内涵宽泛且各维度之间存在相互作用，对国家能力诸维度的罗列都难以穷尽且不可能正交。

在韦伯式国家概念的基础上，对国家能力影响最为深远的定义来自迈克尔·曼对专断性权力（despotic power）和基础性权力（infrastructural power）的划分。[200]专断性权力即针对市民社会的国家个别权力，它不需要与市民社会群体作例行公事式的协商；基础性权力即一个中央集权国家的制度能力，它是集体权力，是一种"贯穿"社会的"权力"。它通过国家基础来协调社会生活。曼将国家的专断性权力视为是一种国家可以自行行动的"范围"，而将基础性权力看作贯彻政治决策的"能力"。[201]希勒尔·索伊费尔进一步将对基础性权力的理解划分为三种路径：中央政府的能力、国家领土的影响范围以及国家对社会的影响。[202]在琳达·维斯（Linda Weiss）和约翰·霍布森（John M. Hobson）看来，专断性权力不仅不组成国家能力，反而是国家弱点的来源，国家能力更集中体现了合作而非强制的作用。[203]当国家对待社会专制粗暴时，国家的力量就会减少。在现代国家中，国家能力取决于基础性权力的发展程度。

本书也正是在基础性权力的语境下探讨国家能力，认为国家能力体现为国家行为体实现其偏好的程度，国家能力建设便是指国家能力由弱变强的过程。需要说明的是，国家能力是一个国内政治中的概念，早期有学者将国家在国际关系中的权力也视为国家能力的一部分，[204]这不在本书的讨论范围内。另外，有必要简单对国家能力的相关概念国家形成（state formation）、国家建设（state building）和国家自主性（state autonomy）进行区分。[205]

国家形成通常用于描述以领土主权国家的形式形成现代政治统治的长期过程，主要是指从传统国家向现代领土国家、税收国家演变的过程。着重考虑战争、大众抗争与社会革命等因素对现代国家的催生或对不同结构现代国家的塑造。国家形成一般被理解为起源于欧洲，并通过欧洲殖民主义和后殖民国家融入国际体系而扩展到世界其他地区。[206]尤其多用于讨论早期现代欧洲国家的形成，或在欧洲国家形成的参照系之下分析殖民地和后发国家的形成。

国家建设与国家能力最为接近。如果说国家能力是一种结果，国家建设则是为了实现该结果的过程或所做的努力。黛博拉·布罗蒂加姆（Deborah A. Bräutigam）将国家建设认为是政府提高有关行政、财政与体制能力的过程，其目的是与之对应的社会进行建设性互动并有效追求其公众目标。[207]大多数所谓的国家建设实际上指的是国家能力建设。例如，戴维·瓦尔德纳所著《国家构建与后发展》、弗朗西斯·福山（Francis Fukuyama）所著《国家构建：21世纪的治理与世界秩序》、黛博拉·布罗蒂加姆等主编的《发展中国家的税收与国家建设》都与国家能力有着很强的亲缘性。[208]

　　国家自主性与国家能力之间亦密切相关，如果说国家能力强调的是国家对其偏好的实现，那么国家自主性则强调了国家所拥有偏好的独立性或独特性，这是国家能力的基础。[209]在某种意义上，国家自主性的发展是国家能力扩展的副产品。[210]埃文斯提出的嵌入式自主性（embedded autonomy）和迈克尔·曼的基础性权力有相通之处。[211]在国家主义视角下，国家自主性同国家能力一样，不是有无而是强弱问题。因为只要国家不等同于社会，国家自主性便不证自明。[212]国家自主性考虑国家的政策优先性，而国家能力不仅体现了国家的偏好，并且更重要地，体现了国家对其偏好的实施力量。[213]在多数情况下，国家自主性只是国家能力的组成部分，甚至是同义反复。[214]具体使用哪个术语取决于研究者如何框定研究问题或界定研究变量。

　　由于国家能力构成的分散和庞杂，对其的研究只能根据我们感兴趣的具体问题而定，因而在谈论国家能力时总是需要问"为实现什么的能力（capacity for what）"[215]。同样，对国家能力这一概念做进一步的维度分解也将对本项研究有所裨益。围绕"麦迪逊难题"（Maddison Dilemma）[216]，本书将一国的国家能力分为包括秩序提供能力、资源汲取能力和社会保护能力三大维度的分析框架，既强调了国家对权力的集中，也考虑了国家对权力的运用。秩序提供能力主要指国家对暴力的合法垄断，资源汲取能力主要指可持续的财政收入，社会保护能力主要指对劳工群体的保护。当然，尽管三个维度之间具有一定的区分度，但我们仍然不能武断地认为它们之间为正交关系，不同维度的国家能力之间是相互联系、相互支持的。同时我们也承认国家能力拥有许多侧面和诸多分类方法，[217]本书所提供的只是其中之一。

　　为使研究问题与之后的理论机制成立，需要指出将国家能力作为研究对象的情境。首先，国家能力建设是重要的，有积极意义的。在规范意义上，本书所研究的国家行为体与自由放任经济学或自由至上主义政治哲学不同，国家并不总是制造问题的原因，同时也是解决问题的方案。经济学中"市场失灵"和政治学中"必要之恶"的观点均表明了国家能力的重要性。当然也需要承认同样存在的"政府失灵"情况，故应同时反对粗糙的国家至上和全能主义。

其次，国家行为体及其核心决策者认为国家能力建设于其有利，换言之，它们有建设国家能力的主观意愿。一个良性的国家行为体会通过各种合理方式发展经济、解决就业并创造税收，而吸引跨国资本可能是实现这些目标的手段之一。我们假定，即使是以寻租和掠夺为目标的劣性政府，如果它足够"聪明"的话，也同样会投资于国家建设，因其会增加——至少从长期看是这样——政府能够用以统治的资源，并降低因民众不满而带来的统治成本。

最后，广大发展中国家在第二次世界大战之后尤其需要考虑国家能力建设问题，它们构成了本书的研究对象。由于国家能力不是有无而是强弱问题，所有国家——哪怕是成熟的发达国家——都面临国家能力的挑战，发达国家中反复出现的民粹主义便是一例。[218]但客观地说，发达国家和发展中国家的政治发展路径和发展阶段都不尽相同。[219]在本书所关注的秩序提供、资源汲取和社会保护等维度下，如果不说发达和发展中国家之间存在质的区别，那么量的区别也是显而易见的，故需要分开讨论。

2. 外国直接投资结构

外国直接投资结构是本书的核心解释变量。外国直接投资是指投资者为获得在另一经济体中运作的企业的永久性管理权益所做的投资的净流入。[220]在对外直接投资行为中，母国指跨国公司的原籍国，东道国则指跨国公司经营国外业务的所在国。作为经济全球化的重要组成部分，外国直接投资属于跨国资本的表现形式之一，其他形式包括外国间接投资、外国援助、外国债务和移民汇款等。[221]由于本项研究议题是发展中国家的国家能力建设，我们将关注点聚焦在跨国资本中的外国直接投资。如此选择是基于以下三点理由。其一，外国直接投资是跨国资本最常见、最主要的形式。其二，相比于外国间接投资等形式，外国直接投资与东道国的政权、市场与社会融入得更加紧密，使得其对国家能力建设的影响更容易观察。[222]其三，聚焦一类跨国资本形式有助于理论的生成与检验，且外国直接投资可以较好地区别于其他跨国资本形式。[223]外国直接投资的实施主体为跨国公司，这可以与外国援助、外国债务和移民汇款区分开来；与外国间接投资相比，外国直接投资拥有寻求企业控制权的动机，且较不易于短期波动。

外国直接投资的结构与外国直接投资的数量是两种不同分析概念，正如国家所组成的国际体系的结构拥有不同于国家数量本身的性质。在外国直接投资领域，对资本结构的划分既可以根据行业，也可以根据资本来源国展开。文中对外资结构的探讨主要是围绕资本来源国加以刻画的，包括外国投资者的多元化程度以及不同类型外国投资者的相对占比。关于不同行业的外国直接投资所产生的不同效果，既有文献已有相当多的涉及。[224]然而，学者们对不同资本来源国意义上的外资结构却显得匮乏。此外，基于不同行业的讨论需要更高精度的数据加以支持，目前的数据尚难以有效开展普遍的跨国经验检验。本项研究当然也并非对行业因素视而不见。对中国投资者和西方七国集团投资者的理论比较，以及埃塞俄比亚的案例检验中都纳入了对不同行业的讨论。事实上，对外资行业结构的分析可以在本书的理论机制中被涵盖，亦可作为书中理论的辅助假说（auxiliary hypotheses）之一纳入分析框架。

二、研究方法

研究方法与研究问题之间存在有机互动。在真问题被提出后，所采用的研究方法应配合相应的研究问题。[225]保罗·费耶阿本德（Paul Feyerabend）在其无政府主义知识论中指出，唯一不禁止进步的原则便是怎么都行（anything goes）。[226]亚当·普沃斯基（Adam Przeworski）称自己是"方法论机会主义者"（methodological opportunist），即根据需要解决的问题来选取最合适的方法。[227]问题的性质限定并提示了我们应运用的方法的选择范围和运用方式。[228]面对社会科学中的具体研究问题，研究方法既包括理论化和提出实证假说的路径，也包括对理论和假说进行检验的方法论。

在研究路径上，本书采用了理性选择路径。理性选择路径以个体（individual）或某种个体的类似物（analogue）为分析单位，一方面通过对利益的重视，将原因可信地归结于目标；另一方面则审慎地阐述制度和其他要素对用于实现目标的策略所造成的影响。[229]在假说检验中，我们则使用了计量统计方法和案例研究。这也对应了加里·格尔茨（Gary Goertz）在其研究方法专著中所提出的"研究的三和弦"（research triad），即因果机制、跨案例推断与案例内因果推断（见图 0.5）。[230]在格尔茨看来，在政治科学领域，任何希望以著作作为成果而展开的项目都应该使用这种多方法研究。首先我们应提出相应的因果机制，正是这类机制使政治学具有了经验上的规律性。以过程追踪或反事实法进行的案例内研究对确证和评估因果机制有益，甚至是至关重要。[231]统计模型、比较案例等跨案例研究则对一般化因果机制必不可少。

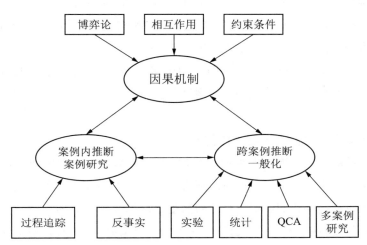

资料来源：Gary Goertz, *Multimethod Research*, *Causal Mechanisms*, *and Case Studies*: *An Integrated Approach*, Princeton：Princeton University Press，2017，p.2。其中 QCA 指定性比较分析（Qualitative Comparative Analysis）。

图 0.5　"研究的三和弦"：因果机制、跨案例推断与案例内因果推断

在方法论意义上，"研究的三和弦"沿袭了加里·金（Gary King）、罗伯特·基欧汉（Robert O. Keohane）和悉尼·维巴（Sidney Verba）的观点。这一影响深远的观点认为，作为社会科学中检验理论的两种主要方法——定性的案例研究和定量的统计分析，尽管两种实证方法间的差异不断被提及，[232]但其差别仅仅是风格上的不同，两种研究框架所依赖的逻辑是相同的。[233]当然，无论是计量统计模型还是案例分析，都应符合一定的规范。[234]在具体的实证策略上，本书将采用定性与定量相结合的方法，也就是所谓的"混合方法论"。[235]在提出理论机制的基础上，通过案例间的跨国计量统计进行检验，并使用案例内的叙述来进一步确认理论机制。

一方面是使用计量统计模型为外国直接投资结构与国家能力之间的关系提供证据。有趣的是，统计学（statistics）的词源便与德语中的国家学（Staatswissenschaft）密切相关，最初指关于一国现实情况的科学。[236]作为一种研究策略，跨国研究的优点是能帮助我们得出更为一般化的结论，[237]不过需要以牺牲一定的内部有效性作为条件。另一方面是使用案例分析进一步揭示外国直接投资结构影响国家能力的理论机制。比较政治学是政治科学中唯一一门以"怎样研究"而不是"研究什么"命名的子学科，尤其强调对比较方法的运用。[238]总体而言，定性的案例研究与多样本统计研究互为补充，在一项研究计划中各有所长。[239]即使对重要的解释变量进行了直观的操作化，多样本统计分析在追踪这些变量的动力机制方面也较为逊色。案例研究可以处理长时段中的多个变量，而许多这些变量在定量的研究设计中并不能被很好地测量和估计。

三、论点概述与结构安排

通过对外国直接投资结构的强调，本书为第三世界国家能力的来源提供了一种来自跨国联系视角的新解释。这当然不等于宣称外国直接投资结构将会提供我们需要或是我们渴望了解的关于国家能力建设的所有答案，但相信这一视角会为已有研究提供重要的补充，尤其是增加人们对经济全球化时代发展中世界国家能力建设的理解。

我们指出东道国的外国直接投资结构，具体而言是外资来源国多元化程度和外资来源国类型，是跨国资本影响其国家能力建设的重要因素。通过构建一个欧几里得式空间模型（Euclidean spatial model），本书论证了外资来源国多元化程度和外资来源国类型如何改变了东道国的议价能力（bargaining power）和操作空间（room to maneuver），并进而对东道国的国家能力产生影响。

外国直接投资结构中的来源国多元化会有助于（至少不会不利于）发展中东道国进行国家能力建设。[240]因为外资来源国的多元化会增加东道国政府的议价能力和议程设置权力，使其能够选择赢集中更符合其偏好的建议状态；并且当新增投资者与东道国偏好较为一致时，赢集范围将会扩大，意味着东道国拥有了新的外部选项（outside options）和更为丰富的操作空间，使"卖方市场"更多地转变为"买方市场"。

该空间模型也有助于理解不同类型外国投资者对东道国国家能力产生的影响。相较于七国集团资本对社会权力的看重，中国投资者由于其更长的时间范围（time horizon）、更高的风险容忍度和更密切的投资者—东道国政府关系,期望东道国可以更多地通过提升国家权力来解决问题,这将有利于东道国实现自身偏好。[241]一方面,中国资本与东道国间构成的赢集相对较大,即东道国拥有更多操作空间。另一方面,中国资本的特征使东道国有了较大的议价能力。由于更长的盈利周期、更软的预算约束以及与东道国政府更为紧密的关系,中国投资者对东道国提出的方案将显得更为配合。这对发展阶段较低的第三世界国家意义尤为重大。

在结构安排上,导论之后的第一章讨论作为解释变量的外国直接投资及其结构。首先从历史脉络梳理了资本的国际化与资本来源国的多元化;其后从发展中国家外国直接投资存量的绝对和相对数量角度展开讨论;进而通过构建外国直接投资多元化指数和区分中国投资者相对占比以分析发展中国家的外资结构及其演变。对东道国外资数量和外资结构的分别讨论说明两者之间并没有简单的对应关系,属于不同的概念维度。此外,第一章对外资结构中多元化程度和来源国类型两个变量之间的关系作了必要交代。

第二章阐述一个欧几里得式空间模型,并用其论证外国直接投资结构中的多元化程度和资本来源国类型如何对东道国国家能力建设产生影响。区分了新兴的中国投资者与传统的七国集团投资者当前在时间范围、风险容忍度和投资者—东道国政府关系方面存在的差异。主要提出两个有待实证检验的理论观点:一是外国直接投资来源国的多元化将有助于发展中东道国提升国家能力;二是外资结构里中国投资者所占比例的提高将有助于发展中东道国进行国家能力建设。围绕理论机制,本章还从企业层面和东道国政治制度层面发展了一些后续可供检验的辅助假说。

第三章根据发展中国家跨国纵向数据的描述性统计和广义估计方程建模为第二章中的论点提供经验证据。由于直到20世纪80年代全球对外直接投资的流量和存量才开始有实质性的爬升,并且考虑到主要资本输出国双边直接投资数据的可得性,本章选取了发展中国家1989年至2018年的跨国数据进行了经验检验。以整体国家能力及其代理变量——新生儿死亡率、人口普查实施——作为被解释变量,本章为相关论点提供了统计支持。

第四章继续从分维度国家能力出发探讨外资结构,尤其是外资来源国多元化程度对发展中东道国国家建设的影响。提出将国家能力划分为秩序提供能力、资源汲取能力和社会保护三个维度的分析框架，并为国家能力诸维度提供了相应的操作化指标。本章进一步确认了外资结构的多元化有助于发展中东道国提升国家能力，具体体现在通过促进一国对军事的投入从而有助于提供秩序；提升一国的税收动员效率和信息统计质量从而有助于汲取资源；提高国内的工业就业比例和中学入学率从而体现了与社会的建设性互动。

第五章在跨国统计检验的基础上以埃塞俄比亚为案例，讨论了一国的外资来源国类型对东道国国家能力的影响。作为分析对象，埃塞俄比亚的外资来源国类型发生过较大转变，从以西方七国集团资本为主变化为以中国资本为主，并且前后时间段的外资多元化程度并未发生明显改变。针对埃塞俄比亚不同时期的案例分析表明，中国资本的增加对其提供秩序、汲取资源和保护社会起到了积极作用。

最后一部分为结语，更加明确了本项研究在学术谱系中所处的位置，在理解学术脉络并与相关理论进行对话的基础上总结主要的研究发现，讨论本书可能的理论创新及实践启示，提出与书中理论机制和经验部分相关联的有待进一步深化的研究问题与潜在的理论增长点。

注释

1. ［英］卡尔·波普尔：《猜想与反驳：科学知识的增长》，傅季重、纪树立等译，上海：上海译文出版社 1986 年版，第 318 页。

2. ［美］罗伯特·吉尔平：《国际关系政治经济学》，杨宇光等译，上海：上海世纪出版集团 2011 年版，第 214 页。

3. Peter Gourevitch, "The Second Image Reversed: The International Sources of Domestic Politics," *International Organization*, Vol. 32, No. 4, 1978, pp. 881—912.

4. 作为跨国资本（transnational capital）的类型之一，外国直接投资与外国间接投资（Foreign Portfolio Investment, FPI）、外国援助、外国债务、移民汇款有联系但也相区别。以证券投资为主的外国间接投资的目的是获取投资回报，而外国直接投资通常是跨国公司为了部分或完全地控制别国的生产、销售或其他方面，在别国建立起永久性地位而采取的国际化战略的一部分内容。参见［美］罗伯特·吉尔平：《全球政治经济学：解读国际经济秩序》，杨宇光、杨炯译，上海：上海世纪出版集团 2013 年版，第 251 页。

5. "卢卡斯悖论"（Lucas Paradox）以经济学家罗伯特·卢卡斯（Robert E. Lucas）命名，指"资本为什么不从富国流向穷国"。参见 Robert E. Lucas, "Why Doesn't Capital Flow from Rich to Poor Countries," *American Economic Review*, Vol. 80, No. 2, 1990, pp. 92—96.

6. 关于发达国家、转型国家、发展中国家和最不发达国家等国家类型的划分主要参照联合国。我们注意到，联合国的分类随时间存在变化。这一方面源于联合国成员国的增减，另一方面也有标准变化和国家自身情况变化的因素。不过,这些历史上的分类变化理应不会对本项研究的结论造成实质性影响。关于国家分类更为详细的信息,参见附录1。

7. UNCTAD, *World Investment Report：Global Value-Chains：Investment and Trade for Development*, New York：United Nations, 2013, p.2.

8. UNCTAD, *World Investment Report：Special Economic Zone*, New York：United Nations, 2019, pp.2—4.发展中国家占比根据联合国贸易与发展会议(The United Nations Conference on Trade and Development, UNCTAD)数据库计算而得,参见 https://unctadstat. unctad.org/wds/TableViewer/tableView.aspx?ReportId=96740(访问时间:2020年1月15日)。

9. UNCTAD, *World Investment Report：Investing in Sustainable Recovery*, New York：United Nations, 2021, pp.4—6.

10. Karl P. Sauvant, "The State of the International Investment Law and Policy Regime," *Columbia FDI Perspectives*, No.247, 2019, http://ccsi.columbia.edu/files/2018/10/No-249-Kerner-FINAL.pdf.

11. United Nations, *South-south Cooperation in International Investment Arrangements*, New York：United Nations, 2006, p.5.关于南—南双边投资协定的研究,亦可参见 Lauge Skovgaard Poulsen, "The Significance of South-South BITs for the International Investment Regime：A Quantitative Analysis," *Northwestern Journal of International Law & Business*, Vol.30, No.1, 2010, pp.101—130。

12. 数据来源:UNCTAD, "Investment Policy Hub," https://investmentpolicy.unctad.org/international-investment-agreements(访问时间:2022年1月15日)。

13. 需要注意的是,当前对"第三世界"(Third World)这一说法的使用正在减少,这或许与某种"政治正确"有关。甚至以此命名的《第三世界季刊》(*Third World Quarterly*)在处理其论文的相关表述时都有意淡化此概念。取而代之的类似概念是"全球南方"(Global South),但这一新近概念也并非无可争议的。相关讨论可参见 Sebastian Haug, Jacqueline Braveboy-Wagner and Günther Maihold, "The 'Global South' in the Study of World Politics：Examining a Meta Category," *Third World Quarterly*, Vol.42, No.9, 2021, pp.1923—1944。

14. 此处沿用国际政治经济学家罗伯特·吉尔平(Robert Gilpin)的定义:跨国公司指的是任何所有权、管理、生产以及市场营销横跨几个民族国家的商业公司。一家跨国公司本质上是一家出于各种目的到其他国家或地区投资的公司。跨国公司的其他常见名称还包括跨国企业(Transnational Enterprises, TNEs)、多国公司(Multinational Corporations, MNCs)、多国企业(Multinational Enterprises, MNEs)等,本书将不加区别地使用这些概念。参见[美]罗伯特·吉尔平:《跨国公司与美国霸权》,钟飞腾译,北京:东方出版社2011年版,第5页。

15. [美]罗伯特·吉尔平:《跨国公司与美国霸权》。[英]苏珊·斯特兰奇:《权力流散:世界经济中的国家与非国家权威》,肖宏宇、耿协峰译,北京:北京大学出版社2005年版,第37—46页。[英]约翰·斯托普福德、[英]苏珊·斯特兰奇:《竞争的国家、竞争的公司》,查立友等译,北京:社会科学文献出版社2003年版。Thomas Risse-Kappen, ed, *Bringing Transnational Relations Back In：Non-State Actors, Domestic Structures and International Institutions*, New York：Cambridge University Press, 1995.

16. 马克思、恩格斯:《共产党宣言》,载《马克思恩格斯选集》第1卷,北京:人民出版社2012年版,第404页。

17. UNCTAD, *World Investment Report：Transnational Corporations and Export Competitiveness*, New York：United Nations, 2002, p.90.其中国家(地区)经济体按照国内生产总值测量,跨国公司按增加值(value added)测量,定义为工资、税前利润、折旧与摊销之和。

18. Alessio Terzi and Stefano Marcuzzi, "Are Multinationals Eclipsing Nation-States?" *Project Syndicate*, February 1, 2019.

19. Zachary Snowdon Smith，"Apple Becomes 1st Company Worth ＄3 Trillion—Greater Than The GDP Of The UK，" *Forbes*，January 3，2022.

20. ［美］罗伯特·吉尔平：《国际关系政治经济学》，第 227—232 页。

21. 这种影响既可能是跨国公司主动选择的，也可能是其他行为体借助跨国公司客观上形成的，还可能是跨国公司产生的非预期后果（unintended consequences）。

22. Stephen Schlesinger and Stephen Kinzer，*Bitter Fruit：The Story of the American Coup in Guatemala*，Cambridge：Harvard University Press，1999. Nick Cullather，*Secret History：The CIA's Classified Account of Its Operations in Guatemala，1952—1954*，Stanford：Stanford University Press，1999.诗人巴勃罗·聂鲁达（Pablo Neruda）曾如此描述此事："阿本斯在他的人民中间，张开了他那纤细而有力的手；学校像一座谷仓，满贮着胜利的希望。但是从运河伸来了长长的魔爪，掐断了黎明的道路。从美国来的纵火犯，丢下了金元和炸弹；联合果品公司撒开绳索，树立起它的商标——死亡。危地马拉正像只鸽子在空中飞翔，突然遭到了谋杀者的毒手。"参见［智利］巴勃罗·聂鲁达：《英雄事业的赞歌》，王央乐译，北京：作家出版社1961 年版，第 38—39 页。

23. Paul Sigmund，*The Overthrow of Allende and the Politics of Chile，1964—1973*，Pittsburgh：University of Pittsburgh Press，1977. Peter Kornbluh，*The Pinochet File：A Declassified Dossier on Atrocity and Accountability*，New York：The New Press，2003. Arindrajit Dube，Ethan Kaplan，and Suresh Naidu，"Coups，Corporations，and Classified Information，" *Quarterly Journal of Economics*，Vol.126，No.3，2011，pp.1375—1409. Noel Maurer，*The Empire Trap：The Rise and Fall of U.S. Intervention to Protect American Property Overseas，1893—2013*，Princeton：Princeton University Press，2013.

24. Leslie Elliott Armijo，ed.，*Financial Globalization and Democracy in Emerging Markets*，Basingstoke：Palgrave Macmillan，2001，pp.233—275. Abel Escribà-Folch，"Foreign Direct Investment and the Risk of Regime Transition in Autocracies，" *Democratization*，Vol.24，No.1，2017，pp.61—80.

25. Richard M. Locke，"The Promise and Perils of Globalization：The Case of Nike，" in Thomas A. Kochan and Richard L. Schmalensee，eds.，*Management：Inventing and Delivering Its Future*，Cambridge：The MIT Press，2003，pp.39—70.关于印度的血汗工厂，参见 Alessandra Mezzadri，*The Sweatshop Regime：Labouring Bodies，Exploitation，and Garments Made in India*，New York：Cambridge University Press，2017。关于外国直接投资对东道国规制政策的逐底竞争，亦可参见 Daniel W. Drezner，"Globalization and Policy Convergence，" *International Studies Review*，Vol.3，No.1，2001，pp.53—78。

26. 叶静、耿曙：《全球竞争下劳工福利"竞趋谷底"？——发展路径、政商关系与地方社保体制》，载《中国社会科学（内部文稿）》2013 年第 1 期，第 133—151 页。

27. Theodore H. Moran，*Beyond Sweatshops：Foreign Direct Investment and Globalization in Developing Countries*，Washington，DC：Brookings Institution Press，2002. Michael A. Santoro，*Profits and Principles：Global Capitalism and Human Rights in China*，Ithaca：Cornell University Press，2000. Layna Mosley and Saika Uno，"Racing to the Bottom or Climbing to the Top？Economic Globalization and Collective Labor Rights，" *Comparative Political Science*，Vol.40，No.8，2007，pp.923—948.

28. 关于国家能力及其组成的更多讨论，详见导论第三节以及第四章第一节。

29. 例如，对英国君主立宪政体的研究通常会强调其与英国国家汲取能力的关系。参见 Douglass C. North and Barry R. Weingast，"Constitutions and Commitment：The Evolution of Institutions Governing Public Choice in Seventeenth-Century England，" *Journal of Economic History*，Vol.49，No.4，1989，pp.803—832. Timothy Besley and Torsten Persson，"The Ori-

gins of State Capacity：Property Rights，Taxation，and Politics，" *American Economic Review*，Vol. 99，No. 4，2009，pp.1218—1244.［美］道格拉斯·C. 诺思：《制度、制度变迁与经济绩效》，杭行译，上海：格致出版社、上海三联书店、上海人民出版社 2008 年版。

30. Timothy Besley and Torsten Persson，*Pillars of Prosperity：The Political Economics of Development Clusters*，Princeton：Princeton University Press，2011. Mark Dincecco，*State Capacity and Economic Development：Present and Past*，New York：Cambridge University Press，2018. Robert Wade，*Governing the Market：Economic Theory and the Role of Government in East Asian Industrialization*，Princeton：Princeton University Press，1990. Peter Evans，*Embedded Autonomy：States and Industrial Transformation*，Princeton：Princeton University Press，1995. Mark Dincecco and Gabriel Katz，"State Capacity and Long Run Economic Performance，" *The Economic Journal*，Vol. 126，No. 590，2014，pp. 189—218. Daron Acemoglu，Camilo Garcia-Jimeno and James A. Robinson，"State Capacity and Economic Development：A Network Approach，" *American Economic Review*，Vol.105，No.8，2015，pp.2364—2409.［澳大利亚］琳达·维斯、［澳大利亚］约翰·M.霍布森：《国家与经济发展：一个比较及历史性的分析》，黄兆辉、柳志强译，长春：吉林出版集团有限责任公司 2009 年版。

31. 杨光斌：《发现真实的"社会"——反思西方治理理论的本体论假设》，载《中国社会科学评价》2019 年第 3 期，第 13—26 页。杨光斌：《作为建制性学科的中国政治学——兼论如何让治理理论起到治理的作用》，载《政治学研究》2018 年第 1 期，第 12—22 页。杨光斌：《关于国家治理能力的一般理论——探索世界政治（比较政治）研究的新范式》，载《教学与研究》2017 年第 1 期，第 5—22 页。

32. 汲取能力被一些学者视为最重要的国家能力，是国家能力的核心，是国家实现其他能力的基础。参见王绍光、胡鞍钢：《中国国家能力报告》，沈阳：辽宁人民出版社 1993 年版，第 9 页。

33. 发达经济体、转型经济体和发展中经济体的划分，参见 United Nations，*World Economic Situation and Prospects*，New York：United Nations，2019，Statistical annex. 具体国家列表详见附录 1。税收占一国 GDP 的百分比数据来源：IMF World Revenue Longitudinal Database，https：//data. world/imf/world-revenue-longitudinal-dat（访问时间：2022 年 1 月 15 日）。该数据库更新至 2014 年。

34. ［美］乔·S. 米格代尔：《强社会与弱国家：第三世界的国家社会关系及国家能力》，张长东等译，南京：江苏人民出版社 2012 年版，第 5—10 页。［美］弗朗西斯·福山：《国家构建：21 世纪的国家治理与世界秩序》，郭华译，上海：学林出版社 2017 年版。［美］黛博拉·布罗蒂加姆、［美］奥德-黑尔格·菲耶尔斯塔德、［美］米克·摩尔主编：《发展中国家的税收与国家构建》，卢军坪、毛道根等译，上海：上海财经大学出版社 2016 年版。［美］戴维·瓦尔德纳：《国家构建与后发展》，刘娟凤、包刚升译，长春：吉林出版集团有限责任公司 2011 年版。［美］罗伯特·H.贝茨：《当一切土崩瓦解：20 世纪末非洲国家的失败》，赵玲译，北京：民主与建设出版社 2015 年版。Linda Weiss，*The Myth of the Powerless State*，Ithaca：Cornell University Press，1998. Matt Andrews，Lant Pritchett，and Michael Woolcock，*Building State Capability：Evidence，Analysis，Action*，Oxford：Oxford University Press，2017.

35. 本节将不加区别地使用国家建设和国家能力建设。关于国家能力（state capacity/state capability）、国家建设（state building）、国家形成（state formation/state making）和国族建构（nation building）等概念的更多讨论，详见导论第三节。

36. Max Weber，"VIII. Bureaucracy，" in Hans H. Gerth and C. Wright Mills，eds.，*From Max Weber：Essays in Sociology*，New York：Oxford University Press，1946，pp.196—244.

37. ［美］道格拉斯·C.诺思：《经济史中的结构与变迁》，陈郁、罗华平等译，上海三联书店、上海人民出版社 1994 年版，第 30—31 页。

38. Stephen Skowronek, *Building a New American State: The Expansion of National Administrative Capacities, 1877—1920*. New York: Cambridge University Press, 1982. Patrick Larkey, Chandler Stolp, and Mark Winer, "Theorizing about the Growth of Government: A Research Assessment," *Journal of Public Policy*, Vol.1, No.2, 1981, pp.157—220. Charles L. Taylor, ed., *Why Governments Grow: Measuring Public Sector Size*, Beverly Hills: Sage, 1983.

39. [英]卡尔·波兰尼:《大转型:我们时代的政治与经济起源》,冯钢、刘阳译,杭州:浙江人民出版社 2007 年版。

40. Luciana Cingolani, "Infrastructural State Capacity in the Digital Age: What Drives the Performance of COVID-19 Tracing Apps?" *Governance: An International Journal of Policy, Administration, and Institutions*, forthcoming. Karthik Muralidharan, Paul Niehaus, and Sandip Sukhtankar, "Building State Capacity: Evidence from Biometric Smartcards in India," *American Economic Review*, Vol.106, No.10, 2016, pp.2895—2929.

41. [英]卡尔·波兰尼:《大转型:我们时代的政治与经济起源》,第 119 页。

42. 值得说明的是,以林毅夫为代表的一批学者相当重视讨论经济上的结构转型(structural transformation)与国家能力间的关系,这批成果主要关注发展中国家,并且通常采用了跨国联系的视角。参见 Arkebe Oqubay and Justin Yifu Lin, eds., China-Africa and an Economic Transformation, New York: Oxford University Press, 2019。

43. Fred Block, "The Ruling Class Does Not Rule: Notes on the Marxist Theory of the State," in Fred L. Block, *Revising State Theory: Essays in Politics and Postindustrialism*, Philadelphia: Temple University Press, 1987, pp.51—68. Theda Skocpol, "Political Response to Capitalist Crisis: Neo-Marxist Theories of the State and the Case of the New Deal," *Politics & Society*, Vol.10, No.2, 1980, pp.155—201. Nicos Poulantzas, *Political Power and Social Classes*, London: Verso, 1968.

44. 当然,国家所需要控制的与阶级相关的冲突并不局限于劳资矛盾式的阶级间斗争(interclass struggle),还包括不同派别资本家为夺得市场优势所进行的阶级内冲突(intraclass conflict)。参见 Stephen Skowronek, *Building a New American State: The Expansion of National Administrative Capacities, 1877—1920*. New York: Cambridge University Press, 1982, p.11。

45. 恩格斯:《家庭、私有制和国家的起源》,载《马克思恩格斯选集》第 4 卷,北京:人民出版社 2012 年版,第 186—187 页。

46. James O'Conner, *The Fiscal Crises of the State*, New York: St. Martin's Press, 1973. Claus Offe and Volker Ronge, "Theses on the Theory of the State," *New German Critique*, No.6, 1975, pp.137—147.

47. 虽然许多学者认为公共教育的扩大源自大众的再分配需求,但阿古斯蒂纳·帕戈拉扬(Agustina S. Paglayan)不容忽视的研究显示,在很多情况下,公共教育——尤其是小学阶段的公共教育——是国家为巩固其自身而主动推行的。参见 Agustina S. Paglayan, *Political Origins of Public Education System*, Stanford: Stanford University, PhD Dissertation, 2017。Agustina S. Paglayan, "The Non-Democratic Roots of Mass Education: Evidence from 200 Years," *American Political Science Review*, 2021, Vol.115, No.1, pp.179—198. Agustina S. Paglayan, "Education or Indoctrination? The Violent Origins of Public School Systems in an Era of State-Building," *American Political Science Review*, forthcoming.

48. 不过即便如此,对工人阶级的镇压会使国家的强制能力得到扩张。

49. Fred Block, "The Ruling Class Does Not Rule: Notes on the Marxist Theory of the State," in Fred L. Block, *Revising State Theory: Essays in Politics and Postindustrialism*, Philadelphia: Temple University Press, 1987, pp.62—65.

50. 对先进资本主义国家的讨论，参见 Gøsta Esping-Andersen, *The Three Worlds of Welfare Capitalism*, Cambridge：Polity Press, 1989。此后对发展中和转型经济体的福利国家建设研究同样强调了劳工抗争的重要作用，但其中阶级斗争的框架已变得淡化，参见 Cheol-Sung Lee, *When Solidarity Works：Labor-Civic Networks and Welfare States in the Market Reform Era*, New York：Cambridge University Press, 2016；Stephan Haggard and Robert R. Kaufman, *Development，Democracy，and Welfare States：Latin America，East Asia，and Eastern Europe*, Princeton：Princeton University Press, 2008。

51. 某种意义上，精英与统治阶级颇为相似，但两者也存在明显不同，使用阶级分析的术语可以较好地分析单一精英统治的情况，但难以适用于分析多重精英统治时来自其他精英的挑战，故仍有必要对精英冲突和阶级斗争的研究文献分别对待。关于两者的区别，可参见〔美〕理查德·拉克曼：《不由自主的资产阶级：近代早期欧洲的精英斗争与经济转型》，郦菁等译，复旦大学出版社 2013 年版，第 12—21 页。

52. 对这一思想产生重要影响的文献，参见 Mancur Olson, "Dictatorship, Democracy, and Development," *American Political Science Review*, Vol.87, No.3, 1993, pp.567—576。

53. Michael Hechter and William Brustein, "Regional Modes of Production and Patterns of State Formation in Western Europe," *American Journal of Sociology*, Vol.85, No.5, 1980, pp.1082—1083.

54. 马克思和恩格斯在《德意志意识形态》中指出，"封建主义一充分发展起来，对城镇的敌意就随之产生"。参见 Karl Marx and Friedrich Engels, *The German Ideology*, Amherst：Prometheus Books, 1998, p.40。中译版此处翻译与英文略有出入，参见马克思、恩格斯：《德意志意识形态》，载《马克思恩格斯选集》第 1 卷，北京：人民出版社 2012 年版，第 149 页。英译版为"As soon as feudalism is fully developed, there also arises antagonism to the towns"。

55. Paul Kennedy, *The Rise and Fall of the Great Powers：Economic Change and Military Conflict from 1500 to 2000*, New York：Random House, 1987, pp.19—20。值得注意的是，肯尼迪此处对欧洲的讨论虽然涉及了国内层面的权力结构，但更多地还是从欧洲所在的国际体系出发。在此基础上的进一步扩展可参见罗杭：《"适度的分裂"：重释欧洲兴起、亚洲衰落与复兴》，载《世界经济与政治》2016 年第 10 期，第 137—154 页。

56. Pablo Beramendi, Mark Dincecco, and Melissa Rogers, "Intra-Elite Competition and Long-Run Fiscal Development," *Journal of Politics*, Vol.81, No.1, 2019, pp.49—65.

57. 〔美〕戴维·瓦尔德纳：《国家构建与后发展》，第 1—21 页。

58. Hillel David Soifer, *State Building in Latin America*, New York：Cambridge University Press, 2015.

59. 族群多样性便是衡量这种同质性程度的代理变量之一，关于族群多样性影响经济增长的研究，参见王振宇、顾昕：《族群多样性与经济增长：国际文献综述》，载《制度经济学研究》2016 年第 4 期，第 1—16 页。

60. Dan Slater, *Ordering Power：Contentious Politics and Authoritarian Leviathans in Southeast Asia*, New York：Cambridge University Press, 2010.

61. 这与"国家能力越强，抗争政治发生的可能性越小"的观点形成了鲜明对比。关于此观点的综述，参见黄冬娅：《国家如何塑造抗争政治——关于社会抗争中国家角色的研究评述》，载《社会学研究》2011 年第 2 期，第 227—228 页。

62. Dan Slater, *Ordering Power：Contentious Politics and Authoritarian Leviathans in Southeast Asia*, pp.10—27.

63. Francisco Garfias and Emily A. Sellars, "When State Building Backfires：Elite Coordination and Popular Grievance in Rebellion," *American Journal of Political Science*, forthcoming.

64. Francisco Garfias, "Elite Competition and State Capacity Development：Theory and Evi-

dence from Post-Revolutionary Mexico," *American Political Science Review*，Vol.112，No.2，2018，pp.339—357.

65. William H. Riker, "Implications from the Disequilibrium of Majority Rule for the Study of Institutions," *American Political Science Review*，Vol.74，No.2，1980，pp.432—446.

66. Douglass C. North and Barry R. Weingast, "Constitutions and Commitment: The Evolution of Institutions Governing Public Choice in Seventeenth-Century England," *Journal of Economic History*，Vol.49，No.4，1989，pp.803—832.

67. 钱穆：《中国历代政治得失》，北京：生活·读书·新知三联书店 2001 年版。姚洋：《可信承诺与国家治理现代化》，载《南风窗》2017 年第 4 期，第 15—17 页。杨瑞龙、邢华：《科斯定律与国家理论——权力、可信承诺与政治企业家》，载《学术月刊》2007 年第 1 期，第 84—90 页。Yingyi Qian and Barry R. Weingast, "Federalism as a Commitment to Reserving Market Incentives," *Journal of Economic Perspectives*，Vol.11，No.4，1997，pp.83—92.

68. Francisco Garfias, "Elite Coalitions, Limited Government, and Fiscal Capacity Development: Evidence from Bourbon Mexico," *Journal of Politics*，Vol.81，No.1，2019，pp.94—111.

69. Andrew Moravcsik, "Active Citation: A Precondition for Replicable Qualitative Research," *PS: Political Science and Politics*，Vol.43，No.1，2010，pp.29—35.

70. Tommaso Pavone, "Constitutional Constraints, Organizational Preferences, and Qualitative Methods: A Replication and Reassessment of North and Weingast," Working Paper, 2014，https://dx.doi.org/10.2139/ssrn.2439406(访问时间：2022 年 1 月 15 日)。根据诺思的观点，组织与制度值得严格区分。与制度一样，组织也为人们的相互交往提供某种结构，但与制度对规则的强调不同，组织被认为是为达至某些目标并受共同目的约束的个人团队。将组织不断发展的策略和技巧模型化，与将制度的创建、演化及后果模型化，是两套截然不同的过程。参见[美]道格拉斯·C.诺思：《制度、制度变迁与经济绩效》，第 5—6 页。

71. [美]戴维·斯塔萨维奇：《信贷立国：疆域、权力与欧洲政体的发展》，席天扬、欧恺译，上海：格致出版社、上海人民出版社 2016 年版，第 3—5 页。

72. Deborah Boucoyannis, "No Taxation of Elites, No Representation: State Capacity and the Origins of Representation," *Politics & Society*，Vol.43，No.3，2015，pp.303—332.

73. Michael Hechter and William Brustein, "Regional Modes of Production and Patterns of State Formation in Western Europe," *American Journal of Sociology*，Vol.85，No.5，1980，pp.1061—1094.

74. 分权制衡与否决点(veto points)、否决者(veto players)的概念更接近，而竞争性选举则属于政体类型的范畴，两者属于政治制度的不同分析维度。参见田野：《国家的选择：国际制度、国内政治与国家自主性》，上海：上海人民出版社 2014 年版，第 90 页。[美]爱德华·曼斯菲尔德、[美]海伦·米尔纳：《表决、否决与国际贸易协定的政治经济学》，陈兆源译，上海：上海人民出版社 2019 年版，第 15—18 页。Ellen M. Immergut, "Veto Points, and Policy Results: A Comparative Analysis of Health Care," *Journal of Public Policy*，Vol.10，No.4，1990，pp.395—398. George Tsebelis, *Veto Players: How Political Institutions Work*，Princeton: Princeton University Press, 2002.

75. Joseph A. Schumpeter, *Capitalism, Socialism and Democracy*，New York and London: Harper and Brothers, 1942.

76. Hanna Bäck and Axel Hadenius, "Democracy and State Capacity: Exploring a J-Shaped Relationship," *Governance: An International Journal of Policy, Administration, and Institutions*，Vol.21，No.1，2008，pp.1—24.

77. Dan Slater, "Can Leviathan be Democratic? Competitive Elections, Robust Mass Politics, and State Infrastructural Power," *Studies in Comparative International Development*，

Vol.43，No.3—4，2008，pp.252—272.

78. Giovanni Carbone and Vincenzo Memoli, "Does Democratization Foster State Consolidation? Democratic Rule, Political Order, and Administrative Capacity," *Governance*: *An International Journal of Policy*, *Administration*, *and Institutions*, Vol.28, No.1, 2015, pp.5—24.

79. Erik H. Wang and Yiqing Xu, "Awakening Leviathan: The Effect of Democracy on State Capacity," *Research and Politics*, Vol.5, No.2, 2018, pp.1—7.

80. Barbara Geddes, "A Game Theoretic Model of Reform in Latin American Democracies," *American Political Science Review*, Vol. 85, No. 2, 1991, pp. 371—392. Barbara Geddes, *Politician's Dilemma*: *Building State Capacity in Latin America*, Berkeley: University of California Press, 1994.

81. Anna Grzymala-Busse, *Rebuilding Leviathan*: *Party Competition and State Exploitation in Post-Communist Democracies*, New York: Cambridge University Press, 2007.

82. Juan J. Linz and Alfred Stepan, *Problems of Democratic Transition and Consolidation*: *Southern Europe*, *South America*, *and Post-Communist Europe*, Baltimore MD: Johns Hopkins University Press, 1996, p.14. Francis Fukuyama, "Democracy and the Quality of the State," *Journal of Democracy*, Vol.24, No.4, 2013, pp.5—16. Francis Fukuyama, *Political Order and Political Decay*: *From the Industrial Revolution to the Globalization of Democracy*, New York: Farrar, Straus and Giroux, 2014. Robert D. Kaplan, "Was Democracy Just a Moment?" *The Atlantic Monthly*, Vol.280, No.6, 1997, pp.55—80.

83. 相关综述可参见 Giovanni Carbone, "Democratisation as a State-Building Mechanism: A Preliminary Discussion of an Understudied Relationship," *Political Studies Review*, Vol.13, No.1, 2015, pp.11—21。

84. ［英］迈克尔·曼：《民主的阴暗面：解释种族清洗》，严春松译，北京：中央编译出版社2015年版。

85. ［美］杰克·斯奈德：《从投票到暴力：民主化和民族主义冲突》，吴强译，北京：中央编译出版社2017年版。Edward D. Mansfield and Jack Snyder, *Electing to Fight*: *Why Emerging Democracies Go to War*, Cambridge: The MIT Press, 2005. Edward D. Mansfield and Jack Snyder, "Democratic Transitions, Institutional Strength, and War," *International Organization*, Vol.56, No.2, 2002, pp.297—337. 熟悉国家形成理论的读者或许会指出，由于战争促进国家建设，那么制度力量较弱的新兴民主国家发动战争可能同样对其国家建设有益。不过正如后文将要提到的，国家间战争因素无法有力地解释第二次世界大战之后发展中世界的国家建设，即便有影响，这种影响也偏向消极。

86. Nicholas Charron and Victor Lapuente, "Does Democracy Produce Quality of Government?" *European Journal of Political Research*, Vol.49, No.4, 2010, pp.443—470.

87. Robert H. Bates, *When Things Fell Apart*: *State Failure in Late-Century Africa*, Cambridge: Cambridge University Press, 2008, p.12.

88. Jonathan K. Hanson, "Democracy and State Capacity: Complements or Substitutes?" *Studies in Comparative International Development*, Vol. 50, No. 3, 2015, pp. 304—330. Thomas Carathers, "How Democracies Emerge: The 'Sequencing' Fallacy," *Journal of Democracy*, Vol.18, No.1, 2007, pp.12—27. Sebastián Mazzuca and Gerardo L. Munck, "State or Democracy First? Alternative Perspectives on the State-Democracy Nexus," *Democratization*, Vol.21, No.7, 2014, pp.1221—1243.

89. Gianfranco Poggi, *The Development of the Modern State*: *A Sociological Introduction*, Stanford: Stanford University Press, 1978, p.117.

90. Stephen D. Krasner, *Defending the National Interest*: *Raw Materials Investments and*

U.S. Foreign Policy, Princeton：Princeton University Press，1978，p.10.

91. Peter B. Evans，"Transnational Linkages and the Economic Role of the State：An Analysis of Developing and Industrialized Nations in the Post-World War II Period，" in Peter B. Evans, Dietrich Rueschemeyer, and Theda Skocpol, eds.，*Bringing the State Back In*，New York：Cambridge University Press，1985，pp.192—226.

92. 蒂利曾在多处重申这一观点，原文为"War made the state, and the state made war"。参见 Charles Tilly，"Reflections on the History of European State-Making，" in Charles Tilly, ed.，*The Formation of National State in Western Europe*，Princeton：Princeton University Press，1975，p.42。Charles Tilly，*Coercion，Capital and European States*，*A.D. 990—1992*，Cambridge：Basil Blackwell，1990，p.67. 相关评述参见陈周旺：《国家建设、抗争与民主：查尔斯·蒂利国家与政治理论述评》，载刘春荣、陈周旺编：《复旦政治学评论》（第十辑），上海：上海人民出版社 2012 年版。

93. Otto Hintze，"Military Organization and the Organization of the State，" in Felix Gilbert, ed.，*The Historical Essays of Otto Hintze*，New York：Oxford University Press，1975[1906]，pp.178—215.

94. Richard Morris Titmuss，*Problems of Social Policy*，London：Kraus，1950. Richard Bean，"War and the Birth of the Nation-State，" *Journal of Economic History*，Vol.33，No.1，1973，pp. 203—221. Perry Anderson，*Lineages of the Absolutist State*，London：Verso Books，1974.

95. Brian Downing，*The Military Revolution and Political Change：Origins of Democracy and Autocracy in Early Modern Europe*，Princeton：Princeton University Press，1992. Thomas Ertman，*Birth of the Leviathan：Building State and Regimes in Medieval and Early Modern Europe*，New York：Cambridge University Press，1997. Samuel E. Finer，"State- and Nation-Building in Europe：The Role of the Military，" in Charles Tilly, ed.，*The Formation of National State in Western Europe*，Princeton：Princeton University Press，1975，pp.4—163. Samuel E. Finer，*The History of Government from the Earliest Times*，Volume 3：*Empires，Monarchies，and the Modern State*，New York：Oxford University Press，1997. Michael Mann，*The Sources of Social Power*，Volume 1：*A History of Power from the Beginning to A.D. 1760*，Cambridge：Cambridge University Press，1986. Michael Mann，*The Sources of Social Power*，Volume 2：*The Rise of Classes and Nation States 1760—1914*，Cambridge：Cambridge University Press，1993. 此外还可参见 Edward Ames and Richard T. Rapp，"The Birth and Death of Taxes：A Hypothesis，" *Journal of Economic History*，Vol. 37，No. 1，1977，pp. 161—178。Karen A. Rasler and William R. Thompson，"War Making and State Making：Governmental Expenditures, Tax Revenues, and Global Wars，" *American Political Science Review*，Vol.79，No.2，1985，pp.491—507. Bruce D. Porter，*War and the Rise of the State：The Military Foundation of Modern Politics*，New York：Free Press，1994. Mark Dincecco, Giovanni Federico, and Andrea Vindigni，"Warfare, Taxation, and Political Change：Evidence from the Italian Risorgimento，" *Journal of Economic History*，Vol.71，No. 4，2011，pp. 887—914. Luz Marina Arias，"A Collective-Action Theory of Fiscal-Military State Building，" in Norman Schofield, Gonzalo Caballero, and Daniel Kselman, eds.，*Advances in Political Economy：Institutions，Modelling and Empirical Analysis*，Berlin：Springer-Verlag，2013，pp.47—66. Lisa Blaydes and Christopher Paik，"The Impact of Holy Land Crusades on State Formation：War Mobilization, Trade Integration, and Political Development in Medieval Europe，" *International Organization*，Vol.70，No.3. 2016，pp.551—586. Mark Dincecco and Massimiliano G. Onorato，*From Warfare to Wealth：The Military Origins of Urban Prosperity in Europe*，New York：Cambridge University

Press，2017。

96. Jeffrey Herbst，"War and the State in Africa，" *International Security*，Vol. 14，No. 4，1990，pp. 117—139. Jeffrey Herbst，*States and Power in Africa：Comparative Lessons in Authority and Control*，Princeton：Princeton University Press，2000. Robert H. Bates，*Prosperity and Violence：The Political Economy of Development*，New York：W. W. Norton，2001.

97. Cameron G. Thies，"State Building，Interstate and Intrastate Rivalry：A Study of Post-Colonial Developing Country Extractive Efforts，1975—2000，" *International Studies Quarterly*，Vol. 48，No. 1，2004，pp. 53—72. Cameron G. Thies，"War，Rivalry，and State Building in Latin America，" *American Journal of Political Science*，Vol. 49，No. 3，2005，pp. 451—465. Cameron G. Thies，"The Political Economy of State Building in Sub-Saharan Africa，" *Journal of Politics*，Vol. 69，No. 3，2007，pp. 716—731.

98. Richard F. Doner，Bryan K. Ritchie，and Dan Slater，"Systemic Vulnerability and the Origins of Developmental States：Northeast and Southeast Asia in Comparative Perspective，" *International Organization*，Vol. 59，No. 2，2005，pp. 327—361.

99. Timothy Besley and Torsten Persson，"The Origins of State Capacity：Property Rights，Taxation，and Politics，" *American Economic Review*，Vol. 99，No. 4，pp. 1218—1244. Timothy Besley and Torsten Persson，"State Capacity，Conflict，and Development，" *Econometrica*，Vol. 78，No. 1，2010，pp. 1—34.

100. Dingxin Zhao，*The Confucian-Legalist State：A New Theory of Chinese History*，New York：Oxford University Press，2015. 赵鼎新：《东周战争与儒法国家的诞生》，夏江旗译，上海：华东师范大学出版社 2011 年版。相关研究亦可参见李月军：《从传统帝国到民族国家——近代中国国家转型的战争逻辑》，载杨光斌主编：《比较政治评论（第一辑）》，北京：中国社会科学出版社 2013 年版，第 85—118 页。

101. Victoria Tin-bor Hui，*War and State Formation in Ancient China and Early Modern Europe*，New York：Cambridge University Press，2005.

102. 关于其批评，参见赵鼎新：《在西方比较历史方法的阴影下——评许田波〈古代中国和近现代欧洲的战争及国家形成〉》，载《社会学研究》2006 年第 5 期，第 213—220 页。张金翠、葛传红：《中欧历史分岔发展的悲观理论——评许田波〈战争与国家形成：古代中国与近代早期欧洲之比较〉》，载《国际政治研究》2009 年第 1 期，第 156—162 页。辛万翔、曾向红：《"多国体系"中行为体的不同行为逻辑及其根源——兼与许田波商榷》，载《世界经济与政治》2010 年第 3 期，第 59—73 页。

103. Miguel Angel Centeno，"Blood and Debt：War and Taxation in Nineteenth-Century Latin America，" *American Journal of Sociology*，Vol. 102，No. 6，1997，pp. 1565—1605. Miguel Angel Centeno，*Blood and Debt：War and the Nation-State in Latin America*，University Park：Pennsylvania State University Press，2002.

104. Didac Queralt，"War，International Finance，and Fiscal Capacity in the Long Run，" *International Organization*，Vol. 73，No. 4，2019，pp. 713—753.

105. 关于其述评，可参见［荷］亨德里克・斯普路特：《战争、贸易和国家的形成》，载［美］罗伯特・E. 戈定主编：《牛津比较政治学手册（上）》，唐士其等译，北京：人民出版社 2016 年版，第 211—235 页。Tuong Vu，"Studying the State through State Formation，" *World Politics*，Vol. 62，No. 1，2010，pp. 148—175.

106. Mahmood Mamdani，*Citizen and Subject：Contemporary Africa and the Legacy of Late Colonialism*，Princeton：Princeton University Press，1996. Jeffrey Herbst，*States and Power in Africa：Comparative Lessons in Authority and Control*，Princeton：Princeton University Press，2000. Matthew Lange and Dietrich Reuschemeyer，eds.，*State and Development：Histor-*

ical Antecedents of Stagnation and Advance，New York：Palgrave McMillan，2005.

107. 马克思：《不列颠在印度统治的未来结果》，载《马克思恩格斯选集》第 1 卷，北京：人民出版社 2012 年版，第 857—861 页。

108. 当然，此处绝无意在价值上为殖民主义的野蛮和血腥正名，马克思在同一篇文章中亦尖锐地表示："当我们把目光从资产阶级文明的故乡转向殖民地的时候，资产阶级文明的极端伪善和它的野蛮本性就赤裸裸地呈现在我们面前，它在故乡还装作一副体面的样子，而在殖民地它就丝毫不加掩饰了。"参见马克思：《不列颠在印度统治的未来结果》，载《马克思恩格斯选集》第 1 卷，北京：人民出版社 2012 年版，第 861—862 页。

109. Atul Kohli，*State-Directed Development：Political Power and Industrialization in the Global Periphery*，New York：Cambridge University Press，2004，p.17.

110. Ibid.，pp.16—20. Atul Kohli，"Where Do High Growth Political Economies Come from? The Japanese Lineage of Korea's 'Developmental State'，"*World Development*，Vol.22，No.9，1994，pp.1269—1293.相关的商榷和回应，参见 Stephan Haggard，David Kang，and Chung-In Moon，"Japanese Colonialism and Korean Development：A Critique，"*World Development*，Vol.25，No.6，1997，pp.867—881. Atul Kohli，"Japanese Colonialism and Korean Development：A Reply，"*World Development*，Vol.25，No.6，1997，pp.883—888。著作中译本参见[美]阿图尔·科利：《国家引导的发展——全球边缘地区的政治权力与工业化》，朱天飚等译，长春：吉林出版集团有限责任公司 2007 年版，第 18—23 页。

111. [美]乔尔·S. 米格代尔：《强社会与弱国家：第三世界的国家社会关系及国家能力》，第 47—182 页。

112. Matthew Lange，*Lineages of Despotism and Development：British Colonialism and State Power*，Chicago：The University of Chicago Press，2009，pp.4—8. 类似观点可参见 Shivaji Mukherjee，"Colonial Origins of Maoist Insurgency in India：Historical Institutions and Civil War，"*Journal of Conflict Resolution*，Vol.62，No.10，2018，pp.2232—2274。当然，殖民者的直接统治有时也会成为破坏性力量，更容易造成国家与当地族群的对抗与冲突，并减少公共物品供给。参见 Michael Hechter，*Containing Nationalism*，New York：Oxford University Press，2004. Michael Hechter and Nika Kabiri，"Attaining Social Order in Iraq，" in Stathis N. Kalyvas，Ian Shapiro，and Tarek Masoud，eds.，*Order，Conflict，and Violence*，New York：Cambridge University Press，2008，pp.43—74. Lakshmi Iyer，"Direct versus Indirect Colonial Rule in India：Long-Term Consequences，"*The Review of Economics and Statistics*，Vol.92，No.4，2010，pp.693—713。关于直接统治和间接统治制度选择的进一步探讨，参见 John Gerring，Daniel Ziblatt，Johan Van Gorp，Julián Arévalo，"An Institutional Theory of Direct and Indirect Rule，"*World Politics*，Vol.63，No.3，2011，pp.377—433。

113. Daron Acemoglu，Simon Johnson and James A. Robinson，"The Colonial Origins of Comparative Development：An Empirical Investigation，"*American Economic Review*，Vol.91，No.5，2001，pp.1369—1401. Daron Acemoglu，Simon Johnson and James A. Robinson，"Reversal of Fortune：Geography and Institutions in the Making of the Modern World Income Distribution，"*Quarterly Journal of Economics*，Vol.117，No.4，2002，pp.1231—1294.

114. Zophia Edwards，"No Colonial Working Class，No Post-Colonial Development：A Comparative-Historical Analysis of Two Oil-Rich Countries，"*Studies in Comparative International Development*，Vol.53，No.4，2018，pp.477—499.

115. Luis Angeles and Aldo Elizalde，"Pre-colonial Institutions and Socioeconomic Development：The Case of Latin America，"*Journal of Development Economics*，Vol.124，2017，pp.22—40.

116. David A. Lake，*The Statebuilder's Dilemma：On the Limits of Foreign Intervention*，

Ithaca：Cornell University Press，2016.

117. Stephen D. Krasner and Thomas Risse，"External Actors，State-Building，and Service Provision in Areas of Limited Statehood：Introduction，" *Governance：An International Journal of Policy，Administration，and Institutions*，Vol.27，No.4，2014，pp.545—567.

118. David A. Lake and Christopher J. Fariss，"Why International Trusteeship Fails：The Politics of External Authority in Areas of Limited Statehood，" *Governance：An International Journal of Policy，Administration，and Institutions*，Vol.27，No.4，2014，pp.569—587.

119. Aila M. Matanock，"Governance Delegation Agreements：Shared Sovereignty as a Substitute for Limited Statehood，" *Governance：An International Journal of Policy，Administration，and Institutions*，Vol.27，No.4，2014，pp.589—612.

120. 严格来说，欧盟应算作国际制度，但由于欧盟特殊的可类比于国家的行政权，故此处将其处理为他国政府。

121. Tanja A. Börzel and Vera Van Hüllen，"State-Building and the European Union's Fight Against Corruption in the Southern Caucasus：Why Legitimacy Matters，" *Governance：An International Journal of Policy，Administration，and Institutions*，Vol.27，No.4，2014，pp.613—634.

122. Macro Schäferhoff，"External Actors and the Provision of Public Health Services in Somalia，" *Governance：An International Journal of Policy，Administration，and Institutions*，Vol.27，No.4，2014，pp.675—695.

123. Marianne Beisheim，Andrea Liese，Hannah Janetschek，and Johanna Sarre，"Transnational Partnerships：Conditions for Successful Service Provision in Areas of Limited Statehood，" *Governance：An International Journal of Policy，Administration，and Institutions*，Vol.27，No.4，2014，pp.655—673.

124. 理想情况下，归类为"他国政府"因素的国际援助应指来自援助国政府的双边援助，而非来自国际组织的多边援助。但在许多讨论援助与国家建设的文献中并没有将两者严格区分，此处亦不加区分。关于两者的讨论，可参见 Pierre E. Biscaye，Travis W. Reynolds，and C. Leigh Anderson，"Relative Effectiveness of Bilateral and Multilateral Aid on Development Outcomes，" *Review of Development Economics*，Vol.21，No.4，2017，pp.1425—1447. Kurt Annen and Stephen Knack，"On the Delegation of Aid Implementation to Multilateral Agencies，" *Journal of Development Economics*，Vol.133，2018，pp.295—305。

125. Arthur A. Goldsmith，"Foreign Aid and Statehood in Africa，" *International Organization*，Vol.55，No.1，2001，pp.123—148.

126. 无相关参见 Andrew T. Young and Estefania Lujan Padilla，"Foreign Aid and Recipient State Capacity，" in Nabamita Dutta and Claudia R. Williamson，eds.，*Lessons on Foreign Aid and Economic Development：Micro and Macro Perspectives*，Cham：Palgrave Macmillan，2019，pp.169—186；Jane H. Leuthold，"Tax Shares in Developing Countries：A Panel Study，" *Journal of Development Economics*，Vol.35，No.1，1991，pp.173—185；Joweria M. Teera and John Hudson，"Tax Performance：A Comparative Study，" *Journal of International Develooment*，Vol.16，No.6，2004，pp.785—802；Aniket Bhushan and Yiagadeesen Samy，"Aid and Taxation：Is Sub-Saharan Africa Different?" Research Report，The North-South Institute，2012，http://www.nsi-ins.ca/wp-content/uploads/2013/02/2012-Aid-and-Taxation.pdf.负相关参见 Karen L. Remmer，"Does Foreign Aid Promote the Expansion of Government?" *American Journal of Political Science*，Vol.48，No.1，2014，pp.77—92；Deborah A. Bräutigam and Stephen Knack，"Foreign Aid，Institutions，and Governance in Sub-Saharan Africa，" *Economic Development and Cultural Change*，Vol.52，No.2，2004，pp.255—285。

127. 无相关参见 Jac C. Heckelman and Stephen Knack，"Aid，Economic Freedom，and

Growth," *Contemporary Economic Policy*，Vol.27，No.1，2009，pp.46—53。负相关参见 Benjamin Powell and Matt E. Ryan，"Does Development Aid Lead to Economic Freedom?" *Journal of Private Enterprises*，Vol.22，No.1，2006，pp.1—21；Jac C. Heckelman and Stephen Knack，"Foreign Aid and Market-Liberalizing Reform," *Economica*，Vol.75，No.299，2008，pp.524—548；Andrew T. Young and Kathleen M. Sheehan，"Foreign Aid, Institutional Quality, and Growth," *European Journal of Political Economy*，Vol.36，2014，pp.195—208。

128. Nathan Nunn and Nancy Qian，"US Food Aid and Civil Conflict," *American Economic Review*，Vol.104，No.6，2014，pp.1630—1666. Richard A. Nielson, Michael G. Findley, Zachary S. Davis, Tara Candland, and Daniel L. Nielson，"Foreign Aid Shocks as a Cause of Violent Armed Conflict," *American Journal of Political Science*，Vol.55，No.2，2011，pp.219—232. Austin M. Strange，Axel Dreher，Andreas Fuchs，Bradley Parks and Michael J. Tierney，"Tracking Underreported Financial Flows：China's Development Finance and the Aid—Conflict Nexus Revisited," *Journal of Conflict Resolution*，Vol.61，No.5，2017，pp.935—963.关于援助与内战的研究综述，可参见 Michael G. Findley，"Does Foreign Aid Build Peace?" *Annual Review of Political Science*，Vol.21，No.1，2018，pp.359—384。

129. Nabamita Dutta，Peter T. Leeson and Claudia R. Williamson，"The Amplification Effect：Foreign Aid's Impact on Political Institutions," *Kyklos*，Vol.66，No.2，2013，pp.208—228.

130. Nematullah Bizhan，"Aid and State-Building，Part I：South Korea and Taiwan," *Third World Quarterly*，Vol.38，No.5，2018，pp.999—1013. Nematullah Bizhan，"Aid and State-Building，Part II：Afghanistan and Iraq," *Third World Quarterly*，Vol.38，No.5，2018，pp.1014—1031.

131. Sanjeev Gupta，Benedict J. Clements，Alexander Pivovarsky，and Erwin R. Tiongson，"Foreign Aid and Revenue Response：Does the Composition of Aid Matter?" IMF Working Papers，2003，https://www.imf.org/external/pubs/ft/wp/2003/wp03176.pdf.

132. Pierre E. Biscaye，Travis W. Reynolds，and C. Leigh Anderson，"Relative Effectiveness of Bilateral and Multilateral Aid on Development Outcomes," *Review of Development Economics*，Vol.21，No.4，2017，pp.1425—1447.

133. Barbara Stallings and Eun Mee Kim，*Promoting Development：The Political Economy of East Asian Foreign Aid*，Singapore：Palgrave Macmillan，2017. Ivan Campbell，Thomas Wheeler，Larry Attree，Dell Marie Butler and Bernardo Mariani，*China and Conflict-affected States：Between Principle and Pragmatism*，London：Saferworld，2012.

134. 田野：《国家的选择：国际制度、国内政治与国家自主性》，上海：上海人民出版社2014年版。

135. 参见 Edward D. Mansfield and Jon C. Pevehouse，"Trade Blocs, Trade Flows, and International Conflict," *International Organization*，Vol.54，No.4，2000，pp.775—808；Edward D. Mansfield，"Preferential Peace：Why Preferential Trading Arrangements Inhibit Interstate Conflict," in Edward Mansfield and Brian M. Pollins，*Economic Interdependence and International Conflict：New Perspectives on an Enduring Debate*，Ann Arbor：University of Michigan Press，2003，pp.222—236；Yoram Z. Haftel，*Regional Economic Institutions and Conflict Mitigation：Design，Implementation，and the Promise of Peace*，Ann Arbor：University of Michigan Press，2012；郎平：《贸易制度的和平效应分析——基于地区特惠安排与全球贸易体制的比较》，载《世界经济与政治》2009年第7期，第66—72页；郎平：《区域贸易制度和平效应的路径分析：发展中国家的视角》，北京：中国社会科学出版社2016年版。

136. 毛维准：《国际贸易机制对国内武装冲突影响的研究——基于回归断点设计的数量

分析(1946—2009 年)》,载《世界经济与政治》2012 年第 4 期,第 124—154 页。

137. Christina Cottiero, "Staying Alive: The Strategic Use of Regional Integration Organizations by Vulnerable Political Leaders," presented at UCSD 15th Annual IR Workshop Retreat, 2018, http://ir-group.ucsd.edu/retreat/current/papers/Cottiero_prospectus_5.21.pdf.

138. Soumyajit Mazumder, "Can I Stay A BIT Longer? The Effect of Bilateral Investment Treaties on Political Survival," *The Review of International Organizations*, Vol. 11, No. 4, 2016, pp.477—521.

139. James Raymond Vreeland, "Why Do Governments and the IMF Enter into Agreements? Statistically selected Cases," *International Political Science Review*, Vol. 24, No. 3, 2003, pp.323—324. James Raymond Vreeland, *The IMF and Economic Development*, New York: Cambridge University Press, 2003.

140. Ye Tian and Min Xia, "WTO, Credible Commitments, and China's Reform of State-owned Enterprises," *Economic and Political Studies*, Vol.5, No.2, 2017, pp.158—178.田野:《国际制度、预算软约束与承诺可信性——中国加入 WTO 与国有企业改革的政治逻辑》,载《教学与研究》2011 年第 11 期,第 6—13 页。田野:《国际经贸规则与中国国有企业改革》,载《人民论坛·学术前沿》2018 年第 23 期,第 74—83 页。

141. [美]爱德华·曼斯菲尔德、[美]海伦·米尔纳:《表决、否决与国际贸易协定的政治经济学》,第 45 页。

142. Leonardo Baccini and Johannes Urpelainen, *Cutting the Gordian Knot of Economic Reform: When and How International Institutions Help*. New York: Oxford University Press, 2014. Leonardo Baccini and Johannes Urpelainen, "International Institutions and Domestic Politics: Can Preferential Trading Agreements Help Leaders Promote Economic Reform?" *Journal of Politics*, Vol.76, No.1, 2014, pp.195—214.

143. Emilie M. Hafner-Burton and Christina J. Schneider, "The Dark Side of Cooperation: International Organizations and Member Corruption," *International Studies Quarterly*, Vol. 63, No.4, 2019, pp.1108—1121.两位作者的相关研究参见 Emilie M. Hafner-Burton and Christina J. Schneider, "Donor Rules or Donors Rule? International Institutions and Political Corruption," *American Journal of International Law (Unbound)*, Vol. 113, 2019, pp. 346—350。Lauren L. Ferry, Emilie M. Hafner-Burton, and Christina J. Schneider, "Catch Me If You Care: International Development Organizations and National Corruption," *The Review of International Organizations*, Vol.15, No.4, 2020, pp.767—792。

144. 其概念化为"国家自主性是中央政府核心决策者所制定的公共政策与其自身的偏好之间的一致程度"。参见田野:《国家的选择:国际制度、国内政治与国家自主性》,第 74 页。

145. Daron Acemoglu, Simon Johnson, and James Robinson, "The Rise of Europe: Atlantic Trade, Institutional Change, and Economic Growth," *American Economic Review*, Vol. 95, No.3, 2015, pp.546—579.黄振乾、唐世平:《现代化的"入场券"——现代欧洲国家崛起的定性比较分析》,载《政治学研究》2018 年第 6 期,第 26—41 页。

146. Immanuel Wallerstein, *The Modern World-System I*, New York: Academic Press, 1974.

147. 王正毅:《边缘地带发展论——世界体系与东南亚的发展》,上海:上海人民出版社 1997 年版。王正毅:《世界体系论与中国》,北京:商务印书馆 2000 年版。

148. Jacques Delacroix and Charles C. Ragin, "Structural Blockage: A Cross-National Study of Economic Dependency, State Efficacy, and Underdevelopment," *American Journal of Sociology*, Vol.86, No.6, 1981, pp.1311—1347. Mick Moore, "Globalisation and Power in Weak

States," *Third World Quarterly*，Vol.28，No.4，2007，pp.1757—1776.

149. Charles Oman, *Policy Competition for Foreign Direct Investment：A Study of Competition among Governments to Attract FDI*，Paris：OECD，2000. Eun Kyong Choi，"Informal Tax Competition among Local Governments in China since the 1994 Tax Reforms," *Issues & Studies*，Vol.45，No.2，2009，pp.159—183. 朱平芳、张征宇、姜国麟：《FDI 与环境规制：基于地方分权视角的实证研究》，载《经济研究》2011 年第 6 期，第 133—145 页。邓慧慧、桑百川：《财政分权、环境规制与地方政府 FDI 竞争》，载《上海财经大学学报》2015 年第 3 期，第 79—88 页。

150. 关于退出作为一种议价能力的开创性研究，参见 Albert O. Hirschman, *Exit，Voice，and Loyalty：Responses to Decline in Firms，Organizations，and States*，Cambridge：Harvard University Press，1970。

151. ［英］苏珊·斯特兰奇：《权力流散：世界经济中的国家与非国家权威》。［英］D.赫尔德、［美］J.罗西瑙等：《国将不国？——西方著名学者论全球化与国家主权》，俞可平等译，南昌：江西人民出版社 2004 年版。Paul Hirst and Grahame Thompson, *Globalization in Question：The International Economy and the Possibilities of Governance*，Cambridge：Polity Press，1996，pp.183—194. Jan Aart Scholte, *Globalization：A Critical Introduction*，London and New York：Macmillan，2000，pp.238—239. David Held, Anthony McGrew, David Goldblatt, and Jonathan Perraton, *Global Transformations：Politics，Economics and Culture*，Cambridge：Polity Press，1999，p.50. Robert W. Cox and Timothy J. Sinclair, eds.，*Approaches to World Order*，New York：Cambridge University Press，1996，p.528.

152. Peter Evans，"The Eclipse of the State? Reflections on Stateness in an Era of Globalization," *World Politics*，Vol.50，No.1，1997，pp.62—87. Miles Khaler and David A. Lake，"Governance in a Global Economy：Political Authority in Transition," *PS：Political Science and Politics*，Vol.37，No.3，2004，pp.409—414. Miles Khaler and David A. Lake, eds.，*Governance in a Global Economy：Political Authority in Transition*，Princeton：Princeton University Press，2003.

153. Dani Rodrik，"Why Do More Open Countries Have Bigger Governments," *Journal of Political Economy*，Vol.106，No.5，1998，pp.997—1032. David R. Cameron，"The Expansion of the Public Economy：A Comparative Analysis," *American Political Science Review*，Vol.72，No.4，1978，pp.1243—1261. Alícia Adserà and Carles Boix，"Trade，Democracy，and the Size of the Public Sector：The Political Underpinnings of Openness," *International Organization*，Vol.56，No.2，2002，pp.229—262. María Franco Chuaire, Carlos Scartascini and Mariano Tommasi，"State Capacity and the Quality of Policies. Revisiting the Relationship between Openness and Government Size," *Economics & Politics*，Vol.29，No.2，2017，pp.133—156. 毛捷、管汉晖、林智贤：《经济开放与政府规模——来自历史的新发现（1850—2009）》，载《经济研究》2015 年第 7 期，第 87—101 页。蒋俊彦、吴迪：《对外开放与地方政府规模：基于省级面板数据的实证分析》，载《教学与研究》2011 年第 12 期，第 66—72 页。

154. 黄胜、叶广宇、申素琴：《新兴经济体企业国际化研究述评——制度理论的视角》，载《科学学与科学技术管理》2015 年第 4 期，第 44 页。

155. John Cantwell, John H. Dunning and Sarianna M. Lundan，"An Evolutionary Approach to Understanding International Business Activity：The Co-Evolution of MNEs and the Institutional Environment," *Journal of International Business Studies*，Vol.41，No.4，2010，pp.567—586. Arie Y. Lewin, Chris P. Long and Timothy N. Carroll，"The Coevolution of New Organizational Forms," *Organization Science*，Vol.10，No.5，1999，pp.535—550. 刘洁、魏方欣：《基于协同演化的企业发展研究》，北京：经济管理出版社 2016 年版。

156. 逯建、杨彬永：《FDI 与中国各城市的税收收入：基于 221 个城市数据的空间面板分析》，载《国际贸易问题》2015 年第 9 期，第 3—13 页。

157. Peter B. Evans, *Dependent Development*：*The Alliance of Multinational*，*State*，*and Local Capital in Brazil*，Princeton：Princeton University Press，1979.

158. Jorge I. Domínguez, "Business Nationalism：Latin American National Business Attitudes and Behavior toward Multinational Enterprises," in Jorge I. Domínguez, ed.，*Economic Issues and Political Conflict*：*U. S.-Latin American Relations*，London：Butterworth Scientific，1982，pp.16—68.

159. Sonal S. Pandya, "Labor Markets and the Demand for Foreign Direct Investment," *International Organization*，Vol.64，No.3，2010，pp.389—409.

160. Sonal S. Pandya, "Democratization and Foreign Direct Investment Liberalization，1970—2000," *International Studies Quarterly*，Vol.58，No.3，2014，pp.475—488. Sonal S. Pandya, *Trading Spaces*：*Foreign Direct Investment Regulation*，*1970—2000*，New York：Cambridge University Press，2014.

161. Pablo M. Pinto and Santiago M. Pinto, "The Politics of Investment Partisanship：And the Sectoral Allocation of Foreign Direct Investment," *Economics & Politics*，Vol.20，No.2，2008，pp.216—254. Pablo M. Pinto, *Partisan Investment in the Global Economy*，New York：Cambridge University Press，2013.关于其理论在次国家层面的验证，可参见韩剑、徐秀军：《美国党派政治与中国对美直接投资的区位选择》，载《世界经济与政治》2014 年第 8 期，第 135—154 页。

162. 关于开放经济政治学研究议题的局限，参见陈兆源：《逆全球化动向的国内政治效应：核心议题与理论契机》，载《教学与研究》2018 年第 10 期，第 64—70 页。Nicola Phillips, "The Slow Death of Pluralism," *Review of International Political Economy*，Vol.16，No.1，2009，pp.85—94。

163. Peter B. Evans, "Transnational Linkages and the Economic Role of the State：An Analysis of Developing and Industrialized Nations in the Post-World War II Period," in Peter B. Evans, Dietrich Rueschemeyer, and Theda Skocpol, eds.，*Bringing the State Back In*，New York：Cambridge University Press，1985，pp.192—226.

164. Su-Hoon Lee, *State-Building in the Contemporary Third World*，Boulder：Westview Press，1988.

165. Michael L. Ross, "What Have We Learned about the Resource Curse?" *Annual Review of Political Science*，Vol.18，No.1，2015，pp.239—259.

166. Andreea S. Mihalache-O'Keef, "Whose Greed, Whose Grievance, and Whose Opportunity? Effects of Foreign Direct Investments (FDI) on Internal Conflict," *World Development*，Vol.106，2018，pp.187—206.相似结论参见 Ahsan Kibria, Reza Oladi, Sherzod B. Akhundjanov, "Foreign Direct Investment and Civil Violence in Sub-Saharan Africa," *World Economy*，Vol.43，No.4，2020，pp.948—981.

167. Darin Christensen, "Concession Stands：How Mining Investments Incite Protest in Africa," *International Organization*，Vol.73，No.1，2019，pp.65—101.相似结论参见 Nicolas Berman, Mathieu Couttenier, Dominic Rohner, and Mathias Thoenig, "This Mine is Mine! How Minerals Fuel Conflicts in Africa," *American Economic Review*，Vol.107，No.6，2017，pp.1564—1610。

168. Pablo M. Pinto and Boliang Zhu, "Brewing Violence：Foreign Investment and Civil Conflict," *Journal of Conflict Resolution*，Vol.66，No.6，2022，pp.1010—1036.

169. William H. Meyer, "Human Rights and MNCs：Theory versus Quantitative Analysis,"

Human Rights Quarterly，Vol. 18，No. 2，1996，pp. 368—397. Jackie Smith，Melissa Bolyard and Anna Ippolito，"Human Rights and the Global Economy：A Response to Meyer，" *Human Rights Quarterly*，Vol. 21，No. 1，1999，pp. 207—219. 郑新业、张阳阳、马本、张莉：《全球化与收入不平等：新机制与新证据》，载《经济研究》2018 年第 8 期，第 132—145 页。

170. ［美］玛丽·E. 加拉格尔：《全球化与中国劳工政治》，郁建兴、肖扬东译，杭州：浙江人民出版社 2010 年版。Layna Mosley and Saika Uno，"Racing to the Bottom or Climbing to the Top：Economic Globalization and Collective Labor Rights，" *Comparative Studies Quarterly*，Vol. 40，No. 8，2007，pp. 923—948.

171. Timm Betz and Amy Pond，"Foreign Financing and the International Sources of Property Rights，" *World Politics*，Vol. 71，No. 3，2019，pp. 503—541.

172. Stanislav Markus，"Secure Property as a Bottom-Up Process：Firms，Stakeholders，and Predators in Weak States，" *World Politics*，Vol. 64，No. 2，2012，pp. 242—277. John S. Ahlquist and Aseem Prakash，"The Influence of Foreign Direct Investment on Contracting Confidence in Developing Countries，" *Regulation & Governance*，Vol. 2，No. 3，2008，pp. 316—339.

173. Abdoul' Ganiou Mijiyawa，"Reforming Property Rights Institutions in Developing Countries：Can FDI Inflows Help?" *World Economy*，Vol. 37，No. 3，2014，pp. 410—433.

174. Susan K. Sell，*Private Power*，*Public Law：The Globalization of Intellectual Property Rights*，Cambridge：Cambridge University Press，2003.

175. Nathan M. Jensen，Glen Biglaiser，Quan Li，Edmund Malesky，Pablo M. Pinto，Santiago M. Pinto，and Joseph L. Staats，*Politics and Foreign Direct Investment*，Ann Arbor：University of Michigan Press，2012，pp. 115—145. Patrick J. W. Egan，"Hard Bargains：The Impact of Multinational Corporations on Economic Reform in Latin America，" *Latin American Politics and Society*，Vol. 52，No. 1，2010，pp. 1—32.

176. 黄玖立、房帅、冼国明：《外资进入与东道国国家治理能力提升》，载《经济社会体制比较》2018 年第 6 期，第 96—108 页。

177. 周超、刘夏、任洁：《外商直接投资对于东道国营商环境的改善效应研究——来自 34 个"一带一路"沿线国家的证据》，载《国际商务（对外经济贸易大学学报）》2019 年第 1 期，第 59—71 页。

178. 潘春阳、卢德：《中国的对外直接投资是否改善了东道国的制度质量？——基于"一带一路"沿线国家的实证研究》，载《上海对外经贸大学学报》2017 年第 4 期，第 56—72 页。

179. 潘春阳、廖佳：《中国 OFDI 的制度效应存在吗？》，载《经济评论》2018 年第 6 期，第 53—67 页。此前有更一般化的研究指出外国直接投资可通过监管压力、示范和专业化三种途径抑制东道国的腐败。参见 Chuck C. Y. Kwok and Solomon Tadesse，"The MNC as an Agent of Change for Host-Country Institutions：FDI and Corruption，" *Journal of International Business Studies*，Vol. 37，No. 6，2006，pp. 767—785。

180. Chia-Yi Lee，"Chinese Outward Investment in Oil and Its Economic and Political Impact in Developing Countries，" *Issue & Studies*，Vol. 51，No. 3，2015，pp. 131—163.

181. Yuhua Wang，*Tying the Autocrat's Hands：The Rise of the Rule of Law in China*，New York：Cambridge University Press，2015. 类似机制也被用于解释外国直接投资对东道国社会保护能力的影响，参见叶静、耿曙：《全球竞争下劳工福利"竞趋谷底"？——发展路径、政商关系与地方社保体制》，载《中国社会科学（内部文稿）》2013 年第 1 期，第 133—151 页。

182. Boliang Zhu，"MNCs，Rents，and Corruption：Evidence from China，" *American Journal of Political Science*，Vol. 61，No. 1，2017，pp. 84—99. 类似的结论可参见周黎安、陶婧：《政府规模、市场化与地区腐败问题研究》，载《经济研究》2009 年第 1 期，第 57—69 页。

183. 当然，除本书着重关注的三种视角之外，还存在另一些理解国家能力来源的角度，如历史传统。一种观点认为国家形成的悠久历史对后续的国家能力发展存在正向效应。有学者通过构建"国家古老指数"(Index of State Antiquity)发现,越早具备国家形态的地区国家能力也往往更强。前文对殖民地历史的讨论也与这一角度存在交集。可参见 Valerie Bockstette, Areendam Chanda and Louis Putterman, "States and Markets: The Advantage of an Early Start," *Journal of Economic Growth*, Vol.7, No.4, 2002, pp.347—369。

184. Elissa Berwick and Fotini Christia, "State Capacity Redux: Integrating Classical and Experimental Contributions to an Enduring Debate," *Annual Review of Political Science*, Vol.21, No.1, 2018, pp.71—91.

185. 有的研究在讨论国家能力的来源时强调财政能力,如 Timothy Besley and Torsten Persson, "The Origins of State Capacity: Property Rights, Taxation, and Politics," *American Economic Review*, Vol.99, No.4, 2009, pp.1218—1244。有的研究强调国家能力中的强制能力,如 Cullen S. Hendrix, "Measuring State Capacity: Theoretical and Empirical Implications for the Study of Civil Conflict," *Journal of Peace Research*, Vol.47, No.3, 2010, pp.273—285。还有的研究将国家能力放在经济现代化的情景下,着重考察了国家助力经济发展的能力,如[美]戴维·瓦尔德纳:《国家构建与后发展》,第1—21页;[美]阿图尔·科利:《国家引导的发展——全球边缘地区的政治权力与工业化》。关于强调国家能力不同侧面的更多讨论,可参见 Luciana Cingolani, "The Role of State Capacity in Development Studies," *Journal of Development Perspectives*, Vol.2, No.1—2, 2018, pp.88—114; Antonio Savoia and Kunal Sen, "Measurement, Evolution, Determinants, and Consequences of State Capacity: A Review of Recent Research," *Journal of Economic Surveys*, Vol.29, No.3, 2015, pp.441—458。

186. Stephen D. Krasner and Thomas Risse, "External Actors, State-Building, and Service Provision in Areas of Limited Statehood: Introduction," *Governance: An International Journal of Policy, Administration, and Institutions*, Vol.27, No.4, 2014, pp.545—567.

187. [美]道格拉斯·C.诺思、[美]约翰·约瑟夫·瓦利斯、[美]巴里·R.温格斯特:《暴力与社会秩序:诠释有文字记载的人类历史的一个概念性框架》,杭行、王亮译,上海:格致出版社、上海三联书店、上海人民出版社2017年版,第256页。

188. 现代国家是本书的讨论对象,其他国家类型如城邦国家、封建国家、帝国等不在此列。Franz Oppenheimer, *The State: Its History and Development Viewed Sociologically*, translated by John M. Gitterman, New York: B. W. Huebsch, 1922. Frederick Mundell Watkins, *State as a Concept of Political Science*, New York and London: Harper and Brothers, 1934. Martin van Creveld, *The Rise and Decline of the State*, Cambridge: Cambridge University Press, 1999.在很大程度上,现代国家与民族国家(nation-state)的兴起密不可分。参见 Hendrik Spruyt, *The Sovereign State and Its Competitors*, Princeton: Princeton University Press, 1994; Philip G. Roeder, *Where Nation-States Come From: Institutional Change in the Age of Nationalism*, Princeton: Princeton University Press, 2007。

189. 德语原文见于1919年,英译可参见 John Dreijmanis, ed., *Max Weber's Complete Writings on Academic and Political Vocations*, translated by Gordon C. Wells, New York: Algora Publishing, 2008, p.156。另见易建平:《关于国家定义的重新认识》,载《历史研究》2014年第2期,第149页。或见中译版:"在特定领土范围内垄断了使用武力的正当权力的政治组织。"参见[德]马克斯·韦伯:《经济与社会》(上卷),林荣远译,北京:商务印书馆1997年版,第82页。

190. 关于作为行为体的国家,参见 Theda Skocpol, "Bringing the State Back In: Strategies of Analysis in Current Research," in Peter B. Evans, Dietrich Rueschemeyer, and Theda Skocpol, eds., *Bringing the State Back In*, New York: Cambridge University Press, 1985, pp.3—37. 田野:《国家的选择:国际制度、国内政治与国家自主性》,第74—80页。关于对

国家与社会分殊的强调，可参见 Charles Tilly, "Reflections on the History of European State-making," in Charles Tilly, ed., *The Formation of National State in Western Europe*, Princeton: Princeton University Press, 1975, p. 70; Michael Mann, *State*, *War and Capitalism*, Oxford: Blackwell, 1988, p.4。［美］贾恩弗朗哥·波齐：《国家：本质、发展与前景》，陈尧译，上海：上海人民出版社 2007 年版，第 20—24 页。李强：《政治秩序中的国家构建——福山国家理论述评》，载［美］弗朗西斯·福山：《国家构建：21 世纪的国家治理与世界秩序》，郭华译，上海：学林出版社 2017 年版，第 xxxi—xxxviii 页。

191. 田野：《国家的选择：国际制度、国内政治与国家自主性》，第 75 页。

192. 相关的讨论可参见 Barbara Geddes, *Politician's Dilemma*: *Building State Capacity in Latin America*, Berkeley: University of California Press, 1994。

193. Theda Skocpol, "Bringing the State Back in: Strategies of Analysis in Current Research," in Peter B. Evans, Dietrich Rueschemeyer, and Theda Skocpol, eds., *Bringing the State Back In*, New York: Cambridge University Press, 1985, p.8. 出于对国家能力包含多个维度的强调，斯考切波在书中对能力一词使用了复数形式。相似的定义可参见 Kathryn Sikkink, *Ideas and Institutions*: *Developmentalism in Brazil and Argentina*, Ithaca: Cornell University Press, 1991；王绍光、胡鞍钢：《中国国家能力报告》，沈阳：辽宁人民出版社 1993 年版，第 6 页。

194. 相似地，权力同样是关系型概念。正如罗伯特·达尔（Robert A. Dahl）对权力广为流传的定义所言：A 对 B 拥有权力的程度，就是他可以让 B 做本不愿做的事情的程度。参见 Robert A. Dahl, "The Concept of Power," *Behavioral Science*, Vol.2, No.3, 1957, pp.201—215。

195. Joel S. Migdal, "The State in Society: An Approach to Struggle for Domination," in Joel Samuel Migdal, Atul Kohli and Vivienne Shue, eds., *State Power and Social Forces*: *Domination and Transformation in the Third World*, New York: Cambridge University Press, 1994, pp.7—34. 曹海军、韩冬雪：《"国家论"的崛起：国家能力理论的基本命题与研究框架》，载《思想战线》2012 年第 5 期，第 58—64 页。

196. Jonathan K. Hanson and Rachel Sigman, "Leviathan's Latent Dimensions: Measuring State Capacity for Comparative Political Research," Working Paper, 2013, p.2, http://www-personal.umich.edu/~jkhanson/resources/hanson_sigman13.pdf.

197. ［美］乔尔·S. 米格代尔：《强社会与弱国家：第三世界的国家社会关系及国家能力》，第 5 页。

198. 王绍光、胡鞍钢：《中国国家能力报告》，沈阳：辽宁人民出版社 1993 年版，第 6 页。

199. Timothy Besley and Torsten Persson, "State Capacity, Conflict, and Development," *Econometrica*, Vol.78, No.1, 2010, pp.1—34.

200. Michael Mann, "The Autonomous Power of the State: Its Origins, Mechanisms and Results," *European Journal of Sociology*, Vol.25, No.2, 1984, pp.185—213. Michael Mann, "Infrastructural Power Revisited," *Studies in Comparative International Development*, Vol.43, No.3—4, 2008, pp.355—365.

201. ［英］迈克尔·曼：《社会权力的来源（第二卷·上）》，刘北成等译，上海：上海人民出版社 2007 年版，第 68—69 页。

202. Hillel Soifer, "State Infrastructural Power: Approaches to Conceptualization and Measurement," *Studies in Comparative International Development*, Vol. 43, No. 3—4, 2008, pp.231—251.

203. ［澳大利亚］琳达·维斯、［澳大利亚］约翰·M. 霍布森：《国家与经济发展：一个比较及历史性的分析》，第 8—9 页。类似观点可参见 Hillel Soifer and Matthias vom Hau, "Un-

packing the Strength of the State：The Utility of State Infrastructural Power，" *Studies in Comparative International Development*，Vol.43，No.3—4，2008，pp.219—230。

204. 例如，黄清吉：《国家能力基本理论研究》，载《政治学研究》2007 年第 4 期，第 45—53 页。

205. 此处对国家能力（state capacity）和国家实力（state capability）不作区分，同时对国家形成（state formation）和国家缔造（state making）不作区分。此外，国族建构（nation building）或许也被认为与国家能力相关。国族建构主要是指从无国家到有国家的过程中民族和国家共同体意识的建构过程，民族问题和认同问题在其中至关重要，这些议题不在本书讨论范围之内。关于国族建构，可参见 Andreas Wimmer，*Nation Building：Why Some Countries Come Together While Others Fall Apart*，Princeton：Princeton University Press，2018；Harris Mylonas，*The Politics of Nation-Building：Making Co-Nationals，Refugees and Minorities*，New York：Cambridge University Press，2013；Juan J. Linz，"State Building and Nation Building，" *European Review*，Vol.1，No.4，1993，pp.355—369。［美］胡安·J.林茨、［美］阿尔弗莱德·斯泰潘：《民主转型与巩固的问题：南欧、南美和后共产主义欧洲》，孙龙等译，杭州：浙江人民出版社 2008 年版，第 20—25 页。马戎：《族群、民族与国家构建：当代中国民族问题》，北京：社会科学文献出版社 2012 年版。于春洋：《现代民族国家建构：理论、历史与现实》，北京：中国社会科学出版社 2016 年版。

206. Charles Tilly，ed.，*The Formation of National State in Western Europe*，Princeton：Princeton University Press，1975. Michael Hechter and William Brustein，"Regional Modes of Production and Patterns of State Formation in Western Europe，" *American Journal of Sociology*，Vol.85，No.5，1980，pp.1061—1094. Richard Lachmann，"Elite Conflict and State Formation in 16th- and 17th-Century England and France，" *American Sociological Review*，Vol. 54，No.2，1989，pp.141—162. Victoria Tin-bor Hui，*War and State Formation in Ancient China and Early Modern Europe*，New York：Cambridge University Press，2005. Tuong Vu，"Studying the State through State Formation，" *World Politics*，Vol.62，No.1，2010，pp.148—175.［美］贾恩弗兰科·波齐：《国家形成理论》，载［英］凯特·纳什·斯科特主编：《布莱克维尔政治社会学指南》，李雪等译，杭州：浙江人民出版社 2007 年版，第 97—108 页。黄冬娅：《比较政治学视野中的国家基础权力发展及其逻辑》，载谭安奎主编：《中大政治学评论》第 3 辑，北京：中央编译出版社 2008 年版，第 227—231 页。张孝芳：《从欧洲之内到欧洲之外：现代国家形成理论的演进》，载《教学与研究》2015 年第 8 期，第 79—85 页。

207. Deborah A. Bräutigam，"Introduction：Taxation and State-Building in Developing Countries，" in Deborah Bräutigam，Odd-Helge Fjeldstad and Mick Moore，eds.，*Taxation and State-Building in Developing Countries：Capacity and Consent*，Cambridge：Cambridge University Press，2008，p.2.

208. 上述三部著作的中译本均将英文标题中的国家建设（state building）译为"国家构建"或"国家建构"。由于在许多情况下英文的"nation"和"state"均被中文翻译为国家，且"构建"和"建构"之间难于区分，因而国家构建很容易混同为国族建构（nation building），故本书采取"国家建设"的译法。三部著作中译本参见［美］戴维·瓦尔德纳：《国家构建与后发展》；［美］弗朗西斯·福山：《国家构建：21 世纪的国家治理与世界秩序》；［美］黛博拉·布罗蒂加姆、［美］奥德-黑尔格·菲耶尔斯塔德、［美］米克·摩尔主编：《发展中国家的税收与国家构建》。译著之外，国内学者有时也在论文中使用"国家构建"或"国家建构"来讨论国家建设问题，如杨光斌：《国家建构、公民权利与全球化》，载《教学与研究》2013 年第 3 期，第 90—93 页；曾毅：《现代国家构建理论：从二维到三维》，载《复旦学报（社会科学版）》2014 年第 6 期，第 161—169 页。任剑涛：《驾驭权力与现代国家建构》，载《探索》2015 年第 2 期，第 96—105 页；曹海琴、于春洋：《国家建构理论的两大流派及其研究新进展》，载《国际论坛》2016 年第 3

期,第54—59页。关于"国家建构"的含义辨析,可参见郭忠华:《"国家建构"涵义考辨》,载《中国社会科学报》2017年10月11日第7版。关于国家建设的著作,亦可参见 Shahar Hameiri, *Regulating Statehood*: *State Building and the Transformation of the Global Order*, Basingstoke: Palgrave Macmillan, 2010; Paul D. Miller, *Armed State Building*: *Confronting State Failure*, *1898—2012*, Ithaca: Cornell University Press, 2013。

209. [美]埃里克·A.诺德林格:《民主国家的自主性》,孙荣飞等译,南京:江苏人民出版社2010年版,第24—34页。

210. 马克思:《路易·波拿巴的雾月十八日》,载《马克思恩格斯选集》第1卷,北京:人民出版社2012年版,第663—774页。

211. Peter Evans, *Embedded Autonomy*: *States and Industrial Transformation*, Princeton: Princeton University Press, 1995. Peter Evans, "The State as Problem and Solution: Predation, Embedded Autonomy and Adjustment," in Stephan Haggard and Robert Kaufman, eds., *The Politics of Economic Adjustment*: *International Constraints*, *Distributive Politics*, *and the State*, Princeton: Princeton University Press, 1992, pp.139—181.

212. Theda Skocpol, *States and Social Revolutions*, New York: Cambridge University Press, 1979. Margaret Levi, "The Predatory Theory of Rule," *Politics & Society*, Vol.10, No.4, 1981, pp.431—465.

213. Linda A. Weiss, *The Myth of the Powerless State*, Ithaca: Cornell University Press, 1998, pp.28—30.

214. 有的学者对国家自主性的讨论其实更偏向于国家能力,还有的学者在分析国家自主性时隐含了国家偏好可以被完美实施的假定,前者可参见 Stephen D. Krasner, *Defending the National Interest*: *Raw Materials Investments and U. S. Foreign Policy*, Princeton: Princeton University Press, 1978;后者可参见田野:《国家的选择:国际制度、国内政治与国家自主性》。

215. Linda A. Weiss, *The Myth of the Powerless State*, Ithaca: Cornell University Press, 1998, p.17.

216. "麦迪逊难题"源于《联邦党人文集》第五十一篇:"在组织一个人统治人的政府时,最大困难在于必须首先使政府能控制被统治者,然后再责成其控制自身。"关于麦迪逊难题更详细的讨论,见第四章第一节。James Madison, "The Federalist, 51," in Alexander Hamilton, James Madison, and John Jay, *The Federalist Papers*, New York: Oxford University Press, 2008[1788], p.257.

217. 如欧阳景根对非常态政治下的国家政治能力的研究、欧树军对国家认证能力的研究、樊鹏对以公安警察为代表的国家强制能力的研究等。参见欧阳景根:《国家能力研究:应对突发事件视野下的比较》,长春:吉林出版集团有限责任公司2011年版;欧树军:《国家基础能力的基础》,北京:中国社会科学出版社2013年版;樊鹏:《社会转型与国家强制:改革时期中国公安警察制度研究》,北京:中国社会科学出版社2017年版。

218. Hans-Georg Betz, *Radical Right-Wing Populism in Western Europe*, Basingstoke: Macmillan, 1994. Pippa Norris and Ronald Inglehart, *Cultural Backlash*: *Trump*, *Brexit*, *and Authoritarian Populism*, New York: Cambridge University Press, 2019. William A. Galston, "The Populist Challenge to Liberal Democracy," *Journal of Democracy*, Vol.29, No.2, 2018, pp.5—19. 周强、陈兆源:《经济危机、政治重组与西方民粹主义——基于国内政治联盟的形式模型与经验检验》,《世界经济与政治》2019年第11期,第78—104页。

219. 福山将国家建设的路径大致分为两类,一类是原生性的,如欧美国家;另一类是在外来制度影响或刺激下的国家建设,如非洲、拉丁美洲和东亚地区。这一观点类似于费正清(John K. Fairbank)等学者关于两种基本工业化模式的划分。在英国模式中,现代化是内生的；而在中国模式中，现代化发生之前需要通过外部力量来打破传统的均衡关系。参见［美］弗朗西斯·福山：《政治秩序的起源：从前人类时代到法国大革命》，毛俊杰译，桂林：广西师范大学出版社 2014 年版；John K. Fairbank, Alexander Eckstein, and L. S. Yang, "Economic Change in Early Modern China: An Analytic Framework," *Economic Development and Cultural Change*, Vol.9, No.1, 1960, pp.1—26。

220. 中华人民共和国商务部、国家统计局、国家外汇管理局：《2020 年度中国对外直接投资统计公报》，北京：中国商务出版社 2021 年版，第 78 页。World Bank, *World Development Indicator 2003*, Washington, DC: World Bank Group, 2003, p.333.

221. 之所以称之为跨国资本而非国际资本，是因为本书所研究的是一种跨国互动（transnational interaction）而非国际互动（international interaction），即跨国资本作为一国的次国家行为体（substate actors）如何与其他的国家和社会互动。参见 David A. Lake and Robert Powell, "International Relations: A Strategic-Choice Approach," in David A. Lake and Robert Powell, eds., *Strategic Choice and International Relations*, Princeton: Princeton University Press, 1999, p.14; Thomas Risse-Kappen, ed., *Bringing Transnational Relations Back in: Non-State Actors, Domestic Structures and International Institutions*, New York: Cambridge University Press, 1995。

222. 外国直接投资区别于金融投资的特征便是企业拥有他国经济活动的控制权。斯蒂芬·赫伯特·海默（Stephen Herbert Hymer）在其 1960 年的博士论文中从产业组织理论视角首次系统性地阐释了这一观点，该博士论文于 1976 年出版。参见 Stephen Herbert Hymer, *The International Operations of National Firms: A Study of Direct Foreign Investment*, Cambridge: The MIT Press, 1976。

223. 例如，外国直接投资和外国间接投资被认为拥有不同的国内分配效应，有研究发现直接投资有利于左翼政党，而间接投资则有利于右翼政党，若将不同的跨国资本类别简单相加，则无益于揭示各自的理论机制，并且这种数据处理方式也更难正当化。关于两者的区别，可参见 Andrey Tomashevskiy, "Capital Preferences: International Capital and Government Partisanship," *International Studies Quarterly*, Vol. 59, No. 4, 2015, pp. 776—789; Layna Mosley and Saika Uno, "Racing to the Bottom or Climbing to the Top? Economic Globalization and Collective Labor Rights," *Comparative Political Studies*, Vol.40, No.8, 2007, p.925; Leslie Elliott Armijo, ed., *Financial Globalization and Democracy in Emerging Markets*, Basingstoke: Palgrave Macmillan, 2001。

224. Jeffry A. Frieden, "International Investment and Colonial Control: A New Interpretation," in Jeffry A. Frieden, David A. Lake, and J. Lawrence Broz, eds., *International Political Economy: Perspectives on Global Power and Wealth*, 5th Edition, New York: W. W. Norton, 2010, pp.119—138.

225. 卢凌宇：《研究问题与国际关系理论的"重要性"》，载《世界经济与政治》2017 年第 5 期，第 65—95 页。庞珣：《国际关系研究的定量方法：定义、规则与操作》，载《世界经济与政治》2014 年第 1 期，第 5—25 页。Kenneth Waltz and James Fearon, "A Conversation with Kenneth Waltz," *Annual Review of Political Science*, Vol. 15, No. 1, 2012, pp.1—12.

226. ［美］保罗·法伊尔阿本德：《反对方法——无政府主义知识论纲要》，周昌忠译，上海：上海译文出版社 1992 年版，第 1 页。

227. Atul Kohli, Peter Evans, Peter J. Katzenstein, Adam Przeworski, Susanne Hoeber, James C. Scott and Theda Skocpol, "The Role of Theory in Comparative Politics: A Symposium," *World Politics*, Vol.48, No.1, 1995, p.16.

228. ［美］C.赖特·米尔斯：《社会学的想象力》，陈强、张永强译，北京：生活·读书·新知三联书店 2001 年版，第 137 页。

229. [美]芭芭拉·格迪斯:《范式与沙堡:比较政治学中的理论建构与研究设计》,陈子格、刘骥译,重庆:重庆大学出版社 2012 年版,第 117 页。对运用理性选择路径进行国际关系研究的系统阐述,可参见 David A. Lake and Robert Powell, eds., *Strategic Choice and International Relations*, Princeton: Princeton University Press, 1999。

230. Gary Goertz, *Multimethod Research, Causal Mechanisms, and Case Studies: An Integrated Approach*, Princeton: Princeton University Press, 2017, pp.1—3.

231. James D. Fearon and David D. Laitin, "Integrating Qualitative and Quantitative Methods," in Janet M. Box-Steffensmeier, Henry E. Brady, and David Collier, eds., *The Oxford Handbook of Political Methodology*, New York: Oxford University Press, 2008, p.773.

232. Gary Goertz and James Mahoney, *A Tale of Two Cultures: Qualitative and Quantitative Research in the Social Sciences*, Princeton: Princeton University Press, 2012.

233. Gary King, Robert O. Keohane, and Sidney Verba, *Designing Social Inquiry: Scientific Inference in Qualitative Research*, Princeton: Princeton University Press, 1994, pp.3—7.

234. 相关讨论可参见 Gary King, "Replication, Replication," *PS: Political Science and Politics*, Vol. 28, No. 3, 1995, pp.444—452。关于定性研究中的透明性和可复制性,参见 Alan M. Jacobs et al., "The Qualitative Transparency Deliberations: Insights and Implications," *Perspectives on Politics*, Vol.19, No.1, 2021, pp.171—208; Colin Elman, Diana Kapiszewski, "Data Access and Research Transparency in the Qualitative Tradition," *PS: Political Science and Politics*, Vol.47, No.1, 2014, pp.43—47; Andrew Moravcsik, "Transparency: The Revolution in Qualitative Research," *PS: Political Science and Politics*, Vol. 47, No. 1, 2014, pp.48—53。

235. Abbas Tashakkori and Charles Teddlie, *Mixed Methodology: Combining Qualitative and Quantitative Approaches*, Thousand Oaks: Sage, 1998.

236. Jean-Claude Perrot and Stuart J. Woolf, *State and Statistics in France, 1789—1815*, London: Harwood Academic Publishers, 1984, p.82.

237. Melvin L. Kohn, "Cross-National Research as an Analytic Strategy," *American Sociological Review*, Vol.52, No.6, 1987, pp.713—731.

238. Arend Lijphart, "Comparative Politics and the Comparative Method," *American Political Science Review*, Vol.65, No.3, 1971, pp.682—693.

239. James Mahoney, "Qualitative Methodology and Comparative Politics," *Comparative Political Studies*, Vol.40, No.2, 2007, pp.122—144. James Mahoney, "Strategies of Causal Inference in Small-N Analysis," *Sociological Methods & Research*, Vol. 28, No. 4, 2000, pp.387—424.

240. 对否决者如何影响一国政策稳定性的讨论展现了类似逻辑,增加一个否决者会增加(至少不会减少)政策的稳定性。

241. 上面三点特质是相辅相成的。至于中国企业为什么会选择这种国际化模式,既有可能是因为其注重道义的国际观,也有可能是面对在位者(西方资本)的竞争策略,还有可能是因为其所有权结构,当然,这不是本书的讨论主题。

第一章

发展中国家外国直接投资结构的演变

如果说有这样一种变革,对国家间最高层次上的政治产生着超过其他所有变革的影响,同时又对全世界的个人生活选择产生着影响,那么,这种变革就是发生在世界经济生产结构中的变革。[1]

——苏珊·斯特兰奇

结构是一个抽象概念,不能通过列举系统物质特征的方式来定义。而是必须由系统各部分的排列以及这种排列的原则来定义。[2]

——肯尼思·华尔兹

第一节　资本的国际化与资本来源国的多元化

考察经济全球化的历史,跨国投资并非新事物,但其所产生的影响却是前所未有的。[3]跨国公司几乎遍布所有国家,构建的一体化的国际生产体系是当前经济全球化的核心支柱,通过塑造国际分工和贸易网络形成了精密复杂的全球价值链。尽管有能力进行国际化生产的跨国公司最初多集中于发达经济体,但新兴市场和发展中国家的资本国际化已日益变得难以忽视。

一、资本国际化的基本历程

公历 1601 年 1 月 10 日[4],英国伊丽莎白一世女王特许状的授予标志着东印度公司的正式诞生。公司的创办者获准在 15 年期间垄断与东印度之间的贸易。英国国王禁止其他英国人成立公司参与这样的贸易。与之后自由贸易的观念不同,通过政府获得垄断贸易的特权是当时欧洲从事商业活动的人指望实现的目标。[5]基于广为人知的海外经营和强大的经济实力，17 世纪的英国东印度公司，包括其后成立的荷兰东印度公司、英国哈德逊湾公司也常被追溯为跨国公司的雏形。[6] 不过需要指出的是，这类兼具经济和政治属性的早期公司实体并不是在生产国际化的大背景下出现的，并且其业务范围集中于国际贸易，以对外直接投资形式开展的资本国际化较为有限。

随着工业革命带来的科技进步和生产力发展，发达资本主义国家的相对资本过剩使得资本输出成为普遍现象。[7] 到了 19 世纪，外国投资已经变得十分重要，其形式主要是通过英国的贷款来为其他国家的经济发展融资或是获得金融资产的所有权，大致属于外国间接投资的范畴。当然，早期的外国直接投资也已存在。安德鲁·戈德利（Andrew C. Godley）分析了 19 世纪 90 年代之前外国对英国制造业进行直接投资的一些案例。戈德利发现，这些外国投资者主要集中在消费品部门，而且他们大多数都失败了。成立于 1851 年的美国胜家制造公司（Singer Manufacturing Company）在英国格拉斯哥建立的缝纫机工厂是其中的例外，由于其对外国直接投资的热心投入，胜家在 1900 年已成为世界最大的公司之一。[8] 在 20 世纪两次世界大战之间的时期，外国投资总体下降，但其中直接投资占总投资的比重上升至四分之一左右。[9] 在此期间的另一个重要变化是，英国失去了世界主要债权国的地位，美国成长为主要的经济与金融大国。第二次世界大战结束初期，美国成为唯一有实力大规模输出资本的西方强国。在美国的主导下，外国直接投资开始增多。其原因一方面是运输和通讯技术的进步使得远距离掌控成为可能，另一方面是欧洲和日本需要美国的投资为战后重建提供资金。同时，美国还颁布了有利于对外投资的税法。20 世纪 60 年代，上述因素的促进效应遇到瓶颈，外国直接投资的增长趋势遭受逆转。此时，许多东道国开始抵制美国对当地产业的所有权和控制权，导致美国资本流出放缓。相关东道国经济逐步复苏，它们也尝试成为新的资本输出国。

外国直接投资在 20 世纪 80 年代激增，这可部分归因为商业的全球化以及众多东道国对跨国公司观念的转变。[10] 一个变化是美国成为净债务国和外国直接投资的主要接受国。其原因是美国经济的低储蓄率，使得依靠国内资本市场来为不断扩大的预算赤字融资变得不可能，并导致了对外国资本的需求，这些资本主要来自日本和德国。另一个变化是日本成为美国和欧洲的主要外国直接投资供应国。[11] 为降低劳动力成本，日本还扩大了在东亚和东南亚的直接投资。工业国家的对外直接投资总额在1984年至1990年期间增加了3倍以上。1990年至1992年期间，由于工业国家的经济增长放缓，外国直接投资流量下降，但随后出现了强劲反弹。其原因一是越来越多的小公司成为跨国公司，对外直接投资不再局限于大型企业。二是外国直接投资的行业多样性有所扩大，服务业所占份额急剧上升。三是外国直接投资的东道国数目大幅增加。此外，投资环境在20世纪90年代有了相当大的改善，部分原因是认识到外国直接投资的好处。这种态度的转变反过来又消除了外国直接投资的现实障碍，并增加了利用外国直接投资的鼓励措施。20世纪90年代的另一个重要特征是，由于日本泡沫经济的破裂，日本作为外国直接投资来源国的重要性下降。跨境并购在20世纪90年代末成为外国直接投资背后的驱动力。同时，外国直接投资政策自由化的政策趋势依旧在继续。截至1998年底，避免双重征税协定总数已达1 871份。

进入21世纪以来，以新兴经济体为代表的发展中国家对外直接投资日益活跃。2000年时，第一次破纪录的有总部设在发展中经济体的五家公司进入当年最大的100家公司之列，即中国香港和记黄埔、马来西亚国家石油公司(Petronas)、墨西哥西麦斯集团(CEMEX)、委内瑞拉石油公司(Petroleos)和韩国LG集团。[12]2012年，100家最大的跨国公司（多数来自发达经济体）的国际生产增长处于停滞状态。不过，设在发展中和转型经济体的100家最大的跨国公司的外国资产增加了22％，其国际生产网络的扩张仍在进行。在经济前景难以料定的背景下，发达国家的跨国公司不得不对新投资持观望态度或撤回国外资产，而不是大幅扩展国际业务。2012年，38个发达国家中有22个国家的对外直接投资量下滑，总体下降23％。[13]随着新兴经济体跨国公司的发展，加之全球经济的不确定性增大，发达经济体开始更为主动地采取限制政策。从联合国贸发会发布的数据来看，虽然各国整体以鼓励性外资政策为主，但这类政策占总出台外资政策的比例从2003年的90.4％下降到了2018年的58.0％。而相应地，限制性外资政策的比例则从9.6％上升为27.7％，其中很重要一部分限制性政策源于发达国家。以2018年为例，亚洲地区发展中国家采取了32项旨在促进外资的政策措施，只有两项是关于限制或监管的。相比之下，发达国家采取了21项旨在加强限制或监管的投资政策措施，只有7项政策为鼓励外国投资。[14]随着发展中国家资本的国际化,流入最不发达经济体的直接投资亦呈上升趋势。

二、发展中国家资本国际化

在相当长一段时间内,发达国家是输出直接投资的主力。第二次世界大战前,有几家阿根廷企业在邻国开办了工厂并从事制造业生产,还有一些发展中国家的银行在国外设立了办事机构,其他行业的对外投资事例则屈指可数。以至于刘易斯·威尔斯(Louis T. Wells)曾感慨,在20世纪50年代和60年代,人们很难想象,发展中国家会有条件产生许多拥有竞争优势、完全能够到国际上参加角逐的本土制造业公司。[15]尽管20世纪70年代后多数直接投资流入了发达地区,但这类跨国资本也为资本要素相对不足的发展中国家的经济增长提供了帮助。[16]随着发展中国家经济实力的增强及其企业生产效率的提高,部分发展中经济体的资本所有者亦开始了资本国际化的征程(见图1.1)。与1970年相比,发达经济体在2018年的对外直接投资流量增长了38.6倍,发展中经济体则增长了10 279.3倍。发展中与发达经济体对外直接投资的比值从1970年的不足0.3%增加至2018年的历史高值74.8%。[17]

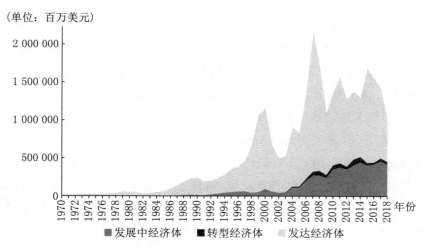

(单位:百万美元)

注:根据UNCTAD数据库绘制而成。

图1.1 发展中、发达和转型经济体对外直接投资流量(1970—2018年)

　　尽管在对外直接投资的存量上,发达经济体依然占据着更大优势,不过发展中经济体占发达经济体对外直接投资比例也已从 1980 年的14.5% 显著增长到了 2018 年的32.6%。发展中国家的资本国际化已经成为不容忽视的事实。总部设在发展中和转型经济体的最大的 100 家跨国公司的国际化指标显示,这些公司正在很努力地进行国际化,国外资产和国外销售额急剧增加。[18]巴西、俄罗斯、印度、中国和南非作为金砖五国(BRICS) 常常被视为新兴经济体扩大对外直接投资的代表性证据。从流量上看, 金砖五国对外直接投资占世界的比从 2000 年的 0.6% 增至 2018 年的 16.6%;从存量上看,这一数值则从 2000 年的 1.0% 增至 2018 年的 9.4%。中国在其中起到了极大的拉动作用(图 1.2)。[19]尤其在 2008 年国际金融危机之后,金砖五国对外直接投资存量的趋势与中国的形状高度吻合。

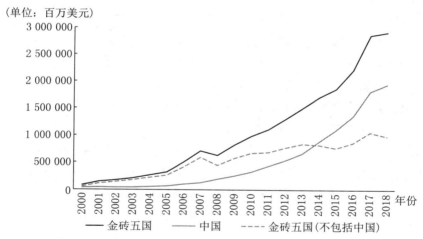

注:根据 UNCTAD 数据库绘制而成。

图 1.2　金砖国家对外直接投资存量(2000—2018 年)

　　不仅在金砖国家内部,中国在整个发展中世界也起着日益重要的作用。1981 年,刚刚改革开放的中国对外直接投资仅占发展中国家对外直接投资存量总数的 0.05%;2001 年"走出去"战略纳入《国民经济和社会发展第十个五年计划纲要》时这一比重为 4.7%;而到 2018 年,中国的对外直接投资占整个发展中世界对外直接投资存量的比例已经达到 25.8%, 意味着超过四分之一的发展中国家对外直接投资存量来自中国。[20]因此,有必要对中国资本国际化作进一步的分析。

三、中国资本"走出去"

作为"百年未有之大变局"的内涵之一，中国的发展乃至崛起将对世界秩序产生深远影响。[21]学者们已经关注到中国在国际制度和发展模式方面提供的替代方案和外部选项。[22]事实上，在外国直接投资领域，中国角色的日益重要也同样值得关注。

相较于发达国家的企业国际化行为，中国对外直接投资起步较晚。改革开放之前，尽管事实上曾在香港和东南亚有过直接投资实践的经验[23]，但其象征意义远远大于实际效果。此外，伴随着对外援助事业的发展，在新中国成立后，我国也开展了一些对外承包工程项目。从 20 世纪50 年代到 70 年代，我国以贷款和赠送方式，帮助第三世界国家共建各类建设项目 945 个。20 世纪 70 年代中期，又在一些关系友好的石油输出国参与过工程建设项目投标。但是，由于受极"左"思想的影响以及实行高度集中的计划经济体制，这一时期，中国对外承包工程和劳务合作的发展非常有限。[24]直到 1978 年 12 月党的十一届三中全会后，国家才正式逐步推动对外直接投资的规范与发展，目前大致经历了四个发展阶段。

第一阶段为 1979 年至 1991 年，中央政府开始确立对外直接投资的审批程序，并尝试建立对外投资管理制度体系，此为最初起步阶段。1979 年8 月，国务院制定《关于经济改革的十五项措施》，其中明确将发展对外投资作为国家政策，这是中国关于海外投资最早的规定。在 1982 年前，对外直接投资无论出资方式、金额大小一律需要交由国务院审批，当年 3 月，对外经济贸易部（以下简称外经贸部）成立，成为管理中国海外投资的核心部门，但仍然是逐个基础上的审批，并未形成相应的制度规范。1984 年，外经贸部发出《关于在国外和港澳地区举办非贸易性合资经营企业审批权限和原则的通知》。1985 年，外经贸部又出台《关于在境外开办非贸易性企业的审批程序和管理办法的试行规定》，以此为标志，中国对外直接投资开始尝试建立标准的审批流程与管理体系。[25]但在整个 80 年代，国内仍面临投资和外汇的巨大缺口，企业对外直接投资动力不足。1984 年，中国对外直接投资流量首次突破 1 亿美元，直到 1990 年也仅为 8.3 亿美元。[26]同时，由于缺乏审批管理经验和国际经营经验，部分项目预期效果不明显,问题也日渐增多。鉴于此,当时的国家计划委员会向国务院递交了《关于加强海外投资项目管理意见的通知》,提出"我国尚不具备大规模到海外投资的条件"并得到后者的批转[27],审批程序较之前收紧。

第二阶段为 1992 年至 2000 年,中国开始大量吸引外资,在此过程中逐步酝酿"走出去"战略,此为学习准备阶段。1992 年邓小平的南方谈话[28]再次加大了经济改革和对外开放的力度。同年召开的中共十四大将建立社会主义市场经济体制作为中国经济体制改革的目标,并提出"积极扩大我国企业的对外投资和跨国经营"。[29]1997 年 9 月的中共十五大报告提出要进一步"鼓励能够发挥我国比较优势的对外投资"。[30]同年 12 月,江泽民在全国外资工作会议上指出:"我们不仅要积极吸引外国企业到中国来投资办厂,也要积极引导和组织国内有实力的企业走出去,到国外投资办厂,利用当地的市场和资源。"[31]2000 年 2 月,江泽民在广东考察时再次强调"抓紧实施'走出去'的战略"。在此阶段,中国经济总体保持了较快的增长,民营企业发展迅速,并显示了极强的活力,同时,国有企业改革步伐加快,一批大型国有企业通过改组改制成功在国内外资本市场上市,公司治理结构与财务状况得到极大改善。[32]1992 年,中国对外直接投资流量突破性地达到 40 亿美元,为上一年的 4.4 倍。但由于国内经济波动和亚洲金融危机的影响,90 年代海外投资额经历波动,并在 2000 年降至 9.2 亿美元,创下 1991 年后新低。[33]尽管如此,在扩大开放的总趋势下,中国"走出去"战略已逐步成型,同时也学习积累了更多的投资经验,对外直接投资的拐角即将到来。

第三阶段为 2001 年至 2014 年,"走出去"战略的正式提出与加入世界贸易组织让中国愈发加深了与世界经济的相互联结,更加宽松的政策使对外直接投资成为企业跨国配置资源、国家实现战略目标的重要途径,此为迅速发展阶段。配合"走出去"战略,2001 年 8 月,在原外经贸部的支持下,中国国际投资促进中心成立;2003 年 3 月,新组建的商务部又正式成立了投资促进事务局,后又增设对外投资和经济合作司。此外,如中国国际投资促进会和中国产业海外发展和规划协会等一批社团组织也陆续成立。2005 年 2 月,《国务院关于鼓励支持和引导个体私营等非公有制经济发展的若干意见》(也称"非公经济 36 条")明确提出鼓励和支持非公有制企业"走出去"。2006 年 7 月,国家发改委、商务部、外交部、财政部、海关总署、国家税务总局、国家外汇管理局等七部委联合发布《境外投资产业指导政策》，将境外投资项目分为鼓励、允许和禁止三类，更有针对性地推动"走出去"战略的实施。2006年10月，温家宝主持召开国务院常务会议，讨论通过《关于鼓励和规范我国企业对外投资合作的意见》。这是中央提出"走出去"战略以来第一个全面系统规范和鼓励对外投资合作的纲领性指导文件。2007年5月，商务部、财政部、中国人民银行、全国工商联共同发布《关于鼓励支持和引导非公有制企业对外投资合作的若干意见》，为民营企业的国际化增添了政策保障。2008年中国对外直接投资流量为559.1亿美元，相比2000年增长了61倍，年均增长率为67.2％。[34]国际金融危机一定程度上减缓了中国对外直接投资的增长，但在全球投资萎缩的情况下，中国的逆势上扬便显得格外抢眼。2009年，商务部颁布了《境外投资管理办法》，下放了对外直接投资的审批权限；国家外汇总局出台了《境内机构境外直接投资外汇管理规定》，促进海外投资。2010年5月，《国务院关于鼓励和引导民间投资健康发展的若干意见》（也称"新36条"）表示支持民营企业在研发、生产、营销等方面开展国际化经营，并提出完善境外投资促进和保障体系。2013年"一带一路"倡议的提出为中国企业参与跨国投资注入了新动力。数据显示，2013年中国对外直接投资的流量为1 078.4亿美元，首次突破千亿美元大关，同比增长22.8％，当年增速为全球对外投资流量增速的4倍以上。[35]中国对外投资合作大国地位持续巩固，2014年对外直接投资流量规模在当年排全球第3位。

第四阶段为2015年至今，中国加快构建开放型经济新体制，共建"一带一路"从布局谋篇的"大写意"转向精谨细腻的"工笔画"，强调以高水平走出去更好服务构建新发展格局，此为稳中提质阶段。2015年5月，《中共中央　国务院关于构建开放型经济新体制的若干意见》中提出，要建立促进走出去战略的新体制，努力提高对外投资质量和效率，要推进境外投资便利化、创新对外投资合作方式、健全走出去服务保障体系，并将引进来和走出去有机结合。2019年4月的第二届"一带一路"国际合作高峰论坛上，各方就高质量共建"一带一路"达成广泛共识。2021年3月，"十四五"规划和2035年远景目标纲要正式发布，将提高国际双向投资水平作为促进国内国际双循环的重要内容，指出要"推进多双边投资合作机制建设,健全促进和保障境外投资政策和服务体系,推动境外投资立法"。近年来,中国积极参与国际投资规则制定,拓展绿色经济、数字经济等新兴领域投资合作,强化企业海外社会责任。[36]中国的对外直接投资流量尽管在 2016 年达到 1 961.5 亿美元的高位后连续 3 年出现回落,但仍保持了基本平稳,对外直接投资存量也在 2018 年至 2020 年稳定在全球第 3 位。截至 2020 年底,中国 2.8 万家境内投资者共在 189 个国家和地区设立对外直接投资企业 4.5 万家,年末境外企业资产总额 7.9 万亿美元。当年中国对外直接投资流量达 1 537.1 亿美元,更是首次成为世界第一。[37]未来,中国将继续加强制度性、结构性安排,促进更高水平对外开放,鼓励对外投资合作高质量发展。

第二节　发展中国家的外国直接投资数量

按照通常的定义,发展中国家是那些资本要素相对稀缺的国家。[38]而经济全球化的扩散为这些第三世界国家带来了外部资本,其中外国直接投资扮演着重要角色。

与第一节中讨论外国直接投资的输出不同,本节所使用的数据聚焦于外国直接投资的流入。理论上,两个数据应该是互相对应的,但由于统计口径等因素,两者亦不完全一样。与发达经济体吸收外资流量的几次大的波动不同,发展中经济体吸纳外国直接投资的流量大致呈上升趋势,并且在 2014 年和 2018 年吸纳外国直接投资的流量两度超过发达经济体,这是此前历史上从未发生过的情况(见图 1.3)。自 2008 年以来,发展中经济体吸收外资的比例稳定在发达经济体的 50% 以上,平均值更是达到了发达经济体的 85.5%,而此平均值在 20 世纪 70 年代的 10 年间仅为 33.5%。这也符合一些学者的观察,尽管理论上资本要素稀缺的发展中国家由于其更大的资本收益潜力应吸引更多的外国投资者,但绝大部分投资却仍然流入了资本要素相对充裕的发达经济体。不过,随着发展中国家作为母国输出资本内生动力的增强以及作为东道国基础设施环境的改善,发展中国家吸收外国直接投资的原因及其效应都需要更多地引起关注。

(单位：百万美元)

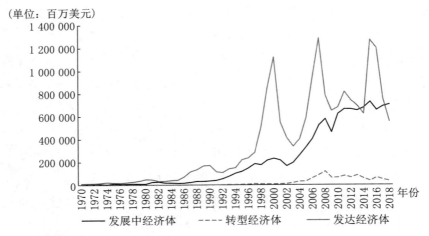

注:根据 UNCTAD 数据库绘制而成。

图 1.3　发展中、发达和转型经济体外国直接投资流量(1970—2018 年)

　　从存量上看,发展中经济体吸收的外国直接投资也有较为明显的提升。在 21 世纪初,第三世界外国直接投资存量为 1.5 万亿美元,仅占世界的 21.0%,而 2010 年之后,这一数值已稳定达到 30% 以上(见图 1.4)。2017 年,发展中经济体吸收的外国直接投资存量更是突破了 10 万亿美元。将发展中国家作为整体的讨论虽然有助于我们把握整体趋势,但也容易忽视各个区域的具体情况,事实上,不同区域之间存在明显的差异性。在发展中国家的存量中,亚洲发展中国家最为显著,自 2000 年以来便保持在 60% 以上。及至 2018 年,发展中国家吸收的 10.7 万亿美元外国直接投资里有 7.6 万亿美元的存量在亚洲地区。若将 2000 年至 2018 年各区域发展中国家吸收的外资进行平均,亚洲国家在其中将占 67.2%,之后是美洲 23.2%、非洲 9.4%、大洋洲 0.3%。

　　相较流量数据而言,学者普遍认为外国直接投资的存量数据是更好的测量方式,因此我们接下来的讨论也主要关注外资存量。[39] 不过,仅关注外国直接投资的存量总额及其区域差异仍是不够的,因为不同国家的体量差异较大。例如,印度和斯里兰卡虽同为南亚的发展中国家,但两者的人口和经济体量却十分不同,机械地对比两国吸收的外国直接投资存量是不可取的。故接下来,我们将透过外国直接投资存量占一国 GDP 的比和一国的人均外国直接投资存量对具体的发展中国家作出讨论。

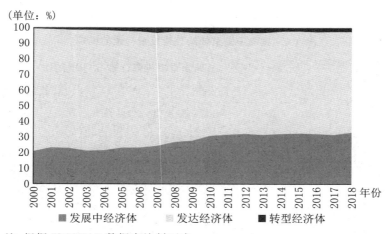

注：根据 UNCTAD 数据库绘制而成。

图 1.4 发展中、发达和转型经济体外国直接投资存量（2000—2018 年）

在表 1.1 中，我们从外国直接投资存量占 GDP 的比和人均外国直接投资存量两个维度出发，将其分别分成高、中、低三类，进而形成一张 3×3 的矩阵。在 135 个发展中国家中，古巴、瑙鲁和南苏丹三国数据缺失。剩下的 132 个第三世界国家中，有 19 国位于表格的右下角，即外国直接投资占 GDP 的比值和人均值双低的第九类情况，如朝鲜、印度、不丹、孟加拉等。它们大多具有外资政策较为保守或（且）人口众多的属性。在第八类情况中，外资存量占经济总量比重低而人均存量中等，其中包括中国、韩国、科威特、伊朗等 12 个国家。中国和韩国虽然吸收了大量外国直接投资，但两国经济体量过大，导致外资在整个国民经济中处于相对从属的位置。[40] 与其对称的是第六类情况，外资在国民经济中扮演中等角色而人均外资存量低，涵盖尼日尔、坦桑尼亚、乌干达等 12 个国家，它们全部位于撒哈拉以南非洲地区。第三类和第七类情况中，两个维度的取值一高一低，属于较不可能出现的反常情况，一共仅包括 2 个国家——阿联酋和卡塔尔，其中不存在第三类国家。上述五类情况我们在表中以灰色表示，它们至少在一个维度上属于"低"类别。尤其是第九类情况，要观察外国直接投资在这类经济体中的政治效应可能是比较困难的。

表 1.1　发展中国家外国直接投资存量的类别

外国直接投资存量占 GDP 的比

		高	中	低
人均外国直接投资存量	高	I：新加坡 智利	IV：马来西亚 沙特阿拉伯	VII：阿联酋 卡塔尔
	中	II：赞比亚 刚果（布）	V：印度尼西亚 墨西哥	VIII：中国 韩国
	低	III：无	VI：坦桑尼亚 刚果（金）	IX：朝鲜 印度

注：在分类依据中，类别"高"包括第 75 个百分位以上的国家；类别"中"包括第 25 个至第 75 个百分位之间的国家；类别"低"包括第 25 个百分位以下的国家。各国相关数值取 1980 年至 2018 年间可得数据的平均值，根据 UNCTAD 数据库计算而得。发展中国家的范围参见联合国相关标准。需要说明的是，表格中列出的国家并非穷举，更为详细的发展中国家类别参见附录 1。

　　还有 87 个发展中国家被囊括在剩下的四类情况中，这些情况的共同特点是，外国直接投资存量的 GDP 占比和人均值皆处于中等及以上的水平。新加坡、智利、塞舌尔等 20 个经济体属于第一类情况，这些经济体大多属于外资政策较为开放的小型外向经济体。[41] 第二类和第四类属于对称情况，包括的国家数量也类似——分别为 13 个与 11 个，但其构成却不尽相同。逾半数第二类国家来自撒哈拉以南非洲地区，第四类国家则较为均匀地分布在中东北非、拉丁美洲、东南亚南亚地区。由于覆盖的百分位范围最大，理所当然地，第五类国家的数量也最多，共包括各地区发展中国家 42 个。拉丁美洲的主要经济体如巴西、阿根廷、墨西哥、委内瑞拉等，东南亚的主要经济体如印度尼西亚、泰国、越南等，非洲的主要经济体如南非、埃及、博茨瓦纳等都位于其中。不难推测，外国直接投资在第一、二、四、五这几类国家中将扮演相对可观的角色，值得研究者们重点关注。

第三节　发展中国家的外国直接投资结构

　　与仅从总量上讨论一国吸纳的外国直接投资相比，从外国直接投资存量占 GDP 的比和人均外国直接投资存量两个维度出发可以帮助我们更加具体地研判外国直接投资将对哪些国家产生更可观察的影响。以此为基础还可进一步细化,即讨论发展中国家的外国直接投资结构,这也是本书尤其强调的。在讨论一国的资本结构时,研究者们往往需要根据资本所有者的不同来区分国有资本、民营资本和外国资本。[42]然而,围绕外国资本本身展开结构分析仍不太常见。在外国直接投资领域,对资本结构的划分既可以是根据行业,也可以是根据资本来源国。由于行业间存在差别,不同行业的外国直接投资会产生不同效果。[43]或许是因为相对同质的西方发达经济体长期占据了主要资本输出国的位置,学者们对不同资本来源国意义上的外资结构讨论显得不足。[44]我们在此将从两方面弥补这类不足,一是根据37个主要资本输出国的对外直接投资数据构造一个"外国直接投资多元化指数"(FDI Diversity Index,FDIDI,简称多元化指数),该指数的大小衡量了一国外国直接投资结构中外资来源国的多元化程度,指数越大则说明该国的外资结构包括来自更多国家的投资者。二是根据外国直接投资中西方七国集团和中国投资者的相对占比来区分一国外资结构的来源国类型。

一、外国直接投资多元化指数

为计算一国外国直接投资结构中的多样性,我们借鉴了赫芬达尔—赫希曼指数(Herfindahl-Hirschman Index,HHI)。赫芬达尔—赫希曼指数以奥里斯·赫芬达尔(Orris C. Herfindahl)和阿尔伯特·赫希曼(Albert O. Hirschman)的名字命名,在经济学中常被用于测量企业间的竞争程度和产业集中度。[45]与该指数类似思路的测量方法也得到了广泛应用,如测量不平等的基尼系数和生态学中的辛普森多样性指数(Simpson's Diversity Index)。[46]赫芬达尔—赫希曼指数的计算公式如下:

$$HHI = \sum_{i=1}^{n} \left(\frac{X_i}{X}\right)^2 = \sum_{i=1}^{n} S_i^2 \tag{1.1}$$

在式(1.1)中,X 指产业总规模,X_i 指企业 i 的规模,$S_i = \dfrac{X_i}{X}$ 指第 i 个企业在产业中所占的份额,n 则代表了该产业内的企业总个数。这一指数是符合直觉的,当市场上只有唯一一家企业时——即独家垄断时,求得赫芬达尔—赫希曼指数值为1;当市场上拥有较多家企业,总数为 N,且各个企业的市场份额均相等时,即市场集中度低,求得赫芬达尔—赫希曼指

数值为 $\frac{1}{N}$。换言之,该指数在理论上的取值范围为(0,1],即大于 0 且小于等于 1。

为方便解读,我们采用赫芬达尔—赫希曼指数的倒数形式来作为一国的外国直接投资多元化指数,计算公式如下:

$$FDIDI_{it} = \frac{1}{s_{1t}^2 + s_{2t}^2 + s_{3t}^2 + \cdots + s_{jt}^2}, \quad j = 1, 2, \cdots, n \qquad (1.2)$$

在式(1.2)中,s_{it} 表示 i 国在年份 t 时在一国的投资存量占比。为了使多元化指数的结果在发展中国家间更具可比性,此处的投资存量总额采用的是 37 个主要资本来源国的投资存量总和。[47] 主要投资国在东道国的投资存量与该国的总投资存量高度正相关(见图 1.5),其相关系数高达 0.94。因此,我们可以认为这一测量是总体上有效的。

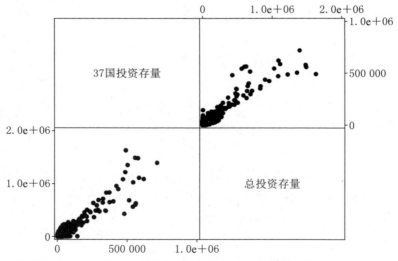

注:笔者自制。其中 37 国投资存量来自 OECD 投资存量数据库及各年度《中国对外直接投资统计公报》。总投资存量来自 UNCTAD 外国直接投资数据库。1.0e+06 为科学记数法,表示 1.0×10^6,依此类推。横纵坐标单位均为百万美元。

图 1.5　主要投资国存量与总投资存量的相关性矩阵图像

由于同时考虑了资本来源国总数和各资本来源国的规模,多元化指数较好地反映了发展中东道国的外国直接投资结构的多样性程度。多元化指数的值可以被解读为东道国所代表的资本来源国"有效数量"

（effective number），更高的取值意味着外国直接投资来自更多国家并分布得更为均匀。基于数据可得性，我们整理了 1989 年至 2018 年 37 个国家对外直接投资的有效双边数据，并计算了 135 个发展中东道国的多元化指数，[48]其中最小值为 1，最大值为 13.2（2012 年土耳其）。图 1.6 至图 1.9 按所在地区的不同报告了各发展中东道国多元化指数在此期间的平均值。

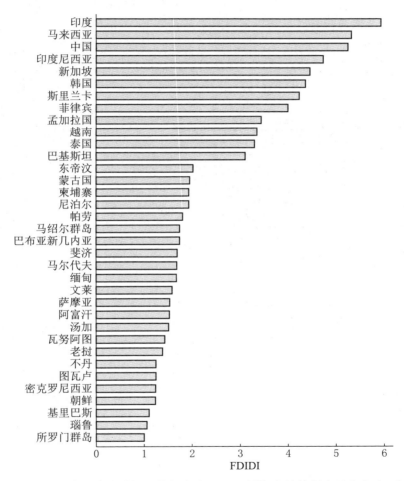

注：笔者自制。资本输出国数据来自 OECD 投资存量数据库及各年度《中国对外直接投资统计公报》。

图 1.6　南亚、东亚和太平洋国家外国直接投资多元化指数

在这段时间内，土耳其、印度、巴西、马来西亚和中国是外国直接投资多元化指数排名前五的国家,这也符合我们的直观感受。在覆盖的所有发展中国家中,35 个南亚、东亚和太平洋国家的平均多元化指数为 2.5;20 个中东和北非国家的平均值为 2.9;47 个撒哈拉以南非洲国家的平均值为 1.9;33 个拉丁美洲的平均值为 2.4。[49]总体而言,中东和北非国家的外资多样性相对较高。即使不考虑土耳其,剩余中东和北非国家的多元化指数平均值还是达到了 2.6,高于其他地区。这或许是因为该地区丰富的石油资源禀赋吸引了来自不同国家的投资者;也可以因其地理位置靠近位于欧洲的主要资本输出国,这与对外直接投资的引力模型(gravity model)的预期是一致的。撒哈拉以南非洲的外资多样性则较低。

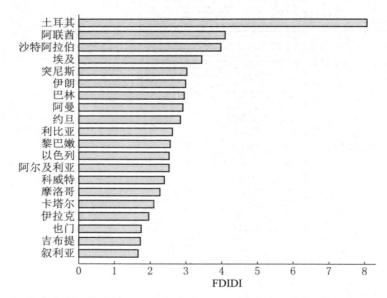

注:笔者自制。资本输出国数据来自 OECD 投资存量数据库及各年度《中国对外直接投资统计公报》。

图 1.7　中东、北非国家外国直接投资多元化指数

有的观察者或许会关心外国直接投资多元化指数与东道国经济发展情况的相关性,即是否经济越发达的发展中国家拥有更大的多元化指数。计算可知多元化指数与东道国人均 GDP 的相关系数为 0.23;与东道国为最不发达国家的相关系数为 -0.27。同时,多元化指数与东道国人均 GDP 增长率的相关系数仅为 0.05。这意味着一国的经济发展阶段和经济形势与其外资的多元化程度之间存在明显不同，并不是简单的同义反复。

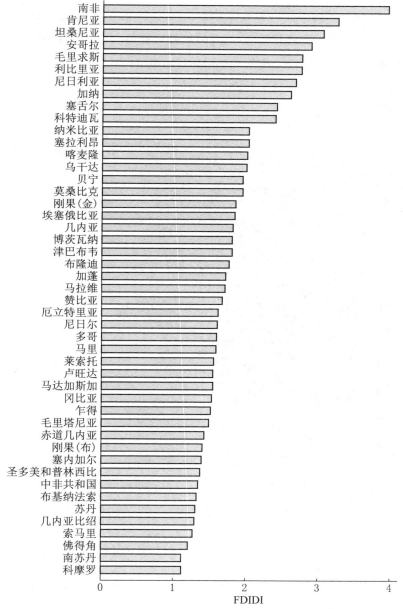

注：笔者自制。资本输出国数据来自 OECD 投资存量数据库及各年度《中国对外直接投资统计公报》。

图 1.8　撒哈拉以南非洲国家外国直接投资多元化指数

在分析一国对外国投资者的吸引力时，政体类型往往被视为重要影响因素。[50]然而观察外资多元化指数的平均值可以看出，多元化程度高的发展中国家并不属于同一种政体类型。而且，民主程度高的国家也不一定拥有高的外资多元化指数[51]；两者的相关系数为 0.16。因此，外资结构中的多元化程度也并不是附属于东道国政体类型的属性。

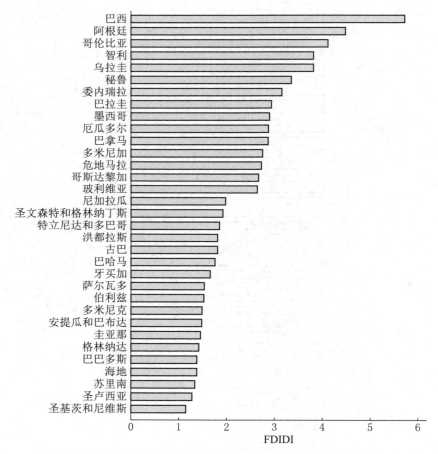

注：笔者自制。资本输出国数据来自 OECD 投资存量数据库及各年度《中国对外直接投资统计公报》。

图 1.9　北美洲与中美洲、拉丁美洲及加勒比海国家外国直接投资多元化指数

通过构造外国直接投资多元化指数，不难发现，即使一国外国直接投资存量占 GDP 的比和（或）人均外国直接投资存量不算高，其外资结构也可以较为多元,如肯尼亚。反之亦然,在巴巴多斯和刚果(布)等国家中,虽然外国直接投资在国民经济中占有较大比重,但其外资结构却相对单一。进一步地,多元化程度与一国外资存量占 GDP 的比值的相关系数仅为 0.03;与一国人均外资存量的相关系数也只有 0.13。因而在进行学术分析时,外国直接投资中的结构多元化程度与外国直接投资数量本身是两个具有相对独立性的概念维度。图 1.10 更加直观地展示了外资多元化指数与其他有关变量的相关性图像。与之前的图 1.5 对比易知,多元化指数与相关经济变量和政体变量的相关性较小。

二、外国直接投资来源国类型

除多元化程度以外,对外直接投资的结构还可以按资本来源国进行划分。同样是多元化程度高的发展中东道国,其投资者的母国分布仍可能大为不同。传统投资国和新兴投资国——特别是中国——在东道国占比的相对多少是区分一国资本来源国类型的重要依据。

在 37 个资本输出国中,我们以七国集团成员国美国、英国、法国、德国、日本、意大利和加拿大作为传统投资国的代表,而将中国看作新兴投资者代表。根据联合国的分类,除中国外,37 国中还有智利、以色列、韩国、墨西哥和土耳其等五国被归为发展中国家。[52] 出于对投资体量和划分类型的考虑,有理由对中国进行单独讨论。

理论上,资本来源国类型的划分会形成一张 2×2 的矩阵,其中包括四种类型(见表 1.2)。第一类国家和第四类国家的共同点在于其中中国和七国集团资本的占比相对接近,不过第一类国家是在较大的数值上接近,而第四类国家是在较小的数值上接近。如在第一类国家尼泊尔中,2018 年七国集团和中国资本同时占有相对较大的比例,分别为 56.8% 和 43.2%;在第四类国家利比亚中,该比例则分别为 9.3% 和 2.1%。第二类和第三类国家是我们关注的重点,其中传统资本来源国和新兴资本来源国处于不平衡的阶段。在第二类国家中,七国集团资本占比大,中国资本占比小。例如在墨西哥,2018 年来自七国集团的资本占比为 53.8%,中国资本仅占 0.3%。相反地,第三类国家里中国资本占比相对较大,同年埃塞俄比亚中资占比 77.8%,而七国集团资本仅为 2.5%。

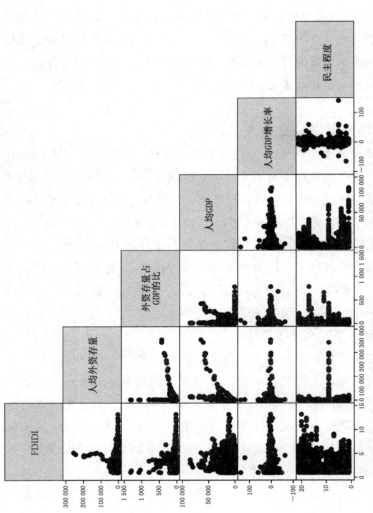

注:笔者自制。其中 FDIDI 根据资本输出国数据计算而得。人均外资存量、外资存量占 GDP 的比率来自 UNCTAD 外国直接投资数据库。人均 GDP 和人均 GDP 增长率来自世界银行数据库。民主程度来自政体四(Polity IV)数据库。

图 1.10 外国直接投资多元化指数与其他变量的相关性矩阵图像

表 1.2　发展中国家外国直接投资来源国类型划分

七国集团资本占比

		大	小
	大	I:尼日尔 孟加拉国	III:埃塞俄比亚 缅甸
中国资本占比	小	II:墨西哥 塞内加尔	IV:利比亚 索马里

注:表格中的类型划分基于 2018 年的投资存量数据。列出的国家并非穷举。资本输出国数据来自 OECD 投资存量数据库及各年度《中国对外直接投资统计公报》。

对于第二类和第三类国家,它们的外国直接投资来源国结构分属不同类型,第二类是以七国集团资本为主,第三类则是以中国资本为主。应当注意到,七国集团资本和中国资本占比的多少本身会影响该国的外资多元化指数。无论是七国集团资本占比大还是中国资本占比大,均说明该国的外国直接投资比较集中,故将导致一国的外资多元化程度下降。统计数据显示也的确如此,七国集团和中国资本的占比与东道国的外资多元化指数均呈负相关,相关系数分别为 −0.10 和 −0.45。[53] 相关系数的差异或许可以推测出以下事实,即中国投资者比例高的东道国多半属于外资多元化程度较低的国家。不过,就算同属外资多元化程度偏低的国家,其资本来源国类型也可以不相同。例如,同属撒哈拉以南非洲的埃塞俄比亚和塞内加尔在 2018 年时外资多元化指数相近,前者 1.56,后者 1.50,但两者却拥有相当不同的资本结构。埃塞俄比亚以中国资本为主(占 77.8%),塞内加尔吸收的外资则多来源于七国集团(占 82.1%)。与此同时,一些国家的外资多元化程度变化不大,但其资本来源国结构却发生了很大变化。仍以埃塞俄比亚为例,虽然 21 世纪以来该国外资多元化程度变化不大,不过却经历了从第二类到第三类国家的转变,即从之前的传统资本为主转为当前的中国资本为主。

三、外国直接投资结构的演变

以上从两方面刻画了发展中国家外国直接投资的结构,一方面是外资结构的来源国多元化指数,另一方面是外资结构的来源国类型。这些结构虽然具有一定的稳定性,但并非一成不变。

　　关于外资来源国的多元化指数，其演变存在的可能性为上升、下降或持平。从世界范围内的平均值来看，发展中国家外资多元化指数呈上升趋势，且以 2003 年为参考线，此后的多元化指数增长速度总体上要快于之前（见图 1.11）。其原因可能是 2003 年中国开始更多地参与对外投资实践并系统性地公布对外直接投资的双边层次数据，中国投资者的加入提高了第三世界外资结构的多样性。

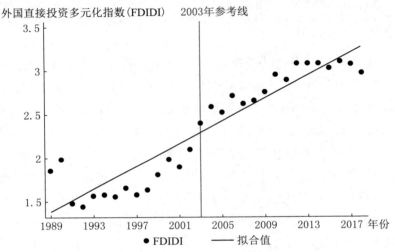

注：笔者自制。与纵轴平行的参考线为 2003 年。图中拟合线为：$FDIDI = -127.44 + 0.064\,77 \times 年份$，拟合优度 $R^2 = 0.874$。资本输出国数据来自 OECD 投资存量数据库及各年度《中国对外直接投资统计公报》。

图 1.11　发展中国家外国直接投资多元化指数（1989—2018 年）

　　以 2009 年为界，可以直观地看出各地区的外资多元化程度在此之后均有所提升（见图 1.12）。除发展中国家近年来更多地成为国际投资者之外，其理由或许还包括国际金融危机打破了东道国国内原有的资本结构。拉丁美洲及加勒比海地区外资结构多样性的增加尤为突出，这也与该地区西方资本占比下降、中国及其他新兴资本进入的观察相符。[54] 在地区层面，外国直接投资的多元化程度也呈上升趋势。

　　进一步地，我们将外资多元化指数的变化细化到 135 个发展中国家，发现有 114 个国家的外资多元化指数在 2009 年后有所提升，平均提升 1.3。但也有 21 个国家出现了外资多样性减少的情况[55]，平均降低 0.2，其中最严重的为阿富汗和津巴布韦。图 1.13 展示了 21 个多元化指数回落国家的具体情况，大多数回落国家的降幅均不是很大，并且除泰国和科威特以外，这些国家原先的多元化指数也处于相对低位。

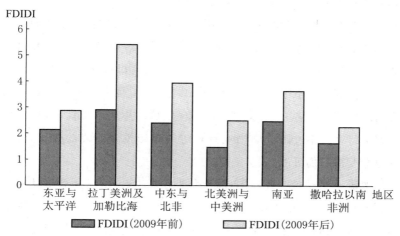

注：笔者自制。2009 年前数据含 2009 年；2009 年后数据则不含。资本输出国数据来自 OECD 投资存量数据库及各年度《中国对外直接投资统计公报》。

图 1.12　不同地区发展中国家外国直接投资多元化指数变化

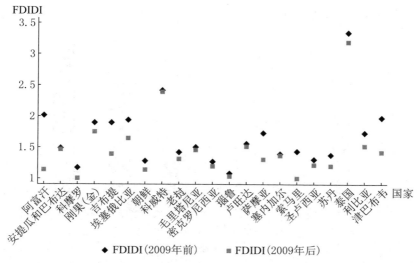

注：笔者自制。2009 年前数据含 2009 年；2009 年后数据则不含。资本输出国数据来自 OECD 投资存量数据库及各年度《中国对外直接投资统计公报》。

图 1.13　外国直接投资多元化指数呈下降趋势的发展中国家

综合世界、地区和国家三个层次的讨论，我们发现外国直接投资的多元化指数总体上呈明显的上升趋势。有少数国家处于下降趋势中，但降幅不是很显著。另有 7 个国家多元化指数处于增长趋势中，但其增量不超过 0.1，我们可以将这些国家大致视为持平情况。[56]

关于外国直接投资的来源国类型，其演变存在的可能性为 12 种，即从表 1.2 中四种类型之一向剩余三种类型之一转变。但对我们研究最有意义的当属两类演化，一类是东道国的资本结构由以传统投资者为主转变为以中国投资者为主（类型 II→类型 III）；另一类是由以中国投资者为主转变为以传统投资者为主（类型 III→类型 II）。并且不难推断，前一种转变要普遍得多。不过随着中国投资者对外直接投资阶段的变化，后一种转变也会变得更加可能。

为测量一国不同类型外国投资者的相对占比，我们计算了其国内来自中国的直接投资在中国和七国集团对该国直接投资总额中所占的比例，这一比例越高，说明中国资本的相对占比也越大，反之则反是。同样以 2009 年为界，图 1.14 展示了不同地区中国资本相对占比的变化情况。可以看出，各地区的中国资本相对占比在此之后均有明显提升。其中，中国在撒哈拉以南非洲的投资相对占比数量增加最多，在拉丁美洲及加勒比海相对占比倍数增加最多。

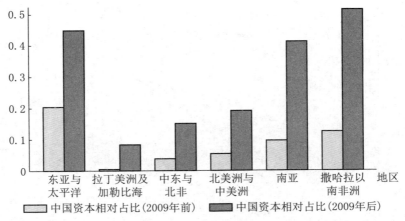

注：笔者自制。2009 年前数据含 2009 年；2009 年后数据则不含。资本输出国数据来自 OECD 投资存量数据库及各年度《中国对外直接投资统计公报》。

图 1.14　不同地区发展中国家的中国资本相对占比变化

具体到不同发展中国家,仅有蒙古国、密克罗尼西亚、伊拉克和马绍尔群岛四国在 2009 年后中国资本的相对占比出现下降。另有 24 个国家的中国资本相对占比的变化值虽大于等于 0 但小于 0.1,可以将这些国家视为持平情况。[57]还有 31 个国家的中国资本相对占比增加了超过 50%,这些国家大部分位于撒哈拉以南非洲及中国周边。

可能有些分析者会担心,外国直接投资的多元化程度与外国直接投资数量描述的不过是同一种事实。在他们的意识里,外国直接投资的数量大能顺理成章地推导出外国资本来源国的数量也大。但是这与本章中所提出的外资多元化指数仍然存在不同。一方面,我们的指数不仅考虑资本来源国的数量,而且包括资本来源国的规模。另一方面,外国直接投资的数量大[58]在很多时候并不意味着多元化指数也高。例如同属东北亚地区的蒙古国与韩国,前者无论是外国直接投资存量占 GDP 的比还是人均存量均高于后者,但蒙古国的多元化指数却远低于韩国。统计结果亦显示,外资多元化指数与一国全部外资存量间的相关系数为 0.45,这并不是一个很高的相关度。如果将全部外资存量替换为外资存量占 GDP 的比和人均外资存量,则相关系数还会更低,分别为 0.03 和 0.13。这强有力地表明,一国外资存量的绝对或相对数量并不能轻易与该国的外资多元化程度对应起来。

基于相似的道理,外资存量也很难预测发展中国家的外资来源国是以传统投资者为主还是以中国投资者为主。相应的统计系数也为此提供了旁证,衡量外资存量的三种数据——总量、GDP 占比和人均量——与七国集团和中国投资存量占比的相关系数的绝对值均不超过 0.21,甚至正相关和负相关亦是不确定的。

既有研究中试图对外国直接投资存量作出解释的变量通常不能很好地解释外国直接投资存量的结构问题。在供给论看来,外国直接投资存量是由母国投资者主动挑选制度环境以实现其自身目标的结果,大多数区位选择理论均采用了供给论的视角。[59]但这些研究几乎都未能解释发展中国家的外资结构差异。在需求论看来,外国直接投资存量取决于东道国的外资政策。鼓励性的外资政策会促进外国投资,而限制性政策则起到阻碍作用。[60]然而外资政策的开放与否也很难为一国的资本结构问题提供答案,特别是在资本来源国类型问题上,因其很难解释为何同样的外资政策却会对不同投资者产生不同效果。当然，要断言一国外国直接投资结构是完全外生的同样为时过早。[61]不过可以肯定的是，寻找发展中国家外国直接投资结构背后的决定因素和动力机制已经超出了本书的研究范围，需另辟新篇。

注释

1. ［英］苏珊·斯特兰奇：《权力流散：世界经济中的国家与非国家权威》，肖宏宇、耿协峰译，北京：北京大学出版社 2005 年版，第 37 页。

2. Kenneth N. Waltz, *Theory of International Politics*, Reading：Addison-Wesley Publishing Company, 1979, p.80.

3. Andrew Walter and Gautam Sen, *Analyzing the Global Political Economy*, Princeton：Princeton University Press, 2009, p.171.

4. 当时英国所使用的儒略历为 1600 年 12 月 31 日。

5. ［日］羽田正：《东印度公司与亚洲之海》，毕世鸿、李秋艳译，北京：北京日报出版社 2019 年版，第 57—68 页。

6. 董瑾、彭红斌编：《跨国公司概论》，北京：清华大学出版社 2015 年版，第 10 页。

7. 宋新宁、田野：《国际政治经济学概论（第三版）》，北京：中国人民大学出版社 2020 年版，第 185—187 页。

8. Andrew C. Godley, "Pioneering Foreign Direct Investment in British Manufacturing," *The Business History Review*, Vol. 73, No. 3, 1999, pp.394—429.

9. Imad A. Moosa, *Foreign Direct Investment：Theory, Evidence and Practice*, Basingstoke：Palgrave, 2002, p.17.

10. Joshua Alzenman, "Foreign Direct Investment as a Commitment Mechanism in the Presence of Managed Trade," *International Economic Journal*, Vol.10, No.4, 1996, pp.1—28.

11. 钟飞腾：《管控投资自由化：美国应对日本直接投资的挑战（1985—1993 年）》，北京：社会科学文献出版社 2011 年版，第 62—91 页。

12. UNCTAD, *World Investment Report：Transnational Corporations and Export Competitiveness*. New York：United Nations, 2003, p.92.

13. UNCTAD, *World Investment Report：Global Value-Chains：Investment and Trade for Development*. New York：United Nations, 2013, pp.23—24.

14. UNCTAD, *World Investment Report：Special Economic Zone*, New York：United Nations, 2019, p.85.

15. ［美］刘易斯·威尔斯：《第三世界跨国企业》，叶刚、杨宇光译，上海：上海翻译出版公司 1986 年版，第 1—2 页。

16. Theodore H. Moran, Edward M. Graham, and Magnus Blomstrom, eds., *Does Foreign Direct Investment Promote Development？New Methods, Outcomes and Policy Approaches*, Washington, D.C.：Peterson Institute for International Economics, 2005.

17. 需要说明的是，UNCTAD 数据库在更新数据时可能会对之前的发布的数据进行一定的修正调整，故可能出现由于数据下载时间不同而导致的数值计算结果不同，但这不会实质上改变此处的观点。

18. UNCTAD, *World Investment Report：Global Value-Chains：Investment and Trade for Development*. New York：United Nations, 2013, p.23.

19. 此处的统计数据中不包括香港特别行政区、澳门特别行政区和中国台湾地区，下同。

20. 本节数据若无特别说明则均来自 UNCTAD 数据库，参见 UNCTAD Database, "Foreign direct investment：Inward and outward flows and stock, annual," http：//unctadstat. unctad. org/wds/ReportFolders/reportFolders. aspx（访问时间：2020 年 1 月 15 日）。

21. Shiping Tang, "The Future of International Order(s)," *The Washington Quarterly*, Vol.41, No.4, 2018, pp.117—131. Alastair Iain Johnston, "China in a World of Orders：Rethinking Compliance and Challenge in Beijing's International Relations," *International Security*, Vol.44, No.2, 2019, pp.9—60. Bruce Jones, "China and the Return of Great Power Strategic Competition," Washington, DC：The Brookings Institution, 2020, https://www. brookings. edu/wp-content/uploads/2020/02/FP_202002_china_power_competition_jones. pdf.

22. 关于国际贸易制度，参见李巍：《制度之战：战略竞争时代的中美关系》，北京：社会科学文献出版社 2017 年版；陈兆源：《法律化、制度竞争与亚太经济一体化的路径选择》，载《东南亚研究》2017 年第 5 期，第 64—76 页；David A. Lake, "Economic Openness and Great Power Competition：Lessons for China and the United States," *The Chinese Journal of International Politics*, Vol.11, No. 3, 2018, pp.237—270。关于国际投资制度，参见王鹏：《国际投资协定的权力结构分析》，北京：法律出版社 2019 年版；Wendy Leutert and Haver, Zachary, "From Cautious Interaction to Mature Influence：China's Evolving Engagement with the International Investment Regime," *Pacific Affairs*, Vol.93, No.1, 2020, pp.59—88; Donglin Han, Zhaoyuan Chen, and Ye Tian, "To Sign or not to Sign：Explaining the Formation of China's Bilateral Investment Treaties," *International Relations of the Asia Pacific*, Vol.20, No.3, 2020, pp.345—382。关于国际发展金融，参见 Kai He and Huiyun Feng, "Leadership Transition and Global Governance：Role Conception, Institutional Balancing, and the AIIB," *The Chinese Journal of International Politics*, Vol. 12, No. 2, 2019, pp. 153—178; Matthew D. Stephen and David Skidmore, "The AIIB in the Liberal International Order," *The Chinese Journal of International Politics*, Vol.12, No.1, 2019, pp.61—91; Hongying Wang, "The New Development Bank and the Asian Infrastructure Investment Bank：China's Ambiguous Approach to Global Financial Governance," *Development and Change*, Vol.50, No.1, 2019, pp.221—244。关于"一带一路"，参见钟飞腾：《新型全球化与"一带一路"研究范式的兴起》，载《晋阳学刊》2019 年第 6 期，第 78—92 页；Lina Benabdallah, "Contesting the International Order by Integrating It：The Case of China's Belt and Road Initiative," *Third World Quarterly*, Vol.40, No.1, 2019, pp.92—108; William A. Callahan, "China's 'Asia Dream'：The Belt Road Initiative and the New Regional Order," *Asian Journal of Comparative Politics*, Vol.1, No.3, 2016, pp.226—243。关于发展模式，参见 Zhenqian Huang and Xun Cao, "The Lure of Technocracy? Chinese Aid and Local Preferences for Development Leadership in Africa," AidData Working Paper, No. 89, 2019, http://docs. aiddata. org/ad4/pdfs/WPS89_The_Lure_of_Technocracy_Chinese_Aid_and_Local_Preferences_for_Development_Leadership_in_Africa. pdf.

23. 刘夏莲：《论中国对外投资》，载《世界经济研究》1983 年第 3 期，第 29 页。

24. 石广生：《中国对外经济贸易的发展历程和伟大成就》，2002 年 7 月 17 日，http://www.mofcom. gov. cn/article/bg/200207/20020700032817. shtml（访问时间：2022 年 1 月 15 日）。

25. 简军波等：《中国对欧投资：基于政治与制度的分析》，上海：上海人民出版社 2014 年版，第 2—3 页。

26. UNCTAD Database, "Foreign direct investment：Inward and outward flows and stock, annual," http://unctadstat. unctad. org/wds/ReportFolders/reportFolders. aspx（访问时间：2020 年 1 月 15 日）。

27.《国务院批转国家计委关于加强海外投资项目管理意见的通知》（国发［1991］13号）。为落实此项批转，国家计委随即印发了《关于编制、审批境外投资项目的项目建议书和可行性研究报告的规定》。

28. 邓小平：《在武昌、深圳、珠海、上海等地的谈话要点》，载《邓小平文选》（第三卷），北京：人民出版社 1993 年版，第 370—383 页。

29. 江泽民：《加快改革开放和现代化建设步伐，夺取有中国特色社会主义事业的更大胜利——在中国共产党第十四次全国代表大会上的报告》，北京：人民出版社 1992 年版。

30. 江泽民：《高举邓小平理论伟大旗帜，把建设有中国特色社会主义事业全面推向二十一世纪——在中国共产党第十五次全国代表大会上的报告》，北京：人民出版社 1997 年版。

31. 江泽民：《实施"引进来"和"走出去"相结合的开放战略》，载《江泽民文选》（第二卷），北京：人民出版社 2006 年版，第 91—94 页。

32. 王辉耀主编：《中国企业国际化报告（2014）》，北京：社会科学文献出版社 2014 年版，第 4 页。

33. UNCTAD Database. "Foreign direct investment：Inward and outward flows and stock, annual，" http：//unctadstat. unctad. org/wds/ReportFolders/reportFolders. aspx（访问时间：2020年 1 月 15 日）。

34. 同上。

35. 商务部：《中国对外投资合作发展报告（2014）》，2014 年，第 3 页。http://fec. mofcom. gov. cn/article/tzhzcj/tzhz/upload/duiwaitouzihezuofazhanbaogao2014. pdf。

36. 对相关趋势的讨论，可参见杨挺、陈兆源、李彦彬：《展望 2022 年中国对外直接投资趋势》，载《国际经济合作》2022 年第 1 期，第 21—29 页。

37. 中华人民共和国商务部、国家统计局、国家外汇管理局：《2020 年度中国对外直接投资统计公报》，北京：中国商务出版社 2021 年版，第 4、7 页。

38. Ronald Rogowski, *Commerce and Coalitions：How Trade Affects Domestic Political Alignments*, Princeton：Princeton University Press, 1989.

39. Andrew Kerner, "What We Talk About When We Talk About Foreign Direct Investment," *International Studies Quarterly*, Vol. 58, No. 4, 2014, pp. 804—815. 围绕此文的进一步讨论，可见 Joseph Young, Quan Li, Nathan Jensen, and Andrew Kerner, "What do We Mean by FDI," An *International Studies Quarterly* Online Symposium, July 7, 2017, https://www. dhnexon. net/wp-content/uploads/2020/05/ISQSymposiumKerner. pdf。关于对外国直接投资存量的使用，亦可参见陈兆源：《法律化水平、缔约国身份与双边投资协定的投资促进效应——基于中国对外直接投资的实证分析》，载《外交评论》2019 年第 2 期，第 29—58 页。

40. 就中国的经验而言，外国直接投资无疑对技术进步和解决就业都有着重大意义，但尽管如此，相对于中国的公有制经济，外国直接投资仍可被认为处于从属地位。

41. 蒙古国在其中是一个例外，这或许源于蒙古国特殊的地缘政治环境。

42. 当然，严格意义上，国有资本和民营资本与外国资本之间并不是互斥的，因为外国资本既有可能来自国有企业也可能来自民营企业。

43. Jeffry A. Frieden, "International Investment and Colonial Control：A New Interpretation," in Jeffry A. Frieden, David A. Lake, and J. Lawrence Broz, eds., *International Political Economy：Perspectives on Global Power and Wealth*, 5th Edition, New York：W. W. Norton, 2010, pp. 119—138. Josh Eastin and Ka Zeng, "Foreign Direct Investment and Labor Rights Protection in China：A Tale of Two Sectors," in Shiping Hua and Sujian Guo, eds., *China in the Twenty-first Century：Challenges and Opportunities*, New York：Palgrave Macmillan, 2007, pp. 89—111. Andreea S. Mihalache-O'Keef, "Whose Greed, Whose Grievance, and Whose Opportunity? Effects of Foreign Direct Investments（FDI）on Internal Conflict," *World Development*,

Vol.106，2018，pp.187—206.

44. 近年来显著的例外，可参见 Rachel L. Wellhausen, *The Shield of Nationality*：*When Governments Break Contracts with Foreign Firms*，New York：Cambridge University Press，2017；Jonas B. Bunte, *Raise the Debt*：*How Developing Countries Choose Their Creditors*，New York：Oxford University Press，2019。

45. 赫希曼和赫芬达尔分别在 20 世纪 40 年代和 50 年代独立提出了这一测量方法。参见 Albert O. Hirschman, *National Power and the Structure of Foreign Trade*，Berkley：University of California Press，1945；Orris C. Herfindahl, *Concentration in the U.S. Steel Industry*，New York：Columbia University，PhD Dissertation，1950。

46. Edward H. Simpson, "Measurement of Diversity," *Nature*，Vol.163，No.4148，1949，p.688.

47. 需要认识到的是，双边直接投资存量数据的获取是较为困难的，若要将一国的外国直接投资存量总额拆分还原到每个投资流入国则是近乎不可能完成的任务。在处理 37 个主要资本来源国的对外直接投资的双边数据时，我们剔除了存量数据中不可思议的负值。平均而言，在近 3 000 个东道国一年份样本里，来自上述 37 个国家的外资总和占到了该东道国统计外资存量的 28.6％。这也是相关研究的通常做法，参见 Rachel L. Wellhausen, *The Shield of Nationality*：*When Governments Break Contracts with Foreign Firms*，New York：Cambridge University Press，2017，p.62。

48. 37 个国家由 36 个 OECD 成员国和中国组成。其中既包括美国、英国和德国这类西方发达国家，也包括中国、墨西哥和韩国等发展中国家。详细国家列表见附录 1。关于 135 个发展中国家外国直接投资多元化指数的年度变化图，详见附录 3。

49. 关于各发展中国家的具体分类，详见附录 1。

50. Quan Li, Erica Owen, and Austin Mitchell, "Why Do Democracies Attract More or Less Foreign Direct Investment? A Metaregression Analysis," *International Studies Quarterly*，Vol.62，No.3，2018，pp.495—504. Quan Li and Adam Resnick, "Reversal of Fortunes：Democratic Institutions and Foreign Direct Investment Inflows to Developing Countries," *International Organization*，Vol.57，No.1，2003，pp.175—211. Nathan Jensen, "Democratic Governance and Multinational Corporations：Political Regimes and Inflows of Foreign Direct Investment," *International Organization*，Vol.57，No.3，2003，pp.587—616. Nathan Jensen, "Political Risk，Democratic Institutions，and Foreign Direct Investment," *Journal of Politics*，Vol.70，No.4，2008，pp.1040—1052. Selen S. Guerin and Stefano Manzocchi, "Political Regime and FDI from Advanced to Emerging Countries," *Review of World Economics*，Vol.145，No.1，2009，pp.75—91. 陈兆源：《东道国政治制度与中国对外直接投资的区位选择——基于 2000—2012 年中国企业对外直接投资的定量研究》，载《世界经济与政治》2016 年第 11 期，第 129—156 页。

51. 需要意识到，这种民主—威权的二分法受到了不少批评，但由于其对政体研究的广泛影响，此处仍以此为基点。关于这种二分法的批评，参见 Steven Levitsky and Lucan A. Way, *Competitive Authoritarianism*：*Hybrid Regimes After the Cold War*，New York：Cambridge University Press，2010；杨光斌：《政体理论的回归和超越——建构一种超越"左"右的民主观》，载《中国人民大学学报》2011 年第 4 期，第 2—15 页；杨光斌：《民主观：二元对立或近似值》，载《河南大学学报（社会科学版）》2012 年第 5 期，第 54—65 页；曾毅：《政体新论：破解民主—非民主二元政体观的迷思》，北京：中国社会科学出版社 2015 年版。关于民主指数的批评，参见杨光斌、释启鹏：《带有明显意识形态偏见的西方自由民主评价体系——以传播自由主义民主的几个指数为例》，载《当代世界与社会主义》2017 年第 5 期，第 52—61 页。

52. 此处关于发达国家和发展中国家的划分参见联合国，详见附录 1。另外值得一提的是，分别计算东道国中 6 个发展中资本来源国的外资总存量占比和中国单独的投资存量占比，可以发现两者是高度正相关的，相关系数为 0.94，这也为单独讨论中国赋予了更大合理性。

53. 中国资本占比相关系数的绝对值有些高，但这离完美相关仍然遥远。

54. 由于外国直接投资多元化指数同时考虑了投资者的数量和投资者的规模，更高的取值意味着外国直接投资来自更多国家并分布得更为均匀，故西方资本规模的减少仍有可能增加该指数。关于中国在拉丁美洲及加勒比海地区的投资，可参见王永中、徐沛原：《中国对拉美直接投资的特征与风险》，载《拉丁美洲研究》2018 年第 3 期，第 51—71 页；Stephen B. Kaplan, "Banking Unconditionally: The Political Economy of Chinese Finance in Latin America," *Review of International Political Economy*, Vol. 23, No. 4, 2016, pp. 643—676; Carol Wise, *Dragonomics: How Latin America Is Maximizing (or Missing Out on) China's International Development Strategy*, New Haven: Yale University Press, 2020。

55. 它们分别是：阿富汗、安提瓜和巴布达、科摩罗、刚果（金）、吉布提、埃塞俄比亚、朝鲜、科威特、老挝、毛里塔尼亚、密克罗尼西亚、瑙鲁、卢旺达、萨摩亚、塞内加尔、索马里、圣卢西亚、苏丹、泰国、赞比亚、津巴布韦。

56. 按增量从小到大排序，它们分别是：所罗门群岛、摩洛哥、多哥、厄立特里亚、汤加、尼日尔、中非共和国。

57. 24 个国家中不包括中国。

58. 正如前文所说，"数量大"并不是机械地指绝对数量大，而是要有一定的参照，比如外资占 GDP 的比或人均外资存量。

59. Quan Li and Adam Resnick, "Reversal of Fortunes: Democratic Institutions and Foreign Direct Investment Inflows to Developing Countries," *International Organization*, Vol. 57, No. 1, 2003, pp. 175—211。陈兆源、田野、韩冬临：《中国不同所有制企业对外直接投资的区位选择———一种交易成本的视角》，载《世界经济与政治》2018 年第 6 期，第 108—130 页。

60. Sonal S. Pandya, "Labor Markets and the Demand for Foreign Direct Investment," *International Organization*, Vol. 64, No. 3, 2010, pp. 389—409. Sonal S. Pandya, *Trading Spaces: Foreign Direct Investment Regulation, 1970—2000*, Cambridge: Cambridge University Press, 2014。

61. 学界对此仍鲜有讨论。不过近来有研究从外债结构的角度讨论了债务国对不同形式债务的选择，而各债务形式与特定债权国存在一定的关联。相关启发性研究可参见 Jonas B. Bunte, *Raise the Debt: How Developing Countries Choose Their Creditors*, New York: Oxford University Press, 2019; Eric Arias, Layna Mosley, and B. Peter Rosendorff, "Financial Statecraft: Government Choice of Debt Instruments," Working Paper, 2020, https://scholar.princeton.edu/sites/default/files/laynamosley/files/financial_statecraft_-_copy.pdf。

第二章

外资来源国结构影响国家能力的理论模型

> 跨国经济联系的加强与许多发展中国家(尽管显然不是全部)中国家角色的扩张常常是相互联系的。[1]
>
> ——彼得·埃文斯
>
> 如果有一门国家建设的科学、艺术或技艺,那么它将受到各国追捧。[2]
>
> ——弗朗西斯·福山

在经历了对外国直接投资的一个犹豫迟疑的阶段后,发展中国家开始在 20 世纪 80 年代向跨国资本打开市场。[3]这一政策变化是由于国家认为外国投资能带来就业、新技术转移和技能知识(know-how)。[4]不过相比于对经济效应的分析,既有研究对外国直接投资在东道国的政治效应却着墨不多。[5]在当今发展中世界,国家面临的重要议题便是国家能力建设,而以外国直接投资为代表的经济全球化对这一问题的讨论不容忽视。与既有研究中常以外国直接投资的流量或存量出发讨论其国内政治影响的做法不同,本章计划基于东道国外国直接投资结构的两大维度——外国投资者多元化程度和不同类型外国投资者相对占比——构建理论模型,阐述外国直接投资影响发展中东道国国家能力的理论机制。[6]与多数既有研究保持一致,在理论部分,国家能力是相对于非国家行为体而言的,体现了国家行为体实现其偏好的程度,国家能力建设便是指国家能力由弱变强的过程。

第一节 外国投资者多元化与东道国国家能力建设

就外资结构而言,外国投资者的多元化程度是重要侧面。基于欧几里得式的空间模型,本节试图论证,外国投资者的多元化将从总体上有助于东道国国家能力建设。在进入模型之前,先交代其中的理论直觉是有帮助的。由于国内资本要素的相对稀缺,发展中国家在面对外国投资者时的议价能力相对有限,甚至为吸引外国直接投资让渡自身的政策空间,进而不利于建设其国家能力。而外资来源国的多元化将赋予东道国更多的外部选项,并且增加东道国政府的议价能力,使资本供给者占据优势地位的"卖方市场"更多地转变为资本需求者拥有更多话语权的"买方市场"。[7]以日益增加的中国对外直接投资为例,一些基于实地考察的成果发现,在埃塞俄比亚等发展中国家,官员们经常利用中国的参与作为谈判筹码,让美国作出更多贡献。[8]中国投资者的加入提升了东道国外资来源国的多元化程度,一些发展中国家运用传统发达投资者与中国投资者的竞争增加了政策空间,获得了投资者的更大让利。[9]

不难发现,为使上述理论直觉成立至少需要作出两方面假定。一方面,各投资来源国之间的投资是高度可替代的,重点关注外国直接投资对于发展中国家的资本属性。[10]另一方面,国家行为体及其核心决策者认为国家能力建设于其有利,换言之,它们有建设国家能力的主观意愿。接下来将借助一个简单的空间模型[11]对上述理论直觉进行更充分的阐释,首先分析的是发展中东道国面对单个外国投资者的情况,进而讨论其面对两个及多个投资者时的变化。

模型中考察了两类行为体,一类是东道国,另一类是外国投资者。我们用每个行为体的理想点(ideal point)来代表其在平面空间的位置,并假定每个行为体拥有圆形的无差异曲线。[12]即对于平面上距离理想点距离相同的点,行为体对它们的偏好程度是相同的,且距离理想点越近的点越符合其偏好。如图 2.1 所示,行为体由圆心 1 代表。对行为体而言,点 X 和点 Y 是无差异的,P 优于 X、Y 和 Z,而 Z 劣于 P、X 和 Y。

如果我们假定国家能力建设在发展中国家行为体的偏好中占有重要地位,那么基于无差异曲线,当圆形的半径越大时,我们可以认为国家能力就越弱。[13]而国家的目标便是要尽可能缩小圆的半径。[14]作为不同的行为体,外国投资者与国家之间拥有不完全相同的偏好。例如,国家希望获取尽可能多的税收,外国投资者则希望获得税负的减免;国家可能希望确保充分就业并减少失业率,投资者却希望其在解雇劳动力方面保留更大的自由度。当然,偏好不同的行为体并不总是处于冲突状态,只是说明它们代表了空间上的两个不同的点,我们可以分别以这些点为圆心作出各自行为体的无差异曲线。

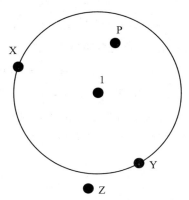

注:基于乔治·泽比利斯对否决者的相关研究绘制而成。参见 George Tsebelis,*Veto Players*:*How Political Institutions Work*,Princeton:Princeton University Press,2002,p.20。

图 2.1　行为体的圆形无差异曲线

在确定了行为体及其偏好的表达之后,我们需要确定该国的起始状态(initial situation)。对发展中东道国而言,起始状态可以被认为是国家能力的现状;对外国投资者而言,起始状态则是其决定进入某个东道国之前所获得的关于该国国家能力的信息。[15]平均而言,发展中国家由于国家能力的不足,起始状态应当距离东道国的理想点较远。外国投资者进入时或进入后,东道国和投资者会提出一个建议状态(proposed situation),建议状态代表着起始状态的下一步移动方向。如果相较于起始状态,建议状态与行为体理想点的距离更为接近(至少不是更为远离),那么行为体就会选择接受这一建议状态,反之则拒绝。接下来,我们分别探讨了不同起始状态条件下,单个外国投资者和两个及多个外国投资者的情况对东道国实现其偏好有何影响。

一、单个外国投资者

第一种起始状态是东道国圆的半径大于东道国与投资者 A 两圆圆心的线段长度(如图 2.2 点 IS1),即发展中国家的起始状态国家能力偏低,且低于外国直接投资者的偏好。此时东道国和外国投资者均有意愿提高其国家能力。[16]东道国和投资者 A 可以共同接受的建议状态的范围是以点 IS1 和点 J 形成的线段为弦，与东道国圆上劣弧及投资者 A 圆上优弧组成的两个弓形所覆盖的区域。[17]我们将这一区域内的点（两圆交点除外）所构成的集合称为"赢集"（win-set）。[18]换言之，建议状态若落在赢集之内，则东道国和投资者 A 的效用的变化符合帕累托改进（Pareto improvement）——在不使任何行为体境况变坏的情况下改善另一个（些）行为体的境况。[19]由于此区域覆盖了投资者 A 所在圆的圆心，故投资者 A 可以完全实现其偏好。[20]同时，由于圆心间的距离小于之前东道国圆的半径，故东道国的境况得到改进，其中的表现之一便是国家能力提升。

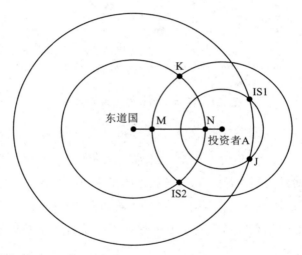

注：笔者自制。

图 2.2　发展中东道国与单个外国投资者赢集示意图（Ⅰ）

　　第二种起始状态是东道国圆半径小于等于东道国与投资者 A 两圆圆心的线段长度，且起始状态不位于两圆心线段上（如图 2.2 点 IS2）。此时东道国和投资者 A 的赢集范围是以点 IS2 和点 K 形成的线段为弦，东道国圆上劣弧弓与投资者 A 圆上劣弧弓所覆盖的区域。由于赢集未覆盖任何一方的圆心，故没有行为体可以完全实现自身的偏好。此时建议状态的选定取决于东道国和投资者 A 议程设置权力的相对大小。正如泽比利斯指出的，议程设置者具有相当的优势，因其可以将其他行为体的赢集作为约束条件,并从中选择更符合自身偏好的结果。[21] 例如在图 2.2 中,若东道国拥有绝对的议程设置权,那么建议状态将被选定在 M 点,由于投资者 A 并没有受损,它没有理由拒绝建议状态,此时东道国更好地实现了偏好。若投资者 A 拥有绝对的议程设置权,那么建议状态将被选定在 N 点,如此一来,投资者 A 便更好地实现了偏好。要言之,东道国议程设置权的提升有助于其在选择建议状态时更能实现其自身偏好,对投资者而言也是如此。

当只有单个外国投资者 A 时,由于发展中国家资本的稀缺性,投资者得以拥有更大的议程设置权。[22] 这在早期跨国公司研究中关于"主权困境"(Sovereignty at Bay)和"香蕉共和国"(Banana Republic)的论著中体现得尤为明显。[23] 当投资者 A 给出一个出价,只要位于赢集之内,东道国就选择接受。我们可以将东道国的议程设置权(P_h)表达成一个关于投资者数量(N)的函数:

$$P_h = f(N) \tag{2.1}$$

或者更严谨地说,式(2.1)中投资者数量(N)是投资者的有效数量。[24] 式(2.1)为增函数。当投资者数量增加时,东道国的议程设置权也越大。[25] 更进一步说,式(2.1)为凸函数,即随着投资者数量增加,东道国议程设置权增加的速率(边际增加)将变小。那么,投资者的议程设置权(P_i)的表达式为:

$$P_i = P - P_h = P - f(N) \tag{2.2}$$

其中 P 为总的议程设置权,我们假设该权力的一部分属于东道国(P_h),另一部分属于投资者(P_i)。由于总的议程设置权不变,东道国和投资者在议程设置权问题上的博弈性质为零和博弈,博弈各方的收益和损失相加总是为零。

与式(2.1)不同,式(2.2)为减函数。当投资者数量增加时,属于投资者的议程设置权将会减少。有研究发现,外国资本所有权分配更加多元化的发展中国家更能保持其自主权,因为与一个外国投资者发生冲突并不太可能意味着与所有外国投资者都发生冲突,外国投资者之间的竞争可能成为欠发达国家可资利用的杠杆。[26] 这种主权国家面对跨国资本的议价能力被莱娜·莫斯利(Layna Mosley)经典且生动地概括为"活动空间"(room to move)。[27] 外国投资者来源国更加多元的国家甚至在面对双边投资协定约束时会有更大的违约概率。[28]本书则在现有文献基础上进一步提出,外国投资者的增加有助于国家提升议价能力并且获得额外的"操作空间"。同样地,式(2.2)为凸函数,即随着投资者数量增加,投资者议程设置权减少的速率将变小。[29]由于议程设置权函数的性质,不难得出结论,单个外国投资者对东道国实现自身偏好的促进作用较为有限。

第三种起始状态是东道国圆半径小于等于东道国与投资者 A 两圆圆心的线段长度,且起始状态位于两圆心线段上(如图 2.3 点 IS3)。由于东道国圆和投资者 A 圆相切,故此时的赢集为空集(∅)。[30]在这种特殊起始状态下,只要东道国和投资者 A 不改变其效用函数,任何一方都无法改善现状。值得一提的是,如果起始状态位于两圆圆心线段的右侧延长线上[31],即在图 2.3 中将投资者 A 替换为投资者 A′,那么此时的赢集将不为空集,此时属于第一种起始状态,即东道国圆半径大于两圆圆心线段长度的情况。

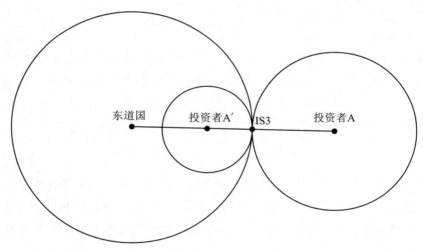

注:笔者自制。

图 2.3　发展中东道国与单个外国投资者赢集示意图(Ⅱ)

总结上述三种情况,当只有单个投资者时,国家在第二种和第三种起始状态下都难以改善其境况。[32]而第一种情况下,虽然投资者有意愿帮助东道国缩小其圆的半径,但当建议状态与投资者圆心重合时,这一意愿就消失了。因而其对东道国实现偏好的帮助也较为有限。接下来我们将讨论两个及多个外国投资者存在的情况。

二、两个及多个外国投资者

当投资者 B 加入时,东道国的外国直接投资多元化程度提高了(之前只有投资者 A 时多元化指数为 1)。假设投资者 B 与投资者 A 的投资总额相同,那么多元化指数将变成 2。[33] 且投资者 B 的加入改变了此前的权力关系,根据议程设置权力函数的性质,新增投资者会增加东道国的议程设置权。

由于第二种起始状态最具代表性,我们先从这种状态开始讨论(见图 2.4)。首先假设既有的投资者为投资者 A,而新增的投资者为投资者 B,可以看出,相较于投资者 A,投资者 B 与东道国的偏好更不一致,其在几何上的体现为由东道国圆心和投资者 B 圆心构成的线段要长于由东道国圆心和投资者 A 圆心构成的线段。就算如此,投资者 B 的加入也不会恶化东道国的境况,并且由于东道国议程设置权的提升,东道国可以在赢集中选择更符合其偏好的建议状态。

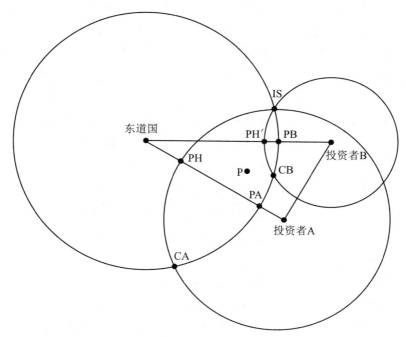

注:笔者自制。

图 2.4　发展中东道国与两个投资者赢集示意图

此时的赢集有狭义和广义之分。狭义赢集(narrow win-set)的范围是以点 IS 和点 CB 形成的线段为弦,东道国圆上劣弧弓与投资者 B 圆上劣弧弓所覆盖的区域。或者更一般的说,狭义赢集的范围是东道国圆分别与各投资者(此处指投资者 A 和投资者 B)圆的交集。用集合表示为:

$$⊙东道国 \cap ⊙投资者 A \cap ⊙投资者 B$$

广义赢集(broad win-set)的范围是以点 IS 和点 CA 形成的线段为弦,东道国圆上劣弧弓与投资者 A 圆上劣弧弓所覆盖的区域。在图 2.4 中,广义赢集等价于东道国圆与投资者 A 圆的交集,但其他情况下不见得同样如此,这取决于投资者 B 的效用函数(或曰理想点位置)。更一般地说,广义赢集的范围是东道国圆分别与各投资者(此处指投资者 A 和投资者 B)圆交集的并集。用集合表示为:

$$(⊙东道国 \cap ⊙投资者 A) \cup (⊙东道国 \cap ⊙投资者 B)$$

狭义赢集和广义赢集的区别在于,广义赢集允许建议状态不满足帕累托改进,即东道国可以选择不满足所有投资者不受损的情形作为建议状态。图 2.4 中点 P 便属于广义赢集而非狭义赢集,因为当从起始状态 IS 变为建议状态 P 时,东道国和投资者 A 效用改进,但投资者 B 将会受损。但由于投资者 A 和投资者 B 之间无法进行有效的集体行动,投资者 A 没有理由选择拒绝建议状态 P。[34]当然,如果东道国选择不属于狭义赢集的广义赢集点作为建议状态,那么它需要做好准备承担投资者 B 撤资或不再追加投资的成本。

接着,让我们假设既有的投资者为投资者 B,而新增的投资者为投资者 A,与之前相反,相较于投资者 B,投资者 A 与东道国的偏好更加一致。[35]与投资者 B 作为新增投资者的情形相同的是,投资者 A 的加入提升了东道国的议程设置权力。[36]同时投资者 A 的加入还带来了之前情形所没有的好处,即广义赢集范围的扩大。如此一来,东道国便拥有了此前单个投资者时所不存在的选择可能性。

当我们在投资者 B 的基础上继续增加投资者 C 时,也会得出相似的结论,即投资者的增加一方面提升了东道国的议程设置权力,另一方面,当新增的投资者与东道国的偏好较为一致时,还会扩大东道国的广义赢集。如图 2.5 所示,投资者的增加会缩小狭义赢集的范围,或使其保持不变。投资者 B 的加入没有改变狭义赢集的大小,而投资者 C 的加入使狭义赢集从之前由点 IS 和点 U、V、W 组成图形的范围缩小至由点 IS 和点 V、W 组成图形的范围。尽管狭义赢集的范围缩小了,但东道国仍然可以凭借更大的议程设置权力选择其中更符合自身偏好的建议状态。与此同时，投资者的增加会扩大广义赢集的范围，或使其保持不变。

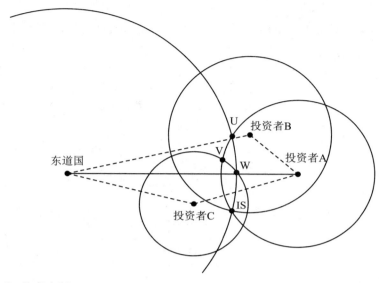

注：笔者自制。

图 2.5　发展中东道国与多个投资者赢集示意图(Ⅰ)

示意图中由各行为体的圆心组成的四边形与狭义赢集和广义赢集密切相关。若起始状态[37]位于四边形之内时（如图 2.6 点 IS），狭义赢集将成为空集。即使东道国拥有完全的议程设置权，也无法再进行帕累托改进。换言之，在这种情况下，东道国进一步偏好的实现必须是借助广义赢集实现的。故只要东道国愿意承受既有投资者撤资或不再追加投资的成本，[38]由于外部选项的存在使东道国拥有了更为丰富的操作空间，东道国仍有提升效用的可能性。

讨论了在第二种起始状态条件下新增投资者的情况之后，我们可以用类似的方法分析第三种起始状态（如图 2.7 点 IS）。假设投资者 A 是既有的投资者，简单起见，我们将投资者 B 和投资者 C 均安排在同一条直线。投资者 B 进入后，虽然狭义赢集仍为空集，但广义赢集却得到了扩大。投资者 C 的进入既没有扩大狭义赢集也没有扩大广义赢集，但即便如此，新增的投资者 C 也不会使东道国的境况变得更差。基于相似的理由，在第一种起始状态条件下，新投资者的加入也会通过提升东道国议程设置能力和扩大广义赢集的方式帮助东道国实现自身偏好，或者使其保持不变。可以预期，在第三个投资者的基础上继续增加更多的投资者也会产生类似的结果。由于这些情况的图形将显得更加复杂，并且也不会为带来新的理论洞见，我们此处不再继续演示3个投资者以上的情况。

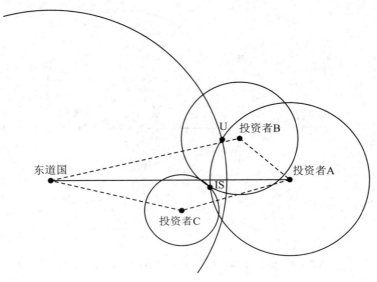

注：笔者自制。

图 2.6　发展中东道国与多个投资者赢集示意图(II)

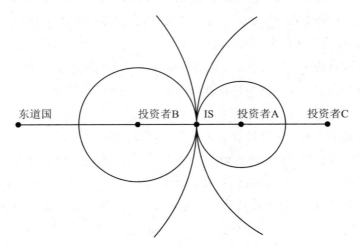

注：笔者自制。

图 2.7　发展中东道国与多个投资者赢集示意图(III)

综上,相较于单个外国投资者的情况,两个及多个外国投资者的加入会有助于建议状态更加靠近(至少不会远离)发展中东道国的偏好,而这些偏好的实现在很大程度上与国家能力的增加相关。并且无论新增投资者的偏好是更为接近东道国偏好还是更为远离东道国偏好,资本多元化对东道国实现偏好的促进效应都将存在。为理解投资者偏好类型不同所带来的影响,接下来将进一步对外国直接投资不同来源国的特质进行讨论。

第二节 外国投资者类型与东道国国家能力建设

关于外国投资者多元化的理论模型说明了外国直接投资结构对东道国总体上实现国家能力的重要意义。本节将进一步分析外国投资者类型对国家能力的影响,并涉及对国家能力不同维度影响的讨论。事实上,之前的理论模型已经触及投资者类型的问题,主要体现在投资者与东道国偏好的一致程度上。根据之前的空间模型,当投资者以及新增投资者的偏好与东道国较为一致时,赢集范围将会较投资者与东道国偏好疏离时的更大。其他条件不变,这意味着东道国有更大的操作空间。

本节将从资本来源国的角度把外国投资者分为传统投资国和新兴投资国两大类型,前者的代表是七国集团,后者则主要聚焦中国。不同类型投资者的行为方式可能存在显著区别,本节概括了当前中国对外投资合作的特质,并在其基础上分析了外国投资者类型对整体国家能力的影响。此外,本节将国家能力具体划分为秩序提供能力、资源汲取能力和社会保护能力三大维度,并触及了传统和新兴外资来源国对不同维度国家能力的影响。关于国家能力分维度的讨论将在此后的经验章节继续展开。

一、外国投资者类型及其特质

将中国投资者与以七国集团为代表的传统投资者区分开来的特质主要有三点,其一是更长的时间范围(time horizon),其二是更高的风险容忍度,其三是更密切的投资者—东道国政府关系。当然,七国集团投资者和中国投资者内部亦存在差异,此处仅是就平均而言。

其一,时间范围。相较于外国间接投资,外国直接投资通常拥有更长的时间范围。债券市场投资者的短线操作通常是基于季度和年度的时间尺度来审视资产表现。[39] 由于外国直接投资具有更大的资产专用性，投资者在规划投资时往往有更为长远的时间评估尺度。不过，即便同属于直接投资，不同类型的外国投资者也会拥有不同的时间范围。与当前的七国集团投资者相比，中国资本拥有更长的时间范围，换言之，中资更为耐心。所谓"耐心资本"，是长期愿景资本的别称。耐心资本意味着投资者对一家企业所进行的投资并不指望能很快获得利润。相反，投资者出于对未来更大回报的预期愿意放弃眼前的回报。这与中国大量参与发展中国家的基础设施投资和产业园区建设的事实相一致。

林毅夫和王燕将中国资本的耐心作为中国开发性金融的比较优势，并认为中国耐心资本源于东亚的文化因素和中国在国内的实践经验。[40]事实上，中国的许多外国直接投资项目也的确与国家开发银行和中国进出口银行的发展型融资配套，而这些贷款通常拥有较长的偿还年限。中国某家重要政策性银行负责管理海外贷款的官员表示："中国的投资通常是长期投资；我们不期望在一至两年内得到偿还；我们正在加大对中长期项目的投资，而这些项目十年后才会有回报。"[41]斯蒂芬·卡普兰（Stephen B. Kaplan）对中国在拉美资本的研究指出，由于国有资本的重要地位，中资相较于西方私人资本具有更长期的视野。私人企业大多必须保持短期的盈利能力以安抚公司董事会，而中资更长的时间范围意味着不追求短期利润而期待长期回报。[42]李静君（Ching Kwan Lee）同样强调了海外中资的国有主导，认为中资对经济利益和政治（安全）利益的并重使得中国资本相较"市场导向"而言更注重"生产导向"，故更具长期视野和稳定性。[43]总的来看，中国资本相较于西方传统资本拥有更长的时间范围。

其二，风险容忍度。不少研究者注意到，作为发展中资本输出国，中国企业的风险偏好与发达国家企业明显不同。王永钦等、彼得·巴克利（Peter J. Buckley）等和伊瓦尔·科尔斯塔德（Ivar Kolstad）与阿恩·威格（Arne Wiig）传播广泛的研究发现，中国企业在对外直接投资时不太关心东道国的政治风险，换言之，中国资本对东道国风险有着较高的容忍度。[44]这或许是因为相较于发达国家跨国公司在风险区域的水土不服，中国拥有更多的应对经验和较低的适应成本。并且由于中国资本的后发角色，一些企业将经济逆周期视为扩大业务的机会。因为西方投资者往往在逆周期时选择减少投资甚至撤资，而中国企业则希望借此填补其空缺。中国企业之所以能够容忍更大的风险，一种站得住脚的解释来自软预算约束（soft budget constraint）理论。

软预算约束最初是指国有企业即使亏损，也不会因清算而破产，而是由于社会主义国家对其的救助而得以存活下去的情况。[45]理论上，不同所有制的企业均面临软预算约束，但一般来说，由于国有企业与政府的关系更加紧密，往往承担着国家的发展政策，且任其倒闭可能会带来高昂的政治代价，因而国有企业的软预算约束程度更高。开放经济下，企业在对外直接投资中与母国政府和银行的信息不对称更加严重；并且为了帮助本国企业，特别是国有企业打破贸易壁垒，防范可能的政治风险，在国际竞争合作博弈中取得优势，政府就更有激励运用手中的权力与资源来帮助企业再融资，从而提高了软预算约束的可能性。[46]在开发性金融模式下，政府与市场合力促进了对基础设施等长周期、高风险项目的融资支持，[47]一方面通过政府信用背书弥补了公共产品提供中的市场缺陷，另一方面通过强调项目的运营业绩培育了市场机制。此外，对中国的银行贷款发放的研究发现，在信贷市场上国有企业更易获得较大额度和较长期限的贷款。[48]这些特点虽然提高了特定企业软预算约束的可能性，但同时也有利于提升中国投资者应对投资风险的能力。[49]而对于西方投资者而言，更硬的预算约束会使得其对外投资时对风险更为敏感。

其三，投资者—东道国政府关系。与西方传统投资者对东道国的诸多要求条件相比，中国资本在这方面显得更为宽松。[50]正如一位南苏丹外交部官员所言，"美国和我们的其他（西方）伙伴常常确定无疑地告诉我们，我们需要什么，而中国人则显得更愿意相互探讨，并倾听我们想要什么。"[51]一项关于对非洲援助的有趣研究显示，与世界银行的援助不同，中国的援助资金更有可能流向领导人的出生地。[52]这也为我们的判断提供了侧面佐证，中国资本与东道国政府的关系更为紧密。

与许多其他领域相似，中国国家行为体的偏好很大程度上塑造了中资企业的行为。例如，曲博在分析东亚国家的汇率政策时指出，国家力量主导政策选择，并决定社会经济行为体参与政策制定的能力。因此，对于东亚国家和地区的政府而言，政府的政策偏好具有决定性作用。[53]张建红和姜建刚对中国对外直接投资的研究发现，双边友好的外交活动能有效促进对外直接投资；双边外交活动对一些比较敏感和重要的投资能起到保驾护航的作用。[54]类似地，闫雪凌和林建浩发现中国领导人的出访显著促进了中国对该国的直接投资。[55]莫安（Pippa Morgan）和郑宇的研究也表明，中国与东道国的国家间关系有助于解释中国在非洲的投资。[56]此外，由于中国投资多集中在能源、矿产和基础设施等资产专用性较高且投资周期较长的行业，故中资更加注重与东道国政府的关系，也更有意愿通过维持和推动这种关系来有助于投资项目。西方投资者在与东道国打交道时则更常采取非人格化的、法律化的手段。[57]根据一些发达国家的国内法，与东道国政府保持密切联系还需承担更大的法律风险。故相较之下，中国投资者与东道国政府的关系显得更加紧密。

中资在上述三方面的特点是相辅相成的。正是因为中资的长时间范围，所以需要更高的风险容忍度，也需要与东道国政府建立更紧密的关系；同时也正是因为中资更注重与东道国政府建立更紧密的关系，所以能够支持其长时间范围的投资。根据相关研究不难总结，之所以会存在上述区别，一方面是因为中国投资者中国有企业的重要地位，另一方面是某种带有中国乃至东亚特色的投资者—国家关系。在某种意义上，中国资本以它们所面临的国内环境为锚点，在向其他发展中国家投资时一定程度上延续了其国内行为模式，毕竟，这种国际化策略能使企业规避一些额外的适应成本。

二、外国投资者类型的国家能力后果

在从时间范围、风险容忍度、投资者—东道国政府关系三方面分析了传统西方投资者与中国投资者的区别后，我们可以进一步分析其他条件相同情况下，外国投资者类型对国家能力产生的影响。其他条件相同意味着我们此处暂不考虑前文所提到的外资结构的多元化程度。

在对国家能力进行分维度讨论之前，我们仍可再次借助欧几里得式空间模型展示不同投资者类型对整体国家能力的影响。图 2.8 中，东道国初始状态用 IS 表示，投资者$_{CHN}$圆代表投资者类型为中国资本，投资者$_{G7}$圆代表投资者类型为七国集团资本。如果我们将国家能力视为是国家与社会相对权力的函数，那么该函数是单峰的（unimodal），即存在一个最优解。这与东道国圆形无差异曲线是一致的，最优解指的是圆心所代表的行为体的理想点。当国家能力取到峰值时，国家与社会权力处于一个最佳平衡之中。[58]国家与社会的相对权力大于最优解时，国家权力过大从而倾向于演变为专断性权力，社会活力不足；国家与社会的相对权力小于最优解时，国家权力过小从而容易被社会所俘获。类似地，对于外国投资者而言，东道国国家与社会的相对权力也存在一个最优解，太大或太小都不符合投资者的利益。

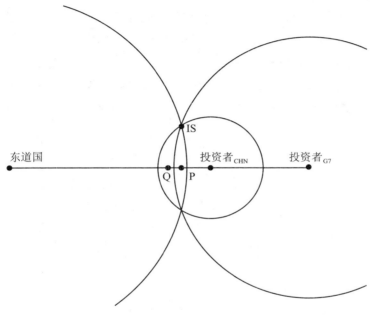

注：笔者自制。

图 2.8　发展中东道国与不同类型投资者赢集示意图

图 2.9 是东道国国家和社会的相对权力与不同行为体效用的示意图。当然，国家与外国投资者的最优解取值不同，但不同类型的外国投资者彼此之间也拥有不同的效用函数。平均而言，七国集团投资者更加看重社会权力，希望国家赋予更多的权力给社会，因此其效用函数最大值所对应的国家/社会相对权力位于东道国的左侧。[59]如同奎因·斯洛博丹（Quinn Slobodian）所指出的，西方新自由主义的策略之一便是为了促进全球化而削弱第三世界民族国家对其经济的权威。[60]而由于中国资本更长的时间范围、更高的风险容忍度和更密切的投资者—东道国政府关系，投资者希

望东道国可以更多地通过提升国家权力来解决问题,因此其效用函数最大值所对应的国家/社会相对权力位于七国集团投资者的右侧。这种差异也反映了中国和七国集团在国内治理领域的不同理念。与七国集团中普遍强调社会治理的思路不同,中国的实践以及知识传递更加强调以国家为中心的治理模式。故相较于七国集团资本,中国资本的理想点与东道国的理想点更为接近。在图 2.8 中,这种接近体现为东道国圆与投资者$_{CHN}$圆的圆心间线段长度要小于东道国圆与投资者$_{G7}$圆的圆心间线段长度。这从两个方面有利于东道国实现自身偏好。一方面是中国资本与东道国间构成的赢集相对较大,即东道国有更多操作空间,另一方面是中国资本的特征使东道国有了较大的议价能力。由于更长的盈利周期、更软的预算约束以及与东道国政府更为紧密的关系,中国投资者对东道国提出的方案将显得更为配合。

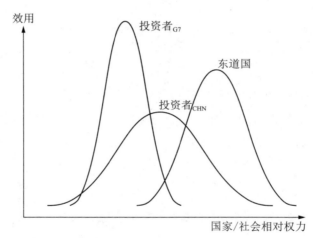

注:笔者自制。

图 2.9　不同类型投资者效用函数示意图

接下来,我们将分别讨论投资者类型对不同维度国家能力的影响。此处将国家能力分为秩序提供能力、资源汲取能力和社会保护能力三大维度,更为具体地分析不同类型外国投资者对各维度的影响。

一是秩序提供能力。外国直接投资对东道国经济领域的帮助会增强后者的统治合法性,但外资所带来的经济收益同样可能增加了夺取政权对反对派的吸引力。这也是为什么我们观察到外国直接投资导致石油等矿产资源租金的增多会加剧东道国发生反叛和骚乱的可能。[61]中国资本的特质则可能有助于抑制反叛和叛乱，帮助东道国更好地在其领土范围内实施统治。中国资本更长的时间范围使东道国可以在更长远的时间尺度上规划和发展其统治能力，包括更合理地推动军队和警察队伍的建设。这能使东道国更好地垄断暴力并为外国投资者和本国公民的生命财产安全提供保障。中国资本的长时间范围也反映为对基础设施项目的重视，如修建公路、铁路和港口等。其中一些往往作为中国开发东道国矿产资源的配套投资项目，基础设施建设有助于减少东道国在其领土范围内获取社会信息的成本，也使东道国中央政府的力量投放更为便捷。此外，中国资本与东道国政府更加密切的关系使得双方均有更大的动力来维持秩序的稳定。

二是资源汲取能力。传统智慧认为，外国资本相对于东道国的议价能力取决于其流动性。外国资本退出的威胁越是可信，东道国就会更多地约束自己的行为而与投资者偏好保持一致。资本要素的流动性越大，政府就越不敢轻易征税。因为投资者是厌恶课税的，收税的增加会使其选择其他区位重新部署其生产。政府预计到这种后果便会在加税时更为谨慎。[62]东道国的税收体系是跨国公司进行海外投资时重要考虑因素，同时，一些东道国为了提高对外国投资者的吸引力还会提供税收优惠，这种发展中国家之间因徒困境式的税收竞争[63]阻碍了东道国资源汲取能力的发展。[64]中国资本较长的时间范围可以部分缓解这种情况。[65]由于追求长期的生产性利益，中国投资者通常对东道国的加税更为配合。而西方投资者面对加税则更有可能选择撤资。

三是社会保护能力。在发展中国家对跨国公司心存顾虑的年岁，依附理论的观点广为传播，其中之一就是跨国公司会恶化发展中国家劳工阶级的处境。[66]逐底竞争的逻辑也预测发展中国家为了吸引外资会放松本国的劳工规制，这也被视为是"外资友好型"政策的一部分。由于假定了外国投资者利润最大化的属性，既有研究认为他们也无意帮助东道国提升社会支出。[67]不过，即使存在逐底竞争的政策倾向，能动的劳工阶级会对此做出反应。跨国资本所到之处也会带来相应的劳资矛盾，而这类矛盾的后果可能是劳工阶级的进一步团结和发展。[68]与逐底效应针锋相对的观点同样存在。莱娜·莫斯利和杂贺野（Saika Uno）的经典论文发现，相较于国际贸易对一国劳工权利的负向影响，外国直接投资则与工人权利显著正相关。其理由是，跨国公司可以直接敦促政府改善法治，保护弱势群体，投资社会服务和基础设施；外国投资者可以为东道国带来工人权利的最佳实践，从而提供示范；外国投资者在关心劳动力成本的同时亦重视其质量。[69]不过上述理由并没有在其文中得到具体验证。李静君对赞比亚的外国投资者的研究发现，中国国有企业由于更注重长期收益会比西方私营企业为当地劳动者提供更为稳定的就业，而"就业是最大的民生"[70]。中国投资者由于时间范围更长、对风险承受力更大，同时与东道国政府关系更为密切，故更有动力关心当地劳动力的稳定性和可持续发展。

综上所述，由于不同类型外国投资者所具有的特征存在区别，其对发展中东道国的国家能力也会产生差异化的影响。当前，相较于七国集团投资者，中国投资者理论上会因其总体而言与东道国政府更近的理想点距离而对后者的整体国家能力提升有更大助益。将国家能力具体拆分为秩序提供能力、资源汲取能力、社会保护能力三个维度的初步分析亦能为此判断提供一定的理论支撑。因而，发展中国家外资来源国类型的结构会成为影响该国国家能力建设的重要因素。

第三节　外国直接投资与东道国国家能力建设的辅助假说

本项研究很大程度上认同拉卡托斯式的科学进步。伊·拉卡托斯（Imre Lakatos）的精致证伪主义主张使用理论系列或科学研究纲领来判断理论的进展。与托马斯·库恩（Thomas Kuhn）强调范式革命和范式转变的叙事不同，拉卡托斯认为问题转变才是观察科学进步的重要窗口。[71]科学研究纲领由硬核、保护带、反面启示法和正面启示法构成。[72]在保护带中，存在一些辅助假说来保护硬核。如此一来，当我们发现与研究纲领反常的事实时，就不一定需要立即推翻硬核，而可能是需要修正相应的辅助假说而硬核不受挑战。卡尔·波普尔（Karl Popper）注意到了辅助假说的存在对其学说的挑战，故建议就辅助假说做出如下方法论规定：只有那些引进以后并不减少、反而增加该系统的可证伪度或可检验度的辅助假说才是可接受的。[73]不过与波普尔对演绎法的推崇不同，拉卡托斯科学研究纲领中的辅助假说可以是诉诸归纳法的。我们此处尝试围绕本章的核心理论观点,采用正面启示法提出一些辅助假说,这些可检验的辅助假说将有助于进一步明晰和探究之前论点的逻辑,并且可为有兴趣的同行进一步验证或发展此处的理论提供一些思路。

这些可供检验的辅助假说主要有三类。一是关于外国投资者的行业。不同行业的外国投资具有不同的属性,例如,制造业比采掘业的资产流动性更大。[74]投资者可以相对轻松的迁移一家制鞋厂,却很难将一口矿井搬迁至别处。这意味着资产专用性高的行业将赋予东道国政府更大的议程设置权。[75]换言之,东道国在面对这类投资时议价能力相对较高,故在其他条件相同的情况下,实现自身偏好的可能性较大。在现实情况下,不同类型外资来源国对发展中国家进行投资的行业分布或许存在显著差异,这也是外资来源国特征的重要来源。对外资制造业、采掘业、服务业等行业特征的提炼,并进一步讨论其在东道国的政商关系类型有助于为本项研究提供微观基础,并发展出更为细化的作用机制。

二是关于外国投资者的所有制类型。研究者已经指出不同企业所有制类型在区位选择决策时的区别。[76]一般来说,国有企业,尤其是中央国有企业的对外直接投资往往具有更长的时间范围,并且由于软预算约束有助于其应对东道国的治理成本,其风险容忍度更高。地方国有企业和民营企业则随市场情况变化而波动较大。故相较于地方国有企业和民营企业,中央国有企业将赋予东道国更大的操作空间来实现其偏好。这与一些既有观点也许存在矛盾。一般认为,更为大型的跨国公司往往会利用其规模优势向东道国提出更为苛刻的条件。不过由于中国国有企业的性质以及中国政府面对发展中国家时的经济外交政策,我们认为这种情况发生的概率较小,并且即使发生,东道国也可在相关企业进入后对政策进行调整。外国投资者的所有制类型会对东道国议价能力和操作空间产生影响,与之相关的推论应与前文理论相兼容。

三是关于东道国的政治制度。政治竞争性较大的东道国在与外国投资者进行谈判时通常会拥有更大的议价能力,并提升其议程设置权力。可以将国家行为体与外国投资者的谈判视为第一层博弈,而国家行为体与国内其他非国家行为体的谈判则被视为第二层博弈。两层博弈有其各自的赢集,赢集越大意味着达成协议的可能性也越大。正如罗伯特·普特南（Robert D. Putnam）受托马斯·谢林（Thomas C. Schelling）启发而提出的洞见：第二层博弈赢集的相对大小将影响第一层跨国谈判的共同受益的分配。一个谈判者被认为其赢集越大，其就越容易被另外一层的谈判者"摆布"。相反，较小的国内赢集可能是一种议价优势。[77] 政治竞争性较大的东道国拥有的第二层博弈赢集较小，这意味着国家行为体在与外国投资者的第一层博弈中可以获得更大的议程设置权，而这将有助于东道国提升国家能力。借鉴比较政治学和新政治经济学中对国内政治的分析可以为前文理论提供更多重要而有趣的调节变量。

注释

1. Peter B. Evans, "Transnational Linkages and the Economic Role of the State: An Analysis of Developing and Industrialized Nations in the Post-World War II Period," in Peter B. Evans, Dietrich Rueschemeyer, and Theda Skocpol, eds., *Bringing the State Back In*, New York: Cambridge University Press, 1985, p.193.

2. ［美］弗朗西斯·福山：《国家构建：21 世纪的国家治理与世界秩序》，郭华、孟凡礼译，上海：学林出版社 2017 年版，第 107 页。

3. UNCTAD, *World Investment Report: Trends and Determinants*, New York: United Nations, 1998.

4. 关于外国直接投资与经济增长的文献，可参见 Theodore H. Moran, Edward M. Graham, and Magnus Blomstrom, eds., *Does Foreign Direct Investment Promote Development? New Methods, Outcomes and Policy Approaches*, Washington, D.C.: Peterson Institute for International Economics, 2005; Ichiro Iwasaki and Masahiro Tokunaga, "Macroeconomic Impacts of FDI in Transition Economies: A Meta-Analysis," *World Development*, Vol.61, No.1, 2014, pp.53—69; Luiz R. de Mello Jr., "Foreign Direct Investment in Developing Countries and Growth: A Selective Survey," *Journal of Development Studies*, Vol.34, No.1, 1997, pp.1—34; V. N. Balasubramanyam, M. Salisu, and David Sapsford, "Foreign Direct Investment as an Engine of Growth," *Journal of International Trade & Economic Development*, Vol.8, No.1, 1999, pp.27—40; Robert E. Lipsey, "Inward FDI and Economic Growth in Developing Countries," Transnational Corporations, Vol.9, No.1, 2000, pp.67—95; Liesbeth Colen, Miet Maertens and Johan Swinnen, "Foreign Direct Investment as an Engine for Economic Growth and Human Development: A Review of the Arguments and Empirical Evidence," in Olivier De Schutter, Johan Swinnen and Jan Wouters, eds., *Foreign Direct Investment and Human Development: The Law and Economics of International Investment Agreements*, Abingdon: Routledge, 2013, pp.70—115。

5. 依附理论是个重要例外，但很难不承认，这种理论无论在中文还是英文学界都变得有些沉寂。并且，依附理论所希望解释的也多是经济增长与经济现代化问题，与探讨政治影响有所不同。另一支对外国直接投资的国内政治效应的文献来自国际政治经济学学者，但其对政治效应的分析大多是为了解释一国的外资政策及对外国投资者的吸引力。相关综述参见钟飞腾：《对外直接投资的国际政治经济学：一种分析框架》，载《世界经济与政治》2010 年第 12 期，第 137—151 页；钟飞腾：《国内联盟、制度与对外直接投资》，载《国际政治研究》

2006 年第 2 期,第 95—110 页。

6. 作为类比,关于国际体系的结构与国际体系中国家数量的重大区别,可参见 Kenneth N. Waltz, *Theory of International Politics*, Reading: Addison-Wesley Publishing Company, 1979。

7. 即使作为资本需求者的东道国本身已具备相当的议价能力,其理论上依旧可从引入更多"卖方竞争"中获益。

8. Maria Repnikova, "The Balance of Soft Power: The American and Chinese Quests to Win Hearts and Minds," *Foreign Affairs*, Vol.101, No.4, 2022, pp.44—51.

9. Peter Kragelund, "Towards Convergence and Cooperation in the Global Development Finance Regime: Closing Africa's Policy Space?" *Cambridge Review of International Affairs*, Vol.28, No.2, 2015, pp.246—262. Johanna Malm, "'China-powered' African Agency and its Limits: The Case of the DRC 2007—2019," Policy Insight, No. 96, South African Institute of International Affairs, 2020, https://saiia. org. za/wp-content/uploads/2020/11/Policy-Insights-96-malm. pdf. Branko Milanovic, "Competition Can Be Good for the Developing World," *Foreign Affairs*, May 21, 2021, https://www. foreignaffairs. com/articles/china/2021-05-21/competition-can-be-good-developing-world(访问时间:2022 年 1 月 15 日)。Folashadé Soulé, "Zero-Sum? Benefitting from Great Power Rivalry in Africa," Africa Policy Research Institute, October 25, 2021, https://afripoli. org/zero-sum-benefitting-from-great-power-rivalry-in-africa(访问时间:2022 年 1 月 15 日)。

10. 这意味着在接下来的理论机制中将淡化对不同外国直接投资间技术属性差异的讨论,也暂不触及对不同外资来源国资本特质的讨论。

11. 此处的"空间模型"指的是一种理论建模方法,而非空间计量经济学中的空间模型。类似对欧几里得式空间模型的运用可参见 George Tsebelis, *Veto Players: How Political Institutions Work*, Princeton: Princeton University Press, 2002, pp.19—37。

12. 无差异曲线是微观经济学中刻画行为体偏好的常见分析工具。参见[美]哈尔·R.范里安:《微观经济学:现代观点》,费方域、朱保华等译,上海:格致出版社、上海三联书店、上海人民出版社 2015 年版,第 23—24 页。

13. 使用假定的方法确定行为体偏好是常见的三种方法之一,另外两种方法分别是理论推演与经验观察,参见 Jeffry A. Frieden, "Actors and Preferences in International Relations," in David A. Lake and Robert Powell, eds., *Strategic Choice and International Relations*, Princeton: Princeton University Press, 1999, p.53. 可以提醒的是,理论的假定甚至不必是真实的,一个理论假定的真实性和理论本身的好坏及解释力无关。对此的阐述可参见 Milton Friedman, "The Methodology of Positive Economics," in Milton Friedman, ed., *Essays in Positive Economics*, Chicago: University of Chicago Press, 1953, pp.3—4, 7, 19—20; Kenneth N. Waltz, *Theory of International Politics*, New York: Random House, 1979, pp.5—6。

14. 理想点所代表的偏好是整体性的概念,而不是单一维度的。不过我们有理由认为,国家能力建设在其偏好中即使不是最为重要的,也是相当重要的组成部分。

15. 东道国圆的半径由其理想点和该国的起始状态决定,外国投资者圆的半径由其理想点和其所投资的东道国起始状态决定。

16. 尽管正如前文所言,外国投资者与国家之间拥有不完全相同的偏好,但偏好不同的行为体并不总是处于冲突状态。在那些有利于外国投资者发展的政策领域,如营商环境优化、公共产品提供,帮助东道国提升国家能力同样也符合外国投资者的偏好。

17. 根据定义,弦是连接圆上任意两点的线段,弧是圆上任意两点间的部分。故弦将圆分为两条弧,其中大于半圆的弧叫优弧,小于半圆的弧叫劣弧。由弦及其所对的弧组成的图形叫做弓形,当弓形的弧大于半圆时为优弧弓,小于半圆时为劣弧弓。

18. 也称"获胜集合",这一概念在否决者理论和双层博弈理论中均有使用。参见 George

Tsebelis, *Veto Players: How Political Institutions Work*, Princeton: Princeton University Press, 2002, pp.21—37; Robert D. Putnam, "Diplomacy and Domestic Politics: The Logic of Two-Level Games," *International Organization*, Vol.42, No.3, 1988, pp.435—441。

19. 当建议状态为两圆交点时，未发生帕累托改进，我们将这种情况称为保持现状（maintaining the status quo）。

20. 若静态地看，完全实现偏好后的投资者 A 将不会接受任何变化。不过如果动态地看，当投资者 A 的效用函数发生变化时，进一步的变化（变坏或变好）都是可能的。

21. 关于议程设置权力重要性的讨论，可参见 George Tsebelis, *Veto Players: How Political Institutions Work*, Princeton: Princeton University Press, 2002, pp.33—37。

22. 在单个外国投资者情况下，如果东道国的建议状态使得投资者受损，那么理性的投资者将选择不进入或撤资。当然如果投资者 A 的建议使得东道国受损，那么东道国同样会拒绝。

23. 关于"主权困境"的一个评述，可参见 Stephen J. Kobrin, "Sovereignty@Bay: Globalization, Multilateral Enterprise, and the International Political System," in Alan M. Rugman and Thomas L. Brewer, eds., *The Oxford Handbook of International Business*, New York: Oxford University Press, 2001, pp.181—205。"香蕉共和国"通常指 20 世纪在美国联合果品公司和标准果品公司控制下的中美洲国家政权，相关研究参见 Alison Acker, *The Making of a Banana Republic*, Boston: South End, 1988。

24. 通常所说的投资者数量指的是投资者的绝对数量，有效数量则同时考虑了投资者的数量和规模，关于有效数量的计算可参见第一章第三节中对外资多元化指数的构建。当只存在单个投资者时，投资者的绝对数量与投资者的有效数量之间并无区别。在两个或多个投资者的情况下，投资者的绝对数量和投资者的有效数量会存在差别，并且主要体现在东道国的议价能力上。试考虑如下两种假设情景。在情景一中，东道国面对两个投资者，两者的占比分别为 99% 和 1%，在考虑了投资者集中度之后，那么有效数量仍非常接近于 1。在情景二中，东道国同样面对两个投资者，但两者的占比均为 50%，那么此时的有效数量为 2，东道国将拥有更大的议价能力。但若仅考虑投资者绝对数量，两种情景均为 2，不应存在议价能力的区别。

25. 关于投资者数量和东道国议程设置权的函数关系可能会存在另一种理解，即投资者数量越多，东道国就越需要向投资者让步，从而对其议程设置权产生了负面影响。但这在实际中并不常见，因为投资者之间存在集体行动的难题。关于集体行动理论的一般探讨，参见 Mancur Olson, *The Logic of Collective Action: Public Goods and the Theory of Groups*, Cambridge: Harvard University Press, 1965。关于投资者间的集体行动问题，参见 Rachel L. Wellhausen, *The Shield of Nationality: When Governments Break Contracts with Foreign Firms*, New York: Cambridge University Press, 2017。

26. Jeffrey Kentor and Terry Boswell, "Foreign Capital Dependence and Development: A New Direction," *American Sociological Review*, Vol.68, No.2, 2003, pp.304—305。更加晚近的研究亦可参见 Stephen B. Kaplan, *Globalizing Patient Capital: The Political Economy of Chinese Finance in the Americas*, New York: Cambridge University Press, 2021。

27. Layna Mosley, "Room to Move: International Financial Markets and National Welfare States," *International Organization*, Vol.54, No.4, 2000, pp.737—773; Layna Mosley, "Globalisation and the State: Still Room to Move?" *New Political Economy*, Vol.10, No.3, 2005, pp.355—362.

28. Rachel L. Wellhausen, *The Shield of Nationality: When Governments Break Contracts with Foreign Firms*, New York: Cambridge University Press, pp.4—14.

29. 若式（2.1）和式（2.2）为单调的非凸函数，那么东道国和投资者的议程设置权将不会随着投资者数量的增加而收敛,并且可能出现议程设置权小于零的情况,与常理不符。现有文献尚未明确提出议程设置权的变化速率随投资者数量增加而边际递减的性质。可以说,这一性质正是根据议程设置权函数存在零和属性,且议程设置权不能为负推理而得的,也符合我们对现实的一般认知。

30. 空集是指不含任何元素的集合。相切描述的是平面上的圆与另一个几何形状的位置关系,当两个圆只有唯一公共点就叫作两圆相切。

31. 我们将不讨论起始状态位于东道国左侧的情况。原因在于,东道国圆心与起始状态形成的半径是有方向的,只能由圆心指向起始状态,而非相反。换言之,该特定半径是一种向量,而当起始状态位于东道国左侧时,该半径向量中将含有负值,而国家能力是非负的。

32. 需要指出的是,第二种起始状态下东道国拥有更好实现其偏好的潜力,但由于发展中国家资本的稀缺性,东道国在面对单个投资者时的议程设置能力相对有限,因而总体认为在此情形下东道国亦难以有效实现其偏好。这种情况将在东道国面对两个及多个外国投资者时发生变化。

33. 在第一章第三节部分,关于外国直接投资多元化指数的计算是以国家为单位进行的,即将一个资本输出国从整体上视为单个投资者。当然,一个资本输出国可以被细分为许多不同的外国投资者,但其逻辑是一致的。

34. 如果投资者 A 和投资者 B 之间可以进行完全有效的集体行动,那么意味着投资者 A 的圆心与投资者 B 的圆心将重合,这样东道国面临的仍然是单个投资者的情形。

35. 在几何呈现上,这意味着东道国与投资者 B 的圆心距较之东道国与投资者 A 的圆心距短。

36. 需要特别指出的是,这种议程设置权力的提升可能包括两个渠道,一个是投资者绝对数量的增加,另一个是投资者集中度的下降。

37. 当建议状态达成时,之前的建议状态就会成为新的起始状态。

38. 由于资产专用性和沉默成本的存在,既有投资者很难做到完全撤资。

39. Layna Mosley, *Global Capital and National Governments*, New York: Cambridge University Press, 2003. Giselle Datz, "What Life After Default? Time Horizons and the Outcome of the Argentine Debt Restructuring Deal," *Review of International Political Economy*, Vol. 16, No. 3, 2009, pp. 456—484.

40. 林毅夫、王燕:《重新审视发展融资及开发银行:耐心资本作为比较优势》,载《中国金融学》2018 年第 1 期,第 1—26 页。林毅夫、王燕:《超越发展援助:在一个多极世界中重构发展合作新理念》,宋琛译,北京:北京大学出版社 2016 年版。Justin Yifu Lin and Yan Wang, "The New Structural Economics: Patient Capital as a Comparative Advantage," *Journal of Infrastructure, Policy and Development*, Vol. 1, No. 1, 2017, pp. 4—23.

41. Interview conducted by Stephen B. Kaplan in November, 2017. Cited from Stephen B. Kaplan, "The Rise of Patient Capital: The Political Economy of Chinese Global Finance," Institute for International Economic Policy Working Paper, No. 2, 2018, https://www2.gwu.edu/~iiep/assets/docs/papers/2018WP/KaplanIIEP2018-2.pdf. 关于国家开发银行和商业银行的区别,可参见 Bo Hu, Alfredo Schclarek, Jiajun Xu, Jianye Yan, "Long-term Finance Provision: National Development Banks vs Commercial Banks," *World Development*, Vol. 158, 2022, 105973。

42. Stephen B. Kaplan, *Globalizing Patient Capital: The Political Economy of Chinese Finance in the Americas*, New York: Cambridge University Press, 2021.

43. Ching Kwan Lee, *The Specter of Global China: Politics, Labor and Foreign Investment in Africa*, Chicago: University of Chicago Press, 2017. Ching Kwan Lee, "The Specter of Global China," *New Left Review*, No. 89, 2014, pp. 29—65.

44. 王永钦、杜巨澜、王凯:《中国对外直接投资区位选择的决定因素:制度、税负和资源禀赋》，载《经济研究》2014 年第 12 期，第 126—142 页。Peter J. Buckley, L. Jeremy Clegg, Adam R. Cross, Xin Liu, Hinrich Voss and Ping Zheng, "The Determinants of Chinese Outward Foreign Direct Investment," *Journal of International Business Studies*, Vol. 38, No. 4, 2007, pp. 499—518. Ivar Kolstad and Arne Wiig, "What determines Chinese outward FDI?" *Journal of World Business*, Vol. 47, No. 1, 2012, pp. 26—34.

45. ［匈牙利］亚诺什·科尔内:《短缺经济学(下卷)》，高鸿业校，北京:经济科学出版社 1986 年版，第 9—13 页。

46. 陈俊龙:《中国国有企业海外投资软预算约束问题研究》，北京:经济科学出版社 2014 年版，第 36—37 页。

47. Muyang Chen, "State Actors, Market Games: Credit Guarantees and the Funding of China Development Bank," *New Political Economy*, Vol. 25, No. 3, 2020, pp. 453—468.

48. 刘小鲁、聂辉华:《国企混合所有制改革:怎么混? 混得怎么样?》，人大国发院年度研究报告，2015 年 10 月总期第 6 期，第 25—29 页。

49. 更为详细的讨论，参见陈兆源、田野、韩冬临:《中国不同所有制企业对外直接投资的区位选择———一种交易成本的视角》，载《世界经济与政治》2018 年第 6 期，第 108—130 页。

50. 这种特质在国际援助和发展金融领域有着更为明显的体现，参见 Zhongzhou Peng and Sow Keat Tok, "The AIIB and China's Normative Power in International Financial Governance Structure," *Chinese Political Science Review*, Vol. 1, No. 4, 2016, pp. 736—753. 与此相关地，关于援助者是接触(engage)还是绕过(bypass)受援国政府的讨论，可参见 Simone Dietrich, *States, Markets, and Foreign Aid*, New York: Cambridge University Press, 2021。

51. International Crisis Group, "China's New Courtship in South Sudan," *African Report*, No. 186, 2012, p. 8, https://d2071andvip0wj.cloudfront.net/186-china-s-new-courtship-in-south-sudan.pdf.

52. Axel Dreher, Andreas Fuchs, Roland Hodler, Bradley C. Parks, Paul A. Raschky, and Michael J. Tierney, "African Leaders and the Geography of China's Foreign Assistance," *Journal of Development Economics*, Vol. 140, 2019, pp. 44—71.

53. 曲博:《危机下的抉择:国内政治与汇率制度选择》，上海:上海人民出版社 2012 年版，第 30 页。

54. 张建红、姜建刚:《双边政治关系对中国对外直接投资的影响研究》，载《世界经济与政治》2012 年第 12 期，第 133—155 页。

55. 闫雪凌、林建浩:《领导人访问与中国对外直接投资》，载《世界经济》2019 年第 2 期，第 147—169 页。

56. Pippa Morgan and Yu Zheng, "Tracing the Legacy: China's Historical Aid and Contemporary Investment in Africa," *International Studies Quarterly*, Vol. 63, No. 3, 2019, pp. 558—573.

57. Yuhua Wang, *Tying the Autocrat's Hands: The Rise of the Rule of Law in China*, New York: Cambridge University Press, 2015.

58. 关于这种最佳平衡的类似讨论，可参见 Daron Acemoglu and James A. Robinson, *The Narrow Corridor: States, Societies, and the Fate of Liberty*, New York: Penguin Press, 2019。

59. 关于中国和西方对国家权力的强调不同，可参见郑永年、黄彦杰:《制内市场:中国国家主导型政治经济学》，邱道隆译，杭州:浙江人民出版社 2021 年版，第 34—39 页。

60. Quinn Slobodian, *Globalists: The End of Empire and the Birth of Neoliberalism*, Cambridge: Harvard University Press, 2018.

61. Andreea S. Mihalache-O' Keef, "Whose Greed, Whose Grievance, and Whose Opportunity? Effects of Foreign Direct Investments (FDI) on Internal Conflict," *World Development*,

Vol.106，2018，pp.187—206. Darin Christensen，"Concession Stands：How Mining Investments Incite Protest in Africa," *International Organization*，Vol.73，No.1，2019，pp.65—101. Nicolas Berman，Mathieu Couttenier，Dominic Rohner，and Mathias Thoenig，"This Mine is Mine！How Minerals Fuel Conflicts in Africa," *American Economic Review*，Vol.107，No.6，2017，pp.1564—1610.

62. Robert H. Bates and Da-Hsiang Donald Lien，"A Note on Taxation，Development，and Representative Government," *Politics & Society*，Vol.14，No.1，1985，pp.53—70.

63. 除用囚徒困境博弈刻画外，这种东道国间的税收竞争也可以用旅行者困境刻画，参见 Kaushik Basu，"The Traveler's Dilemma：Paradoxes of Rationality in Game Theory," *American Economic Review*，Vol.84，No.2，1994，pp.391—395。

64. William J. Dixon and Terry Boswell，"Dependency，Disarticulation，and Denominator Effects：Another Look at Foreign Capital Penetration," *American Journal of Sociology*，Vol.102，No.2，1996，pp.543—562. Quan Li and Adam Resnick，"Reversal of Fortunes：Democracy，Property Rights and Foreign Direct Investment Inflows in Developing Countries," *International Organization*，Vol.57，No.1，2003，pp.175—211. Quan Li，"Democracy，Autocracy，and Tax Incentives to Foreign Direct Investors：A Cross-National Analysis," *Journal of Politics*，Vol.68，No.1，2006，pp.62—74.

65. Ching Kwan Lee，*The Specter of Global China：Politics，Labor and Foreign Investment in Africa*，Chicago：University of Chicago Press，2017.

66. ［德］安德烈·冈德·弗兰克：《依附性积累与不发达》，高铦、高戈译，南京：译林出版社 1999 年版。［阿根廷］劳尔·普雷维什：《外围资本主义——危机与改造》，苏振兴、袁兴昌译，北京：商务印书馆 2005 年版。［埃及］萨米尔·阿明：《不平等的发展：论外围资本主义的社会形态》，高铦译，北京：社会科学文献出版社 2017 年版。［乌拉圭］爱德华多·加莱亚诺：《拉丁美洲被切开的血管》，王玖等译，南京：南京大学出版社 2018 年版。

67. Robert R. Kaufman and Alex Segura-Ubiergo，"Globalization，Domestic Politics，and Social Spending in Latin America：A Time-Series Cross-Section Analysis，1973—97," *World Politics*，Vol.53，No.4，2001，pp.553—587.李雪：《全球竞争下社会保障支出的地区差异：基于长三角和珠三角的比较》，载《社会保障评论》2019 年第 2 期，第 25—48 页。李雪：《经济全球化、劳资关系与社会福利支出——基于长江三角洲地区 16 市 2000—2014 年面板数据的分析》，载《东南大学学报（哲学社会科学版）》2018 年第 2 期，第 122—132 页。

68. ［美］贝弗里·J.西尔弗：《劳工的力量：1870 年以来的工人运动与全球化》，张璐译，北京：社会科学文献出版社 2012 年版，第 51—93 页。

69. Layna Mosley and Saika Uno，"Racing to the Bottom or Climbing to the Top？Economic Globalization and Collective Labor Rights," *Comparative Political Science*，Vol.40，No.8，2007，pp.923—948.

70. Ching Kwan Lee，*The Specter of Global China：Politics，Labor and Foreign Investment in Africa*，Chicago：University of Chicago Press，2017."就业是最大的民生"的表述出自习近平：《决胜全面建成小康社会　夺取新时代中国特色社会主义伟大胜利——在中国共产党第十九次全国代表大会上的报告》，载《人民日报》2017 年 10 月 28 日。

71. Colin Elman and Miriam Fendius Elman，"Lessons from Lakatos," in Colin Elman and Miriam Fendius Elman，eds.，*Progress in International Relations Theory：Appraising the Field*，Cambridge：The MIT Press，2003，pp.19—68.

72. 关于科学研究纲领结构的讨论，具体参见［英］伊·拉卡托斯：《科学研究纲领方法论》，兰征译，上海：上海译文出版社 1986 年版，第 65—73 页。

73. ［英］卡尔·波普尔：《科学发现的逻辑》，查汝强等译，杭州：中国美术学院出版社

2008 年版，第 58 页。

74. Jeffry A. Frieden, "International Investment and Colonial Control: A New Interpretation," in Jeffry A. Frieden, David A. Lake, and J. Lawrence Broz, eds., *International Political Economy: Perspectives on Global Power and Wealth*, 5th Edition, New York: W. W. Norton, 2010, pp.119—138.

75. 资产专用性由奥利弗·威廉姆森提出，被其分为地点专用性、物质资产专用性、人力资产专用性、品牌资产专用性、特定用途资产专用性和时间专用性，参见 Oliver E. Williamson, "Comparative Economic Organization: The Analysis of Discrete Structural Alternatives," *Administrative Science Quarterly*, Vol.36, No.2, 1991, p.281.

76. 陈兆源、田野、韩冬临：《中国不同所有制企业对外直接投资的区位选择——一种交易成本的视角》，载《世界经济与政治》2018 年第 6 期，第 108—130 页。

77. Robert D. Putnam, "Diplomacy and Domestic Politics: The Logic of Two-Level Games," *International Organization*, Vol.42, No.3, 1988, p.440. 谢林的相关论述，可参见 Thomas C. Schelling, *The Strategy of Conflict*, Cambridge: Harvard University Press, 1960, pp.19—28。

第三章

基于发展中世界国家能力的跨国统计检验

虽然用统计学容易说谎,但不用统计学更容易说谎。[1]

——弗雷德里克·莫斯特勒

从本质上讲,所有的模型都是有错的,但其中一些是有用的。[2]

——乔治·博克斯

外国直接投资的结构会影响一国的国家能力建设,正如上一章的理论机制所阐明的那样。其中外资结构既指投资者的多元化程度,也指各类型投资者的占比相对大小。当外国投资变得更加多元时,发展中东道国由于拥有了更大的操作空间和议程设置的权力,故更有可能实现自身国家建设的偏好。当外资结构里中国投资者相较于传统投资者的比重上升时,中国资本由于平均而言更长的时间范围、更高的风险容忍度、更紧密的投资者—东道国政府关系,故更有可能对一国国家能力建设产生积极作用。本章将一定程度上为前述理论机制提供来自跨国统计检验的经验证据。外国直接投资推动的经济全球化主要是在过去30年发生的,作为直接投资最权威的数据库之一,联合国贸发会议投资数据库显示,直到20世纪80年代全球外国直接投资的流量和存量才开始实质性爬升。考虑到世界主要投资国的数据可得性,我们将跨国统计检验的样本时间限定在1989年至2018年,并根据具体模型中其他数据的年限做相应调整。

第一节 外资来源国多元化与东道国国家能力

对于政治理论而言,对国家能力概念进行规范分析无疑存在某些棘手的地方;而对社会科学的从业者来说,试图开发出对国家能力的测量方法以进行实证分析同样颇费心思。尽管经济学家和其他社会科学领域的研究者也时常关心国家能力的影响，但从整体上对国家能力实现操作化却通常是政治科学家完成的。本节试图论证的假说是：其他条件相同，一国外国直接投资多元化程度的增加会带来东道国整体国家能力的提高。

一、国家能力的测量

本项研究的核心被解释变量是发展中世界的国家能力。此处主要采用乔纳森·汉森（Jonathan K. Hanson）和蕾切尔·西格曼（Rachel Sigman）开发的国家能力数据库作为对国家能力的整体测量。[3]其中，国家能力被定义为国家有效实施官方目标的能力。这一定义避免了关于国家应该做什么或应该如何做的规范性概念。有能力的国家可能以不同的方式管理经济和社会生活，并可能通过与社会群体建立不同的关系来实现这些目标。他们的测量尤其强调了国家能力中的强制能力、汲取能力和行政能力，这与我们对国家能力作为一种关系型概念的理解颇为一致。不同领域的国家能力的确会存在差异，但这并不意味着整体意义上测量国家能力是无用功。当我们关注的领域越小，就越容易将关于政策选择的政治决定与执行这些政策的能力混为一谈。此外，过分强调不同领域国家能力的差异可能会不恰当地忽视不同国家能力间相互支持、相互增强的事实。[4]并且这种还原主义无法替代汇总数据的作用。相比起简单使用税收占比来作为一国国家能力的代表，用一个合成变量代表整体国家能力无疑更具优势。

汉森和西格曼对国家能力的操作化遵循了两大原则，一是着重关注国家的核心职能，而非政府可能采取的所有行动。二是刻意避免与政治学研究中其他令人感兴趣的概念纠缠在一起，如民主、政府质量和善治（good governance）等。具体而言，汉森和西格曼对 24 个国家能力的相关指标（详见附表 2.5）采用了贝叶斯潜变量分析（Bayesian latent variable analysis）。[5]这种基于马尔可夫链蒙特卡罗算法（MCMC）相较于传统方法具有优势，其中之一便体现在对缺失值的处理。由此产生的国家能力数据库覆盖了政体数据库（Polity Dataset）[6]包括的所有 163 个国家，并提供了这些国家从 1960 年至 2009 年国家能力水平的年度估计。

除此之外，还有两种常见指标可作为国家能力的代理变量。一种测量方式是以人口普查的实施作为国家能力的代理变量。[7]人口普查的开展与否可以反映出国家从其境内社会收集复杂信息的能力，而国家能力取决于国家对公民及其活动的知识的广度和深度。人口普查向国家提供了必要的资料，以便建立税收登记册、征兵名册以及其他形式的系统化。[8]一方面，人口普查所获得的信息为国家能力的实现提供了基础；另一方面，人口普查的开展还意味着国家能够对其领土实施有效控制，否则进行如此的资料收集可能是危险的。

　　将系统的人口普查数据作为国家能力测量的开创性研究来自希勒尔·戴维·索伊费尔，他使用的全球人口普查实施数据库（Global Database of Census Administration）列出了1945年至2005年全世界进行的每一次人口普查。[9]具体地，我们生成了一个关于人口普查的虚拟变量$Census_{it}$，对于t年份的国家i，如果其在过去25年间开展过不少于两次人口普查则取值为1，否则为0。索伊费尔的这种基于人口普查的测量可以大致地有效将国家能力进行强弱划分。受索伊费尔启发，梅丽莎·李（Melissa M. Lee）和张南（Nan Zhang）对人口普查数据的用法作了改进，他们根据普查中的年龄信息计算了"迈尔斯值"（Myers score），用以衡量人口普查的质量。[10]越大的迈尔斯值表明人口普查的质量越差，这意味着该国的国家能力也越弱。[11]我们在下面的描述性统计中参考了这种改进，但需注意到此改进存在的两点局限。一是人口普查通常10年进行一次，故可以获得的作为被解释变量的迈尔斯值观测值过少。二是这种测量在强调普查质量的同时忽略了普查本身的影响。那些未开展普查的国家没有纳入测量范围，然而哪些国家开展普查并不是随机的，而是与国家能力密切相关。

　　另一种测量方式是使用新生儿死亡率作为国家能力的代理变量。[12]新生儿死亡率是区分失败国家和稳定国家的最稳健的跨国指标。[13]要有效降低新生儿死亡率，需要一整套系统的运转。在这一指标上的一小点下降都需要国家数年的努力。[14]应对新生儿死亡的问题需要各级政府对公共卫生的投资，在政府的各个层面都要有能够胜任的公共卫生官员，医院的儿科需要合格的护士、接生员，并且需要系统的收集人员出生的数据，不论贫富在所有的社区里给新生儿接种疫苗。相比于识字率这种可能由教会等非国家行动体推动的指标，降低新生儿死亡率的实践只有国家有能力去做。新生儿死亡率这一指标反映了国家对于领土和人口的控制能力，以及其汲取资源并且实施公共政策的能力。[15]故新生儿死亡率可以提供关于国家能力的相当重要的信息。

　　具体地，我们所使用的新生儿死亡率数据来自世界银行的世界发展指标(World Development Indicators,WDI)。[16]数值表示在特定年份中每千名活产婴儿中满 28 天前死亡的新生儿人数。对本项研究所关心的 135 个发展中国家而言,其新生儿平均死亡率为 23.4‰,其中最低为 1‰(新加坡,2012 年至 2016 年),最高为 73.3‰(阿富汗,1991 年)。在所有年份中,新生儿死亡率高于第 99 百分位的国家包括阿富汗、孟加拉国、几内亚、几内亚比绍、马里、巴基斯坦和南苏丹,意味着它们的国家能力相对较弱。

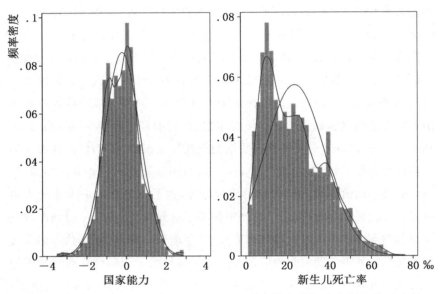

注:笔者自制。左图为 1989 年至 2009 年国家能力数据直方图及其对应的正态密度与核密度估计曲线,数据来源为汉森和西格曼数据库。右图为 1989 年至 2018 年新生儿死亡率数据直方图及其对应的正态密度与核密度估计曲线。数据来源为世界银行数据库。

图 3.1　国家能力与新生儿死亡率直方图

在上述三种关于国家能力的测量中,我们着重使用汉森和西格曼生成的关于国家能力的总体数据,并综合利用人口普查和新生儿死亡率数据作为国家能力的代理变量。如图 3.1 所示,总体国家能力数据更服从正态分布,新生儿死亡率数据则呈现出左偏态(left-skewed)分布。此外,对数据的处理可发现,与国家能力不同,新生儿死亡率具有明显的时间趋势——随着时间的推移而下降,这可能源于世界范围内医疗水平的普遍进步。人口普查数据则因为其覆盖范围和测量精度无法成为首选。在本项研究的数据库中,85.7% 的国家一年份样本取值为 1。由于绝大部分国家均已开展过两次或多次人口普查,故该指标只是在相当低的程度上有助于区分国家能力的强弱。

二、解释变量与控制变量

本节试图论证的观点是外资结构中的多元化程度将有助于提升国家能力。为此,我们在第一章中借鉴赫芬达尔—赫希曼指数构建了"外国直接投资多元化指数"(FDIDI)用来衡量一国的外资多样性水平,并且说明了这一度量并不同于常见的外国直接投资指标,如外国直接投资存量占 GDP 的比和人均外资存量。对外资结构多元化的系统测量与依附理论密切相关,不过与依附理论关心外资结构单一性所带来的危害不同,我们关注的是多元化带来裨益。为了验证依附理论关于经济增长的相关结论,社会学家杰弗里·肯特(Jeffrey Kentor)和特里·博斯韦尔(Terry Boswell)使用了"外国投资集中度"(Foreign Investment Concentration, FIC)来作为依附的测量,其定义是外国资本投资中来自最大单一国家的比例。[17] 例如,1967 年洪都拉斯的外国投资集中度分值为 97.7,意味着当年其97.7％的外国投资来自同一国家,在此处是美国。不过随着经济全球化的发展,该指标便略显简单了。蕾切尔·韦尔豪森(Rachel L. Wellhausen)在分析为何一些政府在与外国投资者打交道时更有可能违约的研究中构建了与我们相似的外资多元化指标。[18] 不过她的数据库只覆盖了不超过 100 个国家(既包括发展中国家也包括发达国家和转型国家)从 1990 年至 2011 年的数据,并且不包括来自中国的对外直接投资存量数据,而遗漏作为主要投资国的中国会带来偏误。

除解释变量之外,还需要纳入相关的控制变量。朱迪亚·珀尔(Judea Pearl)和达纳·麦肯齐(Dana Mackenzie)在其著作中讨论了当随机试验条件无法满足时如何通过正确的研究设计来估计因果关系。他们认为其关键在于识别并选择混杂因素(confounding factors)作为控制变量。[19] 混杂因素是那些同时影响到解释变量和被解释变量的因素,这种混杂偏误增大了伪关系(spurious association)的可能性。图 3.2 展示了混杂的最基本形式,其中 X 为解释变量,Y 为被解释变量,Z 就是混杂因素。在我们此处的研究中,X 代表发展中国家的外国直接投资多元化程度,Y 代表东道国国家能力,Z 代表需要控制的变量。以东道国政体类型的民主程度为例,其既有可能影响外资多样性,也会影响整体的国家能力,如果不加以控制,那么就无法正确地论证解释变量与被解释变量的关系。[20] 当未控制东道国的民主程度时，即使观察到了外资多元化程度与国家能力的显著正相关，也并未能说明外资多样性提升了国家能力。因为可能的混杂偏误是，民主程度高的国家拥有更强的国家能力，并且民主程度高的国家在理论上也同时是那些外资多元化程度高的国家。出于上述缘故，民主程度需要被纳入控制变量。

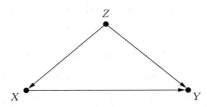

资料来源：[美]朱迪亚·珀尔、[美]达纳·麦肯齐：《为什么：关于因果关系的新科学》，江生、于华译，北京：中信出版集团 2019 年版，第 115 页。

图 3.2 混杂的最基本形式

统计模型需要在简洁性和拟合准确性之间进行权衡。[21]如同珀尔和麦肯齐指出的，研究者们时常对控制变量抱有错误理解，他们对过多的变量进行控制，甚至控制了不该控制的变量。这样"既浪费资源又错误百出"。[22]为了控制相关的政治、经济和跨国因素，我们纳入了如下五个变量，并控制了地区效应和年份效应。五个变量分别是东道国的政体类型、经济发展水平、经济增长率、国际贸易情况和外资数量情况。关于上述变量的名称、数据说明及来源等信息见表 3.1。

表 3.1 控制变量名称、数据说明及来源

变量名称	数据说明	数据来源
民主程度	取值为 1 至 21，分值越高代表民主程度越高。	Polity IV
人均 GDP	人均国内生产总值取自然对数处理。	世界银行
经济增速	人均国内生产总值年度增长率。	世界银行
贸易占比	商品贸易占国内生产总值的比例。	世界银行
外资占比	外国直接投资占国内生产总值的比例。	联合国贸发会议
所在地区	取值 1—4 的分类变量。"1"代表南亚、东亚和太平洋国家；"2"代表中东、北非国家；"3"代表撒哈拉以南非洲国家；"4"代表北美洲与中美洲、拉丁美洲及加勒比海国家。	自制

注：笔者自制。民主程度的原始数据取值范围为 −10 至 10，为便于解读我们将其统一调整为 1 至 21。地区划分参照世界银行并有所调整。

三、描述性统计

在进行更为严谨的计量建模之前,有必要对被解释变量和解释变量的统计特征做出交代,并对两者间的关系进行初步分析。表 3.2 列出了各类变量的统计特征摘要。由于我们的数据库结构是记录 135 个发展中国家在 1989 年至 2018 年共 30 年间的各项数据,故每列数据最多可容纳 4 050 个观测值。然而由于可得性问题,观测值存在缺失,故绝大多数变量的观测值均不及该数量。除了对混杂因素的识别之外,数据缺失的程度也是选择控制变量时需要考虑的问题。

表 3.2　被解释变量、解释变量与控制变量的统计特征(Ⅰ)

变量名称	观测值	均值	标准差	最小值	中位数	最大值
被解释变量						
国家能力	2 292	−0.20	0.90	−3.51	−0.19	2.86
人口普查	1 888	0.86	0.35	0	1	1
新生儿死亡率	4 050	23.45	14.49	1.00	21.20	76.10
解释变量						
FDIDI	3 467	2.41	1.62	1	1.86	13.19
控制变量						
民主程度	3 033	12.54	6.49	15	1	21
人均 GDP	3 812	7.58	1.36	4.55	7.56	11.35
经济增速	3 789	2.02	6.52	−64.99	2.05	140.37
贸易占比	3 760	59.87	35.52	4.10	52.29	343.48
外资占比	3 669	35.47	67.07	0.00	19.32	1 315.55

注:笔者自制。

在展示了各个统计变量自身的统计特征后,表 3.3 中列出了解释变量和控制变量两两之间的皮尔逊相关系数和斯皮尔曼相关系数。对于连续变量而言,皮尔逊相关系数能够更真实地反映出两者间存在的相关关系,而适用范围更广的斯皮尔曼相关系数亦可列为参考。除人均 GDP 与外资多元化指数间的相关系数外,其他皮尔逊相关系数均未超过 0.4,这能缓解我们对多重共线性的担心。

表 3.3　解释变量与控制变量相关系数矩阵(I)

	FDIDI	民主程度	人均 GDP	经济增速	贸易占比	外资占比
FDIDI	1	0.14	0.47	0.11	0.04	0.19
民主程度	0.13	1	0.18	0.04	−0.08	0.10
人均 GDP	0.44	0.06	1	0.01	0.33	0.28
经济增速	0.05	0.02	−0.02	1	0.10	0.08
贸易占比	0.06	−0.13	0.34	0.12	1	0.47
外资占比	0.08	0.04	0.14	0.04	0.37	1

注：笔者自制。其中主对角线左下方为皮尔逊相关系数，主对角线右上方为斯皮尔曼相关系数。

　　首先看外资多元化指数与整体国家能力的关系。图 3.3 分地区展示了多元化指数与发展中东道国整体国家能力的散点图，并刻画了相应的拟合线及其 95％置信区间。可以直观看出，随着多元化程度的上升，发展中国家的整体国家能力也总体上呈现出越大的趋势。从图中还可以观察到不同地区间的差异。大多撒哈拉以南非洲国家聚集在图的左下部，表示这些国家外资多样性低(平均值小于 2)的同时国家能力也偏弱。南亚、东亚和太平洋地区的国家则异质性较大，既包括多元化程度低且国家能力弱的尼泊尔、柬埔寨，也包括投资来源国多且国家能力强的新加坡和马来西亚。不过解释变量对被解释变量的拟合线在四个地区均斜率为正。

　　接下来看外资多元化指数与东道国实施人口普查的关系。由于人口普查往往在某一年实施，且两次人口普查间隔时间较长(常见做法是 10 年一次)，故只注意某特定年份是否开展了人口普查意义不大。我们此处关心以下两个虚拟变量，一是之前 25 年(含当年)是否开展过不少于两次人口普查；二是之前 10 年(含当年)是否开展过人口普查。表 3.4 列出了不同外资多元化指数百分位范围下，国家关于上述两个变量的信息。当一条国家—年份样本的外资多元化程度小于等于第 50 百分位时，其之前 25 年开展过至少两次人口普查的概率为 0.84，之前 10 年开展过人口普查的概率为 0.80。当样本的多元化程度大于第 50 百分位时，两个概率为 0.88 和 0.85，分别上升了 4％和 5％。而当多元化程度大于等于第 75 百分位时，90％和 86％的样本都实施了相应的人口普查。据此可得的初步结论

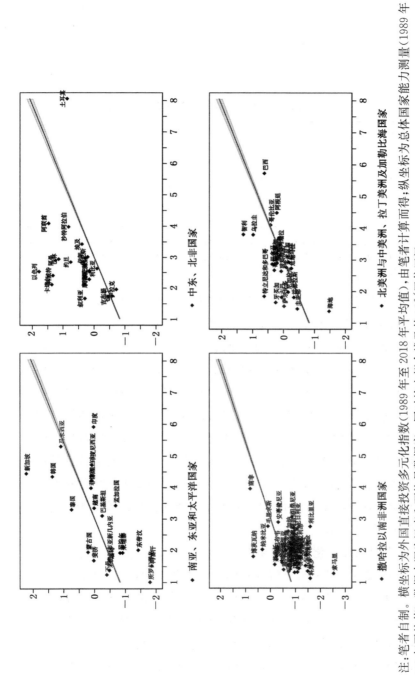

图 3.3　不同地区外国直接投资多元化指数与国家能力散点图

注：笔者自制。横坐标为外国直接投资多元化指数（1989 年至 2018 年平均值）（1989 年至 2009 年平均值），数据来源为汉森和西格曼数据库。同时给出拟合线及其 95% 置信区间。纵坐标为总体国家能力测量（1989 年至 2018 年平均值），由笔者计算而得；

是,随着外资多元化程度的提升,东道国更有可能在之前10年开展过人口普查,并且也更有可能在之前25年开展至少两次人口普查。作为国家能力的代理变量,人口普查的实施意味着这些国家拥有相对更强的国家能力。

表 3.4　外国直接投资多元化指数与人口普查实施

FDIDI 百分位	观测值	均值	标准差
0—100	1 888	0.86 [0.82]	0.35 [0.38]
≤50	947	0.84 [0.80]	0.37 [0.40]
>50	941	0.88 [0.85]	0.33 [0.36]
≥75	586	0.90 [0.86]	0.31 [0.35]

注:笔者自制。方括号内外的数值分别对应着关于人口普查实施的不同虚拟变量。方括号外为"过去25年间是否开展过不少于两次人口普查";方括号内为"过去10年间是否开展过人口普查"。

　　若进一步考察一国历次人口普查的质量,可以得出相似的结论。图3.4绘制了外资多元化指数与72个国家的137次人口普查质量的散点图。拟合线斜率为负,表明外资多元化指数总体上与迈尔斯值呈负相关,即多元化指数越小时,人口普查的质量也倾向于越差。由于一国在数据库覆盖的时间范围内可能实施过不止一次普查,我们在图中可以看到一些出现两次或多次的国家,如印度、孟加拉国、印度尼西亚、埃及和尼日利亚等。它们大多都符合理论预期,外资多元化程度的增加往往对应更低的迈尔斯值,即更好的人口普查质量。在梅丽莎·李和张南创造性的研究中,他们发现人口普查质量的好坏可以很好地预测国家能力的各项指标。[23]但限于这一测量的样本过少,其数据只能初步且谨慎地为我们的论点提供一些额外证据。

　　最后是外资多元化程度和新生儿死亡率的关系。图3.5分地区展示了多元化指数与发展中国家新生儿死亡率的散点图,并描绘了拟合线及其95%置信区间。所有地区拟合线的斜率均小于零,表明多元化程度与新生儿死亡率总体呈负相关关系,即随着投资者的多样性增加,东道国的新生儿死亡率下降,这符合我们的理论预期。图中也显示了地区之间的异质性。撒哈拉以南非洲所面对的新生儿死亡挑战最为严重,其中不少国家新生儿死亡率甚至超过了其他地区的极大值。南亚、东亚和太平洋国

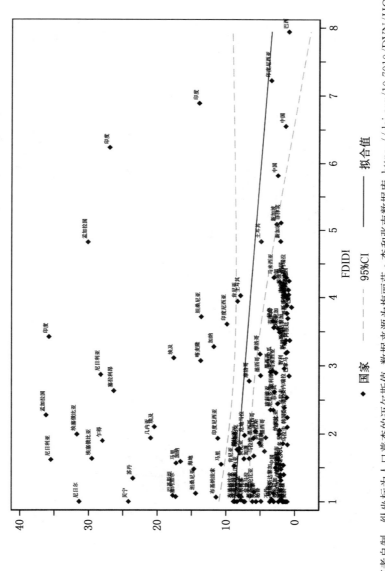

图 3.4　外国直接投资多元化指数与人口普查质量

注：笔者自制。纵坐标为人口普查的迈尔斯值。数据来源为梅丽莎·李和张南数据库，https://doi.org/10.7910/DVN/HQ1N6A。

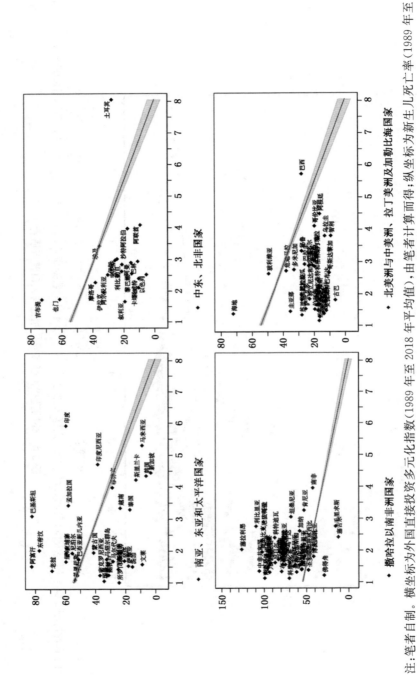

注：笔者自制。横坐标为外国直接投资多元化指数（1989 年至 2018 年平均值），由笔者计算而得；纵坐标为新生儿死亡率（1989 年至 2018 年平均值，单位是"‰"，数据来源自世界银行数据库。同时给出拟合曲线及其 95% 置信区间。

图 3.5　不同地区外国直接投资多元化指数与新生儿死亡率散点图

家较为均匀地分布在拟合线两侧。中东、北非国家以及广大美洲发展中国家则位于拟合线的下部。尽管存在上述差异，各地区间的相似性依然是引人瞩目的。由于新生儿死亡率是对国家能力概念进行测量的重要代理变量，这对支持我们的论点具有意义。

通过对解释变量和被解释变量各种测量的描述性统计，我们对外国直接投资多元化将有助于发展中东道国国家能力建设的论点有了一定信心。在此基础上，我们将选择计量模型为此观点提供更多支持性的经验证据。

四、计量模型与实证结果

计量统计模型的选择取决于数据结构的类型。我们为本项研究整理的数据库属于纵向数据（longitudinal data），是对感兴趣的行为体进行多次观察或重复测量所获得的数据。这种数据与只有一次观察的横截面数据（cross-sectional data）是不同的，有时也称为面板数据（panel data）。[24]由于纵向数据中特定国家在不同年份的测量之间存在相关性，故简单使用多元线性方法估计参数存在偏误。为此，我们使用了广义估计方程（Generalized Estimating Equation，GEE）来进行统计建模。广义估计方程由梁庚义（Kung-Yee Liang）和斯科特·泽格（Scott L. Zeger）提出，是运用准似然估计参数的一种用于分析相关性数据的回归模型，这种估计方法有效地考虑了组内相关性，因而十分适合于纵向数据分析。[25]在政治科学中，被解释变量相互独立的假定同样时常遭到质疑，例如对同一个国家来说，其不同年份的国家能力就绝非在统计上相互独立，而广义估计方程则为这类数据的建模提供了诸多优势。[26]在本项研究中，用于估计外国直接投资多元化指数对发展中东道国国家能力影响的基本多元回归框架如式（3.1）。

$$Capacity_{it} = \beta_0 + \beta_1 FDIDI_{i,t-1} + \beta_2 X_{i,t-1} + \gamma + \tau_t + \varepsilon_{it} \quad (3.1)$$

被解释变量 $Capacity_{it}$ 为国家 i 在第 t 年的国家能力。我们感兴趣的是系数 β_1，它测量了国家 i 在第 $t-1$ 年的外国直接投资多元化程度对其第 t 年国家能力的影响。根据第二章阐述的理论，β_1 的预期符号为正。$X_{i,t-1}$ 代表一组时滞 1 年的随时间变化的控制变量。γ 为地区虚拟变量而 τ_t 为年份虚拟变量。ε_{it} 为随机误差项。

表 3.5　外国直接投资多元化指数与国家能力的广义估计方程结果

	(1)	(2)	(3)	(4)	(5)	(6)	(7)	(8)
FDIDI	0.25***	0.22***	0.01**	0.01***	0.12***	0.20***	0.12***	0.01**
	(0.04)	(0.05)	(0.00)	(0.00)	(0.01)	(0.04)	(0.03)	(0.00)
L.国家能力			0.99***	0.97***				0.96***
			(0.00)	(0.01)				(0.01)
民主程度					0.01***	0.02*	0.01+	0.00**
					(0.00)	(0.01)	(0.01)	(0.00)
人均 GDP					0.39***		0.39***	0.01+
					(0.01)		(0.04)	(0.01)
经济增速					−0.00	−0.00	−0.00	
					(0.00)	(0.01)	(0.01)	
贸易占比					0.00***	0.01***	0.00**	0.00+
					(0.00)	(0.00)	(0.00)	(0.00)
外资占比					0.00	−0.00	0.00	−0.00
					(0.00)	(0.00)	(0.00)	(0.00)
常数项	−0.70***	−0.11	−0.02**	−0.04	−3.01***	−0.80***	−3.01***	−0.16**
	(0.11)	(0.17)	(0.01)	(0.03)	(0.12)	(0.20)	(0.28)	(0.06)

（续表）

	(1)	(2)	(3)	(4)	(5)	(6)	(7)	(8)
地区虚拟变量	否	是	否	是	是	是	是	是
年份虚拟变量	否	是	否	是	是	是	是	是
稳健标准差	是	是	是	是	否	是	是	是
国家数量	110	110	110	110	103	103	103	103
Prob>chi²	0.0000	0.0000	0.0000	0.0000	0.0000	0.0000	0.0000	0.0000
N	1 833	1 833	1 833	1 833	1 617	1 617	1 617	1 617

注：括号外为系数，括号内为标准差。$+ p < 0.1$，$* p < 0.05$，$** p < 0.01$，$*** p < 0.001$。"L."标识意味着时滞 1 期。

　　表 3.5 中汇报了外国直接投资多元化指数与国家能力的模型估计结果，其中所有控制变量都时滞一年以减少逆向因果的干扰。[27] 模型（1）和模型（2）是最简单的情形，除解释变量和地区与年份效应外未纳入其他控制变量，这能帮助我们判断多元化指数对国家能力的影响方向。不过由于遗漏变量问题，解释变量的系数被明显高估了。模型（3）和模型（4）纳入了被解释变量在 $t-1$ 期的值。[28]

　　并不意外地，上一年的国家能力与本年度国家能力密切相关，解释力超过了 95%。不过尽管如此，在采取了稳健标准差后，多元化指数依然具有统计显著性，且 $p < 0.001$，这增加了对我们论点的信心。模型（5）至模型（8）则进一步加入了控制变量。在未加入国家能力的时滞项时，多元化指数的系数为 0.12，意味着东道国每增加一个有效的资本来源国，国家能力的分值将增加 0.12。鉴于该分值的总跨度为 6.37，外资多元化带来的这一影响是重要的。控制变量中，民主程度、人均 GDP 和贸易占比的影响同样显著。[29] 根据广义估计方程模型选择的 QIC 值，模型（8）的拟合最为出色。在该模型中，多元化指数的系数（0.011 1）是民主程度系数（0.002 3）的近 5 倍。

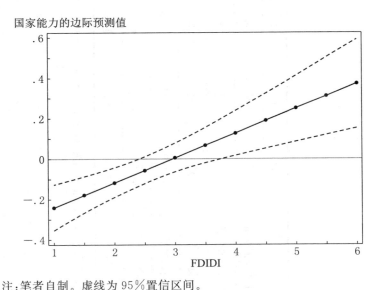

注：笔者自制。虚线为 95% 置信区间。

图 3.6　外国直接投资多元化指数的边际效应

基于模型（7），图 3.6 描绘了当其他控制变量分别取其平均值时外资多元化指数的边际效应（marginal effect）。可以看出，若一国的有效资本来源国小于 3 个，其对东道国国家能力的边际效应为负。[30]这呼应了依附理论中认为外资集中度将损害经济增长的观点。[31]当外资多元化程度较低时，其对国家能力建设也会带来负面影响。随着外资多元化程度的提高，其对国家能力的边际正效应也呈上升趋势。

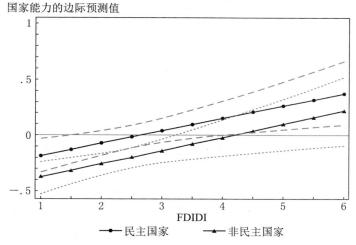

国家能力的边际预测值

注：笔者自制。各条实线两侧的虚线分别为其 95％置信区间。

图 3.7　外国直接投资多元化指数对不同政体类型国家的边际效应

同样基于模型（7）中控制变量的平均值，图 3.7 和图 3.8 分别展示了不同政体类型和不同经济发展阶段国家中外资多元化程度对国家能力的边际效应。其中对民主的二元变量取自卡莱斯·鲍什（Carles Boix）、迈克尔·米勒（Michael K. Miller）和塞巴斯蒂安·罗萨托（Sebastian Rosato）广被使用的数据库。[32]多元化指数可能在民主国家比非民主国家拥有更大的边际效应，尽管从 95％置信区间的重叠情况来看，这种区别尚不显著。民主国家倾向于拥有更高的边际效应或许与其更大的议价能力有关，这与我们辅助假说的预期相一致，并呼应了双层博弈（two-level game）中的理论命题：国家行为体的国内议价能力与国际议价能力之间存在权衡。[33]当然，在本项研究的场景中，双层博弈中的第一层并不发生在主权国家之间，而是发生在国家与外国投资者之间。一般而言，民主国家在国内博弈中的赢集较小，这使其面对外资时拥有了某种议价优势。

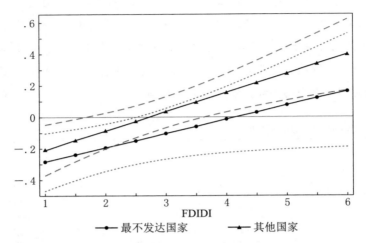

注：笔者自制。各条实线两侧的虚线分别为其 95％置信区间。

图 3.8　外国直接投资多元化指数对最不发达国家的边际效应

　　存在于不同经济发展阶段国家中外资多元化指数边际效应的区别也为我们的理论机制提供了支持。最不发达国家（least developed countries，LDCs）是发展中家的一个特殊群体，其提法最初出现于 1971 年联合国第 2768 号决议案。最不发达国家的特点是收入水平低且经济增长受到结构性阻碍。[34] 平均而言，最不发达国家的外资多元化程度要达到 4 以上才对国家能力拥有正的边际效应，而其他国家只需要不到 3 个有效的资本来源国便可享有这种正向边际效应。相比其他国家，最不发达国家在面对外国投资者时议价能力较弱，这或许是外资多样性产生积极边际效应的条件更为苛刻的原因之一。

　　外资多元化程度在不同地区是否会对国家能力有相似的影响？图 3.9 直观地绘制了针对不同地区东道国的解释变量与控制变量估计系数。[35] 无论发展中家处在哪个地区，经济增速、贸易占比和外资占比对其国家能力的影响均十分有限。人均 GDP 则在每个地区都显示出稳健的统计显著性。民主程度与国家能力的正相关主要体现在美洲发展中国家，而对其他地区的影响相对较弱，甚至呈负相关。作为解释变量，多元化指数在除中东、北非地区外的其他各区域均系数为正，且具有统计显著性，再一次地为我们的论点提供了有力证据。之所以中东、北非国家成为例外，可能是因为与其丰富的石油资源有关。自然资源要素吸引了多元的外国投资者，但该地区一些"食利国家"（rentier state）却并未将其投资于国家能力建设。[36]不过，也没有证据显示外资多元化会恶化该地区的国家能力建设。

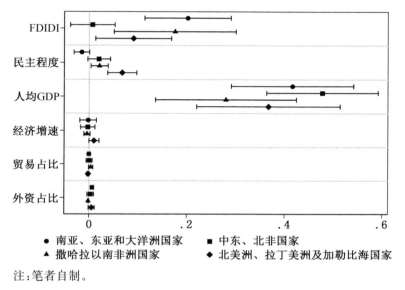

● 南亚、东亚和大洋洲国家　　■ 中东、北非国家
▲ 撒哈拉以南非洲国家　　　　◆ 北美洲、拉丁美洲及加勒比海国家

注：笔者自制。

图 3.9　不同地区解释变量与控制变量估计系数

接下来，我们将使用整体国家能力的代理变量人口普查和新生儿死亡率作为经验检验。表 3.6 列出了相应的广义方程估计结果。模型（9）至模型（12）的被解释变量为人口普查，即东道国 i 在年份 t 之前 25 年是否开展过不少于两次人口普查，为二值变量。[37]模型（13）至模型（19）的被解释变量为新生儿死亡率，即东道国 i 在年份 t 中每千名活产婴儿里满 28 天前死亡的新生儿人数，为连续变量。模型考察了加入控制变量、地区效应和（或）年份效应及使用稳健标准差的情况，结果增加了对先前结论的信心。

关于人口普查的实施，模型显示随着外资多元化水平的增加，发展中国家在过去 25 年开展至少两次人口普查的概率会上升。根据模型（11）的系数，其他条件不变，外资多元化指数每增加 1 个单位，被解释变量为 1 的概率就提高 50.7%。控制变量中，东道国的民主程度和经济发展水平的提

表3.6 外国直接投资多元化指数与国家能力代理变量的广义估计方程结果

	(9) 人口普查	(10) 人口普查	(11) 人口普查	(12) 人口普查	(13) 新生儿死亡率	(14) 新生儿死亡率	(15) 新生儿死亡率	(16) 新生儿死亡率	(17) 新生儿死亡率	(18) 新生儿死亡率	(19) 新生儿死亡率
FDIDI	0.41* (0.20)	0.60* (0.29)	0.41** (0.14)	0.41 (0.27)	−0.97+ (0.50)	−0.03* (0.01)	−1.35** (0.46)	−0.80+ (0.45)	−0.62+ (0.33)	−0.01+ (0.01)	−0.01 (0.01)
民主程度		0.09* (0.04)	0.08*** (0.02)	0.08* (0.04)			−0.21 (0.16)	−0.19+ (0.11)	−0.13 (0.12)	−0.00 (0.00)	−0.00 (0.00)
人均GDP			0.63*** (0.12)	0.63* (0.27)				−6.99*** (0.57)	−5.54*** (0.64)	0.06*** (0.01)	0.06+ (0.03)
经济增速		−0.03 (0.03)	−0.03 (0.02)	−0.03 (0.03)			0.08 (0.07)	0.02 (0.07)	0.05 (0.06)	−0.01*** (0.00)	−0.01* (0.00)
贸易占比		−0.01 (0.01)	−0.01*** (0.00)	−0.01+ (0.01)			−0.10*** (0.02)	−0.03+ (0.02)	−0.03+ (0.02)	0.00*** (0.00)	0.00* (0.00)
外资占比		−0.01+ (0.00)	−0.01* (0.00)	−0.01+ (0.00)			0.00 (0.01)	−0.00 (0.01)	−0.01 (0.01)	−0.00** (0.00)	−0.00** (0.00)
L.新生儿死亡率						0.98*** (0.00)				0.98*** (0.00)	0.98*** (0.00)
常数项	2.47** (0.92)	1.69+ (1.01)	−1.91+ (1.12)	−1.91 (1.80)	26.34*** (2.65)	−0.11 (0.09)	36.46*** (3.68)	82.10*** (4.26)	67.65*** (5.45)	−0.67*** (0.12)	−0.67* (0.27)

（续表）

	(9)	(10)	(11)	(12)	(13)	(14)	(15)	(16)	(17)	(18)	(19)
	人口普查	人口普查	人口普查	人口普查	新生儿死亡率	新生儿死亡率	新生儿死亡率	新生儿死亡率	新生儿死亡率	新生儿死亡率	新生儿死亡率
地区虚拟变量	是	是	是	是	是	是	是	否	是	是	是
年份虚拟变量	是	是	是	是	是	是	是	是	否	是	是
稳健标准差	是	是	否	是	是	是	是	是	是	否	是
国家数	111	96	96	96	135	135	109	109	109	109	109
Prob>chi²	0.000 0	0.000 0	0.000 0	0.000 0	0.000 0	0.000 0	0.000 0	0.000 0	0.000 0	0.000 0	0.000 0
N	1 427	1 171	1 171	1 171	3 333	3 333	2 543	2 543	2 543	2 543	2 543

注：括号外为系数，括号内为标准差。＋$p<0.1$，＊$p<0.05$，＊＊$p<0.01$，＊＊＊＊$p<0.001$。"L."标识意味着时滞 1 期。

135

高也会显著增加人口普查实施的概率。基于模型(12)的估计，图 3.10 绘制了多元化指数与人口普查实施概率的边际效应图。大多数已有人口普查记录的国家都在之前 25 年内实施过两次及以上普查，[38]尽管如此，外资多元化程度的增加还是会进一步提高这一事件发生的概率，而这也为外资多元化提高国家能力提供了佐证。

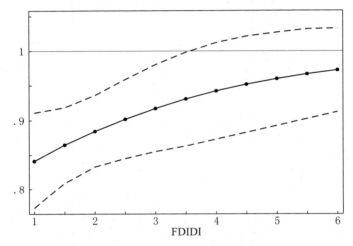

注：笔者自制。纵坐标为之前 25 年开展过不少于两次人口普查的概率。

图 3.10　外国直接投资多元化指数与人口普查实施概率

　　关于新生儿死亡率，模型表明外资多样性的增加与新生儿死亡率会下降存在相关性。以模型(15)的估计系数为例，其他条件不变，当多元化指数增加一个单位时，新生儿死亡率将减少 1.35。这意味着如果一国原本处在新生儿死亡率的第 50 百分位，增加一个有效投资来源国会使其成为第 47 百分位；若原位置为第 30 百分位，则会变为第 25 百分位。而越靠前的百分位意味着新生儿死亡率越低，即国家能力越强。控制变量中，民主程度对降低新生儿死亡率的贡献不稳健，且系数偏低。经济发展水平的影响则存在符号变化。当纳入上一年的被解释变量时，经济发展水平的系数由正变负，而解释变量的系数符号则未发生变化。统计模型还显示，被解释变量有明显的时间趋势。可能因为医疗技术的发展，随着年份的推移，大部分国家的新生儿死亡率都会下降。

　　总之，关于国家能力与其代理变量的计量模型显示了对本节假说的支持。当一国的外国直接投资来源国更为多元时,其整体国家能力也越强,越有可能实施人口普查并且新生儿死亡率较低。在下一节中,我们将继续讨论外国直接投资结构的另一方面——外资来源国类型——对发展中世界东道国国家能力的影响。

第二节　外资来源国类型与东道国国家能力

即使拥有相似的外资多元化程度,同一时期的不同国家,或者同一国家在不同时期也可能在外资来源国类型上存在较大差异。例如,埃塞俄比亚在 20 世纪 90 年代后期与 2010 年之后外资多元化指数相当,但前一时期外资来源国的构成主要是传统西方投资者,而后一时段内来自新兴经济体,尤其是中国的直接投资存量占比激增。本节试图论证的假说是:其他条件相同,一国外国直接投资结构里中国资本占比的增加会带来东道国国家能力的提高。

一、较长时段国家能力建设的测量

在上一节中,我们对整体国家能力及作为代理变量的人口普查和新生儿死亡率进行了操作化。并且发现,即使控制了上一年的被解释变量,外资多元化也依然对发展中东道国的国家能力具有积极效应。在此基础上,本节将讨论一国更长时段的国家能力建设情况。换言之,本节关心的被解释变量是在一段时间内东道国的国家能力是否得到提升。由于实施人口普查的虚拟变量在此方面能够提供的信息较少,[39] 我们将重点放在整体国家能力在较长时段内的提升及作为代理变量的新生儿死亡率在较长时段内的下降。

对整体国家能力的测量依然来自汉森和西格曼数据库。[40] 为测量较长时段国家能力的变化,我们取该变量之前五年(含当年)变化值的简单移动平均数(simple moving average)作为下一年国家能力变化的预测,[41] 并将此预测值作为本节的核心被解释变量。移动平均法是一种预测技术,它可以有效消除随机波动的影响,从而更好地反映事件的长期趋势。

$$Buildup_{i,\,t} = \frac{1}{5}\sum\nolimits_{k=t-4}^{t}\Delta Capacity_{i,\,k} \qquad (3.2)$$

$$\Delta Capacity_{i,\,t} = Capacity_{i,\,t} - Capacity_{i,\,t-1} \qquad (3.3)$$

在式(3.2)和式(3.3)中,$Buildup_{i,\,t}$是我们关心的被解释变量,为整体国家能力 $Capacity_{i,\,t}$变化值的五年期内变化的平均数,表示国家 i 在年份 t 之前五年整体国家能力增长 $\Delta Capacity_{i,\,t}$ 的平均值,同时也是对第 $t+1$ 年国家能力变化值 $\Delta Capacity_{i,\,t+1}$ 的预测值。当 $Buildup_{i,\,t}$ 大于 0 时,意味着平均而言过去五年 i 国的国家能力有所提升,数值越大则提升越多;当 $Buildup_{i,\,t}$ 等于 0,表示过去五年国家能力不变;当 $Buildup_{i,\,t}$ 小于 0,说明过去五年国家能力有所下降,数值越小则下降越多。与汉森和西格曼原始数据中的整体国家能力的绝对分值不同,此处的操作化策略能更好地展示发展中国家在较长时段内国家能力的相对变化。

同理,我们还对新生儿死亡率作了类似处理。新生儿数据来自世界银行的世界发展指标。[42] 数值表示在特定年份中每千名活产婴儿中满 28 天前死亡的新生儿人数。在式(3.4)和式(3.5)中,新生儿死亡率 $NMR_{i,\,t}$ 的五年期简单移动平均值 $Decline_{i,\,t}$ 可以作为国家能力下降程度的代理变量。当 $Decline_{i,\,t}$ 大于 0 时,意味着平均而言过去五年新生儿死亡率有所上升,即国家能力下降,数值越大则下降越多;当 $Decline_{i,\,t}$ 等于 0 时,表示过去五年新生儿死亡率不变;当 $Decline_{i,\,t}$ 小于 0 说明过去五年新生儿死亡率有所下降,即国家能力提升,数值越小则提升越多。

$$Decline_{i,\,t} = \frac{1}{5} \sum\nolimits_{k=t-4}^{t} \Delta NMR_{i,\,k} \qquad (3.4)$$

$$\Delta NMR_{i,\,t} = NMR_{i,\,t} - NMR_{i,\,t-1} \qquad (3.5)$$

部分由于医疗技术的进步,发展中世界的新生儿死亡率存在明显的时间趋势,即随着时间推移,新生儿死亡率倾向于逐年减少。使用死亡率变化的移动平均值则进一步为其提供了新信息,即这种逐年减少的速度并不是越来越快(见图 3.11)。国家能力的变化则没有类似的时间趋势,发展中国家的国家能力并没有随着时间的推移"自动"提升或下降。

进一步地,我们分别绘制了国家能力变化和新生儿死亡率变化的直方图。作为本节讨论的被解释变量,它们都大致符合正态分布。其中国家能力变化的分布的平均值和中位数均接近于 0,标准差为 0.08。根据正态分布的函数性质,可以推断约 95% 的观测值落在 -0.16 到 0.16 的范围内。

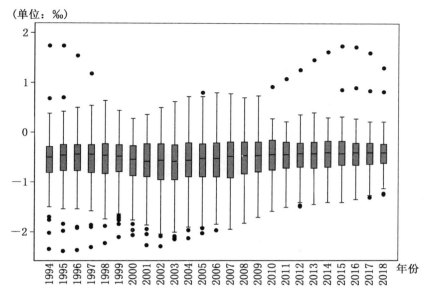

（单位：‰）

注：笔者自制。纵坐标为过去5年新生儿死亡率变化的平均值。

图 3.11　新生儿死亡率变化趋势

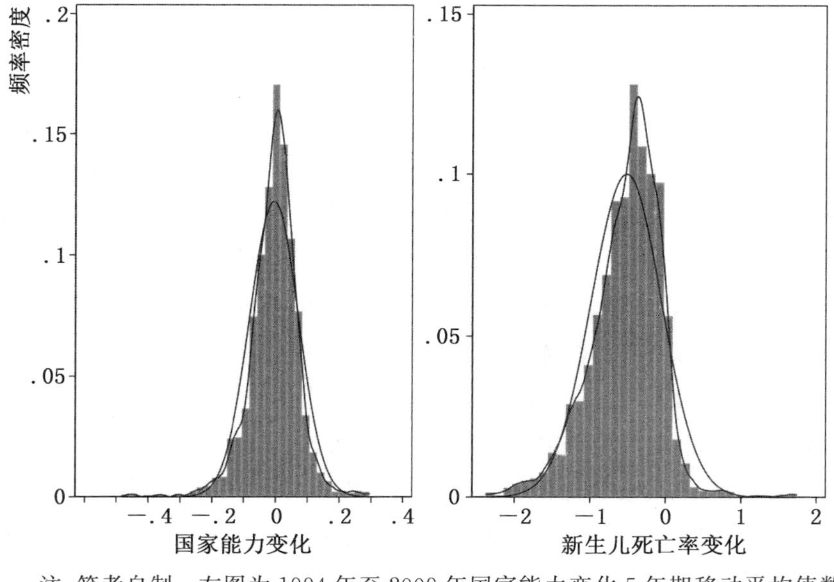

注：笔者自制。左图为 1994 年至 2009 年国家能力变化 5 年期移动平均值数据直方图及其对应的正态密度与核密度估计曲线。右图为 1994 年至 2018 年新生儿死亡率变化 5 年期移动平均值数据直方图及其对应的正态密度与核密度估计曲线，横坐标单位为"‰"。

图 3.12　国家能力变化与新生儿死亡率变化平均值直方图

可以看出，国家能力变化和新生儿死亡率变化均为连续变量。当然，它们也能够转换为虚拟变量，定义如下：

$$Buildup\ Dummy_{i,t} = f(Buildup_{i,t}) = \begin{cases} 1\ if\ Buildup_{i,t} > 0 \\ 0\ if\ Buildup_{i,t} \leqslant 0 \end{cases} \quad (3.6)$$

$$Decline\ Dummy_{i,t} = f(Decline_{i,t}) = \begin{cases} 1\ if\ Decline_{i,t} > 0 \\ 0\ if\ Decline_{i,t} \leqslant 0 \end{cases} \quad (3.7)$$

当国家能力变化值大于 0 时，意味着该时段内国家能力提升，式（3.6）中国家能力变化虚拟变量 $Buildup\ Dummy_{i,t}$ 取值为 1；否则为 0，表示国家能力没有提升。当新生儿死亡率变化值大于 0 时，意味着该时段内新生儿死亡率增加，故式（3.7）中死亡率变化虚拟变量 $Decline\ Dummy_{i,t}$ 为 1，代表国家能力减弱；为 0 则表示死亡率没有增加，国家能力没有减弱。虽然损失了一些信息，但采用二分变量的形式可以更加直观地判断国家能力是否得以提升。

二、外资结构类型的测量

本节试图论证的观点是，外国直接投资结构的不同类型会对发展中东道国的国家能力建设产生影响，故需要说明如何对一国的外资结构类型进行操作化。与理论部分保持一致，我们主要围绕东道国的外资结构中七国集团（G7）和中国直接投资的相对占比来判断其类型。七国集团既指七个主要工业国家举行会晤和政策协调的论坛，同时也指代组成该集团的七位成员国：加拿大、法国、德国、意大利、日本、英国和美国。作为发达经济体，它们可以被看作传统西方投资者的代表。[43]中国则是最引人关注的新兴投资来源国之一。一方面，自"走出去"战略正式提出以来，中国已一度成为资本净输出国，中国跨国企业大规模开展海外直接投资将产生深远影响。另一方面，许多学者和分析人士指出，中国作为新兴投资国，其海外经营的行为模式与传统西方投资者存在区别，并且这种区别将对东道国产生何种性质的结果尚无定论。[44]在对跨国投资的研究中，基于发达国家经验形成的对外直接投资理论很难照搬为发展中国家对外直接投资理论。[45]因此，有必要比较七国集团和中国直接投资对东道国国家能力建设的影响。

作为操作化方法，我们生成了对东道国中国直接投资相对占比的测量。式(3.8)中,国家 i 在年份 t 时的中国直接投资相对占比 $Ratio\text{-}CHN_{it}$ 为该国当年的中国直接投资存量 CHN_{it} 占七国集团直接投资存量 $G7_{it}$ 与中国直接投资存量 CHN_{it} 之和的比例。其中七国集团对外双边投资存量数据来自 OECD 数据库[46],中国对外双边直接投资存量数据来自商务部、国家统计局和国家外汇管理局联合发布各年度《中国对外直接投资统计公报》。[47]这一比例的取值范围是从 0 到 1,当比例为 0 时,说明东道国在当年没有报告的中国资本;当比例为 1 时,东道国在当年没有来自七国集团的投资。数值越大表示中国资本相对七国集团资本的占比也越大。

$$Ratio\text{-}CHN_{it} = \frac{CHN_{it}}{CHN_{it} + G7_{it}} \tag{3.8}$$

　　一个关切是,中国相对占比的大小与外资多元化程度之间是何种关系。图 3.13 呈现了两个变量间的相关性矩阵,两者的相关系数为 -0.14,存在较弱的负相关。换言之,当一国的外资多元化程度很高时,中国资本占比很大的可能性较低。该结果或许也可以从中国跨国公司的海外投资策略来解读,越大的外资多元化程度意味着投资者间的竞争相对激烈、市场相对饱和,中国投资者可能转向其他多元化程度较低的东道国寻找机会。对两者关系更为深入的探讨虽然有趣,但这无疑超出了本项研究的范围。不过,已有的信息已能够缓解我们对两者过度相关的顾虑。

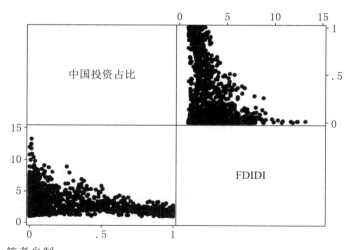

注:笔者自制。

图 3.13　中国资本相对占比与外国直接投资多元化指数相关性矩阵图像

为了更有力地说明中国资本相对占比与外国直接投资多元化指数两个概念之间具有相当的区分度，我们进一步将这两个变量按百分位分为四等份，并用列联表的办法进行卡方检验（Chi-Squared Test）。表 3.7 展示了 2003 年之后两个变量各组合内的观测值数量及卡方检验的期望频数，卡方检验的 p 值小于 0.001，表明两者之间存在显著差异。[48] 表中方括号外为实际观测值数量、方括号内为期望频数，当两者差异显著时，意味着拒绝原假设，即我们应该认为两组资料间的差异是显著的。

表 3.7　中国资本相对占比与外国直接投资多元化指数列联表

FDIDI 百分位	中国资本相对占比百分位				总计
	0—25	25—50	50—75	75—100	
0—25	87[26.2]	9[18.7]	25[88.0]	100[88.1]	211[221.0]
25—50	67[64.7]	36[46.1]	144[217.5]	299[217.7]	546[546.0]
50—75	61[73.6]	55[52.4]	209[247.3]	296[247.6]	621[621.0]
75—100	35[85.5]	78[60.9]	462[287.2]	146[287.5]	721[721.0]
总计	250[250.0]	178[178.0]	840[840.0]	841[841.0]	2 190[2 109.0]

注：笔者自制。方括号外为实际观测值数量，方括号内为期望频数。

除作为解释变量的中国资本相对占比外，我们还同样纳入了如下五个变量，并控制了地区效应和年份效应。五个变量分别是东道国的政体类型、经济发展水平、经济增长率、国际贸易情况和外资数量情况。关于上述变量的名称、数据说明及来源等信息见前表 3.1。

三、描述性统计

关于本节第一次出现的被解释变量和解释变量的统计特征见表 3.8，相关控制变量的统计特征可参见前表 3.2 的相关内容。从统计特征摘要看，略超过半数（50.29％）的样本在过去五年国家能力没有增加；而绝大多数（92.68％）的样本在过去五年内新生儿死亡率没有升高。与其七国集团的同行不同，中国投资者直到 21 世纪方才开始逐步且迅速地扩大对外直接投资，故中国资本相对占比的中位数较小。

表 3.8　被解释变量与解释变量统计特征(Ⅱ)

变量名称	观测值	均值	标准差	最小值	中位数	最大值
被解释变量						
国家能力变化	2 267	−0.01	0.08	−0.48	−0.00	0.29
新生儿死亡率变化	3 375	−0.52	0.47	−2.38	−0.46	1.74
国家能力提升	2 267	0.50	0.50	0	0	1
新生儿死亡率增加	3 375	0.07	0.26	0	0	1
解释变量						
中国资本相对占比	3 362	0.18	0.32	0	0.00	1

注:笔者自制。

我们同样关心中国资本相对占比与其他的控制变量间是否存在多重共线性的危险。表 3.9 列出了解释变量与控制变量的皮尔逊相关系数和斯皮尔曼相关系数。变量两两之间的相关系数的绝对值均不超过 0.35,说明多重共线性并不构成严重问题。

表 3.9　解释变量与控制变量相关系数矩阵(Ⅱ)

	中国资本相对占比	民主程度	人均 GDP	经济增速	贸易占比	外资占比
中国资本相对占比	1	−0.02	0.06	0.08	0.05	0.26
民主程度	−0.02	1	0.18	0.04	−0.08	0.10
人均 GDP	−0.20	0.06	1	0.01	0.32	0.28
经济增速	0.05	0.01	−0.02	1	0.10	0.07
贸易占比	−0.08	−0.13	0.34	0.13	1	0.47
外资占比	0.05	0.04	0.14	0.04	0.37	1

注:笔者自制。其中主对角线左下方为皮尔逊相关系数,主对角线右上方为斯皮尔曼相关系数。

在进行更为系统的统计建模之前,我们将先使用一些描述性手段观察中国资本相对占比与国家能力变化及新生儿死亡率变化之间的关系。图 3.14 根据中国资本相对占比是否小于其平均值将样本分类,并分别绘制了箱型图。以纵坐标等于新生儿死亡率变化的平均值为参考线,可以明显看出在中国资本相对占比大于平均值的样本中,新生儿死亡率的下降幅度更大。并且两者 t 检验的 p 值小于 0.000 1，说明这种差别是显著的。不过，图 3.14 无法很好地观察左右两图中国家能力变化是否存在显著差异，两者均值都接近于 0。根据 t 检验汇报的结果，左图中国家能力变化的平均值为 0.000 2 而右图该值为 $-0.032 2$，并且 p 值小于 0.000 1。这表示中国相对占比大于平均值的样本其国家能力的增长显著小于占比小于平均值的样本。

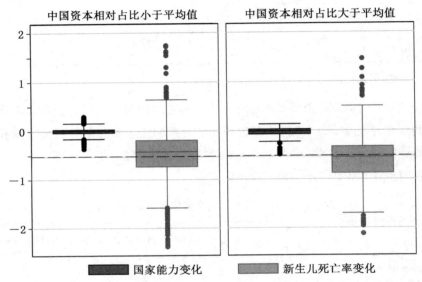

注：笔者自制。左图为中国资本相对占比小于其平均值的观测值，右图为大于其平均值的观测值。纵坐标对应国家能力及新生儿死亡率变化值。纵轴虚线参考线为新生儿死亡率变化的平均值。

图 3.14　中国资本相对占比与国家能力及新生儿死亡率变化箱型图

　　国家能力变化和新生儿死亡率变化之间之所以出现上述不一致的结果可能源于三方面的原因。一是数据覆盖范围的问题。汉森和西格曼的国家能力测量覆盖了 2009 年及之前的数据，世界银行发布的新生儿死亡率则含更新至 2018 年的数据。而基于中国的海外投资实践，截至 2009 年其在各东道国的投资存量十分有限。在 2 404 个中国资本相对占比小于 10% 的样本中，2009 年及之前的样本占到 78.3%，这会产生偏误。二是中国资本相对占比对国家能力的提升效应可能存在一定的门槛，当占比足够大时方能发挥作用。三是这种提升效应可能存在时滞。换言之，中国资本相对占比的增加可能需要在一段时间后才能转换为对国家能力的提升。

图 3.15 展示的散点图印证了上述部分解释。散点图中每个国家被其平均值所代表，中国资本相对占比和国家能力变化均为 1989 年至 2009 年的平均值，并且剔除了那些占比不足 10% 的样本。[49]总体而言，中国资本相对占比与一国的国家能力呈正相关关系。若我们拥有 2009 年之后国家能力的变化数据，这种正相关关系应该会更加明显。

使用新生儿死亡率数据可以更好地弥补 2009 年后国家能力数据缺失的问题。[50]并且由于 2009 年以来中国对外直接投资存量显著增长，这有助于我们更好地评估其相对占比对东道国国家能力的影响。图 3.16 绘制了各国 1989 年至 2018 年间中国资本相对占比的平均值与这 30 年间该国新生儿死亡率变化平均值的散点图及其拟合线。这种直观的相关性分析显示，在那些中国资本相对占比越多的国家，它们新生儿死亡率可能减少得越多。例如在中国资本相对占比较大的南苏丹、几内亚比绍和老挝，新生儿死亡率的减少幅度均大于发展中世界的平均值。

通过箱型图和散点图，有助于对一国的外资结构类型与其国家能力之间的关系形成初步认识，并且对相应的理论观点积累信心。接下来，我们将继续通过广义估计方程进行统计建模，从而为理论假说提供进一步的证据支撑。

四、计量模型与实证结果

根据数据结构，广义估计方程（GEE）依然适用于本节的计量检验。表 3.10 与表 3.11 分别展示了中国资本相对占比与国家能力变化和新生儿死亡率变化的计量结果。为缓解逆向因果问题，解释变量和控制变量均默认时滞一年，若时滞多年则另加标识。模型（1）至模型（4）说明，中国资本相对占比对国家能力提升有积极效应，不过这种效应不是即时的。6 年前中国资本占比越高，东道国就越有可能增加国家能力。[51]模型（5）则将解释变量换成国家能力提升的虚拟变量。按照其系数，其他条件不变，6 年前中国资本相对占比每增加 10%，发展中东道国的国家能力得到提升的概率就增加 39.8%。控制变量中，民主程度和经济增速都有助于发展

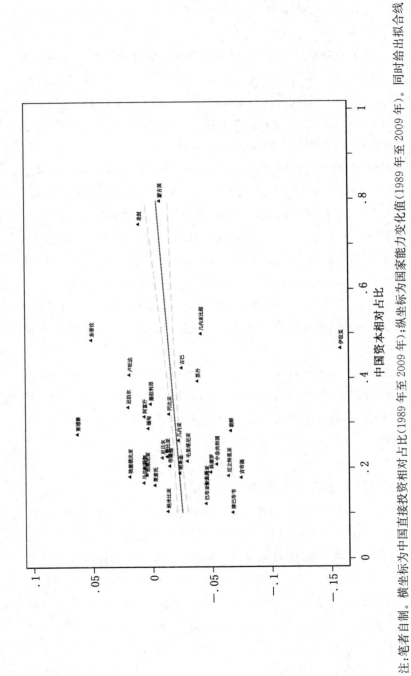

图 3.15　中国资本相对占比与国家能力变化散点图

注：笔者自制。横坐标为中国直接投资相对占比（1989 年至 2009 年）；纵坐标为国家能力变化值（1989 年至 2009 年）。同时给出拟合线及其 95% 置信区间。

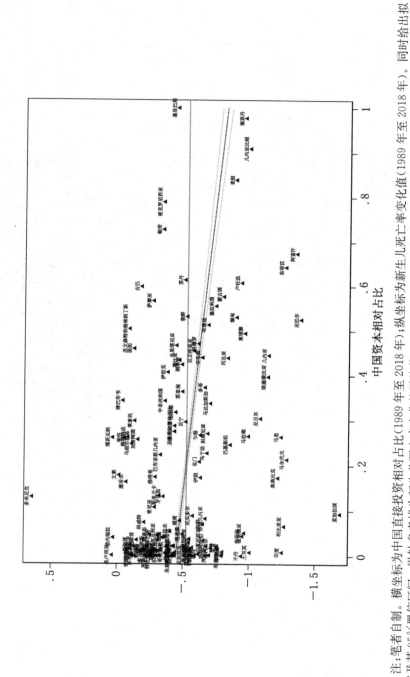

图 3.16　中国资本相对占比与新生儿死亡率变化散点图

注：笔者自制。横坐标为中国直接投资相对占比（1989 年至 2018 年）；纵坐标为新生儿死亡率变化值（1989 年至 2018 年）。同时给出拟合线及其 95% 置信区间。纵轴参考线为新生儿死亡率变化的平均值。

表 3.10 中国资本相对占比与国家能力变化的广义估计方程结果

	(1)	(2)	(3)	(4)	(5)
	Buildup	Buildup	Buildup	Buildup	Buildup Dummy
L6.中国资本相对占比	0.06*	0.09***	0.07+	0.07**	3.35**
	(0.03)	(0.03)	(0.04)	(0.02)	(1.21)
民主程度			0.00***	0.00**	0.05**
			(0.00)	(0.00)	(0.02)
人均 GDP			−0.00	−0.00	−0.09
			(0.00)	(0.00)	(0.09)
经济增速			0.00***	0.00**	0.06*
			(0.00)	(0.00)	(0.02)
贸易占比			0.00	0.00	0.00
			(0.00)	(0.00)	(0.00)
外资占比			0.00	0.00	0.00
			(0.00)	(0.00)	(0.00)
常数项	−0.00	0.01	−0.01	−0.01	0.28
	(0.00)	(0.01)	(0.02)	(0.03)	(0.78)
地区虚拟变量	否	是	是	是	是
年份虚拟变量	否	是	是	是	是
稳健标准差	是	是	否	是	是

（续表）

	(1) Buildup	(2) Buildup	(3) Buildup	(4) Buildup	(5) Buildup Dummy
国家数	109	109	102	102	102
Prob>chi^2	0.019 1	0.000 0	0.000 0	0.000 0	0.000 0
N	1 219	1 219	1 106	1 106	1 106

注：括号外为系数，括号内为标准差。$+p<0.1$，$*p<0.05$，$**p<0.01$，$***p<0.001$。"L6."标识意味着滞后 6 期。

表 3.11　中国资本相对占比与新生儿死亡率变化的广义估计方程结果

	(6) Decline	(7) Decline	(8) Decline	(9) Decline	(10) Decline	(11) Decline	(12) Decline Dummy
中国资本相对占比	-0.16^* (0.06)	-0.22^{**} (0.08)	-0.16^{***} (0.03)	-0.16^+ (0.08)			-1.94^* (0.86)
L2.中国资本相对占比					-0.17^* (0.08)		
L5.中国资本相对占比						-0.16^* (0.08)	
民主程度	0.00 (0.01)		0.00 (0.00)	0.00 (0.01)	0.00 (0.01)	0.00 (0.01)	-0.01 (0.05)

149

（续表）

	(6) Decline	(7) Decline	(8) Decline	(9) Decline	(10) Decline	(11) Decline	(12) Decline Dummy
人均 GDP			0.13*** (0.01)	0.13*** (0.03)	0.13*** (0.03)	0.13*** (0.03)	0.47+ (0.24)
经济增速			−0.01*** (0.00)	−0.01** (0.00)	−0.01* (0.00)	−0.01* (0.00)	−0.08** (0.03)
贸易占比			0.00*** (0.00)	0.00*** (0.00)	0.00*** (0.00)	0.00*** (0.00)	0.00 (0.01)
外资占比			−0.00*** (0.00)	−0.00** (0.00)	−0.00* (0.00)	−0.00** (0.00)	0.00 (0.00)
常数项	−0.48*** (0.03)	−0.59*** (0.09)	−1.75*** (0.07)	−1.75*** (0.19)	−1.77*** (0.20)	−1.80*** (0.20)	−6.03** (1.98)
地区虚拟变量	否	是	是	是	是	是	是
年份虚拟变量	否	是	是	是	是	是	是
稳健标准差	是	是	否	是	是	是	是
国家数	135	135	109	109	109	109	109
Prob>chi²	0.015 6	0.000 0	0.000 0	0.000 0	0.000 0	0.000 0	0.000 0
N	2 990	2 990	2 302	2 302	2 288	2 112	2 302

注：括号外为系数，括号内为标准差。$+ p < 0.1$，$* p < 0.05$，$** p < 0.01$，$*** p < 0.001$。"L2."标识意味着时滞 2 期，依此类推。

中国家能力的提升，不过其系数相对较小。

由于汉森和西格曼国家能力数据所覆盖的时间范围有限，我们继续从新生儿死亡率的角度讨论中国资本相对占比的影响。表 3.11 中模型(6)至模型(11)显示，中国资本相对占比的增加有助于新生儿死亡率的减少，并且这种影响具有延续性。时滞多期后，中资相对占比依然在统计上具有显著性。模型(12)将解释变量由新生儿死亡率变化的多少转换为该死亡率是否变大的虚拟变量。按照其系数，其他条件不变，中国资本相对占比每增加 10％，发展中东道国新生儿死亡率得以下降的概率就增加21.4％。控制变量中，经济增速和外资占比有助于抑制新生儿死亡率上升，人均 GDP 和贸易占比则会恶化该指标，民主程度无显著影响。

根据模型(4)、模型(5)、模型(9)和模型(12)中控制变量的平均值，图3.17 描绘了中国资本相对占比与国家能力变化和新生儿死亡率变化的边际效应图。第一行讨论的是中资占比与国家能力变化的关系，可以看出，随着中国投资相对七国集团投资占比越大，东道国的国家能力就越有可能获得提升(右上图)，并且提升的程度也越大(左上图)。第二行讨论的是中资占比与新生儿死亡率变化的关系。当中国资本相对占比增加时，东道国新生儿死亡率出现增长的可能性越小(右下图)，并且新生儿死亡率的下降幅度越大(左下图)。[52]换言之，边际效应的结论是统一的，即中国资本相对占比的增加会有助于发展中东道国的国家能力建设，至少长期来看如此。

基于控制变量的平均值，图 3.18 和图 3.19 分别展示了不同政体类型和不同经济发展阶段国家中中国资本相对占比对国家能力变化和新生儿死亡率变化的边际效应。对民主的二元变量依旧取自鲍什、米勒和罗萨托数据库。[53]中资相对占比可能在民主国家比非民主国家拥有更大的(绝对值意义上的)边际效应，尽管从置信区间的重叠情况看来这种区别并不显著。中国资本相对占比之所以对民主国家的国家能力提升可能起到更大作用，原因或许在于民主国家通常拥有较多否决者与更为制度化的分权制衡，从而抑制了国家行为体面对长时间范围的中国投资者时采取机会主义行为的动机和能力；并且也由于较之其他政体，民主政体中国家相对外国投资者有更大的议价能力，故使得民主政体能更为充分地利用中国投资提升国家能力。

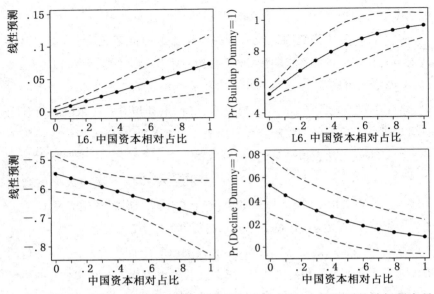

注：笔者自制。左侧两图的被解释变量为连续变量，右侧两图的被解释变量为虚拟变量。左上纵坐标为国家能力变化的边际预测值；左下纵坐标为新生儿死亡率变化的边际预测值。右上纵坐标为国家能力提升事件发生的边际概率；右下纵坐标为新生儿死亡率下降事件发生的边际概率。虚线为95％置信区间。

图 3.17　中国资本相对占比的边际效应

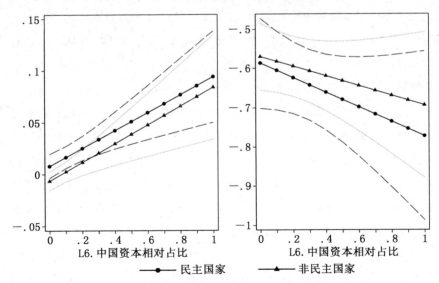

注：笔者自制。左图纵坐标为国家能力变化的边际预测值；右图纵坐标为新生儿死亡率变化的边际预测值。各条实线两侧的虚线分别为其95％置信区间。

图 3.18　中国资本相对占比对不同政体类型国家的边际效应

对于最不发达国家而言,中国资本的加入意义重大。对这类国家而言,中国资本相对占比的增加会改善其国家能力。这与理论部分涉及的中国投资者较长的时间范围和较高的风险容忍度的特质相符。通常认为,西方投资者出于政治风险和经济机会等因素较少选择前往最不发达国家投资。中国投资者则更加着眼长远,希望在最不发达国家寻找到投资合作机会。中国资本在最不发达国家的平均相对占比达到 33.2%,在其他发展中国家的相对占比则为 11.0%。相比其他发展中国家,中国资本对最不发达国家的国家能力提升效果更为明显。

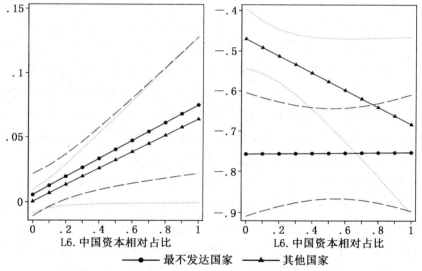

注:笔者自制。左图纵坐标为国家能力变化的边际预测值;右图纵坐标为新生儿死亡率变化的边际预测值。各条实线两侧的虚线分别为其 95% 置信区间。

图 3.19 中国资本相对占比对最不发达国家的边际效应

上述基于广义估计方程的统计建模和边际效应分析为本节希望论证的理论命题提供了经验证据。总的来说,其他条件不变,发展中国家外资结构里中国投资相较于七国集团投资的占比越大,该国家能力得以提升、新生儿死亡率得以下降的可能性也越大。

第三节 内生性问题与稳健性检验

国家的建设及其形成对贸易和投资的发展有着积极影响。就算对古代地中海时期的国家与贸易进行分析，这点也依然成立；[54]更不用说波兰尼笔下的"由国家造就的（自由）市场"。[55]当然，也需要时刻提醒注意的是，国家既是经济持续增长的条件也是人为经济衰退的原因。[56]本项研究的兴趣则恰好相反，旨在讨论跨国直接投资对国家能力产生何种影响。与一些研究中将国家能力视为外生的处理方式不同，本书中的国家能力作为解释变量则是内生的。

有的分析者或许会担心外国直接投资多元化程度与东道国的国家能力存在内生性问题，即他们认为有可能是国家能力的提高导致了一国的外国直接投资结构变得更为多元。不过这一观点在理论和经验上都尚不存在系统性证据。理论上，该观点的主要逻辑是国家能力的提高会提升一国对外资的吸引力，从而使更多国家的投资者愿意前往该国。可能有些出人意料，直接讨论整体国家能力与吸引外国直接投资的研究尚不多见。有些相关研究讨论了政府质量与外国直接投资的关系，主流结论是政府质量越高越有利于吸引外国直接投资。[57]不过，对政府质量的探讨无法替代对国家能力的探讨，且我们对国家能力的测量也已尽量使其与政府质量和政体类型等概念区别开来。而关于国家能力能否提高该国的外资多样性则更缺乏理论阐述。经验上，并没有有力的经验证据说明国家能力对外资及外资多样性的影响。并且就算接受了国家能力会增加东道国外资存量的观点，正如第一章中所阐明的，我们也没有证据说明外资存量的增加必然会对应外资多样性的增加。简言之，国家能力导致外资多样性提高这一逆向理论命题仍缺乏充分的支持理由。

不过总的来说，相比起"国内政治影响国际经济"的研究，"国际经济影响国内政治"的研究似乎更容易受到逆向因果的困扰。为缓解这类忧虑，一方面，本项研究在编码解释变量和控制变量时均进行了时滞一年或时滞多年的处理。另一方面，采用了两阶段最小二乘法（Two-Stage Least Square）估计。第一阶段的回归方程用于对解释变量进行估计，产生一个工具变量；第二阶段则运用第一阶段的特殊工具变量得出结构参数的一致估计量。这种估计方法有助于解决被解释变量和解释变量间的双向影响问题。我们运用多种变量组合对一国的外资多元化指数进行了估计，在此基础上，该解释变量仍能对发展中东道国的国家能力产生正向效应，并在统计上具有显著性，即便在控制了上一年的国家能力或使用国家能力变化的移动平均值作为被解释变量时依然如此。这在一定程度上帮助缓解了对内生性问题的顾虑。

针对主要论点，我们进行了稳健性检验。一是变换解释变量。此处我们改变了对发展中国家外资来源国多元化程度的测量方法，将东道国上一年外资来源国的绝对数量作为解释变量。这种测量更加强调了投资来源国绝对数量的增加对东道国议程设置权力提升的作用，但其缺点是相对忽视了因投资来源国集中度下降而带来的东道国议程设置权力提升。表 3.12 展示了相应的计量结果。与理论预期一致，外资来源国绝对数量的增加与发展中东道国国家能力的提升呈正相关，且具有统计显著性。对比前表 3.5 中的结果，外资来源国绝对数量的系数偏低，这或许更进一步说明了，在考虑外资来源国多元化时，同时关注发展中东道国议程设置权力提升的两大渠道——外国投资来源国的绝对数量增加和集中度下降——是颇有必要的。

表 3.12　外资来源国绝对数量与国家能力的广义估计方程结果

	（1）国家能力	（2）国家能力	（3）国家能力	（4）国家能力
绝对数量	0.04***	0.06***	0.04***	0.003***
	(0.00)	(0.01)	(0.01)	(0.00)
L.国家能力				0.94***
				(0.01)
民主程度	0.01***	0.02*	0.01$^+$	0.00***
	(0.00)	(0.01)	(0.01)	(0.00)
人均 GDP	0.35***		0.35***	0.01$^+$
	(0.01)		(0.04)	(0.01)
经济增速	−0.00	−0.00	−0.00	0.00$^+$
	(0.00)	(0.01)	(0.00)	(0.00)
贸易占比	0.00***	0.01***	0.00***	0.00**
	(0.00)	(0.00)	(0.00)	(0.00)
外资占比	0.00	−0.00	0.00	−0.00
	(0.00)	(0.00)	(0.00)	(0.00)

（续表）

	（1） 国家能力	（2） 国家能力	（3） 国家能力	（4） 国家能力
常数项	−2.67 *** (0.08)	−0.81 *** (0.13)	−2.67 *** (0.25)	−0.16 ** (0.05)
地区虚拟变量	是	是	是	是
年份虚拟变量	是	是	是	是
稳健标准差	否	是	是	是
国家数量	103	103	103	103
Prob>chi^2	0.000 0	0.000 0	0.000 0	0.000 0
N	1 864	1 864	1 864	1 864

注：括号外为系数，括号内为标准差。$+p<0.1$，$* p<0.05$，$** p<0.01$，$*** p<0.001$。"L."标识意味着时滞 1 期。

二是变换统计模型。在广义估计方程之外，我们也尝试了广义线性模型（Generalized Linear Model，GLM）[58]和采用国家聚类标准差（Clustered Standard Errors，CSEs）的多元线性回归。估计结果未发生实质改变。在解释国家能力时，外国直接投资多元化指数依然显著为正。在解释较长时段国家能力建设时，中国资本相对占比依然显著为正。基于本项研究的数据结构，一般认为，使用广义估计方程建模的系数和标准差会更为精确，但其他统计模型展示的类似结果仍能为论点提供支持。

三是在模型中加入自变量的二次项，该项系数无显著性，说明应采用效果更好的线性拟合。

四是在模型中加入解释变量与政体类型和经济发展阶段的交互项，估计结果未发生实质改变。解释变量的主效应仍旧显著，而交互项不具有统计显著性。

五是剔除作为主要资本输出国的发展中国家样本。主要对外投资国中的发展中国家包括中国、智利、以色列、韩国、墨西哥和土耳其。[59]作为主要资本输出国，它们的外国直接投资多元化指数可能偏低。[60]在模型中剔除这些国家后，估计结果依然稳健。

六是在模型中同时纳入外国直接投资结构的多元化指数和中国资本

相对占比。表 3.13 列出了相应的估计结果。可以看出,外资结构中的多元化程度有助于发展中东道国的国家能力建设,并且这种效应在时滞 6 期后依然显著。外资结构中的中国资本相对占比则需要在一段时间后方能发挥作用,这或许源于中国资本时间范围较长的特征。不过,作为衡量一国外资结构的两个维度,多元化程度和资本来源国类型之间的关系需要更深入的探讨。不妨推测,资本来源国类型是对外资多元化程度解释的一种补充。外资多元化程度将有助于发展中东道国建设其国家能力;中国资本的流入,由于其与传统西方投资者的不同,会为那些外资多元化程度较低的国家提供新的外部选项,从而在长期意义上有助于其国家能力的提升。

表 3.13 外国直接投资结构与国家能力的广义估计方程结果

	(1) 国家能力	(2) 国家能力	(3) 国家能力变化	(4) 国家能力变化
L6.中国资本相对占比	0.65** (0.22)	0.54** (0.19)	0.08*** (0.02)	0.08*** (0.02)
FDIDI	0.12*** (0.03)		0.01+ (0.00)	
L6. FDIDI		0.14*** (0.04)		0.01* (0.00)
民主程度	0.40*** (0.05)	0.40*** (0.05)	−0.00 (0.00)	−0.00 (0.00)
人均 GDP	0.02* (0.01)	0.01+ (0.01)	0.00** (0.00)	0.00** (0.00)
经济增速	−0.00 (0.01)	−0.00 (0.01)	0.00** (0.00)	0.00** (0.00)
贸易占比	0.00** (0.00)	0.00* (0.00)	0.00 (0.00)	0.00 (0.00)
外资占比	0.00 (0.00)	0.00 (0.00)	0.00 (0.00)	0.00 (0.00)
常数项	−3.28*** (0.34)	−3.12*** (0.33)	−0.02 (0.03)	−0.01 (0.03)
地区虚拟变量	是	是	是	是

（续表）

	（1）国家能力	（2）国家能力	（3）国家能力变化	（4）国家能力变化
年份虚拟变量	是	是	是	是
稳健标准差	是	是	是	是
国家数	102	102	102	102
Prob＞chi^2	0.000 0	0.000 0	0.000 0	0.000 0
N	1 085	1 107	1 084	1 106

注：括号外为系数，括号内为标准差。＋p＜0.1，＊ p＜0.05，＊＊ p＜0.01，＊＊＊ p＜0.001。"L6."标识意味着时滞 6 期。

为更好地阐明论点及背后的理论机制，接下来将进一步拆解作为整体的国家能力概念，将其分为秩序提供、资源汲取、社会保护三大维度，并通过相应的跨国统计检验和案例研究来说明东道国与外国投资者的战略互动，并呈现这种互动如何导致了不同维度国家能力建设的结果。

注释

1. Quoted from Charles Murray, "How to Accuse the Other Guy of Lying with Statistics," *Statistical Science*, Vol.20, No.3, 2005, p.240.

2. George E. P. Box and Norman R. Draper, *Response Surfaces*, *Mixtures*, *and Ridge Analyses*, 2nd Edition, Hoboken: John Wiley & Sons, 2007, p.414.

3. Jonathan K. Hanson and Rachel Sigman, "Leviathan's Latent Dimensions: Measuring State Capacity for Comparative Political Research," Working Paper, 2013, http://www-personal.umich.edu/~jkhanson/resources/hanson_sigman13.pdf. 运用该数据库的文章包括 Jonathan K. Hanson, "State Capacity and the Resilience of Electoral Authoritarianism: Conceptualizing and Measuring the Institutional Underpinnings of Autocratic Power," *International Political Science Review*, Vol.39, No.1, 2018, pp.17—32; Erik H. Wang and Yiqing Xu, "Awakening Leviathan: The Effect of Democracy on State Capacity," *Research and Politics*, Vol.5, No.2, 2018, pp.1—7。

4. 王绍光、胡鞍钢：《中国国家能力报告》，沈阳：辽宁人民出版社 1993 年版。Shaoguang Wang and Angang Hu, *The Chinese Economy in Crisis: State Capacity and Tax Reform*, New York: Routledge, 2001. Mattias Ottervik, "Conceptualizing and Measuring State Capacity: Testing and Validity of Tax Compliance as a Measure of State Capacity," QoG Working Paper Series, No.20, 2013, https://www.gu.se/sites/default/files/2020-05/2013_20_Ottervik.pdf.

5. 对民主和治理的测量同样采用了这种方法，参见 Shawn Treier and Simon Jackman, "Democracy as a Latent Variable," *American Journal of Political Science*, Vol.52, No.1, 2008, pp.201—217; Vincent Arel-Bundock and Walter Mebane, "Measurement Error, Missing Values and Latent Structure in Governance Indicators," Presented at the 2011 Annual Meeting of

the American Political Science Association, 2011, https://ssrn.com/abstract=1899725(访问时间:2022年1月15日)。

6. 政体数据库是在研究政体类型相关问题时最广为运用的数据库之一,国家能力作为独立概念的测量与政体数据库相区分显得十分重要。关于政体数据库项目,参见 Monty G. Marshall and Keith Jaggers, "Polity IV Project: Dataset Users' Manual," Center for Systemic Peace, George Mason University, 2009, https://www.systemicpeace.org/inscrdata.html(访问时间:2020年1月15日)。

7. 詹姆斯·斯科特(James C. Scott)关于欧洲和东南亚的历史研究中亦展示了类似的思想。James C. Scott, *Seeing Like a State: How Certain Schemes to Improve the Human Condition Have Failed*, New Haven: Yale University Press, 1998; James C. Scott, *The Art of Not Being Governed: An Anarchist History of Upland Southeast Asia*. New Haven: Yale University Press, 2009.

8. 以中国第七次全国人口普查为例。中共中央总书记习近平于2020年11月2日下午参加了此次人口普查登记。报道称:"这次普查采取电子化登记方式,习近平按照普查登记要求,逐一回答了普查员的询问,普查员将信息输入到平板电脑中。随后,习近平在申报人签名栏中郑重签下自己的名字。"本次全国普查发动了700多万名普查人员进行逐户逐人登记,这无疑体现了中国的国家能力。参见《切实做好第七次全国人口普查工作　为高质量发展提供准确统计信息支持》,载《人民日报》2020年11月3日。

9. Hillel David Soifer, "State Power and the Economic Origins of Democracy," *Studies in Comparative International Development*, Vol.48, No.1, 2013, pp.1—22. Hillel David Soifer, "Erratum to: State Power and the Economic Origins of Democracy," *Studies in Comparative International Development*, Vol.51, No.4, 2016, pp.530—538. 将人口普查应用于国家能力相关问题的研究还可参见 Massimiliano Gaetano Onorato, Kenneth Scheve, and David Stasavage, "Technology and the Era of the Mass Army," *Journal of Economic History*, Vol.74, No.2, 2014, pp.449—481; Melissa M. Lee and Nan Zhang, "Legibility and the Informational Foundations of State Capacity," *Journal of Politics*, Vol.79, No.1, 2017, pp.118—132。

10. 关于迈尔斯值的讨论,可参见 Robert J. Myers, "Errors and Bias in the Reporting of Ages in Census Data," *Transactions of the Actuarial Society of America*, Vol.41, No.104, 1940, pp.394—415; Robert J. Myers, "Accuracy of Age Reporting in the 1950 United States Census," *Journal of the American Statistical Association*, Vol.49, No.268, 1954, pp.826—831。

11. Melissa M. Lee and Nan Zhang, "Legibility and the Informational Foundations of State Capacity," *Journal of Politics*, Vol.79, No.1, 2017, pp.118—132。

12. 使用此变量作为国家能力测量的研究参见 Lenka Bustikova and Cristina Corduneanu-Huci, "Patronage, Trust, and State Capacity: The Historical Trajectories of Clientelism," *World Politics*, Vol.69, No.2, 2017, pp.277—326; Jonathan K. Hanson, "Democracy and State Capacity: Complements or Substitutes?" *Studies in Comparative International Development*, Vol.50, No.3, 2015, pp.304—330。

13. Jack A. Goldstone, Robert H. Bates, David L. Epstein, Ted Robert Gurr, Michael B. Lustik, Monty G. Marshall, Jay Ulfelder, and Mark Woodward, "A Global Model for Forecasting Political Instability," *American Journal of Political Science*, Vol.54, No.1, 2010, pp.190—208. M. Rodwan Abouharb and Anessa L. Kimball, "A New Dataset on Infant Mortality Rates, 1816—2002," *Journal of Peace Research*, Vol.44, No.6, 2007, pp.743—754.

14. Patricio Navia and Thomas D. Zweifel, "Democracy, Dictatorship, and Infant Mortality Revisited," *Journal of Democracy*, Vol.14, No.3, 2003, pp.90—103.

15. Lenka Bustikova and Cristina Corduneanu-Huci, "Patronage, Trust, and State Capacity:

The Historical Trajectories of Clientelism," *World Politics*，Vol.69，No.2，2017，pp.277—326.

16. The World Bank，World Development Indicator，https：//datacatalog. worldbank. org/dataset/world-development-indicators(访问时间：2022 年 1 月 15 日)。

17. Jeffrey Kentor and Terry Boswell，"Foreign Capital Dependence and Development：A New Direction," *American Sociological Review*，Vol.68，No.2，2003，pp.301—313.

18. Rachel L. Wellhausen，*The Shield of Nationality*：*When Governments Break Contracts with Foreign Firms*，New York：Cambridge University Press，2017，pp. 62—75.

19. ［美］朱迪亚·珀尔、［美］达纳·麦肯齐：《为什么：关于因果关系的新科学》，江生、于华译，北京：中信出版集团 2019 年版，第 111—140 页。关于混杂因素的讨论，还可参见 Luke Keele, "The Statistics of Causal Inference：A View from Political Methodology," *Political Analysis*，Vol.23，No.3，2015，pp.313—335。

20. 关于民主程度对一国外资吸引力影响的研究，可参见 Quan Li and Adam Resnick，"Reversal of Fortunes：Democratic Institutions and Foreign Direct Investment Inflows to Developing Countries," *International Organization*，Vol.57，No.1，2003，pp.175—211；Nathan Jensen，"Democratic Governance and Multinational Corporations：Political Regimes and Inflows of Foreign Direct Investment," *International Organization*，Vol.57，No.3，2003，pp.587—616；Nathan Jensen，"Political Risk，Democratic Institutions，and Foreign Direct Investment," *Journal of Politics*，Vol.70，No.4，2008，pp.1040—1052。关于民主影响国家能力的研究，可参见 Dan Slater, "Can Leviathan be Democratic? Competitive Elections, Robust Mass Politics, and State Infrastructural Power," *Studies in Comparative International Development*，Vol.43，No.3—4，2008，pp.252—272；Jonathan K. Hanson，"Democracy and State Capacity：Complements or Substitutes?" *Studies in Comparative International Development*，Vol. 50，No. 3，2015，pp.304—330；Erik H. Wang and Yiqing Xu，"Awakening Leviathan：The Effect of Democracy on State Capacity," *Research and Politics*，Vol.5，No.2，2018，pp.1—7。

21. Hirotugu Akaike，"A New Look at the Statistical Model Identification," *IEEE Transactions on Automatic Control*，Vol.19，No.6，1974，pp.716—723.

22. ［美］朱迪亚·珀尔、［美］达纳·麦肯齐：《为什么：关于因果关系的新科学》，第 116 页。

23. Melissa M. Lee and Nan Zhang，"Legibility and the Informational Foundations of State Capacity," *Journal of Politics*，Vol.79，No.1，2017，pp.118—132.

24. 更为严格的定义认为，面板数据指的是平衡的纵向数据。纵向数据则允许缺失值的存在，即每个国家并不一定每年都有观测值。关于面板数据分析，可参见 Cheng Hsiao，*Analysisof Panel Data*，2nd Edition，New York：Cambridge University Press，2003. Cheng Hsiao，"Panel Data Analysis—Advantages and Challenges," *TEST*，Vol. 16，No. 1，2007，pp.1—22；Cheng Hsiao，"Benefits and Limitations of Panel Data," *Econometric Reviews*，Vol.4，No.1，1985，pp.121—174。

25. 广义估计方程的提出参见 Kung-Yee Liang and Scott L. Zeger，"Longitudinal Data Analysis Using Generalized Linear Models," *Biometrika*，Vol. 73，No. 1，1986，pp. 13—22；Scott L. Zeger，Kung-Yee Liang，and Paul S. Albert，"Models for Longitudinal Data：A Generalized Estimating Equation Approach," *Biometrics*，Vol.44，No.4，1988，pp.1049—1060。关于其性质的更多讨论，可参见周勇：《广义估计方程估计方法》，北京：科学出版社 2013 年版，第 176—238 页；Joseph M. Hilbe and James W. Hardin，"Generalized Estimating Equations for Longitudinal Panel Analysis," in Scott Menard，ed.，*Handbook of Longitudinal Research*：*Design，Measurement，and Analysis*，Burlington：Academic Press，2008，pp.467—474。

26. 关于广义估计方程在政治学中的运用，参见 Christopher J. W. Zorn，"Generalized Es-

timating Equation Models for Correlated Data：A Review with Applications，*American Journal of Political Science*，Vol.45，No.2，2001，pp.470—490；John S. Ahlquist，"Building Strategic Capacity：The Political Underpinnings of Coordinated Wage Bargaining，"*American Political Science Review*，Vol.104，No.1，2010，pp.171—188。

27. 根据 QIC 值判断标准，我们将数据的相关性结构指定为"独立"。考虑到指定有偏差的情况，多数模型中采用了对标准差的稳健估计。关于广义估计方程的模型选择，可参见 Wei Pan，"Akaike's Information Criterion in Generalized Estimating Equations，"*Biometrics*，Vol.57，No.1，2001，pp.120—125；James Cui，"QIC Program and Model Selection in GEE Analyses，"*The Stata Journal*，Vol.7，No.2，2007，pp.209—220。

28. 这符合格兰杰因果检验的思路，即在控制了被解释变量的过去值以后，解释变量的过去值仍能对被解释变量有显著的解释能力，就能认为解释变量是引致被解释变量的格兰杰原因（Granger-cause）。参见 C. W. J. Granger，"Investigating Causal Relations by Econometric Models and Cross-spectral Methods"，*Econometrica*，Vol.37，No.3，1969，pp.424—438。

29. 由于贸易占比和投资占比的估计系数小于 0.01，故在此精度下显示系数为 0.00。

30. 需要提醒注意的是，此处的结果是基于模型（7）进行的计算。边际效应会受到各变量取值范围的影响，故对此处门槛值的解读仍需持谨慎态度。

31. Jeffrey Kentor and Terry Boswell，"Foreign Capital Dependence and Development：A New Direction，"*American Sociological Review*，Vol.68，No.2，2003，pp.301—313。

32. Carles Boix，Michael K. Miller，and Sebastian Rosato，"A Complete Data Set of Political Regimes，1800—2007，"*Comparative Political Studies*，Vol.46，No.12，2013，pp.1523—1554。

33. Robert D. Putnam，"Diplomacy and Domestic Politics：The Logic of Two-Level Games，"*International Organization*，Vol.42，No.3，1988，p.440。

34. Committee for Development Policy and United Nations Department of Economic and Social Affairs，*Handbook on the Least Developed Country Category：Inclusion，Graduation and Special Support Measures*，3rd Edition，United Nations，2018。

35. Ben Jann，"Plotting Regression Coefficients and Other Estimates，"*The Stata Journal*，Vol.14，No.4，2014，pp.708—737。

36. Hazem Beblawi and Giacomo Luciani，eds.，*The Rentier State*，London：Croom Helm，1987；Hazem Beblawi，"The Rentier State in the Arab World，"*Arab Studies Quarterly*，Vol.9，No.4，1987，pp.383—398；Mehran Kamrava，ed.，*The "Resource Curse" in the Persian Gulf*，London：Routledge，2019。

37. 相比起之前 10 年是否开展过人口普查，我们认为这种测量更能反映一国的国家能力。当然，改换对实施人口普查的测量并不会实质性的改变模型结果。

38. 需要再次提醒的是，那些没有人口普查记录的国家并不是随机的，模型覆盖的国家数最大值为 111，那些没有覆盖的国家很可能是那些没有披露相关数据的国家，它们通常国家能力较弱。这会使数据组间差异的程度被低估。

39. 在数据库中，仅有约三分之一的国家关于人口普查的变量发生过变化。

40. Jonathan K. Hanson and Rachel Sigman，"Leviathan's Latent Dimensions：Measuring State Capacity for Comparative Political Research，" Working Paper，2013，http://www-personal.umich.edu/~jkhanson/resources/hanson_sigman13.pdf。

41. 在此基础上进一步增加移动平均所包含的时间期数会使平滑波动效果更好，但不会实质性改变结果。

42. The World Bank，World Development Indicator，https://datacatalog.worldbank.org/dataset/world-development-indicators（访问时间：2020 年 1 月 15 日）。

43. 此处的处理将日本也视为西方国家。作为地理用语，"西方"无疑被政治化了，诚如亨廷顿所言："可以在地图上发现欧洲、美国和北大西洋，却不能在地图上发现西方。"关于西方概念的更多辨析，可参见［美］塞缪尔·亨廷顿：《文明的冲突与世界秩序的重建》，周琪等译，北京：新华出版社 1998 年版，第 31—32 页。

44. Kevin P. Gallagher, *The China Triangle：Latin America's China Boom and the Fate of the Washington Consensus*, New York：Oxford University Press, 2016. Deborah Brautigam, *Will Africa Feed China*? New York：Oxford University Press, 2015. Deborah Brautigam, Xiaoyang Tang, and Ying Xia, "What Kinds of Chinese 'Geese' Are Flying to Africa? Evidence from Chinese Manufacturing Firms," *Journal of African Economies*, Vol. 27, No. S1, 2018, pp. 29—51. Deborah Brautigam, "A Critical Look at Chinese 'Debt-Trap Diplomacy'：The Rise of a Meme," *Area Development and Policy*, Vol. 5, No. 1, 2020, pp. 1—14. Ching Kwan Lee, *The Specter of Global China：Politics, Labor and Foreign Investment in Africa*, Chicago：University of Chicago Press, 2017. Stephen B. Kaplan, *Globalizing Patient Capital：The Political Economy of Chinese Finance in the Americas*, New York：Cambridge University Press, 2021. Youyi Zhang, "Third-Party Market Cooperation under the Belt and Road Initiative：Progress, Challenges, and Recommendations," *China International Strategy Review*, Vol. 1, No. 2, 2019, pp. 310—329.

45. Peter J. Buckley, Timothy M. Devinney and Jordan J. Louviere, "Do Managers Behave the Way Theory Suggests? A Choice-Theoretic Examination of Foreign Direct Investment Location Decision-Making," *Journal of International Business Studies*, Vol. 38, No. 7, 2007, pp. 1069—1094. 陈兆源：《东道国政治制度与中国对外直接投资的区位选择——基于 2000—2012 年中国企业对外直接投资的定量研究》，载《世界经济与政治》2016 年第 11 期，第 129—156 页。

46. 参见 https://stats. oecd. org/Index. aspx? QueryId＝64220 ♯；https://stats. oecd. org/Index. aspx?DataSetCode＝FDI_POSITION_PARTNER♯（访问时间：2020 年 1 月 15 日）。

47. 中华人民共和国商务部、国家统计局、国家外汇管理局：《2018 年度中国对外直接投资统计公报》，北京：中国商务出版社 2019 年版。

48. 之所以选择 2003 年之后的数据，是因为中国在 2003 年之后开始显著增加对外直接投资。在此之前，绝大部分东道国的中国相对占比为 0。当然，加入 2003 年前的数据不会实质性改变卡方检验的结果，两变量之间依然存在显著差异。

49. 以 10％为界的一个考虑是使其与直接投资企业的概念相一致。根据中国商务部和世界银行的定义，直接投资企业指境内投资者直接拥有或控制 10％或以上股权、投票权或其他等价利益的境外企业。参见中华人民共和国商务部、国家统计局、国家外汇管理局：《2018 年度中国对外直接投资统计公报》，北京：中国商务出版社 2019 年版，第 82 页。World Bank, *World Development Indicator 2003*, Washington, DC：World Bank Group, 2003, p. 333.

50. 值得一提的是，对国家能力变化虚拟变量和新生儿死亡率变化虚拟变量进行列联表卡方检验，结果无法拒绝原假设，即两组资料间不存在显著差别。这也再次说明了新生儿死亡率作为国家能力代理变量的有效性。

51. 统计模型显示，中国资本相对占比时滞 1 期至 5 期均不显著。更多的稳健性检验详见本章第三节。至于为什么需要时滞 6 期，可能的理论的解释是：较长的时间范围使得中国资本在国家能力上的效果被观察到需要一定的时长。不过由于汉森和西格曼的数据仅覆盖到 2009 年，无法对时滞更多期的效果进行检验。

52. 若将第二行中的中国资本相对占比从图中的滞后 1 期改为滞后 6 期同样会得到相似的图形。

53. Carles Boix, Michael K. Miller, and Sebastian Rosato, "A Complete Data Set of Political Regimes, 1800—2007," *Comparative Political Studies*, Vol. 46, No. 12, 2013, pp. 1523—1554.

54. Taco Terpstra, *Trade in the Ancient Mediterranean*：*Private Order and Public Institutions*, Princeton：Princeton University Press, 2019, pp.23—32.

55. ［英］卡尔·波兰尼：《大转型：我们时代的政治与经济起源》，刘阳、冯钢译，杭州：浙江人民出版社 2007 年版。

56. ［美］道格拉斯·C. 诺思：《经济史中的结构与变迁》，陈郁、罗华平等译，上海三联书店、上海人民出版社 1994 年版，第 17 页。

57. Shang-Jin Wei, "How Taxing is Corruption on International Investors?" *Review of Economics and Statistics*, Vol. 82, No. 1, 2000, pp. 1—11. Mohsin Habib and Leon Zurawicki, "Corruption and Foreign Direct Investment," *Journal of International Business Studies*, Vol.33, No.2, 2002, pp.291—307. Steven Globerman and Daniel Shapiro, "Governance Infrastructure and US Foreign Direct Investment," *Journal of International Business Studies*, Vol.34, No.1, 2003, pp.19—39. Joshua Aizenman and Mark M. Spiegel, "Institutional Efficiency, Monitoring Costs and the Investment Share of FDI," *Review of International Economics*, Vol.14, No.4, 2006, pp.683—697. Agnès Bénassy-Quéré, Maylis Coupet, and Thierry Mayer, "Institutional Determinants of Foreign Direct Investment," *The World Economy*, Vol. 30, No. 5, 2007, pp.764—782. 也有研究显示，东道国制度质量与外国直接投资——尤其是发展中国家对外直接投资——不是简单的线性关系，参见蒋冠宏、蒋殿春：《中国对发展中国家的投资——东道国制度重要吗?》，载《管理世界》2012 年第 11 期，第 45—56 页；李晓、杨弋：《"一带一路"沿线东道国政府质量对中国对外直接投资的影响——基于因子分析的实证研究》，载《吉林大学社会科学学报》2018 年第 4 期，第 53—65 页。

58. J. A. Nelder and R. W. M. Wedderburn, "Generalized Linear Models," *Journal of the Royal Statistical Society. Series A（General）*, Vol.135, No.3, 1972, pp.370—384. ［美］乔治·H. 邓特曼、何满镐：《广义线性模型导论》，林毓玲译，上海：格致出版社、上海人民出版社 2012 年版。

59. 关于外资结构中包含的 37 个资本来源国详见附表 1.6。

60. 此处列举的发展中国家均在数据库中 37 个主要对外投资国之列，因此这些特定国家在分别作为资本接受国对待时，将最多只包括来自 36 个外资来源国的可能投资，或导致其外资来源国多元化指数存在被低估风险。这并不意味着从数据上看这些国家的外资来源国多元化指数属于较低的一类。

第四章

基于国家能力诸维度的跨国统计检验

一些比较历史学者不仅考察了自主性国家行为的基础层面,同时还探讨了一个更具挑战性的问题,即对国家实施其政策的各种能力(*capacities*)做出解释。[1]

——西达·斯考切波

最流行的国家形象由矛盾的、不可调和的两个部分构成:一方面它运用权威去驯服截然不同的信念,另一方面,它却同时从"公意"中提取人们的忠诚。权威涉及获得民众的服从,而忠诚意味着取得民众的支持——通常是指自愿的支持。[2]

——乔尔·米格代尔

之前的章节对外国直接投资结构对整体国家能力的影响进行了跨国经验分析,为书中的理论观点提供了一些实证证据。尽管对国家能力的整体测量有其优势,但我们不免希望进一步得知外资结构主要是通过影响国家能力的哪些方面从而发挥作用。本章首先为书中将国家能力拆分为秩序提供能力、资源汲取能力和社会保护能力三个维度的做法进行了正当性辩护,并提供了一种划分国家能力的分析框架,随后展示了对各维度国家能力的测量,并继续使用发展中国家的跨国数据探讨外资结构,具体而言是外资来源国多元化程度对东道国各维度国家能力的影响。

第一节 国家能力的诸维度:一个分析框架

国家既解决问题,也制造问题。以经济增长为例,国家的"帮助之手"与"攫取之手"同时存在,前者是长期经济增长的关键,后者则是人为经济衰退的根源。[3]考虑到国家在经济中的重要性,诺思指出:"国家理论是根本性的。最终是国家要对造成经济增长、停滞和衰退的产权结构的效率负责。……在任何关于长期变迁的分析中,国家模型都将占据显要的一席。"[4]由于关乎合同的执行,诺思在其国家模型中强调的产权保护无疑是国家能力的组成部分。然而在诺思与合作者的后续研究中,却将这种能力更多地与政体挂钩,认为西方民主政体的权利开放秩序是国家保护产权的重要原因。[5]某种意义上,诺思此时已经从国家理论滑向了政体理论。

诚如蒂利在讨论政体时所指出的,在把国家能力和民主相互联系加以分析之前有必要先将两者加以区分。[6]一个常见的误解是,国家能力可以与政体类型建立对应关系。迈克尔·曼在分析专断性权力和基础性权力结合成的四种理性类型时(见表 4.1),将"专断性权力低—基础性权力高"对应为民主制,而"专断性权力高—基础性权力高"则对应威权主义。政体类型不能天然地预测国家能力,反之亦然。[7]拥有选举式民主也并不等价于高国家能力。还是以产权为例,直接从民主政体推导出保护产权倾向的做法是经不起推敲的,民主的再分配性质甚至可能对富人的产权造成威胁。[8]总之,国家能力被当作特定政体形式的固有属性,这是不恰当的。

表 4.1 国家权力的两个维度

专断性权力	基础性权力	
	低	高
低	封建制的	官僚政治的—民主制的
高	帝国的/绝对主义王权的	威权主义的

资料来源:[英]迈克尔·曼:《社会权力的来源(第二卷·上)》,刘北成等译,上海:上海人民出版社 2007 年版,第 68—69 页。

为避免将国家能力与政体类型混为一谈,在本项研究中,国家能力建设指的是一国解决"麦迪逊难题"的过程,而国家能力的诸维度也对应解决麦迪逊难题的需要。[9]具体地,麦迪逊难题源于詹姆斯·麦迪逊(James Madison)所著的《联邦党人文集》第五十一篇:

> 如果人都是天使,就不需要任何政府了。如果是天使统治人,就不需要对政府有任何外来的或内在的控制了。在组织一个人统治人

　　的政府时，最大困难在于必须首先使政府能控制被统治者，然后再责成其控制自身。[10]

当前许多关于国家能力建设的观点都强调了处理好麦迪逊难题的重要性，这也为其洞见提供了更多依据。蒂莫西·贝斯利和托尔斯滕·佩尔松关注国家在汲取和生产中的角色，前者指国家从公民身上获取收入的能力——称之为财政能力（fiscal capacity）；后者指国家将公共资金用于造福社会的能力——称之为法律能力（legal capacity）。据此观点，高财政能力和高法律能力的结合使国家能够采取有效行动。[11]达伦·阿西莫格鲁和詹姆斯·罗宾逊（James A. Robinson）强调"包容性的政治制度"（inclusive political institutions）以及"受束缚的利维坦"（Shackled Leviathan）。他们认为，国家不仅必须强大到足够提供基本的法律与秩序，而且还必须拥有多元政治体系，广泛地在社会中分配权力，并对各政府部门施加限制。[12]弗朗西斯·福山区分了国家的力量（strength）和国家的范围（scope），并且指出国家的力量比其范围更为重要，实现长期经济增长必须在增强国家力量的同时注意缩小国家的范围。[13]乔纳森·汉森（Jonathan K. Hanson）在讨论国家能力时既注重权力的投射也注重执政者的制度化制衡。[14]马克·丁切科的经济史研究亦试图论证，对麦迪逊难题的有效解决是欧洲国家成为有效国家的重要经验。[15]

　　总结而言，国家能力建设的基本问题便是解决好国家权力和公民权利的关系，换言之，国家与社会的关系及其互动从根本上形塑了国家建设的过程与结果。[16]国家能力包括两个方面的内容，一方面是权力的集中化，另一方面是权力的运用。[17]正如塞缪尔·亨廷顿（Samuel P. Huntington）在谈论麦迪逊难题时所指出的，权力集中是基础，"必须先存在权威，而后才谈得上限制权威"。[18]张静尤其强调权力的集中化，甚至于将近代国家政权建设定义为"是一个权力结构从分散向集中的演进过程"。在其间，公民的政治认同从传统的地方性组织上升到国家政体，同时其本身的公民权利得到释放，并由国家承担起保障这些新权利的角色。伴随这一过程，国家的角色转变、权威提高、庇护结构解体、地方精英蜕变，以国家为中心的整合系统逐渐形成，新的权威和社会的关系逐渐确立。[19]巴里·温格斯特则对国家权力的运用更为重视。温格斯特版本的麦迪逊式难题是，"一个强大到足以保护产权的政府也同样强大到足以没收其公民的财富"。[20]尽管对于缺乏权力实施统治的国家而言,权力集中的重要性应排在首位。但长期而言,国家能力还意味着国家有足够的动机来限制这些权力的运用方式和使用范围。对能力的限制本身也是一种能力,只用国家权力的集中作为国家能力建设成功的衡量标准是不完整的。

因此,与常见的将国家能力分为强制能力、汲取能力和行政能力——分别对应暴力、资源和人力不同,[21]我们此处的分类既考虑了国家对权力的集中,也考虑了国家对权力的运用。这与贝斯利和佩尔松既强调财政能力,又强调法律能力和集体能力(collective capacity)[22];杨光斌既强调国家有权力,又强调权力有边界、权力受约束的有效国家观相呼应。[23]具体而言,我们将国家能力分为秩序提供能力、资源汲取能力和社会保护能力。其中秩序提供能力和资源汲取能力分别大致对应国家权力集中化中的强制能力和财政能力,体现了国家权力的集中化。社会保护能力则强调的是国家权力的运用。这种对国家能力分维度的讨论也意味着我们将暂时摒弃(或者说不再纠缠于)"强国家"与"弱国家"这样关于整体国家能力的分类法。[24]例如斯蒂芬·克拉斯纳以"被社会压力俘获的程度"为衡量标准界定国家的强弱。在国家强弱连续谱的最弱端是内战和国家解体,最强端则是国家有能力重制(remake)其所在的社会和文化,即改变经济制度、价值观以及私人群体的互动模式。[25]作为国家主义者,克拉斯纳提出了国家与社会关系的三种理想类型。一是国家有能力抵御社会的压力,但没能力改变私人行为体的行为。二是国家有能力抵御私人压力,并且可能可以说服私人集团遵守某些政策以推进国家利益,但没有能力对其所处的国内环境施加结构性的转变。三是国家有权势改变既有私人行为体的行为,并且在一定时期内能改变经济结构本身。[26]不过,常见的关于国家能力的强弱划分对我们理解国家建设依然是基础性的,因为即便是细分了不同维度进行讨论,在各个维度下也依然要对其中国家能力的强弱做出判断。

与对国家能力的整体探讨不同,我们此处取而代之的是将国家能力分为相互联系但又彼此区别的三类——秩序提供能力、资源汲取能力和社会保护能力。不同类型的国家能力之间并非必然存在正向关系,国家介入社会经济生活不同领域的能力并不相等。[27]虽然部分研究指出不同国家能力之间是互补和相互强化的,[28]但正如森特诺等明智地指出,我们尚不能充分地认识到不同国家能力维度(或曰目标)间如何权衡,以及实现某一维度的能力会如何促进或阻碍另一维度的能力。[29]故对国家能力诸维度的拆分有助于理解这些差异。

首先是秩序提供能力。根据韦伯对国家的定义,国家对暴力的合法垄断是一个自然的分析起点。然而事实上,这是一个艰难的历史进程的结果。如菲利普·霍夫曼(Philip T. Hoffman)所言:"成功地建立暴力垄断是困难的。它需要资源和(最低限度的)民众的默许,而这两项都需要时间才能得到。因此,如果坚持韦伯的定义,我们忽略了几个世纪以来国家为获取资源和赢得人民支持(这样统治的成本就不会高得令人望而却步)所做的努力。"[30]秩序提供能力便是要将对强制的控制从私人手中转移到有能力和平解决争端的中央机构。[31]无疑,提供秩序离不开对中央武装的投入及强制能力的提升。这其中包括军事人员与军事支出的合理增加,以及其他有利于国家更为有效的实施统治、合法化垄断暴力的行为。[32]秩序提供能力位于国家能力的底部,秩序也是国家所应提供的最为基础的公共物品。

其次是资源汲取能力。该能力的主要目标是使国家拥有可持续的财政收入。资源汲取能力位于国家能力的中部,一方面离不开位于底部的秩序提供能力,另一方面也为秩序提供能力以及接下来将要讨论的社会保护能力的实现提供财政资源。[33]如果韦伯的国家观集中展现了秩序提供能力的重要性,那么资源汲取能力则集中反映了约瑟夫·熊彼特对国家的理解。熊彼特认为现代国家的重要特征是税收,并发明了"税收国家"(tax state)一词与此前的领地国家(domain state)相区别。[34]国家的建构形成,不仅是政治权力的再分配,也是统治者与被统治者之间财政契约的重新制定。[35]税收是国家资源汲取能力的重要体现,基础性税收权力的增加也有利于国家能力建设,而这也是发展中国家的短板。[36]米克·摩尔(Mick Moore)总结了税收对国家建设的三个积极影响。第一,依靠税收的统治者和其公民的繁荣有着直接的关系,因此有着促进这种繁荣的动力;这反过来会带来更多的税收,从而加强其统治。第二,依靠税收会促进一个现代化、官僚化的国家的发展;会鼓励对纳税人及其活动、财产进行可靠的记录;会责成政府投资建设一个相对可靠、廉洁、专业的有使命感的公共服务团队来估税、征税,并将税收上缴国库。第三,征税使得政府不得不搜集大量信息，这反过来又完善了政策制定的过程。[37]当然，若以国家基础性权力的视角观之，资源汲取能力中税收的结构与税收的数量同样重要。有的国家主要依赖具有累退性质的间接税，而有的国家则能征收大量的财产税和个人所得税等具有累进性质的直接税。[38]一般认为，税收结构以累进税为主的国家具有更强的资源汲取能力。

最后是社会保护能力。该能力位于国家能力的顶部，集中关注的是对劳工群体的保护，实现该能力需要前两种能力作为支持，并且能反过来降低向社会提供秩序与汲取资源的交易成本。正如查尔斯·蒂利指出的，为了获得税收，国家必须提供相应的保护。[39]此外，关于国家的"诺思悖论"亦要求我们重视国家的社会保护能力。该悖论指国家一方面要使统治者的租金最大化，另一方面又要降低交易成本以使社会产出最大化，这两大目标之间存在冲突。国家为取得收入而以一组被称之为"保护"和"公正"的服务作为交换，此为国家的基本特征之一。[40]相比于秩序提供能力和资源汲取能力，既有对国家能力的研究较少重视针对劳工群体的社会保护能力。并且，社会保护能力也关乎国家如何建设性地运用其权力，与国家权力集中化相关的能力形成互补。

概括而言，对国家能力诸维度的划分为分析国家建设提供了一个分析框架。与之前对国家能力的整体分析不同，此分析框架有助于帮助研究者进一步细化其所谈论的问题从而带来知识增长。当然，我们的分析框架绝非涵盖了国家权力集中化与运用的方方面面，但有理由相信，秩序提供、资源汲取和社会保护抓住了国家能力中相对重要的三个方面。本章剩下的部分将讨论国家能力诸维度的测量以及外资来源国多元化对各维度国家能力的影响。

第二节　国家能力诸维度的测量

秩序提供能力主要指国家合法垄断暴力的能力，此处使用军事人员（Military Personnel）和军事支出（Military Expenditures）的规模来衡量一国提供秩序的能力。数据来源为战争相关项目（The Correlates of War Project）中的国家物质力量数据库（5.0 版），更新至 2012 年。[41]在该项目中，军事人员只计算了那些在国家政府（national government）指挥下的部队，包括现役的正规陆军、海军和空军部队；军事人员数据不包括预备役部队、外国军事力量、半自主国家和受保护国以及叛乱部队。这符合我们对国家秩序提供能力的理解。军事支出指一国当年的军事预算总额，由于主要关注的是军队在战争时期所有可得的财政资源，故数据库中编码了所有可部署的军事力量资源，既包括现役也包括预备役。我们预期，其他条件不变，外资结构的多元化会增加一国的军事人员和军事支出。

资源汲取能力主要指国家获得税收等收入的能力。在许多情况下，资源汲取与行政能力之间是难以区分的。例如汉森和西格曼测量国家能力时使用的多个指标同时覆盖了行政和汲取两大维度（详见附表2）。正如实施人口普查与国家能力的关系所揭示的，行政能力及其所获得的统计信息是资源汲取的重要前提。[42]此处使用两个指标测量一国的资源汲取能力，其一是税收收入动员效率评级（Efficiency of Revenue Mobilization Rating），来源为世界银行国家政策与制度评估（Country Policy and Institutional Assessment，CPIA）数据库。[43]该数据覆盖了2005年至2018年，取值范围1至6，数值越大表示动员效率越高。评估不仅包括了事实上的税收结构，而且也包括实际征收的所有来源的收入。其二是统计能力分值，来源为世界银行统计能力公告板（Bulletin Board on Statistical Capacity）。[44]该数据覆盖了2004年至2018年，取值范围1至100，数值越大表示统计能力越高。统计能力是一国收集、分析和传播有关其人口和经济的高质量数据的能力。计算该分值的主要领域为：统计方法、数据来源、周期性和实效性，这些都与资源汲取能力的发展密不可分。我们预期，其他条件不变，外资结构的多元化会提高一国的税收收入动员效率和统计能力。

社会保护能力主要指国家为劳动力提供就业保障和公共服务的能力。这种能力在汉森和西格曼数据库中较少涉及，但却是国家能力的重要组成部分，因其集中展示了国家能力的基础性运用。同样地，我们使用两方面指标来测量社会保护能力。其一是工业就业比例，来源为国际劳工组织（International Labour Organization）。[45]就业是指处于工作年龄的人从事任何生产商品或提供服务以赚取工资或利润的活动，在统计期内工作或因暂时缺勤或工作时间安排而未工作均算作就业。工业部门包括采矿和采石、制造业、建筑业以及公用事业（电力、天然气和水）。当一国的工业就业比例越大，尤其是女性的工业就业比例越大，说明该国为劳动力提供了较为有利的就业机会。其二是中学入学率，来源为联合国教育、科学及文化组织（The United Nations Educational, Scientific and Cultural Organization, UNESCO）。[46]联合国教科文组织关于中学毛入学率的计算方法是，将接受中学教育的学生人数（不论年龄）除以与中学教育相对应的年龄组人口，再乘以100。有学者指出，小学阶段的教育反映了国家对大众的规训[47]；故中学阶段教育带有更多的社会保护属性。作为初等教育的补充，中等教育通过使用更专业的教师提供更多以学科或技能为导向的教学，为终身学习和人文发展打下基础。我们预期，其他条件不变，外资结构的多元化会提高一国的工业就业比例和中学入学率。

　　表4.2列出了对国家能力诸维度的测量。基于此，我们可以使用描述性统计和计量模型对其进行分析。

表 4.2　国家能力诸维度测量的变量名称、数据说明及来源

变量名称	数据说明	数据来源
秩序提供能力		
军事人员	现役正规部队人数，单位：千人。取自然对数处理；为使对数处理有意义，将取值为0的数据加1后再取对数。	战争相关项目
军事支出	军事预算总额，单位：美元。取自然对数处理；为使对数处理有意义，将取值为0的数据加1后再取对数。	战争相关项目
资源汲取能力		
税收动员	税收收入动员效率评级，数值越大，动员效率越高。	世界银行
统计能力	收集、分析和传播有关其人口和经济的高质量数据的能力，数值越大，统计能力越高。	世界银行
社会保护能力		
工业就业	工业部门就业占总就业的比例，单位：%。	国际劳工组织
女性工业就业	女性在工业部门就业占女性总就业的比例，单位：%。	国际劳工组织
中学入学率	中学总入学率（不论年龄）与官方公布的教育水平相对应的年龄组人口的比率，单位：%。	联合国教科文组织

注：笔者自制。

第三节　外资来源国多元化与国家能力诸维度

承接上文对国家能力诸维度的理论分解和现实测量，本节将运用统计方法为书中的主要理论观点之一——外资来源国多元化程度的提高有助于发展中东道国提升国家能力——提供支持，挖掘该因素针对不同国家能力维度所呈现的效应。

一、描述性统计

在使用统计建模之前，可以使用描述性统计作出初步判断。我们将一国被讨论时间范围内的平均值视为该国的代表。表 4.3 展示了以外国直接投资多元化指数的平均值为界，国家能力诸维度的统计特征。可以看出，在外国直接投资多元化指数大于平均值的国家中，其各项变量的均值和中位数也大于那些外资多元化指数小于平均值的样本。并且 t 检验显示这种差异对每个变量都具有统计显著性。以中学入学率为例，在外资多元化大于平均值的 63 个国家中，其平均入学率为 67.45%；而在外资多元化小于平均值的 68 个国家中，平均入学率仅为 52.35%。换言之，我们可以初步推断，较大的外资多元化也伴随着更高的秩序提供、资源汲取和社会保护能力。

表 4.3　国家能力诸维度的统计特征

变量名称	FDIDI>均值	观测值	均值	标准差	最小值	中位数	最大值
军事人员	是	64	3.77	1.91	0	4.02	7.85
	否	70	2.04	1.86	0	1.82	7.01
军事支出	是	64	13.18	2.54	2.30	13.60	17.47
	否	69	8.97	4.75	0	10.65	15.12
税收动员	是	22	3.54	0.43	2.50	3.52	4.07
	否	52	3.34	0.52	2.00	3.50	4.36
统计能力	是	54	71.28	12.89	35.40	73.70	93.41
	否	65	55.73	12.92	23.78	55.87	85.11

变量名称	FDIDI >均值	观测值	均值	标准差	最小值	中位数	最大值
工业就业	是	63	18.59	6.43	4.48	18.93	33.76
	否	61	13.30	6.78	2.40	12.16	36.12
女性工业就业	是	63	13.22	7.61	0.91	12.19	35.30
	否	61	10.17	8.92	0.85	7.79	58.59
中学入学率	是	63	67.45	24.51	15.40	74.03	107.72
	否	68	52.32	29.47	5.93	45.04	110.54

注：笔者自制。

进一步地，我们从三个维度中各选取一个指标绘制其小提琴图（见图 4.1）。[48]此时不再将被讨论时间范围内的平均值视为一国的代表。小提琴图是箱型图的变化形式，可以视作箱型图与核密度图的结合。与箱型图只展示分位数位置不同，小提琴图展示了任意位置的密度。对于外资多元化指数大于平均值的样本，其军事支出、统计能力和工业就业的中位数高于多元化指数小于平均值的样本，并且 t 检验显示这种差异对每个变量都具有统计显著性。

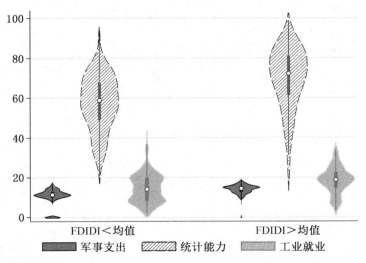

注：笔者自制。

图 4.1　外国直接投资多元化指数与国家能力诸维度小提琴图

二、计量模型与实证结果

在描述性统计的基础上，我们仍旧使用了广义估计方程（GEE）来估计外资多元化程度对各个维度国家能力的影响，并纳入了相应的控制变量以及地区和年份效应。表 4.4 和表 4.5 列出了相应的估计结果。其中模型（1）至模型（4）有关秩序提供能力；模型（5）至模型（8）有关资源汲取能力；模型（9）至模型（15）有关社会保护能力。模型显示，外国直接投资多元化指数与东道国的军事人员和军事支出呈显著正相关。并且外资多元化指数的增加伴随着一国税收动员效率和信息统计质量的提高。由于外国直接投资的跨国生产性质，外资多元化还有助于提升东道国的工业就业比例。并且相较于男性而言，外资结构多元化对女性工业就业比例的提升更为明显。此外，外资多样性的增加还可能促进了东道国的中学入学率，因为在以入学率为被解释变量的统计模型中，外资多元化程度在多数情况下具有统计显著性且系数为正。

基于纳入了控制变量的统计模型，图 4.2 直观的绘制了外国直接投资多元化指数在面对不同被解释变量时的估计系数及其 95％置信区间。[49]总体上看，外资结构的多元化有助于一国秩序提供、资源汲取和社会保护能力的发展，并且对前两者的作用更为明显。

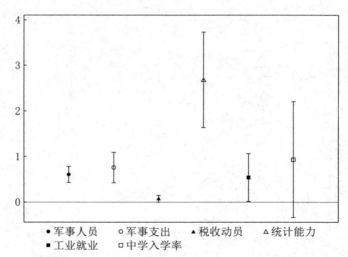

注：笔者自制。两端为 95％置信区间。

图 4.2　外国直接投资多元化指数估计系数

表 4.4　外国直接投资多元化指数与诸维度国家能力的广义估计方程结果（I）

	(1) 军事人员	(2) 军事人员	(3) 军事支出	(4) 军事支出	(5) 税收动员	(6) 税收动员	(7) 统计能力	(8) 统计能力
FDIDI	0.72*** (0.10)	0.61*** (0.09)	1.48*** (0.26)	0.76*** (0.17)	0.06+ (0.04)	0.08* (0.04)	4.29*** (0.48)	2.68*** (0.53)
民主程度		-0.07*** (0.02)		-0.08* (0.03)		0.01 (0.01)		0.38+ (0.21)
人均 GDP		-0.16 (0.12)		0.51*** (0.13)		-0.02 (0.10)		-0.82 (1.43)
经济增速		0.00 (0.01)		0.01 (0.02)		0.01 (0.01)		0.08 (0.17)
贸易占比		-0.01** (0.00)		-0.01* (0.00)		0.00** (0.00)		0.01 (0.03)
外资占比		-0.00+ (0.00)		-0.01** (0.00)		-0.00 (0.00)		-0.02 (0.02)
常数项	3.38*** (0.46)	6.94*** (0.81)	9.63*** (0.97)	10.40*** (0.97)	3.26*** (0.15)	2.79*** (0.66)	50.96*** (2.95)	60.40*** (9.15)
地区虚拟变量	是	是	是	是	是	是	是	是
年份虚拟变量	是	是	是	是	是	是	是	是

（续表）

	(1) 军事人员	(2) 军事人员	(3) 军事支出	(4) 军事支出	(5) 税收动员	(6) 税收动员	(7) 统计能力	(8) 统计能力
稳健标准差	是	是	是	是	是	是	是	是
国家数	133	104	133	103	74	60	120	100
Prob>chi²	0.000 0	0.000 0	0.000 0	0.000 0	0.000 0	0.229 4	0.000 0	0.000 0
N	2 445	1 894	2 346	1 845	950	733	1 737	1 379

注：括号外为系数，括号内为标准差。+$p<0.1$，*$p<0.05$，**$p<0.01$，***$p<0.001$。

表4.5 外国直接投资多元化指数与诸维度国家能力的广义估计方程结果（II）

	(9) 工业就业	(10) 工业就业	(11) 女性工业就业	(12) 中学入学率	(13) 中学入学率	(14) 中学入学率	(15) 中学入学率
FDIDI	0.88** (0.28)	0.54* (0.27)	0.61* (0.31)	2.19* (0.92)	3.01** (1.06)	0.93*** (0.24)	0.93 (0.65)
民主程度		0.16 (0.10)	0.23+ (0.13)		0.99** (0.37)	0.61*** (0.07)	0.61** (0.20)
人均GDP	2.17*** (0.52)		−0.08 (0.61)			13.93*** (0.40)	13.93*** (1.26)

（续表）

	（9）工业就业	（10）工业就业	（11）女性工业就业	（12）中学入学率	（13）中学入学率	（14）中学入学率	（15）中学入学率
经济增速		0.06+	0.07		−0.06	−0.05	−0.05
		(0.04)	(0.06)		(0.15)	(0.08)	(0.12)
贸易占比		0.03*	0.05***		0.16***	0.01	0.01
		(0.01)	(0.01)		(0.05)	(0.01)	(0.04)
外资占比		−0.01	−0.01+		−0.00	0.02*	0.02
		(0.01)	(0.01)		(0.03)	(0.01)	(0.02)
常数项	17.73***	−1.42	10.25*	51.37***	25.60***	−55.58***	−55.58***
	(1.62)	(3.97)	(4.78)	(5.03)	(6.19)	(3.98)	(9.69)
地区虚拟变量	是	是	是	是	是	是	是
年份虚拟变量	是	是	是	是	是	是	是
稳健标准差	是	是	是	是	是	否	是
国家数	124	109	109	131	105	105	105
Prob>chi²	0.000 0	0.000 0	0.000 0	0.000 0	0.000 0	0.000 0	0.000 0
N	3 099	2 517	2 517	2 042	1 633	1 633	1 633

注：括号外为系数，括号内为标准差。+ $p<0.1$，* $p<0.05$，** $p<0.01$，*** $p<0.001$。

　　通过将国家能力拆分为不同维度，我们进一步确认了外资结构的多元化有助于发展中东道国的国家能力建设。多元化的外资促进了一国对军事的投入，从而有助于提供秩序；提升了一国的税收动员效率和信息统计质量，从而有助于汲取资源；提高了国内的工业就业比例和中学入学率，从而体现了与社会的建设性互动。再一次地，这些经验证据增强了对论点的信心。接下来，我们将通过对埃塞俄比亚的案例研究着重从不同维度的国家能力讨论本书的另一个主要观点，即外国直接投资结构中的外资来源国类型会显著影响发展中东道国的国家能力建设。

注释

1. Theda Skocpol, "Bringing the State Back In: Strategies of Analysis in Current Research," in Peter B. Evans, Dietrich Rueschemeyer, and Theda Skocpol, eds., *Bringing the State Back In*, New York: Cambridge University Press, 1985, pp.15—16.斜体强调为原文所加。

2. [美]乔尔·S.米格代尔：《强社会与弱国家：第三世界的国家社会关系及国家能力》，张长东等译，南京：江苏人民出版社 2012 年版，中译版序言，第 3 页。

3. Timothy Frye and Andrei Shleifer, "The Invisible Hand and the Grabbing Hand," *American Economic Review*, Vol.87, No.2, 1997, pp.354—358. 关于国家能力与经济增长，参见 Peter Evans, *Embedded Autonomy: States and Industrial Transformation*, Princeton: Princeton University Press, 1995; Jonathan K. Hanson, "Forging then Taming Leviathan: State Capacity, Constraints on Rulers, and Development," *International Studies Quarterly*, Vol.58, No.2, 2014, pp.380—392; Mark Dincecco and Gabriel Katz, "State Capacity and Long Run Economic Performance," *The Economic Journal*, Vol.126, No.590, 2014, pp.189—218; Daron Acemoglu, Camilo Garcia-Jimeno, and James A. Robinson, "State Capacity and Economic Development: A Network Approach," *American Economic Review*, Vol.105, No.8, 2015, pp.2364—2409。

4. [美]道格拉斯·C.诺思：《经济史中的结构与变迁》，陈郁、罗华平等译，上海三联书店、上海人民出版社 1994 年版，第 17、20 页。

5. [美]道格拉斯·C.诺思、约翰·约瑟夫·瓦利斯、巴里·R.温格斯特：《暴力与社会秩序：诠释有文字记载的人类历史的一个概念性框架》，杭行、王亮译，上海：格致出版社、上海三联书店、上海人民出版社 2017 年版。

6. [美]查尔斯·蒂利：《民主》，魏洪钟译，上海：上海人民出版社 2009 年版，第 15 页。关于国家能力和民主两者的区分，亦可参见王绍光：《安邦之道：国家转型的目标与途径》，北京：生活·读书·新知三联书店 2007 年版，第 3—32 页。

7. [美]查尔斯·蒂利：《民主》，第 14—22 页。Jonathan K. Hanson, "State Capacity and the Resilience of Electoral Authoritarianism: Conceptualizing and Measuring the Institutional Underpinnings of Autocratic Power," *International Political Science Review*, Vol.39, No.1, 2018, p.19.

8. Adam Przeworski and Fernando Limongi, "Political Regimes and Economic Growth," *Journal of Economic Perspectives*, Vol.7, No.3, 1993, p.52.

9. 关于麦迪逊难题的提法，参见 D. Roderick Kiewiet and Mathew D. McCubbins, *The Logic of Delegation*, Chicago: University of Chicago Press, 1991, p.26. 其他提法还包括"吉尔伽美什问题"（the Gilgamesh Problem），从吉尔伽美什和恩奇都（Enkidu）背后的隐喻可得出类

似看法。参见 Daron Acemoglu and James A. Robinson, *The Narrow Corridor*：*States*，*Societies*，*and the Fate of Liberty*，New York：Penguin Press, 2019, preface。

10. James Madison, "The Federalist, 51," in Alexander Hamilton, James Madison, and John Jay, *The Federalist Papers*, New York：Oxford University Press, 2008[1788], p.257. 起初该篇作者身份存疑, 现在普遍认为是詹姆斯·麦迪逊所著。关于作者身份的统计推断, 可参见 Frederick Mosteller and David L. Wallace, "Inference in an Authorship Problem," *Journal of the American Statistical Association*, Vol.58, No.302, 1963, pp.275—309; Frederick Mosteller, "A Statistical Study of the Writing Styles of the Authors of 'The Federalist' Papers," *Proceedings of the American Philosophical Society*, Vol.131, No.2, 1987, pp.132—140。

11. Timothy Besley and Torsten Persson, *Pillars of Prosperity*：*The Political Economics of Development Clusters*, Princeton：Princeton University Press, 2011, pp.6—7。

12. Daron Acemoglu and James A. Robinson, *Why Nations Fail*：*The Origins of Power*, *Prosperity*, *and Poverty*, New York：Crown Business, 2012, pp.79—81. Daron Acemoglu and James A. Robinson, *The Narrow Corridor*：*States*, *Societies*, *and the Fate of Liberty*, New York：Penguin Press, 2019. 阿西莫格鲁在之前的研究中曾描述过一种"两厢情愿的强大国家"(consensually-strong state)亦呼应了麦迪逊难题, 参见 Daron Acemoglu, "Politics and Economics in Weak and Strong States," *Journal of Monetary Economics*, Vol.52, No.7, 2005, pp.1199—1226。

13. 例如福山与其合作者对东亚和拉美的考察发现, 国家的范围远不如国家的力量对政府治理水平具有解释力。Francis Fukuyama, "The Imperative of State-Building," *Journal of Democracy*, Vol.15, No.2, 2004, p.28. Francis Fukuyama and Sanjay Marwah, "Comparing East Asia and Latin America：Dimensions of Development," *Journal of Democracy*, Vol.11, No.4, 2000, pp.80—94.[美]弗朗西斯·福山：《国家构建：21世纪的国家治理与世界秩序》,郭华、孟凡礼译,上海：学林出版社 2017 年版, 第18—32 页。类似地, 卢坎·韦(Lucan A. Way)和斯蒂芬·列维茨基(Steven Levitsky)将国家能力分为凝聚力(cohesion)和范围(scope)。凝聚力指的是国家机器内部的服从程度;范围则指国家机器跨地区和深入社会的有效性。参见 Lucan A. Way and Steven Levitsky, "The Dynamics of Autocratic Coercion after the Cold War," *Communist and Post-Communist Studies*, Vol.39, No.3, 2006, pp.387—410。

14. Jonathan K. Hanson, "Forging then Taming Leviathan：State Capacity, Constraints on Rulers, and Development," *International Studies Quarterly*, Vol.58, No.2, 2014, pp.380—392.

15. Mark Dincecco, "The Rise of Effective States in Europe," *Journal of Economic History*, Vol.75, No.3, 2015, pp.901—918. Mark Dincecco, *State Capacity and Economic Development*：*Present and Past*, New York：Cambridge University Press, 2018. Mark Dincecco, *Political Transformations and Public Finances*：*Europe*, *1650—1913*, New York：Cambridge University Press, 2011.

16. Thomas M. Callaghy, "The State and the Development of Capitalism in Africa：Theoretical, Historical, and Comparative Reflections," in Donald Rothchild and Naomi Chazan, eds., *The Precarious Balance*：*State-Society Relations in Africa*, Boulder：Westview Press, 1988, pp.67—99.

17. 感谢戴维·莱克(David A. Lake)对此观点的贡献。

18. [美]塞缪尔·P. 亨廷顿：《变化社会中的政治秩序》,王冠华、刘为等译,上海：上海世纪出版集团 2008 年版, 第6 页。

19. 张静：《社会冲突的结构性来源》,北京：社会科学文献出版社 2012 年版, 第50 页。张静：《国家政权建设与乡村自治单位——问题与回顾》,载《开放时代》2001 年第9 期, 第5—13 页。

20. Barry R. Weingast, "The Economic Role of Political Institutions：Market-Preserving

Federalism and Economic Development," *Journal of Law*, *Economics*, & *Organization*, Vol.11, No.1, 1995, p.24. 罗伯特·贝茨也持类似的观点。参见 Robert H. Bates, *The Development Dilemma*: *Security*, *Prosperity*, *and a Return to History*, Princeton: Princeton University Press, 2017。

21. 关于这种分类下的讨论,可参见 Erik H. Wang and Yiqing Xu, "Awakening Leviathan: The Effect of Democracy on State Capacity," *Research and Politics*, Vol.5, No.2, 2018, pp.1—7; Luciana Cingolani, Kaj Thomsson, and Denis de Crombrugghe, "Minding Weber More Than Ever? The Impacts of State Capacity and Bureaucratic Autonomy on Development Goals," *World Development*, Vol.72, 2015, pp.197—207; David Andersen, Jørgen Møller, and Svend-Erik Skaaning, "The State-Democracy Nexus: Conceptual Distinctions, Theoretical Perspectives, and Comparative Approaches," *Democratization*, Vol.21, No.7, 2014. pp.1203—1220; Jonathan K. Hanson, "State Capacity and the Resilience of Electoral Authoritarianism: Conceptualizing and Measuring the Institutional Underpinnings of Autocratic Power," *International Political Science Review*, Vol.39, No.1, 2018, pp.17—32; 刘瑜:《民主化后国家能力的变化——对"第三波"民主化国家/地区的类型学分析(1974—2014)》,载《学海》2016 年第 2 期,第 153—166 页。

22. Timothy Besley and Torsten Persson, "The Causes and Consequences of Development Clusters: State Capacity, Peace, and Income," *Annual Review of Economics*, Vol.6, No.1, 2014, pp.927—949.

23. 杨光斌:《"国家治理体系和治理能力现代化"的世界政治意义》,载《政治学研究》2014 年第 2 期,第 3—6 页。

24. 采用这种分类法的代表作包括 J. P. Nettl, "The State as a Conceptual Variable," *World Politics*, Vol.20, No.4, 1968, pp.559—592; Stephen D. Krasner, *Defending the National Interest*: *Raw Materials Investments and U.S. Foreign Policy*, Princeton: Princeton University Press, 1978; Daron Acemoglu, "Politics and Economics in Weak and Strong States," *Journal of Monetary Economics*, Vol.52, No.7, 2005, pp.1199—1226;［美］乔尔·S.米格代尔:《强社会与弱国家:第三世界的国家社会关系及国家能力》;［美］弗朗西斯·福山:《国家构建:21 世纪的国家治理与世界秩序》。

25. Stephen D. Krasner, *Defending the National Interest*: *Raw Materials Investments and U.S. Foreign Policy*, Princeton: Princeton University Press, 1978, p.56.

26. Ibid., pp.56—57.

27. Peter B. Evans, Dietrich Rueschemeyer, and Theda Skocpol, "On the Road toward a More Adequate Understanding of the Statae," in Peter B. Evans, Dietrich Rueschemeyer, and Theda Skocpol, eds., *Bringing the State Back In*, New York: Cambridge University Press, 1985, pp.351—352.

28. Timothy Besley and Torsten Persson, *Pillars of Prosperity*: *The Political Economics of Development Clusters*, Princeton: Princeton University Press, 2011.

29. Miguel A. Centeno, Atual Kholi, and Deborah J. Yashar, eds., *States in the Developing World*, New York: Cambridge University Press, 2017.

30. Philip T. Hoffman, "What Do States Do? Politics and Economic History," *Journal of Economic History*, Vol.75, No.2, 2015, p.307.

31. Robert H. Bates, *The Development Dilemma*: *Security*, *Prosperity*, *and a Return to History*, Princeton: Princeton University Press, 2017, p.11.

32. Michael Albertus and Victor Menaldo, "Coercive Capacity and the Prospects for Democratization," *Comparative Politics*, Vol.44, No.2, 2012, pp.151—169.

33. ［美］玛格利特·利瓦伊：《统治与岁入》，周军华译，上海：格致出版社、上海人民出版社 2010 年版。

34. Joseph A. Schumpeter, *The Economics and Sociology of Capitalism*, Princeton：Princeton University Press, 1991, pp.99—139.新财政史学派考察了财政税收与近代欧洲国家形态的关系，理查德·邦尼（Richard Bonney）等将罗马帝国以来的财政体系与国家形态分为贡赋国家（tribute state）、领地国家（domain state）、税收国家（tax state）和财政国家（fiscal state）。参见［美］理查德·邦尼主编：《经济系统与国家财政：现代欧洲财政国家的起源：13—18 世纪》，沈国华译，上海：上海财经大学出版社 2018 年版；［美］理查德·邦尼主编：《欧洲财政国家的兴起：1200—1815 年》，沈国华译，上海：上海财经大学出版社 2016 年版。

35. Henri Lepage, *Tomorrow*, *Capitalism*：*The Economics of Economic Freedom*, La Salle：Open Court, 1982, p.82.

36. Timothy Besley and Torsten Persson, "Why Do Developing Countries Tax So Little?" *Journal of Economic Perspectives*, Vol.28, No.4, 2014, pp.99—120.

37. ［美］米克·摩尔：《强制与契约：对于税收与国家治理的两种竞争性诠释》，载［美］黛博拉·布罗蒂加姆、奥德-黑尔格·菲耶尔斯塔德、米克·摩尔主编：《发展中国家的税收与国家构建》，卢军坪、毛道根译，上海：上海财经大学出版社 2016 年版，第 32—57 页。

38. 张长东：《税收与国家建构：发展中国家政治发展的一个研究视角》，载《经济社会体制比较》2011 年第 3 期，第 195—201 页。

39. Charles Tilly, "War Making and State Making as Organized Crime," in Peter B. Evans, Dietrich Rueschemeyer, and Theda Skocpol, eds., *Bringing the State Back In*, New York：Cambridge University Press, 1985, pp.169—191.

40. ［美］道格拉斯·C. 诺思：《经济史中的结构与变迁》，第 23—24 页。对这种交换和取舍的讨论，亦可参见蔡昉：《创造与保护：为什么需要更多的再分配》，载《世界经济与政治》2020 年第 1 期，第 5—21 页。

41. J. David Singer, Stuart Bremer, and John Stuckey, "Capability Distribution, Uncertainty, and Major Power War, 1820—1965," in Bruce Russett, ed., *Peace*, *War*, *and Numbers*, Beverly Hills：Sage, 1972, pp.19—48. J. David Singer, "Reconstructing the Correlates of War Dataset on Material Capabilities of States, 1816—1985," *International Interactions*, Vol.14, No.2, 1987, pp.115—132.关于其最新版本，可参见 https://correlatesofwar.org/data-sets/national-material-capabilities（访问时间：2020 年 1 月 15 日）。

42. Hillel David Soifer, "State Power and the Economic Origins of Democracy," *Studies in Comparative International Development*, Vol.48, No.1, 2013, pp.1—22. Melissa M. Lee and Nan Zhang, "Legibility and the Informational Foundations of State Capacity," *Journal of Politics*, Vol.79, No.1, 2017, pp.118—132.

43. 参见 worldbank.org/ida（访问时间：2022 年 1 月 15 日）。

44. 参见 bbsc.worldbank.org（访问时间：2022 年 1 月 15 日）。

45. 参见 https://ilostat.ilo.org/（访问时间：2020 年 1 月 15 日）。

46. 参见 http://uis.unesco.org/（访问时间：2020 年 1 月 15 日）。

47. Agustina S. Paglayan, "The Non-Democratic Roots of Mass Education：Evidence from 200 Years," *American Political Science Review*, 2021, Vol.115, No.1, pp.179—198. Agustina S. Paglayan, "Education or Indoctrination? The Violent Origins of Public School Systems in an Era of State-Building," *American Political Science Review*, forthcoming.

48. Jerry L. Hintze and Ray D. Nelson, "Violin Plots：A Box Plot-Density Trace Synergism," *The American Statistician*, Vol.52, No.2, 1998, pp.181—184.

49. 分别对应表 4.4 与表 4.5 中的模型（2）、模型（4）、模型（6）、模型（8）、模型（10）和模型（15）。

第五章

外资来源国类型与埃塞俄比亚国家能力建设

中国对埃塞俄比亚的兴趣简直是天赐良机。……中国企业家可以通过投入资本和引进易于适应的技术，从而在埃塞俄比亚的建设、基础设施和自然资源开发等领域扮演主角。[1]

——梅莱斯·泽纳维

中国资本是一种与众不同的资本吗？这是具有全球意义的重大问题。[2]

——李静君

在开展跨国统计检验后，本章将进一步通过对埃塞俄比亚案例的剖析来讨论不同外资来源国对东道国国家能力建设的影响。之所以选择埃塞俄比亚作为分析对象，一方面是由于其外国直接投资结构中的来源国类型发生过较大转变，从以西方七国集团资本为主变化为以中国资本为主。故对埃塞俄比亚不同时期的比较构成了一组相异案例选择（diverse case selection），其中我们所关注的核心变量分别处于较低值和较高值。[3]另一方面，埃塞俄比亚可以作为验证我们理论的最不可能案例（least-likely case）。[4]首先，在发展中经济体中，无论在外资存量占 GDP 的比值还是人均外资存量上，埃塞俄比亚均属于数值较低的一类。[5]外国资本对其国内政治的影响应该相对难以观察。其次，埃塞俄比亚的外国直接投资多元化指数较低，平均值为 1.8，故其在理论上较难利用外国直接投资提升国家能力。最后，埃塞俄比亚是联合国于 1971 年认定的第一批最不发达国家（LDCs）且目前仍在名单之中。[6]根据理论推论，最不发达国家在面对外国投资者时议价能力应相对较低，外资多元化程度对国家能力产生正边际效应的条件更为苛刻。综上，埃塞俄比亚的国家能力受外国直接投资的影响比较难以观察，并且即便有影响，由于其较低的外资多元化指数以及作为最不发达国家的经济发展阶段，这种影响也很难是正面的。本章则希望展示，中国资本的进入依然对埃塞俄比亚的国家能力建设产生了诸多积极效果，从而为我们的理论在相当不利的情况下依然能发挥作用提供经验证据。

第一节　开放经济下的埃塞俄比亚国家能力

埃塞俄比亚是位于非洲之角的联邦制国家，也是目前世界上人口最多的内陆国家，6 个邻国包括厄立特里亚、吉布提、索马里、肯尼亚、苏丹和南苏丹。[7] 在开放经济条件下，国际贸易、外国援助和外国直接投资等因素在埃塞俄比亚国民经济中具有重要地位。本节概述了现代埃塞俄比亚国家的形成过程以及埃塞俄比亚对经济全球化的参与，并在此基础上探寻如何解释埃塞俄比亚国家能力的来源。

一、封建君主国到联邦民主共和国

作为非洲大陆上的文明古国，埃塞俄比亚有 3 000 年以上的历史，并且是世界上历史最悠久的延续性国家组织之一。不过，埃塞俄比亚在当代的国家边界直到 19 世纪末 20 世纪初才在与欧洲殖民列强的协议中被正式确定下来。[8] 1885 年柏林会议结束后，欧洲列强加速了对非洲的瓜分，埃塞俄比亚的前身阿比西尼亚帝国是此轮瓜分中撒哈拉以南非洲地区唯一成功击败殖民者并维持其君主制传统的非洲国家。1889 年，孟尼利克二世(Menelek II)称帝，统一全国，建都亚的斯亚贝巴。在扩张版图的过程中，埃塞俄比亚的封建土地制度最终形成。历史学家理查德·格林菲尔德(Richard Greenfield)指出，"当代埃塞俄比亚的版图、政府和存在的问题，在很大程度上是孟尼利克二世创造的"[9]。1913 年孟尼利克二世去世后，其指定的继承人遭到废黜；1916 年政变后其女佐迪图(Zewditu)被立为女皇，立塔法里·马康南(Tafari Makonen)为摄政王和皇位继承人。

1928 年，摄政王塔法里·马康南发动了一场不流血的宫廷政变，获得佐迪图女皇授予的国王称号，并实际掌控了管理国家的权力。塔法里在女皇 1930 年去世后的 11 月正式加冕为皇帝，帝号海尔·塞拉西一世(Haile Selassie I)。海尔·塞拉西一世为将埃塞俄比亚改造成现代君主立宪制国家进行了一系列改革，推进了中央集权。[10] 1930 年颁布第一部刑法典；1931 年颁布埃塞历史上第一部宪法，确立了议会制，设立参议院和众议院。同年在英、法、德等国金融机构的帮助下成立埃塞俄比亚第一家银行，发行埃塞俄比亚货币。实施宽松的农业政策，鼓励商品经济发展和国内统一市场的形成。改革税制、兵役制并发展教育事业。在改革中推行"模范省计划"作为样板供其他省份学习。然而，1935 年 10 月意大利法西斯政权对埃塞俄比亚的侵略中断了改革。意大利军队于次年 5 月占领了亚的斯亚贝巴，海尔·塞拉西一世流亡海外。[11] 1936 年 6 月，意大利颁布的新宪法将埃塞俄比亚、厄立特里亚和意属索马里合并为单一殖民地。流亡期间，海尔·塞拉西一世在欧洲继续坚持反对意大利法西斯的斗争。第二次世界大战的爆发以及 1940 年 6 月意大利向英、法等国宣战扭转了局势，海尔·塞拉西一世最终在盟军配合下于 1941 年 5 月回到亚的斯亚贝巴并于 1942 年复国。

　　第二次世界大战结束后的埃塞俄比亚矛盾重重，作为保守势力的封建统治集团及埃塞俄比亚正教会希望恢复其特权，而经过战争的年轻一代，特别是接受西方教育的人则期待改革本国的封建制度，将埃塞俄比亚建设成为一个现代国家。虽然受到诸多抵制，但海尔·塞拉西一世在复国后仍针对行政区划、税收体制和教会等领域继续开展了一些改革，使埃塞俄比亚具备了现代国家的雏形。与此同时，海尔·塞拉西一世在外交上倒向美国、参加朝鲜战争，在国内则加强皇权专制，颁布了 1955 年宪法，强调皇权的神圣性。种种举措既招致保守势力的不满，也不符合具有现代意识的埃塞俄比亚人的期待。1960 年 12 月，皇家军队司令趁皇帝访问巴西时发动政变，随即失败。1962 年 11 月，埃塞俄比亚结束了与厄立特里亚结成的联邦关系[12]，将后者兼并为埃塞俄比亚的第 14 个省，从而开启了厄立特里亚持续 30 余年的争取独立的武装斗争。埃塞俄比亚国内的土地问题和税收问题严重阻碍了经济发展，应对厄立特里亚的独立运动同样代价高昂。20 世纪 60 年代经济的严重恶化加重了民怨，而皇帝愈加严厉且残酷的独裁统治，加上 1972 年至 1974 年旱灾处理不当导致的人道主义危机最终引发了兵变和人民起义，埃塞俄比亚结束了它的帝制时代。

　　1974 年废黜帝制后，接管政权的是社会主义埃塞俄比亚临时军事管理委员会（Provisional Military Administrative Council，PMAC）——通称德尔格。[13]与其说德尔格政府中掌权的是社会主义式的先锋队政党,很多学者更愿意将德尔格时期的埃塞俄比亚视为军事寡头统治阶级治下的国家。[14]1975年2月,德尔格对101家主要公司实施国有化。[15]是年3月,所有农村土地被国有化,封建贵族及其合作者最重要的权力基础被一举消灭。8月又发布公告要求将大多数城市财产收归国有。到20世纪70年代末,准社会主义经济的总体轮廓已经确立。所有土地、额外住房和大中型私营企业(包括外国企业)都被无偿收归国有。[16]推行上述政策的实权人物是1977年在高层权力斗争中最终获胜的门格斯图·海尔·马里亚姆(Mengistu Haile Mariam)。这些政策削弱了那些拥有土地和出租房屋获取收益的社会阶层的权力和财富,而由于有效摧毁了长久奴役农民的封建制度,农民成为土地国有化的主要受益者。[17]不过,具有社会主义倾向的德尔格政权在起初仍与美国保持了良好关系,美国向军政权提供了重要的军事和经济援助。1977年埃塞俄比亚和索马里之间爆发的欧加登战争则改变了德尔格政权的外交政策,使其成为苏联的亲密盟友。[18]1979年12月,门格斯图本人作为主席,成立了以军人为主的"埃塞俄比亚劳动人民党组织委员会",推行一党制。1984年9月,埃塞俄比亚工人党举行成立大会,选举产生中央委员会及由11人组成的政治局,门格斯图当选为中央委员会总书记。1987年新宪法在全民公决中获得支持,该年9月正式成立埃塞俄比亚人民民主共和国,门格斯图当选为总统,临时军事管理委员会被废除。然而,门格斯图统治下的人民民主共和国却分外专制,埃塞俄比亚于1988年3月进入全面内战状态。村落化(villagization)的集体村庄计划并没有缓解国内灾害的压力,反而加重了饥馑后果,加之苏联在戈尔巴乔夫执政后实施的"改革与新思维"政策进一步削减了对门格斯图政权的援助,使后者更加摇摇欲坠。1988年5月,由提格雷人民解放阵线(Tigray People's Liberation Front,TPLF)主导的埃塞俄比亚人民革命民主阵线(The Ethiopian People's Revolutionary Democratic Front,EPRDF,以下简称埃革阵)[19]作为反对门格斯图政权的政治军事联盟成立,并最终在1991年5月攻占亚的斯亚贝巴,德尔格政权结束,门格斯图流亡津巴布韦。

埃革阵于1991年7月召开全国会议,成立了以埃革阵主席梅莱斯·泽纳维(Meles Zenawi)任总统的过渡政府。1995年5月举行了首次全国大选，埃革阵取得压倒性胜利。是年 8 月，埃塞俄比亚联邦民主共和国正式成立，梅莱斯当选总理。埃革阵在 2000 年、2005 年和 2010 年举行的三次大选中均获胜，梅莱斯亦连续当选总理直至 2012 年去世。1991 年至2012 年也被视为埃塞俄比亚当代史的"梅莱斯时代"。梅莱斯提出的"革命民主"思想和"民主发展型国家"理论对埃塞俄比亚所选择的道路具有深远影响。[20] 2012 年 9 月，埃革阵选举副总理兼外交部长海尔马里亚姆·德萨莱尼（Hailemariam Desalegn）为党主席，同月埃塞俄比亚议会批准海尔马里亚姆出任总理，顺利实现了权力交接，保持了政局稳定。2018 年 2月，海尔马里亚姆选择辞去总理职务。埃塞俄比亚政府在次日宣布进入全国紧急状态。该年 4 月埃塞俄比亚议会人民代表院任命埃革阵新任主席阿比·艾哈迈德·阿里（Abiy Ahmed Ali）为总理，埃塞政权实现平稳交接。阿比执政后，推进国企私有化、释放大批反对派政治人物和媒体异议人士，并且与厄立特里亚签署了历史性和平协议。

简言之，近代埃塞俄比亚经历了从封建帝制到军政府统治再到联邦民主共和国的演变过程。1991 年议会制实行以来，埃革阵改革了国家，建立了地区和次区域的民族组织。在许多低地地区，这些改革意味着在偏远地区建立国家机构，并首次将少数民族纳入国家结构。[21] 在经济上，埃革阵也将德尔格政权时期的指令性的经济模式转型成了市场导向的经济体制，并且在经济全球化中寻求发展机会。

二、经济全球化中的埃塞俄比亚

跨国经济活动的开展离不开特定的区位条件。非洲之角连接着红海、地中海和印度洋，处于非洲、中东和南亚的十字路口，地理位置独特且重要，而埃塞俄比亚就位于非洲之角的中心，其首都亚的斯亚贝巴是非盟（African Union，AU）和联合国非洲经济委员会（Economic Commission for Africa，ECA）的总部所在地。埃塞俄比亚的古代文明阿克苏姆帝国（Kingdom of Axsum）便与印度、欧洲和中国发生了频繁的贸易往来，包括象牙和丝绸。[22] 在 1974 年至 1991 年德尔格政权时期，埃塞俄比亚的国家与社会主要受国内因素的影响，跨国经济的影响被隔绝了。这很大程度上是因为德尔格政权并不青睐外国直接投资，对外国企业的无偿征收行为亦极大削弱了其对外国投资者的吸引力。尽管德尔格政权晚期试图对市场做出一些重大让步,不过此时的德尔格已经失去了埃塞俄比亚主要社会力量的支持。[23]埃革阵上台后,埃塞俄比亚的意识形态和经济发展思路发生转变,在国家主导之下采取了一系列融入经济全球化的改革措施。

20 世纪 90 年代末,埃塞俄比亚从之前的革命民主转向了发展型国家建设,进一步开放经济,促进对外贸易和吸引外国投资。在对外贸易领域,主要改革包括取消国营贸易公司对外贸的垄断、货币贬值以促进出口、降低海关关税、指定"出口发展战略"并成立国家出口促进署。这些措施取得了一定成效。20 世纪 90 年代初,埃塞俄比亚年出口额仅为 1.5 亿美元,到 90 年代中期增值每年约 5 亿美元,2013/2014 年度货物出口额增至 33 亿美元,随后有所回落。相比出口增长,进口数据的增长数量更为显著,从 90 年代初约 10 亿美元增至 90 年代末 14 亿美元,2013/2014 年度达到 137 亿美元。贸易赤字总体呈上升趋势,主要靠外国援助和外国直接投资弥补。[24]总体来说,埃塞俄比亚的贸易依存度并不高,货物和服务出口占 GDP 的比在 2015 年跌破 10％,进口占 GDP 的比也同样在 2011 年后呈下降趋势。目前,中国是埃塞俄比亚的第一大贸易伙伴。埃塞俄比亚是中国产品、设备和技术在非洲的主要市场。

在外国投资领域,与德尔格政权不同,埃革阵向外国资本开放了本国市场,将吸引外资作为其经济发展战略的重要组成部分。[25]现行宪法规定国家依法保护私有财产,并与中国、德国、英国、马来西亚、土耳其等国签署过 35 份双边投资协定。[26]在外国直接投资领域,埃塞俄比亚成长迅速,表 5.1 列出了 1992 年至 2018 年埃塞俄比亚外国直接投资流量和存量的一些数据。与 1992 年相比,埃塞俄比亚 2018 年的外资流量增加了 1.9 万余倍;外资存量则增加了近 170 倍。埃塞俄比亚已成为撒哈拉以南非洲地区最主要的投资目的地之一。

表 5.1　埃塞俄比亚外国直接投资流量与存量额

年份	1992	2000	2005	2010	2015	2018
FDI 流量	0.17	134.6	265.1	288.3	2 626.5	3 310.3
FDI 存量	130.6	941.1	2 820.8	4 206.3	10 936.8	22 253.2

注:笔者自制。数据取自 UNCTAD 外国直接投资数据库,单位为百万美元。

图 5.1 进一步展示了埃塞俄比亚人均外资存量和外资存量占 GDP 的

比随年份的变化情况。20世纪90年代，外国直接投资占埃塞俄比亚GDP
的百分比仅为3.8%，进入21世纪后，这一平均值达到了18.7%。人均外
资存量的增幅更是明显，从1992年的2.5美元，增加到2000年至2009年
期间的33.1美元，再到2010年至2018年的平均105美元。考虑到埃塞
俄比亚在这段时间内人口增长了5 780万，人均外资存量的提升显得更加
引人注目。2018年阿比上台后，大规模推进国企私有化进程，史无前例地
允许国内外投资者购买此前长期由国有资本垄断的埃塞电信、埃塞航空、
埃塞电力和埃塞航运和物流公司的股权。此外，埃塞俄比亚政府将允许
铁路、糖业、工业园、酒店及其他国有制造业企业完全或部分私有化。[27]上
述政策将进一步增强埃塞俄比亚对外资的吸引力。目前，中国已成为埃
塞俄比亚最大的外国直接投资来源国。埃塞俄比亚政府主导的8座在建
工业园全部由中资企业承建。

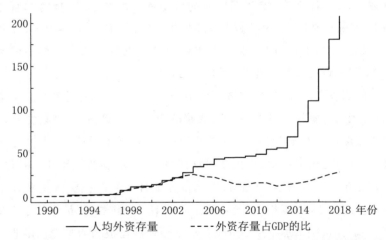

注：笔者自制。数据取自UNCTAD外国直接投资数据库，人均外资存量单位
为美元；外资存量占GDP的比单位为"%"。前者覆盖范围为1992年至2018年，
后者覆盖范围为1989年至2018年。

图5.1　埃塞俄比亚人均外资存量、外资存量占GDP的比变化图

三、埃塞俄比亚国家能力的来源

埃塞俄比亚有"非洲屋脊"和"东非水塔"之称。从要素禀赋来看，其
劳动力资源丰富。2018年人口为1.1亿，是非洲人口第二大国（次于尼日
利亚）。其中15岁至64岁工作年龄人口占到55.7%。在三大产业中，农

业是埃塞俄比亚国民经济和出口创汇的支柱产业。20 世纪 90 年代,农村人口占比在 85% 以上,尽管这一数字不断下降,2018 年埃塞俄比亚的农村人口依然占到总人口的 79.2%,而城市人口占 20.8%。农村人口主要从事种植和畜牧业。众多人口使得埃塞俄比亚的土地资源相对紧张,人口密度达到每平方公里 109 人,远高于世界平均水平。自然资源较丰富,目前森林覆盖率为 9%,水资源丰富,清洁水源覆盖率超过 60%,但水资源利用率仅为 5%。石油资源较少,石油租金占 GDP 的比为 0,是石油净进口国;矿产资源开发亦尚待起步,2012 年以来矿石和金属出口占商品出口的比值不足 1%。[28] 图 5.2 描绘了埃塞俄比亚的产业结构。在一段时期内,埃塞俄比亚的国民经济主要由农业和服务业构成,制造业相对薄弱,但后者在 2015 年后有了明显提高。埃塞俄比亚的经济增速同样令人印象深刻,2004 年以来,其 GDP 年度平均增速为 10.4%,超过了相当部分的新兴经济体。高投资率在埃塞俄比亚的经济增长中扮演了关键角色。根据可得数据,自 2011 年来,埃塞俄比亚资本形成总额占 GDP 的比未曾低于 32.1%,甚至在 2015 年达到 40.7%。[29]

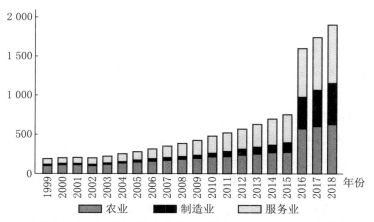

注:笔者自制。数据来源为埃塞俄比亚国家银行。纵坐标单位是十亿埃塞俄比亚比尔(Ethiopian Birr)。

图 5.2　埃塞俄比亚 GDP 中三大产业的构成

取得上述经济发展和结构转型的成就离不开埃塞俄比亚的国家能力建设。同时,我们也不难推测埃塞俄比亚在参与经济全球化过程中外国直接投资对其经济产生的积极影响。那么,外国直接投资是否会对埃塞俄比亚的国家能力产生影响便是值得讨论的问题。随着中国在埃塞俄比亚外资结构中的重要性上升，这是否影响了东道国的国家建设尤其需要研究。

在此问题上，既有研究多强调非洲国家本身的族群问题和权力安排导致了国家建设的失败。[30]当然，也有研究将非洲国家能力的落后归因于外部因素，如西方殖民统治、奴隶贸易、中心—外围结构等。[31]萨义德·阿德朱莫比（Saheed A. Adejumobi）对埃塞俄比亚历史的讨论中便体现了类似观点：

> 全球化第二次浪潮的基本特点造成了埃塞俄比亚现代化的失败，这种状况的出现主要是由于外国经济侵入非洲之角区域，其中包括在资源和市场驱动下欧洲列强的扩张，与他们的扩张活动相伴的地缘政治和宗教扩张主义等。[32]

由于国内资本极度缺乏，包括埃塞俄比亚在内的许多撒哈拉以南非洲地区的国家在面对跨国资本时往往显得更为脆弱。埃塞俄比亚外交官范塔洪（Fantahun H. Michael）大使在讨论针对非洲的援助问题时曾指出：

> 为了得到经济方面的救助，非洲大陆频繁曝光在外部援助和国际金融机构的面前，独立自主的外交地位被不断削弱。……在经济事务中逐渐丧失的控制权，使得非洲本已脆弱的自主权利受到更大的威胁。……在以援助为核心的外交政策导向中，显而易见的事实是非洲的自主权利已经向债权国倾斜。[33]

这一逻辑在某种程度上无疑也适用于描述非洲国家在面对外国投资者时的情况。随着中国企业越来越多地踏上非洲土地，[34]研究者和实务家也开始关心中国资本会对非洲的国家建设产生何种影响。

一些西方媒体甚至是当地媒体选择将中国在非洲的投资视为"新殖民主义"，认为其在当地购入土地、开采石油和其他矿藏甚至剥削当地劳工和扶植独裁统治。但严肃的学术分析未能发现这方面的证据。[35]在埃塞俄比亚的案例中，石油等自然资源因素并不是中国投资者大幅增加投资的主要考虑。[36]并且中国投资者的劳工实践也与其他西方跨国公司无明显差异。[37]但既有研究都未能说明中国投资者影响埃塞俄比亚国家建设的具体理论机制。

观察可知，大概以2003年为界，埃塞俄比亚的国家能力进入了一个总体上升阶段(见表 5.2)。[38]根据汉森和西格曼数据库,撒哈拉以南非洲国家在 1989 年至 2002 年的整体国家能力平均为－0.73,而埃塞俄比亚则低于该平均值。2003 年至 2009 年,撒哈拉以南非洲地区的整体国家能力出现下滑,降至－0.90,而埃塞俄比亚则升至－0.76,高于该平均值。尽管仍低于发展中世界的平均国家能力,但埃塞俄比亚在此时段内国家能力的提升是明显且重要的。作为整体国家能力的代理变量,新生儿死亡率的相关数据也呈现出相似的特征。埃塞俄比亚的新生儿死亡率在 2003 年至 2018 年阶段较之 1989 年至 2002 年阶段减少了 17.05‰,而整个撒哈拉以南非洲地区则仅减少了 9.74‰。

表 5.2　埃塞俄比亚与撒哈拉以南非洲国家能力

年份范围	整体国家能力			新生儿死亡率(‰)		
	1989— 2009	1989— 2002	2003— 2009	1989— 2018	1989— 2002	2003— 2018
撒哈拉以南非洲	－0.79	－0.73	－0.90	34.48	39.67	29.93
埃塞俄比亚	－0.85	－0.89	－0.76	44.29	53.38	36.33

注:笔者自制。整体国家能力来自汉森和西格曼数据库。新生儿死亡率来自世界银行数据库。

值得注意的是,2003 年同时也是埃塞俄比亚中国资本增加的分水岭。我们接下来将讨论中国投资者在埃塞俄比亚的行为特征,并指出中国投资者可能通过何种机制促进了埃塞俄比亚的国家能力建设。

第二节　埃塞俄比亚的外资来源国及其演变

作为当下的经济蓝图,埃塞俄比亚正在实施"增长与转型计划"(the Growth and Transformation Plan),这个雄心勃勃的计划旨在通过大规模的基础设施项目,如公路网、铁路网和水力发电,以及制造业能力,来实现埃塞俄比亚的转型。无疑,在此过程中很难缺少外国资本的帮助。

一、外资规定与优惠政策

埃塞俄比亚投资管理局(Ethiopia Investment Board)负责牵头制定投资政策,该管理局由总理担任主席,相关部长担任成员。埃塞俄比亚投资委员会（Ethiopian Investment Commission，EIC）为埃塞俄比亚投资管理和促进机构，委员会主任、副主任由政府任命，向总理负责。[39]埃塞俄比亚现行的投资法于 1992 年颁布实施。作为埃塞俄比亚历史上首部专门的投资法，该法在投资领域和投资额等方面对国内外私人资本做了较多限制。规定任何外国投资，不论其投资于何种领域，是独资还是合资，最低投资额不得少于 50 万美元，且须将至少 12.5 万美元以现金的形式存入埃塞俄比亚银行，不得使用。1996 年，埃塞俄比亚政府对外资法进行了首次修改，废除了上述规定，并降低了外国资本的最低投资额。1998 年和 1999 年，埃塞俄比亚再次修改投资法，进一步向国内外私人投资者开放投资领域，如国防工业、电信服务、水力发电等。2002 年对投资法的修改规定仅将输电与邮政服务（快递服务除外）保留给政府，向国内外私人投资者开放其余一切投资领域。这次修法还进一步降低了外国投资者的最低投资限额。2003 年 4 月，埃塞俄比亚政府再次对投资法作出修改。一是放宽了对外国投资者在埃塞俄比亚国内投资领域的限制；二是加大了对外国投资的激励力度，将外资投资于出口型制造业、农业、农产品加工业的企业的免税期延长到 5 年，如果是在偏僻地区的投资，免税期还可延长至 7 年；三是将投资的审批权下放，此后凡是在亚的斯亚贝巴投资的外资企业的审批权及企业可享受的优惠待遇的审批下放给亚的斯亚贝巴市政府。[40]

为积极推进工业化，埃塞俄比亚政府不断放宽投资政策，改善投资环境，加强投资服务和管理。主要的优惠政策包括：一是行业鼓励政策。对用于出口的制造业、农业和农产品加工业等行业提供关税减免、所得税减免等税收优惠。二是地区鼓励政策。鼓励外商投资于少数民族聚居区、边远地区和不发达地区。对于落户这些地区的投资项目，根据项目所属产业和投资规模，联邦政府投资委员会将给予更长的免税期，地方政府也会在土地价格等方面给予优惠。三是工业园区政策。埃塞俄比亚《工业园区公告》规定，"工业园区"是指由相应机关制定、具有明显边界、以发展综合性、一体化、单一或多种商品生产为目的的工业生产基地。包括经济特区、科技园区、出口加工区、农业加工区、自由贸易区及由投资委员会指定的其他类似区域。[41]公告还规定了给予工业园区开发商的相应优惠政策。

埃革阵执政以来多次修改投资的法律法规，通过增加投资优惠政策、降低投资门槛、扩大投资领域、完善产权保护制度、实行税收优惠等措施为外国投资者营造出一个安全的良好的投资环境。此外,埃塞俄比亚是多边投资担保机构(Multilateral Investment Guarantee Agency,MIGA)的成员国,与中国、意大利等国签订了 21 份正在生效的双边投资协定。希望能在吸引外资的过程中获得外国投资者的资金支持以及技术转移。

二、外资来源国类型的演变

埃塞俄比亚德尔格政权被推翻后,新政权改善了本国与西方的关系。尤其是发展与美国的关系。20 世纪 90 年代,两国往来频繁。美国参议院代表团、贸易代表团、美军中央司令部、前总统卡特、美国驻联合国大使、美国总统国家安全顾问、美国国际开发署主任、两任国务卿等先后访问埃塞俄比亚。埃塞俄比亚领导人梅莱斯先后于 1994 年和 2000 年访美。两国于 1993 年签订《技术与经济合作协定》。埃塞俄比亚再次成为撒哈拉以南非洲地区接受美国援助最多的国家之一。美国有意把埃塞俄比亚作为防止宗教极端主义扩散的前沿阵地之一,向埃塞俄比亚提供武器及军事装备。埃革阵政权与德国、法国和意大利等欧洲主要国家也保持了良好的关系。在一段时期内,埃塞俄比亚的外国直接投资存量也主要来自西方七国集团。

不过 21 世纪以来,埃塞俄比亚富有争议的选举及与国内反对派关系遭到了欧美国家的批评,这对相关国家的援助和投资产生了负面影响,美国和法国对埃塞俄比亚的投资都有所减少。以美国为例,1991 年至 2003 年,美国对埃塞俄比亚的年均直接投资存量为 2 423.1 万美元,而 2004 年至 2013 年这一数值降至 580 万美元。

随着中国企业对外直接投资日益增多,以及中国和埃塞俄比亚之间高层往来日趋密切(见表 5.3),埃塞俄比亚也吸引了越来越多的中国投资者。埃塞俄比亚政府对东亚发展型国家的效法也使其乐于对来自中国的投资提供支持。1964 年,周恩来总理首次非洲之旅便造访了埃塞俄比亚。两国于 1970 年建交。1995 年埃塞俄比亚总理梅莱斯访华,次年 5 月江泽民主席回访埃塞俄比亚。2003 年两国建立了全面合作伙伴关系,年底温家宝总理出席了在亚的斯亚贝巴举行的第二届中非合作论坛。2017 年,国家主席习近平会见来华出席首届"一带一路"国际合作高峰论坛的海尔马里亚姆,并宣布将中埃关系定位提升为全面战略合作伙伴关系。2018

年担任埃塞俄比亚总理以来，阿比连续两年访华。

表 5.3　中国与埃塞俄比亚高层互访

年份	中方往访	埃方来访
1964	周恩来（总理）	
1971		塞拉西（皇帝）
1987		贝哈努（外长）
1988		门格斯图（总统） 菲克雷（总理）
1989	钱其琛（外长）	沃利（副总理）
1990		特斯法耶（副总理兼外长）
1991	钱其琛（外长）	沃利（副总理）
1992		塞尤姆（外长）
1994	钱其琛（副总理兼外长）	
1995		梅莱斯（总理）
1996	江泽民（国家主席）	
1997	司马义·艾买提（国务委员兼民委主任）	
1998		卡苏（副总理）
2000	戴秉国（中共中央对外联络部部长）	塞尤姆（外长）
2002	唐家璇（外长） 许嘉璐（全国人大常委会副委员长）	卡苏（基础设施部长）
2003	温家宝（总理）	穆拉图（联邦院议长）
2004	李蒙（全国政协副主席）	阿迪苏（副总理兼农业部长） 达维特（人民代表院议长） 梅莱斯（总理） 穆拉图（联邦院议长）
2005		塞尤姆（外长）
2006	何鲁丽（全国人大常委会副委员长）	梅莱斯（总理） 塞尤姆（外长）
2008	杨洁篪（外长） 吴邦国（全国人大常委会委员长）	特肖梅（人民代表院议长）
2010	严隽琪（全国人大常委会副委员长） 戴秉国（国务委员）	塞尤姆（外长） 德格菲（联邦院议长）

（续表）

年份	中方往访	埃方来访
2011		梅莱斯（总理）
2012	贾庆林（全国政协主席） 回良玉（副总理） 陈至立（全国人大常委会副委员长）	海尔马里亚姆（副总理兼外长）
2013	汪洋（副总理） 刘延东（副总理）	德梅克（副总理兼教育部长） 海尔马里亚姆（总理）
2014	王毅（外长） 李克强（总理） 郭金龙（中共中央政治局委员、北京市委书记）	穆拉图（总统） 阿卜杜拉（人民院议长） 海尔马里亚姆（总理）
2015		卡萨（联邦院议长） 海尔马里亚姆（总理）
2016	李源潮（国家副主席） 范长龙（中央军委副主席）	
2017	杨洁篪（国务委员） 王毅（外长）	海尔马里亚姆（总理） 德梅克（副总理）
2018	栗战书（全国人大常委会委员长）	阿比（总理）
2019	王毅（国务委员兼外长）	阿比（总理）

注：根据外交部信息整理而得。

　　埃塞俄比亚的石油和矿产资源并不充裕，且利用情况相对落后，但这并没有打消中国投资者在埃塞俄比亚的投资热情。[42]根据《中国对外直接投资统计公报》，2018年中国投资者在埃塞俄比亚的外资存量为25.6亿美元，埃塞俄比亚仅次于南非、刚果（金）和赞比亚成为中国在非洲的第四大投资存量国。[43]图5.3展示了中国外资存量在埃塞俄比亚的迅速增长。从2003年的478万美元到2018年的25.7亿美元，年均增速35.8％。

　　除此之外，图5.3还展示了中国资本在埃塞俄比亚的相对占比，以及埃塞俄比亚的外国直接投资多元化指数。前者指的是埃塞俄比亚当年的中国直接投资存量占七国集团直接投资存量与中国直接投资存量之和的比例，该指标反映了一国的外资来源国是以七国集团还是中国为主。埃塞俄比亚无疑经历了外资来源国类型的变迁，从之前的以七国集团资本为主转变为以中国资本为主。并且在前后两个阶段埃塞俄比亚的外资多

195

元化程度并没有发生明显改变。这一方面是因为以美国为代表的投资者减少了对埃塞俄比亚的投资，另一方面也由于中国投资规模的增加。

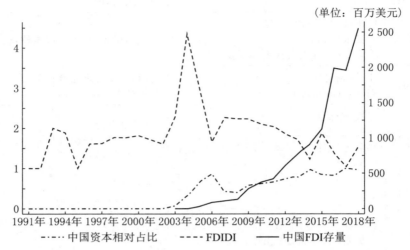

注：笔者自制。中国直接投资相对占比（单位：％）和埃塞俄比亚 FDIDI 由左侧纵坐标表示，数据来源为历年《中国对外直接投资统计公报》和 OECD 数据库，笔者计算而得。中国 FDI 在埃塞俄比亚的存量由右侧纵坐标表示，数据来源为历年《中国对外直接投资统计公报》。

图 5.3　中国直接投资在埃存量、相对占比及埃外国直接投资多元化指数

三、埃塞俄比亚的中国投资者

随着经济的发展，中国资本在海外寻求新的投资机会。中非合作论坛于 2000 年底成立，与中国提出实施"走出去"战略同年。此后，中国对非直接投资增长明显加快。特别是 2009 年以来，尽管非洲地区吸收的外国直接投资连续下滑，但中国对非直接投资仍快速增加。2018 年，在全球直接投资大幅下降、中国对外投资流量也有所减少的情况下，中国流向非洲的对外直接投资为 53.9 亿美元，同比增长 31.5％，是五大洲中增长速度第二快的目标市场。[44]埃塞俄比亚是中国截至 2018 年在非洲的第四大直接投资存量目的地。

作为一个发展中国家，埃塞俄比亚在努力吸引外国直接投资来应对贫困、失业和低生产率问题。2010 年，348 家中国民营和国有制造商在埃塞俄比亚开展业务。截至 2013 年 12 月底，在埃塞俄比亚有 701 家获得许可的中国项目/公司,其中大量业务集中在亚的斯亚贝巴。[45]截至 2018 年末,中国对埃塞俄比亚直接投资存量 25.68 亿美元。[46]根据世界银行 2012年发布的系统性报告,中国在埃塞俄比亚 69% 的直接投资来自民营企业,13% 来自国有企业,还有 15% 的投资属于中国与埃塞俄比亚的民营合资企业。若根据行业划分,中国在埃塞俄比亚最青睐制造业(45%),其次是建筑业(13%)和服务业(11%)。图 5.4 进一步说明了上述制造业和服务业中的具体行业分布。其中机械设备占 9%,非金属矿物、食品、纺织、服装和零售业也占据一定份额。

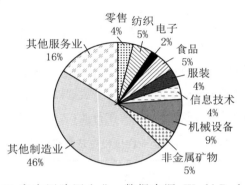

注:一共包括 56 家中国跨国企业。数据来源:World Bank, *Chinese FDI in Ethiopia*:*A World Bank Survey*, New York:The World Bank, 2012, p.12。

图 5.4　在埃中国企业在制造业和服务业中的具体行业分布

在埃塞俄比亚税务和海关署(ERCA)更晚近但并非公开发布的原始数据中,2000 年至 2017 年,中国在埃塞俄比亚的新制造业企业为 407 家,是各经济体中最多的,占比达 32%。[47]表 5.4 还显示,与其他经济体对埃塞俄比亚制造业投资的企业数量持平或下降的趋势不同,中国企业在 2012 年至2017 年间仍然增加了对埃塞俄比亚的制造业投资,企业数量增幅为 19.2%。

表 5.4　埃塞俄比亚的新外国制造业企业数量

年份	企　业　数　量			累计企业数量	累计企业数量占比
	2000—2005	2006—2011	2012—2017	2000—2017	2000—2017
中国	41	167	199	407	32%
印度	21	51	51	123	10%

（续表）

年份	企　业　数　量			累计企业数量	累计企业数量占比
	2000—2005	2006—2011	2012—2017	2000—2017	2000—2017
欧洲	19	25	16	60	5％
中东	13	61	38	112	9％
其他	97	263	197	557	44％
总计	191	567	501	1 259	100％

资料来源：Fantu Cheru and Arkebe Oqubay，"Catalysing China—Africa Ties for Africa's Structural Transformation，" in Arkebe Oqubay and Justin Yifu Lin，eds.，*China-Africa and an Economic Transformation*，New York：Oxford University Press，2019，Appendix Table A14.3。

接下来，我们利用美国企业研究所和美国传统基金会的"中国全球投资追踪"（China Global Investment Tracker）数据库，从企业层面展示中国在埃塞俄比亚的投资与合同项目及其所在行业（表5.5）。

表 5.5　中国企业在埃投资及其行业分布

年份	月份	中国投资方	金额（百万美元）	行业
2006	9	中兴、华为、中国交通建设集团有限公司	2 400	技术
	12	中国中材国际股份有限公司	130	地产
	12	中国水利水电建设集团	130	交通
2007	9	中国长江三峡集团有限公司	150	交通
2008	11	江西中煤建设集团有限公司	120	交通
2009	7	中国水利水电建设集团	2 420	能源
	9	中国葛洲坝集团有限公司	450	能源
	11	中国交通建设集团有限公司	610	交通
2010	5	江苏其元集团	140	地产
	5	中国东方电气集团有限公司	500	能源
2011	2	中国铁路工程集团有限公司	330	交通
	6	中国水电工程顾问集团有限公司	120	能源
	11	中国建筑集团有限公司	200	地产
	12	中国建筑材料集团有限公司	350	地产

（续表）

年份	月份	中国投资方	金额 （百万美元）	行业
2012	3	国家开发投资集团有限公司	220	农业
	6	中国交通建设集团有限公司	1 580	交通
2013	3	国家开发投资集团有限公司	680	农业
	4	国家电网有限公司	1 460	能源
	6	中国机械工业集团有限公司	650	农业
	7	中国石化工程建设有限公司	340	能源
	8	华为	800	技术
	12	中国铁建股份有限公司、中国铁路工程集团有限公司	2 460	交通
2014	4	中国铁路工程集团有限公司	480	交通
	7	华坚集团	300	地产
	7	中国交通建设集团有限公司	130	交通
	9	中国石化工程建设有限公司	440	能源
2015	2	中国交通建设集团有限公司	230	交通
	4	中国建筑集团有限公司	270	地产
	8	中国中材国际股份有限公司	240	地产
	8	中国北方工业公司	230	能源
	11	中国铁路工程集团有限公司	180	交通
2016	2	中国建筑集团有限公司	120	娱乐
	3	中国中化集团有限公司	250	化工
	3	中国轻工业品进出口集团有限公司、江联国际	650	农业
	4	江苏阳光集团	350	其他
	5	中国铁建股份有限公司	100	其他
	7	中国铁建股份有限公司	250	其他
	8	国家电网有限公司	540	能源
	8	中国石油化工集团有限公司	220	地产
	12	国家开发投资集团有限公司	450	化工

（续表）

年份	月份	中国投资方	金额（百万美元）	行业
2017	1	中国石油化工集团有限公司	110	其他
	1	中国铁路工程集团有限公司	240	其他
	3	特变电工	100	能源
	3	上海电气集团股份有限公司	100	能源
	5	中国东方电气集团有限公司	260	能源
	6	中国石油化工集团有限公司	130	地产
	10	中国铁建股份有限公司	160	其他
2018	1	无锡一棉纺织集团有限公司	220	其他
	2	中国保利集团公司	360	能源
	10	中国铁建股份有限公司	140	其他
	12	中国机械工业集团有限公司	100	农业
	12	中国铁建股份有限公司等	240	交通
2019	5	华坚集团	100	其他
	6	中国石油化工集团有限公司	180	交通
	9	中国能源建设集团有限公司	270	设施
	11	中国交通建设集团有限公司	140	交通

资料来源：根据"中国全球投资追踪"数据库整理而成，参见 https://www.aei.org/china-global-investment-tracker/。

2006年9月到2019年11月，该数据库共追踪到中国在埃塞俄比亚超过100万美元的投资和合同项目56个，共计245.2亿美元。[48]其中交通项目14个，总计69.6亿美元；能源项目13个，总计73.2亿美元；地产项目8个，总计18.5亿美元；农业项目5个，总计23亿美元。从中国投资方企业所有制属性来看，大额投资项目仍以国有企业，尤其是中央国有企业为主。[49]并且可以看出，中国投资者从2009年起加快了对埃塞俄比亚的投资合作。

在埃塞俄比亚投资的中国公司在制造业和基础设施领域有着巨大的影响力。除直接投资外，中国在埃塞俄比亚还有大量承包工程业务，这些也被视为是"准投资"（quasi-investment）的范畴。[50]虽然承包工程业务由埃塞俄比亚政府实施,但许多这类业务的融资途径却是来自中国,并且最后也是由中方企业来完成项目。商务部对外投资和经济合作司发布的《中国对外承包工程、劳务合作业务统计年报》显示,2014 年至 2018 年中国每年在埃塞俄比亚新签对外承包工程合同 100 份以上,其中 2016 年达到最多的 206 份,且新签合同合计金额在 2014 年至 2017 年均大幅高于同期中国在埃塞俄比亚的投资存量,说明这种"准投资"模式的普遍性。[51] 表 5.6 按项目类别列出了这些年份中国在埃塞俄比亚承包工程业务新签合同情况。

表 5.6　中国在埃承包工程业务新签合同额(2014 年至 2018 年)

	2014 年	2015 年	2016 年	2017 年	2018 年
合计	507 562	467 293	835 405	706 366	221 398
电力工程建设项目	250 485	64 879	95 083	229 213	11 625
废水(物)处理项目	0	1 946	0	964	258
工业建设项目	35 834	99 587	62 774	5 220	35 323
交通运输建设项目	158 712	137 395	369 271	209 511	80 996
石油化工项目	25	704	22	5 721	3 300
水利建设项目	42 072	25 263	4 764	22 635	15 899
通讯工程建设项目	6 878	17 714	94 223	6 178	9 417
危险品处理项目	0	111	0	0	0
一般建筑项目	11 723	43 161	196 578	163 714	62 592
制造加工设施建设项目	0	2 091	5 600	10 901	367
其他	1 834	74 442	7 090	52 308	1 621

注:笔者自制。单位:万美元。数据来源于历年《中国对外承包工程、劳务合作业务统计年报》。其中 2014 年和 2015 年的"一般建筑项目"名为"房屋建筑项目"。

综上所述,在外国直接投资多元化指数基本保持不变的情况下,埃塞俄比亚的外资来源国在 2003 年之后发生了显著变化。埃塞俄比亚从一个以七国集团资本为主的东道国逐渐演变为以中国资本为主的东道国。来自中国的外国直接投资在 2009 年后大幅增加,主要集中在制造业和基础设施领域。接下来,我们将讨论中国投资者与埃塞俄比亚国家能力建设间的关系。

第三节　中国投资者与埃塞俄比亚国家能力建设

　　本章既有的讨论已经指出,埃塞俄比亚的外资来源国类型经历了以七国集团资本为主转变为以中国资本为主的过程。中国投资者在2003年之后加大了对埃塞俄比亚的投资力度,并且多分布在制造业和基础设施领域。与此同时,埃塞俄比亚在2003年之后经历了一轮整体国家能力的上升。那么,这两者之间是否具有联系,换言之,来自中国的外国直接投资是否有助于埃塞俄比亚提升其国家能力,便是本节将要回答的问题。在分领域阐释埃塞俄比亚的国家能力建设之前,图5.5直观描绘了中国资本相对占比与埃塞俄比亚整体国家能力及其代理变量新生儿死亡率之间的相关关系,其结果符合我们预期。随着中国直接投资相对占比的增加,东道国的整体国家能力也越高,且新生儿死亡率越低。

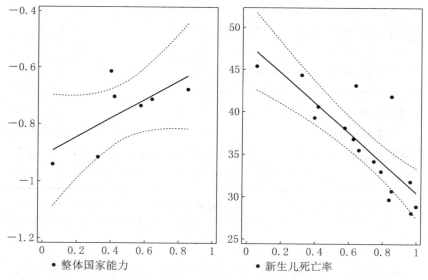

　　注:笔者自制。横坐标为中国直接投资相对占比。左图纵坐标为埃塞俄比亚整体国家能力(2003年至2009年),数据来源为汉森和西格曼数据库。右图纵坐标为新生儿死亡率(2003年至2018年,单位:‰),数据来源为世界银行数据库。同时给出拟合线及其95%置信区间。

图5.5　中国直接投资相对占比与埃塞俄比亚国家能力散点图

一、中国投资者特质及其体现

相较于来自七国集团的直接投资,第二章总结了中国投资者在对发展中东道国进行直接投资时整体具备的三大特质,即长时间范围、高风险容忍度以及紧密的投资者—东道国政府关系。在埃塞俄比亚的案例中,我们可以观察到中国投资者的这些特质。

其一,长时间范围。埃塞俄比亚主管外国直接投资的官员曾多次公开提及中国投资者的这一特质。埃塞俄比亚投资委员会公共关系总监梅科内恩·海卢(Mekonen Hailu)在接受采访时表示,埃在 2019/2020 财政年度的前三个月吸引了 7 亿美元的外国直接投资,其中大部分来自中国公司。中国公司致力于在埃塞俄比亚进行长期投资,不受东非国家偶尔出现的动荡影响。[52] 该投资委员会的副主任特梅斯根·蒂拉洪(Temesgen Tilahun)注意到中国在埃塞俄比亚的"强大商业存在"主要是在基础设施建设、制造业以及纺织业等各投资部门。他肯定地指出:"有更多的中国投资者参与埃塞俄比亚的几个工业园区并不奇怪。中国投资者来到这里并不是为了短期利益;相反,他们投资兴业的一开始便是着眼于一个长久的国家目标。"[53] 这种长时间范围体现在中国集中投资的领域,如基础设施建设和工业园区建设,这些都是长期资本的代表。以中国交通建设集团承建的埃塞俄比亚首条高速公路——亚的斯亚贝巴—阿达玛高速公路为例,该公路于 2010 年 4 月动工,到 2014 年 5 月完成一期工程,直到 2016 年 8 月方才举行二期竣工典礼。东方工业园(Eastern Industry Zone, EIZ)是中国民营企业在埃塞俄比亚投建的工业园区,于 2008 年成立东方工业园有限公司开始规模性开发,到 2015 年通过商务部、财政部确认考核,历时 7 年。

其二,高风险容忍度。埃塞俄比亚属于联合国最不发达国家行列,国内工业基础薄弱,各类设施也相对落后。例如埃塞国内的电力配套往往不到位,影响企业投资进度。[54] 这种情况因 1998 年至 2000 年期间与厄立特里亚的一场代价高昂的边界战争而恶化。2005 年的大选骚乱、2016 年和 2018 年的国家紧急状态都打击了一般投资者,尤其是西方投资者的信心。但中国的投资却保持了韧性,甚至逆势上扬。由于 2015 年 11 月以来部分州示威游行和骚乱持续,造成重大人员伤亡和财产损失,2016 年 10 月埃塞俄比亚宣布进入为期 6 个月的紧急状态,并于 11 月改组政府。不过是年 11 月,时任埃塞俄比亚投资委员会负责人菲祖姆·阿雷加(Fitsum Arega)在一次会议上表示,虽然埃塞近年来面临安全及旱灾等问题,但是埃塞吸引外国直接投资的数量并没有减少。中国投资者在埃塞投资踊跃,已成为推动埃塞发展的重要外资力量。[55]埃塞俄比亚较为复杂的民族问题和历史遗留问题也会对外国投资者带来风险。例如东南部与索马里毗连的欧加登(Ogadēn)地区,自 20 世纪 70 年代以来便不断爆发冲突。2007 年 4 月,中原油田勘探局位于索马里州欧加登地区的一处工地遭 200 多名武装分子袭击,造成中方 9 人死亡、7 人被绑架。随后反政府武装欧加登民族解放阵线宣布对此负责。[56]国内频发的武装冲突也会对外国投资者造成风险。上述风险使西方投资者选择退避,[57]不过似乎并没有显著影响中国投资者前往埃塞俄比亚投资的热情。

其三,紧密的投资者—东道国政府关系。1991 年执政以来,埃革阵十分注重借鉴中国发展经验。[58]中国和埃塞俄比亚之间频繁的高层访问推动了中国企业,尤其是国有企业赴埃塞俄比亚投资。中国投资者所在的基础设施和制造业领域恰恰是埃塞俄比亚政府希望大力推动的领域。中国驻埃塞俄比亚前大使解晓岩曾撰文指出:在基础设施建设领域,埃塞俄比亚 90% 以上的公路、全国的通信网络、第一条铁路和城市轻轨、第一个风电场以及几个重要的水电站等,都是中国企业承建或参与承建的。在制造业领域,中资企业建设的东方工业园被埃塞政府列为工业发展的优先项目,目前已成为埃塞俄比亚规模最大、设施最先进、条件最完善的招商引资平台。[59]在与西方发展伙伴进行对比时,埃塞俄比亚外交官范塔洪大使指出:

> 在 20 世纪 80 年代至 90 年代的整个结构调整时期,西方发展合作伙伴关注更多是基于政策的借款以使市场更好运转,但却忽视了投资那些对提高生产力、降低贫困很关键的重要基础设施及配套服务。中国人在填补这个关键的基础设施缺口,以一种低成本、较少官僚主义作风的方式在短时间内完成。[60]

中国投资者对埃塞俄比亚的基础设施建设和经济结构转型如此重要,以至于埃塞副总理德梅克曾说:"在埃塞的全球发展伙伴中,第一是中国!第二是中国! 第三还是中国!"[61]在中国投资的项目竣工时,埃塞俄比亚总理曾多次出席并致辞。[62]在工业园区实践中,埃塞俄比亚总理每年和东方工业园高层领导保持两次例行会见,以解决园区发展中遇到的政策性问题。[63]由于中国投资者所进入的领域总体而言更符合东道国政府的偏好,并且也由于中国实施重大投资项目背后的双边关系考量,因而中国投资者与埃塞俄比亚政府保持着相对紧密的关系。

二、秩序提供能力

中国在埃塞俄比亚的基础设施投资帮助中央政府扩大了其获取偏远地区信息的能力,同时减少了其施加统治所需的成本。埃塞俄比亚的国家形成经历了从北部高地核心到南部高地和低地外围的扩张。国家巩固了对南部高地上具有重要商业价值的农业文化区的权力。然而,尽管国际上承认了它对低地的主权,国家却认为这些地区是"一片混乱、疾病肆虐、毫无生气的土地,居住着无政府主义和暴力倾向的'游牧民'",几乎没有试图巩固国家权威。[64]在一些情况下,尽管中央政府试图将国家能力延伸到这类地区,但往往心有余而力不足。

尽管埃革阵保留了国家对土地的所有权,但土地管理权却在实际操作中移交给了地方政府。在进行基础设施建设的过程中,中央政府势必需要对相应的土地进行审批登记,从而获取更为准确的信息。[65]并且,基础设施所到之处也使中央政府能够以更低成本的方式调配资源,进而更有力的垄断暴力、提供秩序。表 5.7 列举了一些中国在埃塞俄比亚开展的交通项目及其所在区域。可以看出,中国投资或承建的交通项目并不局限在埃塞俄比亚中央政府有效控制的中部地区和北部地区,同时也包括西南部奥罗莫人聚居的奥罗米亚州和南方民族州。例如,中国水电四局承建的金卡—哈纳公路项目所在地区周边土著部落较多,以狩猎、游牧为生,且均持有自动步枪等武器。这也成为项目需要克服的难点。[66]奥罗莫人在传统上多居住在低地地区,其经济主要是畜牧业而非农耕。[67]奥罗莫解放阵线(Oromo Liberation Front, OLF)亦是埃塞俄比亚境内有影响力的反政府武装。中国在这些地区建设基础设施将有助于中央政府实施有效控制,埃塞俄比亚政府可以更合理地分布、调遣军队和执法力量,从而降低国内武装冲突的烈度。

表 5.7　中国在埃塞俄比亚部分交通项目

项目名称	所在区域
亚吉铁路	亚的斯亚贝巴到吉布提市
亚的斯亚贝巴轻轨	中部地区
亚的斯亚贝巴—阿达玛高速公路	中部地区
沃瑞塔—沃迪亚道路改造工程	北部阿姆哈拉州
阿夫德拉公路	东北部阿法尔州
比达拉麦图公路	西南部奥罗米亚州麦图市附近
季马公路	西南部奥罗米亚州最大城市季马及周边
瓦佳—马吉公路	穿越西南部重要农业发展区
亚索—盖勒萨—迪贝特公路	西北部本尚古勒—古马兹州的亚索镇
甘贝拉公路	西部干贝拉州
马皂瑞亚—麦提公路	西部甘贝拉州
史申达公路	南方州卡法区史申达镇至沙卡区特彼镇
泰丕—弥赞公路项目	南方州
金卡—哈纳公路	南部地区

注:笔者整理自制。

武装冲突地点与事件数据库(ACLED)记录了埃塞俄比亚 1997 年以来发生的战斗数量,其中战斗(battle)指两个政治武装组织在特定时间和地点的暴力互动。这类互动通常发生在内战背景下的政府军队/民兵和叛军集团/派系之间。[68] 在 2003 年之前,埃塞俄比亚每年因战斗死亡的人数为 4 087 人,2003 年及之后降至 825 人,即使剔除 1999 年的极端值,这一下降也是明显的。尽管年均战斗次数略有增加,但平均单次战斗的死亡人数显著下降,上述证据可以作为埃塞俄比亚秩序提供能力提升的体现。

表 5.8　埃塞俄比亚战斗次数及死亡人数(1997 年至 2018 年)

年份	战斗次数	死亡人数	平均单次死亡人数
1997	5	53	10.6
1998	25	827	33.1
1999	53	17 841	336.6
2000	117	1 386	11.8
2001	32	763	23.8

206

（续表）

年份	战斗次数	死亡人数	平均单次死亡人数
2002	173	3 652	21.1
2003	97	665	6.9
2004	100	917	9.2
2005	70	1 117	16.0
2006	28	354	12.6
2007	29	1 192	41.1
2008	83	604	7.3
2009	81	1 837	22.7
2010	122	1 473	12.1
2011	58	502	8.7
2012	79	658	8.3
2013	82	418	5.1
2014	33	237	7.2
2015	66	568	8.6
2016	149	1 065	7.1
2017	158	875	5.5
2018	142	718	5.1
合计	1 782	37 722	21.2

注：笔者自制。数据来源为 ACLED 数据库。

三、资源汲取能力

中国投资者对埃塞俄比亚投资的长时间范围和高风险容忍度除在交通运输业充分体现外，也体现在以制造业为主的工业园区开发上。工业园区的集聚模式有助于提升埃塞俄比亚的资源汲取能力，提高其税收效率。同时，中国投资者的投资承诺是长期性的，即便国内治安环境和国际经济环境恶化时，中国资本也不会轻易选择撤资，这可以更好地为埃塞俄比亚政府创造可持续的财政收入。

2000 年，在北京举行的中非合作论坛第一届部长级会议上通过了《中非经济和社会发展合作纲领》。在投资方面，中方同意同非洲国家分享在设立和管理自由区和经济特区等方面促进投资的经验。[69] 2008 年，中资企业开发的东方工业园成为埃塞俄比亚首个工业园区。目前，埃塞俄比亚建有 9 个工业园，其中 2 个是外国投资者所有，分别是中国企业投建的东方工业园和华坚集团的国际轻工业工业园。在促进经济发展的同时，中国的工业园模式提升了埃塞俄比亚的汲取能力。[70] 据东方工业园中方投资主体江苏永元投资有限公司介绍，已入园企业从事水泥生产、制鞋、汽车组装、钢材轧制、纺织服装等行业。截至 2016 年 7 月底，园区总产值 5.5 亿美元，上缴东道国税费总额 4 100 万美元，其中为东道国解决就业 8 000 人。[71] 据中国境外经贸合作区 2019 年 4 月发布的消息，东方工业园入区企业 100 家，协议投资 9 亿美元，实际投资 6.4 亿美元，总产值 10 亿美元，上缴东道国税费总额 8 200 万美元，为东道国解决就业 18 000 人。[72] 工业园区通过提供配套产品和服务鼓励了私营部门参与制造业及其相关领域投资，在创造大量就业机会的同时也增加了埃塞俄比亚中央政府的财政收入。

不仅工业园区模式增加了埃塞俄比亚政府的税费收入，中国投资者的加入也在更广泛意义上有助于埃塞俄比亚资源汲取能力的提升。根据国际货币基金组织数据，1991 年至 2004 年埃塞俄比亚的所得税、利润税和资本收益税占总税收的比例呈明显下降趋势，从 1991 年的 28.8％降至 2004 年的 9.4％。在 2004 年中国资本大量进入埃塞俄比亚后，其该项指标总体上升，2018 年回复至 21.6％。作为直接税代表的所得税和利润税对一国优化税收结构十分重要。[73] 税收结构的优化本身也说明国家资源汲取能力的提升。图 5.6 展示的另一项指标是总税率占商业利润的百分比。值得注意的是，在 2008 年国际金融危机后，企业商业利润的总税率在埃塞俄比亚不仅没有减少，反而逐步从危机前的 29.1％攀升至 2018 年的 37.7％。一般认为，税率的提升将不利于吸引新投资者，也会削弱既有投资者追加投资的积极性。然而，中国投资者长时间范围的特质使其对加税更为配合，在金融危机条件下也不例外，这无疑有助于作为东道国的埃塞俄比亚发展其资源汲取能力。

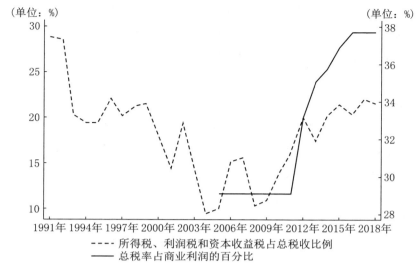

注：笔者自制。所得税、利润税和资本收益税占总税收比例由左侧纵坐标表示，数据来源为 IMF 数据库。总税率占商业利润的百分比由右侧纵坐标表示，数据来源为世界银行营商环境项目。

图 5.6　埃塞俄比亚税收结构变化图

四、社会保护能力

中国在埃塞俄比亚的制造业投资和基础设施投资创造了大量当地就业，并且提升了政府提高劳动力质量的动机。包括乔万尼·阿里吉（Giovanni Arrighi）在内的学者指出，非洲面临的挑战在于对采掘业而不是制造业感兴趣的外国投资者并未同东道国形成有裨益的经济关系。[74] 而中国企业似乎正在埃塞俄比亚改写剧本。根据行业划分，中国在埃塞俄比亚投资最多的行业应属制造业，其次是建筑业和服务业。[75] 这些行业均能创造大量的就业岗位，尤其是工业部门的就业岗位。

人们对中国在非洲投资的一个普遍误解是，它们雇用的大多数员工是中国人。然而，根据之前对中国投资的工业园区模式的讨论可以发现，中国投资者在埃塞俄比亚在上缴税费的同时也创造了大量当地就业。卡洛斯·欧雅（Carlos Oya）和弗洛里安·谢弗（Florian Schaefer）对埃塞俄比亚制造业和建筑业的实地问卷调查发现，中国企业中大约 90% 的工人实际上是埃塞俄比亚人，少数外籍工人集中从事管理或技术工作。并且相较于其他外国企业和埃塞俄比亚本地企业，中国企业并未刻意压低劳工工资。劳工工资主要取决于其劳动者的技能水平和所在行业,而且即使是最低工资的低技能工人的工资也高于国际上极端和中等水平的贫困线。[76]根据国际劳工组织发布的数据,埃塞俄比亚工业部门就业占总就业的比例从 2003 年的 6.7% 稳步增加到 2018 年的 11.9%,而 1991 年至 2003 年之间这一数字并无明显增长(图 5.7)。由于中国投资者与埃塞俄比亚政府的紧密关系,中国企业尤其是国有企业在雇用劳动力时通常会将当地工人的数量和待遇作为践行企业海外社会责任需要考虑的重要指标,并且为其提供相应的技能培训。

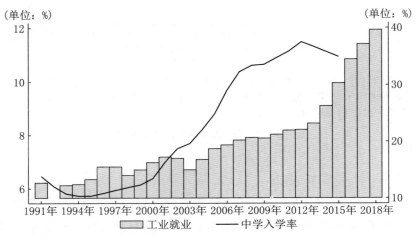

注:笔者自制。工业部门就业占总就业的比例由左侧纵坐标表示,数据来源为国际劳工组织。中学入学率由右侧纵坐标表示,数据来源为联合国教科文组织。

图 5.7　埃塞俄比亚工业就业、中学入学率变化图

进行基础设施建设和发展制造业需要有技能的劳工群体,但埃塞俄比亚的人力资本仍相对匮乏。据联合国教科文组织数据,20 世纪 90 年代末,埃塞俄比亚的中学总入学率才刚刚超过 10%。基础设施和制造业领域的中国投资使埃塞俄比亚政府更加重视教育事业,中学入学率在 2015 年大幅提升至 34.9%。同时,埃塞俄比亚的中等职业技术教育和高等教育也得到迅速发展。[77]这离不开埃塞俄比亚政府在其中扮演的促进角色。更高的受教育水平能帮助劳工群体找到更加合宜的工作,也更少受到失业困扰。这也意味着国家对社会保护能力的提升。

　　本章展示了来自中国的直接投资在埃塞俄比亚国家能力建设过程中的作用,从跨国资本来源国类型出发为研究埃塞俄比亚的国家能力建设提供了一个新角度。对中国投资者如何影响埃塞俄比亚国家能力诸维度的讨论也是对多项中国倡议和政策的生动反映。在 2014 年二十国集团(G20)领导人峰会上,习近平主席首次提出应"加强全球税收合作,打击国际逃避税,帮助发展中国家和低收入国家提高税收征管能力"。[78]在埃塞俄比亚的案例中,来自中国的直接投资的确有助于增强埃塞俄比亚中央政府的资源汲取能力。在 2018 年中非合作论坛北京峰会上通过了《中非合作论坛——北京行动计划(2019—2021 年)》,其中指出"中方支持非洲国家自主探索适合自身国情的发展道路,制定国家发展战略规划,加强能力建设,提升治理水平"。这也是中国向非洲提供特色国际公共物品的一部分。[79]在埃塞俄比亚,中国资本的特质使东道国政府能够在更长的时间范围和更广的自主空间中规划自身治理体系和治理能力的发展。

注释

　　1. Quoted from Seifudein Adem, "China in Ethiopia: Diplomacy and Economics of Sino-optimism," *African Studies Review*, Vol.55, No.1, 2012, p.149.

　　2. Ching Kwan Lee, *The Specter of Global China: Politics, Labor and Foreign Investment in Africa*, Chicago: University of Chicago Press, 2017, p.3.

　　3. John Gerring, *Case Study Research: Principles and Practices*, New York: Cambridge University Press, 2006.

　　4. 关于最不可能案例,可参见 John Gerring, *Case Study Research: Principles and Practices*, New York: Cambridge University Press, 2006. pp.115—119; Gary King, Robert O. Keohane, and Sidney Verba, *Designing Social Inquiry: Scientific Inference in Qualitative Research*, Princeton: Princeton University Press, 1994, p.209; Jack S. Levy, "Case Studies: Types, Designs, and Logics of Inference," *Conflict Management and Peace Science*, Vol.25, No.1, 2008, p.12。

　　5. 更为具体地,埃塞俄比亚的上述两项指标在 132 个发展中国家中均排在前 25 个百分位。埃塞俄比亚外国直接投资占 GDP 的比值为 13.1%,人均外国直接投资存量为 49.2 美元。关于其他发展中的情况详见附录 1。

　　6. UNCTAD, *The Least Developed Countries Report: The Least Developed Countries in the Post-COVID World: Learning from 50 Years of Experience*, New York: United Nations, 2021.

　　7. 根据现行宪法,埃塞俄比亚联邦包括 9 个州(killils):提格雷州(Tigray)、阿法尔州(Afar)、阿姆哈拉州(Amhara)、奥罗米亚州(Oromia)、索马里州(Somali)、本尚古勒—古木兹州(Benishangul-Gumuz)、南方民族州(Southern Nations Nationalities and People's Region, SNNPR)、Gambella(甘贝拉州)和哈勒尔州(Harari Regional States);以及 2 个特别行政市(Chartered Cities):亚的斯亚贝巴(Addis Ababa)和德雷达瓦(Dire Dawa)。

　　8. 其中包括 1896 年 10 月与意大利签订的《亚的斯亚贝巴条约》;1908 年与英国、法国等殖民国家通过协商划定了埃塞俄比亚与邻国的边界。参见钟伟云编：《埃塞俄比亚》，北京：社会科学文献出版社 2016 年版，第 50—52 页。

9. 理查德·格林菲尔德：《埃塞俄比亚新政治史》（上册），北京：商务印书馆 1974 年版，第 190 页。

10. 海尔·塞拉西一世心中的君主立宪制并非参照英国《大宪章》的"虚君共和"，而是以 1899 年日本帝国宪法为蓝本。

11. Paul B. Henze, *Layers of Time：A History of Ethiopia*, New York：Palgrave, 2000, pp.188—228. Paulos Milkias, *Haile Selassie, Western Education and Political Revolution in Ethiopia*, Youngstown：Cambria Press, 2006.

12. 埃塞俄比亚与厄立特里亚联邦源于 1950 年 12 月联合国大会决议，并于 1952 年 9 月正式成立。

13. 德尔格（Dergue 或 Derg）在其当地吉兹语中意为"委员会"或"理事会"。

14. Richard L. Sklar, "The Nature of Class Domination in Africa," *The Journal of Modern African Studies*, Vol.17, No.4, 1979, pp.531—552. Messay Kebede, "The Civilian Left and the Radicalization of the Dergue," *Journal of Developing Societies*, Vol.24, No.2, 2008, pp.159—182.

15. Michael Chege, "The Revolution Betrayed：Ethiopia, 1974—9," *The Journal of Modern African Studies*, Vol.17, No.3, 1979, pp.359—380.

16. Edmond J. Keller, "State, Party, and Revolution in Ethiopia," *African Studies Review*, Vol.28, No.1, 1985, pp.1—17. Shantayanan Devarajan, David R. Dollar, and Torgny Holmgren, eds., *Aid and Reform in Africa：Lessons from Ten Case Studies*, Washington, D.C.：The World Bank, 2001, pp.167—226.

17. Edson Ziso, *A Post State-Centric Analysis of China-Africa Relations：Internationalisation of Chinese Capital and State-Society Relations in Ethiopia*, Cham：Palgrave Macmillan, 2018, pp.63—66.

18. Getachew Metaferia, *Ethiopia and the United States：History, Diplomacy, and Analysis*, New York：Algora Publishing, 2008, pp.61—70.

19. 埃塞俄比亚人民革命民主阵线（简称埃革阵）已于 2019 年 12 月 1 日解散，除提格雷人民解放阵线外，其余成员党合并为繁荣党。

20. Alex de Waal, "The Theory and Practice of Meles Zenawi," *African Affairs*, Vol.112, No.446, 2013, pp.145—155. 何晨青：《埃塞俄比亚"民主发展型国家"的理论与实践》，载《当代世界》2017 年第 5 期，第 48—51 页。杨云：《埃塞俄比亚"民主发展型国家"初探》，载《国际研究参考》2018 年第 5 期，第 16—23 页。周瑾艳：《作为非洲道路的民主发展型国家——埃塞俄比亚的启示》，载《文化纵横》2019 年第 3 期，第 29—39 页。

21. Wendy James, Donald L. Donham, Eisei Kurimoto, and Alessandro Triulzi, eds., *Remapping Ethiopia：Socialism & After*, London：James Currey, 2002.

22. Harold G. Marcus, *A History of Ethiopia*, Berkeley：University of California Press, 1994, pp.1—16.

23. 这些让步包括解除价格管制、取消对私营贸易的限制，以及对企业被国有化的外国国民进行补偿等。在投资领域，1989 年颁布了《合资企业公告》（Joint Venture Proclamation），不设投资资本上限；取消了各方出资比例、经营范围等一些限制。1990 年埃塞俄比亚工人党中央委员会第 11 届全会提出的经济改革方案亦提及促进外国投资。Eshetu Chole and Makonnen Manyazewal, "The Macroeconomic Performance of the Ethiopian Economy 1974—90," in Mekonen Taddesse, ed., *The Ethiopian Economy：Structure and Policy Issues*, Proceedings of the First Annual Conference on the Ethiopian Economy, Addis Ababa, 1992,

pp.36—37.

24. 钟伟云编：《埃塞俄比亚》，北京：社会科学文献出版社 2016 年版，第 150—156 页。

25. Edson Ziso, *A Post State-Centric Analysis of China-Africa Relations*：*Internationalisation of Chinese Capital and State-Society Relations in Ethiopia*, Cham：Palgrave Macmillan, 2018, p.69.

26. 值得注意的是，其中 14 份签署后未能生效。参见 UNCTAD, "Investment Policy Hub," https://investmentpolicy. unctad. org/international-investment-agreements/countries/67/ethiopia(访问时间：2022 年 1 月 15 日)。

27. Matina Stevis-Gridneff, "Ethiopia Opens Door to the World With Unprecedented Privatization Plan," *Wall Street Journal*, June 6, 2018, https://www. wsj. com/articles/ethiopia-opens-door-to-the-world-with-unprecedented-privatization-plan-1528275922(访问时间：2022 年 1 月 15 日)。

28. 数据来源为世界银行数据库。森林覆盖率和水资源利用率数据参见商务部国际贸易经济合作研究院、中国驻埃塞俄比亚大使馆经济商务处、商务部对外投资和经济合作司：《对外投资合作国别(地区)指南：埃塞俄比亚》，2019 年，第 3 页。

29. 以人均 GDP 年增长率测算也可得到类似结果，2004 年至 2019 年的增长率平均值为 7.3%。以上数据均来自世界银行数据库。

30. [美]罗伯特·H. 贝茨：《当一切土崩瓦解：20 世纪末非洲国家的失败》，赵玲译，北京：民主与建设出版社 2015 年版。

31. [刚果民主共和国]龙刚：《反思非洲殖民主义遗产》，载《世界经济与政治》2013 年第 9 期，第 71—89 页。

32. [美]萨义德·A. 阿德朱莫比：《埃塞俄比亚史》，董小川译，北京：商务印书馆 2009 年版，第 189—190 页。

33. [埃塞]范塔洪：《非中关系：新殖民主义还是战略伙伴——以埃塞俄比亚为案例分析》，刘继森等译，北京：世界知识出版社 2018 年版，第 37—38 页。

34. 刘鸿武等：《新时期中非合作关系研究》，北京：经济科学出版社 2016 年版，第 382—396 页。

35. Deborah Brautigam, *Will Africa Feed China*? New York：Oxford University Press, 2015. Julia Bader, "China, Autocratic Patron? An Empirical Investigation of China as a Factor in Autocratic Survival," *International Studies Quarterly*, Vol.59, No.1, 2015, pp.23—33. Ching Kwan Lee, *The Specter of Global China*：*Politics*, *Labor and Foreign Investment in Africa*, Chicago：University of Chicago Press, 2017. Irene Yuan Sun, *The Next Factory of the World*：*How Chinese Investment is Reshaping Africa*, Brighton：Harvard Business Review Press, 2017. 特伦斯·麦德明：《竞争者、殖民者，还是开发者？——非洲眼中多面的中国》，载《国际经济评论》2013 年第 1 期，第 122—135 页。

36. [埃塞]范塔洪：《非中关系：新殖民主义还是战略伙伴——以埃塞俄比亚为案例分析》。

37. Carlos Oya and Florian Schaefer, "Chinese Firms and Employment Dynamics in Africa：A Comparative Analysis," IDCEA Research Synthesis Report, SOAS, University of London, 2019, https://www.soas.ac.uk/idcea/publications/reports/file141857.pdf.

38. 之所以选择 2003 年为界进行观察，是因为在 2003 年之后中国对埃塞俄比亚有记录的投资存量大幅增加。当然，若以 2004 年为界考察埃塞俄比亚的整体国家能力也会得到类似结果。

39. John Sutton, "Institution Building for Industrialization：The Case of the Ethiopian Investment Commission," in Fantu Cheru, Christopher Cramer, and Arkebe Oqubay eds., *The Oxford*

Handbook of the Ethiopian Economy，New York：Oxford University Press，2019，pp.858—872.

40. 钟伟云编：《埃塞俄比亚》，第 156—158 页。

41. 商务部国际贸易经济合作研究院、中国驻埃塞俄比亚大使馆经济商务处、商务部对外投资和经济合作司：《对外投资合作国别（地区）指南：埃塞俄比亚》，2019 年，第 43—51 页。

42. 这无疑反驳了新殖民主义论中关于中国投资在非洲"掠夺资源"的观点。中国投资者在埃塞俄比亚的投资既包括政治动力也包括经济动力，对此的具体分析不在本书的讨论范围之内。可参见李智彪：《对中国企业投资非洲的实证分析与思考——以埃塞俄比亚中资企业为研究案例》，载《西亚非洲》2010 年第 5 期，第 5—11 页；Seifudein Adem，"China in Ethiopia：Diplomacy and Economics of Sino-optimism，"*African Studies Review*，Vol.55，No.1，2012，pp.143—160；Mebratu Seyoum and Jihong Lin，"Private Chinese Investment in Ethiopia：Determinants and Location Decisions，"*Journal of International Development*，Vol.27，No.7，2015，pp.1223—1242.

43. 中华人民共和国商务部、国家统计局、国家外汇管理局：《2018 年度中国对外直接投资统计公报》，北京：中国商务出版社 2019 年版，第 57—59 页。

44. 中华人民共和国商务部：《中国对外投资发展报告（2019）》，2020 年，第 72 页，http://images.mofcom.gov.cn/fec/202005/20200507111104426.pdf.

45. Edson Ziso，*A Post State-Centric Analysis of China-Africa Relations：Internationalisation of Chinese Capital and State-Society Relations in Ethiopia*，Cham：Palgrave Macmillan，2018，p.118.

46. 中华人民共和国商务部、国家统计局、国家外汇管理局：《2018 年度中国对外直接投资统计公报》，第 57 页。

47. Fantu Cheru and Arkebe Oqubay，"Catalysing China—Africa Ties for Africa's Structural Transformation，"in Arkebe Oqubay and Justin Yifu Lin，eds.，*China-Africa and an Economic Transformation*，New York：Oxford University Press，2019，p.292.

48. 需要注意的是，该数据库只包括金额在 1 亿美元及以上的项目，这会带来一定遗漏偏误。例如根据 2012 年世界银行报告，在埃塞俄比亚投资金额前 25％的中国企业也只有 5 千万美元。

49. 总的来说，这些项目与《对外投资合作国别（地区）指南：埃塞俄比亚》中列举的规模较大项目能够相互印证。指南中列举的项目包括保利协鑫石油天然气项目、江苏阳光投资的埃塞毛纺织染项目、无锡一棉埃塞俄比亚纺织生产基地项目、江苏永元投资有限公司投资的东方工业园、华坚制鞋项目、中地海外投资的汉盛玻璃厂、太阳房地产、中非基金和河南黑田明亮皮革制品有限公司联合投资的中非洋皮革厂、中非基金与江苏永元投资有限公司投资的东方水泥厂项目、力帆集团投资的扬帆汽车组装公司、深圳传音控股埃塞手机组装厂、苏州奥特林公司投资的东方纺织印染公司等。参见商务部国际贸易经济合作研究院、中国驻埃塞俄比亚大使馆经济商务处、商务部对外投资和经济合作司：《对外投资合作国别（地区）指南：埃塞俄比亚》，2019 年，第 32 页。

50. Edson Ziso，*A Post State-Centric Analysis of China-Africa Relations：Internationalisation of Chinese Capital and State-Society Relations in Ethiopia*，Cham：Palgrave Macmillan，2018，pp.118—119.

51. 相比起对外直接投资，关注对外承包工程的研究仍显不足。参见蔡阔、邵燕敏、何菊香、汪寿阳：《对外承包工程对中国对外直接投资的影响——基于分国别面板数据的实证研究》，载《管理评论》，2013 年第 9 期，第 21—28 页；王文治、扈涛：《中国对外承包工程投资区位的决定因素——基于"亚非拉"国家的经验研究》，载《世界经济研究》2014 年第 7 期，第 67—73 页；曾剑宇、蒋骄亮、何凡：《东道国国家风险与我国对外承包工程——基于跨国面板数据的实证研究》，载《国际商务》2017 年第 6 期，第 6—18 页。

52. Xinhua, "Chinese Firms Committed to Long Term Investments in Ethiopia," November 27, 2019, https://www. chinadaily. com. cn/a/201911/27/WS5dde3528a310cf3e3557a643. html(访问时间：2022 年 1 月 15 日)。

53. Xinhua, "Growing Chinese Investment in Ethiopia Acknowledgment of Enduring Ties," January 28, 2020, http://www. china. org. cn/world/Off _ the _ Wire/2020-01/28/content _ 75654658.htm(访问时间：2022 年 1 月 15 日)。

54. 商务部国际贸易经济合作研究院、中国驻埃塞俄比亚大使馆经济商务处、商务部对外投资和经济合作司：《对外投资合作国别(地区)指南：埃塞俄比亚》，2019 年，第 26 页。

55. 新华社：《中国投资成为推动埃塞发展的重要动力》，2016 年 11 月 11 日，http://www.xinhuanet.com/world/2016-11/11/c_1119894677.htm(访问时间：2022 年 1 月 15 日)。

56. 余文胜：《欧加登，牵动中国人神经》，载《世界知识》2007 年第 10 期，第 36—37 页。

57. Laura Secorun, "Ethiopia Vows to Protect European Companies after Farms Attacked," *The Guardian*, October 26, 2016, https://www. theguardian. com/sustainable-business/2016/oct/26/ethiopia-vows-to-protect-european-companies-after-farms-attacked(访问时间：2022 年 1 月 15 日)。Paul Schemm, "Investors Shy Away from Ethiopia in the Wake of Violent Protests," *Washington Post*, November 1, 2016, https://www. washingtonpost. com/world/africa/investors-shy-away-from-ethiopia-in-the-wake-of-violent-protests/2016/11/01/2d998788-9cae-11e6-b552-b1f85e484086_story. html(访问时间：2022 年 1 月 15 日)。

58. 郑青亭：《埃塞俄比亚复制"中国模式"》，载《21 世纪经济报道》2016 年 2 月 29 日。

59. 解晓岩：《中埃塞合作走上"高速路"》，载《人民日报》2014 年 5 月 4 日。

60. ［埃塞］范塔洪：《非中关系：新殖民主义还是战略伙伴——以埃塞俄比亚为案例分析》，第 76 页。

61. 解晓岩：《中埃塞合作走上"高速路"》。埃塞俄比亚学界亦意识到中国和西方在投资侧重点上的区别，有学者指出："西方人给我们钱选举，只有中国人给我们钱修路，而我们需要修路。"参见蔡临哲：《埃塞俄比亚学习"中国模式"》，载《凤凰周刊》2013 年 5 月 15 日。

62. 新华社：《李克强出席埃塞首条高速公路竣工典礼并参观东方工业园》，2014 年 5 月 6 日，http://www.gov.cn/guowuyuan/2014-05/06/content_2673338.htm(访问时间：2022 年 1 月 15 日)。中华人民共和国驻埃塞俄比亚联邦民主共和国大使馆：《驻埃塞俄比亚大使腊翊凡与海尔马里亚姆总理共同出席中资企业项目竣工仪式》，2015 年 5 月 19 日，http://et. china-embassy.org/chn/sgxx/zyhd/t1265139.htm(访问时间：2022 年 1 月 15 日)。中华人民共和国驻埃塞俄比亚联邦民主共和国大使馆：《驻埃塞俄比亚大使腊翊凡与埃塞总理共同出席亚的斯—阿达玛高速路二期竣工仪式》，2016 年 8 月 9 日，http://et.china-embassy.org/chn/zagx/t1387980.htm(访问时间：2022 年 1 月 15 日)。

63. 李俊：《东方工业园：助力埃塞经济发展》，载《丝路瞭望》2017 年 10 月 16 日。

64. Tom Lavers and Festus Boamah, "The Impact of Agricultural Investments on State Capacity: A Comparative Analysis of Ethiopia and Ghana," *Geoforum*, Vol.72, 2016, pp.94—103.

65. Miriam Driessen, *Tales of Hope, Tastes of Bitterness: Chinese Road Builders in Ethiopia*, Hong Kong: Hong Kong University Press, 2019. 关于中国在埃塞俄比亚交通项目的讨论，亦可参见 Istvan Tarrosy and Zoltán Vörös, "Revisiting Chinese Transportation Projects in Ethiopia," *The Diplomat*, January 26, 2019, https://thediplomat. com/2019/01/revisiting-chinese-transportation-projects-in-ethiopia/(访问时间：2022 年 1 月 15 日)；Peng Mo, Ryan J. Orr, and Jianzhong Lu, "Addis Ababa Ring Road Project: A Case Study of a Chinese Construction Project in Ethiopia," presented at International Conference on Multi-National Construction Projects, Shanghai, China, 2008, https://www.irbnet.de/daten/iconda/CIB12171.pdf。

66. 胡苗苗:《中国水电四局承建的埃塞俄比亚金哈公路再创施工佳绩》,青海新闻网,2016 年 4 月 15 日,http://www. qhnews. com/newscenter/system/2016/04/15/011982043. shtml(访问时间:2020 年 1 月 15 日)。

67. [美]罗伯特·H. 贝茨:《当一切土崩瓦解:20 世纪末非洲国家的失败》,第 65—66 页。

68. Clionadh Raleigh, Andrew Linke, Håvard Hegre, and Joakim Karlsen, "Introducing ACLED: An Armed Conflict Location and Event Dataset: Special Data Feature," *Journal of Peace Research*, Vol.47, No.5, 2010, pp.651—660.

69. Ian Taylor, *The Forum on China-Africa Coopoeration（FOCAC）*, London: Routledge, 2011.

70. Philip Giannecchini and Ian Taylor, "The Eastern Industrial Zone in Ethiopia: Catalyst for Development?" *Geoforum*, Vol.88, 2018, pp.28—35. Ding Fei and Chuan Liao, "Chinese Eastern Industrial Zone in Ethiopia: Unpacking the Enclave," *Third World Quarterly*, Vol.41, No.4, 2020, pp.623—644.

71. 江苏永元投资有限公司:《埃塞俄比亚东方工业园情况介绍》,江苏省进出口商会,http://www.jccief.org.cn/v-1-7125.aspx(访问时间:2022 年 1 月 15 日)。

72. 中国境外经贸合作区:《埃塞俄比亚东方工业园》,2019 年 4 月 30 日,http://www.cocz.org/news/content-243511.aspx(访问时间:2022 年 1 月 15 日)。

73. 张长东:《税收与国家建构:发展中国家政治发展的一个研究视角》,载《经济社会体制比较》2011 年第 3 期,第 195—201 页。

74. Giovanni Arrighi, "The African Crisis," *New Left Review*, Vol.15, 2002, pp.5—36. Hazel M. McFerson, "Extractive Industries and African Democracy: Can the 'Resource Curse' be Exorcised?" *International Studies Perspectives*, Vol.11, No.4, 2010, pp.335—353.

75. World Bank, *Chinese FDI in Ethiopia: A World Bank Survey*, New York: The World Bank, 2012, p.12.

76. Carlos Oya and Florian Schaefer, "Chinese Firms and Employment Dynamics in Africa: A Comparative Analysis," IDCEA Research Synthesis Report, SOAS, University of London, 2019, https://www.soas.ac.uk/idcea/publications/reports/file141857.pdf.

77. 钟伟云编:《埃塞俄比亚》,第 195—199 页。

78.《习近平出席二十国集团领导人第九次峰会第二阶段会议》,《人民日报》2014 年 11 月 17 日。

79. 张春:《中非合作论坛与中国特色国际公共产品供应探索》,《外交评论》2019 年第 3 期,第 11 页。

结　语

如果要论证确凿无疑，它们就一定与现实无关，只要论证涉及现实，就必然具有一定的不确定性。[1]

——阿尔伯特·爱因斯坦

国家建设是项庞大而复杂的任务。世上没有一种用多种语言印有简单易行指示的"国家盒"可以在国外购买之后回到国内组装。[2]

——戴维·莱克

对外直接投资不仅对国际经济意义重大，而且也对世界政治产生了广泛影响。在广大发展中世界，国家能力建设至关重要。值得一再强调的是，国家并未因工业化和全球化时代的到来沦为配角，而是变得更加重要了。"在现代世界，最可怕的命运莫过于失去国家。"[3] 对于国家兴衰、跨国合作与国际冲突等社会科学的重大问题，国家理论解释的缺席将是不可想象的。[4] 本项研究意在全球化语境下探讨国家能力的来源，从外国直接投资结构视角为发展中世界的国家能力建设提供了一种新解释。结语部分首先总结了本项研究的主要发现，之后尝试指出其理论与实践价值，并提供进一步研究的方向。

第一节　研究总结

在讨论跨国投资如何影响了东道国的国家能力时，本书采用的是国际—国内互动的政治经济学分析路径。图 6.1 展示了这一路径在不同层次政治与经济互动关系中的位置。第一类和第二类分属传统比较政治经济学和国际政治经济学的研究范畴，在国内和国际这两个不同分析层次上讨论了政治和经济联系。第三类和第四类是分别围绕政治和经济的跨层次分析，是传统国际政治和国际经济的研究领域，不涉及政治与经济间

217

的互动。第五类讨论的是国际政治与国内经济的互动，即国内经济如何对国际政治产生影响，或国内经济如何被国际政治所影响。第六类关注国际经济与国内政治的互动，其中既包括国内政治如何影响国际经济和对外经济政策，也包括国内政治的国际经济起源。[5]它们都属于国际政治经济学中广义上的开放经济政治学的研究范畴。[6]本项研究便属于此类，探讨的是国际经济因素为何产生不同的国内政治后果。

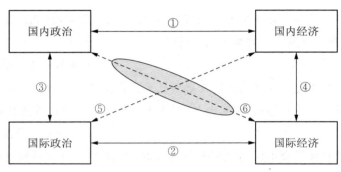

注：笔者自制。

图 6.1　国内—国际政治与经济互动关系

这种分析路径使本项研究与许多有关外国直接投资的既有成果区别开来。一方面，我们关注的是作为解释变量而非被解释变量的跨国直接投资。[7]另一方面，我们聚焦在外国直接投资的国内政治效应，而非对国内经济增长、国际合作与冲突等领域的影响。若从被解释变量来看，本书对国家能力的讨论似乎更应被划入比较政治学的研究领域，但本项研究依然具有鲜明的国际政治经济学特征。[8]因为从研究视角和分析路径来看，本书无疑可放入开放经济政治学的研究纲领中，其重要特征（甚至是标志性特征）便是强调打开国内政治的"黑箱"。[9]不过，大量开放经济政治学的研究在打开国家"黑箱"时仅仅把作为解释变量的国家找了回来。它们将大部分精力用于讨论一国融入全球化的国内政治条件或对外经济政策，较少关注开放经济对国家本身的影响。[10]本项研究则重拾对"颠倒的第二意向"的重视，将作为被解释变量的国家找了回来。

作为比较政治学和的重要概念，国家能力是国家行为体执行官方目标和政策的能力，对国家能力的各种解释亦可根据国内—国际、政治—经济的不同组合找到对应。在图 6.2 对国家能力建设的解释谱系中,纵轴区分了解释的层次是国内还是国际,横轴则标识了解释的因素是偏重政治还是经济。例如,精英冲突位于图中第四象限,因其是从国内层次的政治因素来探讨国家能力的来源。经济全球化则位于图中第二象限,因其是从国际层次的经济因素来理解国家能力的来源。在谱系位置上,本项研究同样可被归置在第二象限。采用国际层次的经济因素分析国家能力的系统研究仍然较少,不过这一新兴领域似有快速发展迹象。

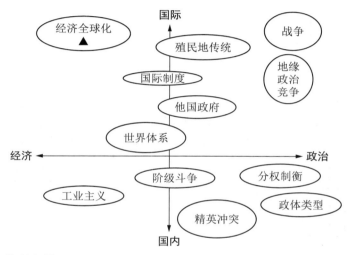

注:笔者自制。

图 6.2　对国家能力建设的解释谱系

　　阐明本项研究所使用的分析路径及在解释谱系中所处的位置有利于更加完整地理解学术脉络并进行理论对话。简言之,外国直接投资如何影响东道国国家能力建设是存在于现有学科与研究传统缝隙中的有趣课题之一,本书的主要动机正是试图填补国际政治经济学和比较政治学领域中的这一缺口。

　　据对既有文献的评估,本项研究提供了对外国直接投资结构与东道国国家能力间关系的开创性分析(见图 6.3),主要包括以下理论观点和经验发现。第一,正如国际体系的结构不同于国际体系中国家的数量,一国外国直接投资的结构与外国直接投资的数量也是两个不同的分析概念,而学者们对外资结构的重视尚显不足。聚焦外国直接投资的来源国构成,东道国的外资结构可以从两方面加以刻画:一方面是外国投资者的多元化程度,另一方面是不同类型外国投资者的相对占比。本书整理了1989 年至 2018 年 37 个国家对外直接投资的有效双边数据,并计算了 135个发展中东道国的外国直接投资多元化指数。外国投资者的来源国类型则区分了东道国的外资结构以中国资本为主还是以西方七国集团为主。通过采用更多发展中国家较长时段的统计数据,本项研究呈现了外国直接投资对发展中世界国家能力的影响。

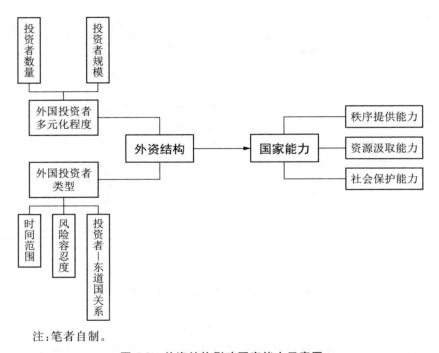

注:笔者自制。

图 6.3 外资结构影响国家能力示意图

第二,通过构建一个欧几里得式空间模型,本书论证了外国直接投资结构的多元化将有助于东道国进行国家能力建设。新投资者的加入为东道国提供了新的外部选项,使东道国拥有了更为丰富的操作空间,通过提升东道国的议程设置权和扩大广义赢集的方式帮助发展中东道国更好地实现自身偏好。该空间模型也可以用来理解不同类型的外国投资者对东道国国家能力产生的影响。相较于七国集团资本对社会权力的看重,中国资本由于其更长的时间范围、更高的风险容忍度和更密切的投资者—

东道国政府关系,期望东道国可以更多地通过提升国家权力来解决问题,这将有利于东道国实现自身偏好。一方面,中国资本与东道国间构成的赢集相对较大,即东道国拥有更多操作空间。另一方面,中国资本的特征使东道国有了较大的议价能力。由于更长的盈利周期、更软的预算约束以及与东道国政府更为紧密的关系,中国投资者对东道国提出的方案将显得更为配合。这对发展阶段较低的发展中国家意义尤为重大。

第三,经验上,本书基于赫芬达尔—赫希曼指数构造了外国直接投资多元化指数,同时考虑了资本来源国总数和各资本来源国的规模,以便较好地反映发展中东道国的外国直接投资结构的多样性程度。书中将整体国家能力及其代理变量——新生儿死亡率、人口普查实施——作为被解释变量。发展中国家跨国纵向数据的描述性统计和广义估计方程统计建模显示,当一国的外国直接投资来源国更为多元时,其整体国家能力也越强,越有可能实施人口普查,新生儿死亡率也较低。进一步地,可以将国家能力拆分为秩序提供能力、资源汲取能力和社会保护能力,描述性统计和广义估计方程的结果表明,东道国外资多元化程度对国家能力的提升效应在这三个维度上均有所体现。书中区分了传统的七国集团投资者和新兴的中国投资者,并用中国直接投资存量在一国的相对占比来进行测量。发展中国家跨国纵向数据的描述性统计和广义估计方程建模以及对埃塞俄比亚的案例分析都表明,外国直接投资结构里中国资本相对占比的增加至少从长期而言会带来东道国国家能力的提高以及作为代理变量的新生儿死亡率的下降。统计模型显示,其他条件不变,发展中国家外资结构里中国投资相较于七国集团投资的占比越大,该国国家能力得以提升、新生儿死亡率得以下降的可能性也越大。埃塞俄比亚不同时期的案例分析同样表明,中国资本的增加对其提供秩序、汲取资源和保护社会起到了积极作用。

第二节　理论与实践价值

理想情况下,社会科学的所有研究项目都应该满足两个标准。首先,研究项目应该提出一个在现实世界中重要的问题。其次,研究项目应该构建关于这个世界某些方面的经过检验的科学解释,从而对一支可识别的学术文献作出具体贡献。[11]国际政治经济学学科史的撰写者本杰明·科恩（Benjamin J. Cohen）曾忧心忡忡地认为以开放经济政治学为代表的国际政治经济学正在变得无聊，无法就有迫切需要的重大问题展开研究，更无法提出激动人心的新兴学术议程。[12]探讨国际因素与国内政治的复杂互动则为开放经济政治学提供了诸多激动人心的重大议题，[13]外国直接投资对东道国国家能力的影响便是其中之一。概括而言，本书具有以下理论价值。

第一，首次系统讨论了外国直接投资结构对东道国国家能力的影响，为国家能力的来源提供了一个来自跨国经济联系的新解释。国家理论对于政治学而言具有根本性意义。[14]国家能力则是国家理论中最为重要的议题之一。对于全球化时代的广大发展中国家，跨国经济联系在其国家能力建设中所扮演的角色尚未被充分挖掘。本书聚焦跨国联系中的外国直接投资，探究了外国直接投资的结构对发展中东道国国家能力建设的影响。

第二，阐述了外国直接投资多元化程度与东道国国家能力的欧几里得式空间模型，并构建了外国直接投资多元化指数，为研究外国直接投资的国内政治效应提供了新的解释变量和理论机制。当杰弗里·弗里登（Jeffry A. Frieden）和莉萨·马丁（Lisa L. Martin）在21世纪初出版的著作中谈论国际政治经济学作为政治学次级领域的发展状况时，他们注意到与跨国投资的相关议题被学者们所忽略掉了。[15]时至今日，跨国投资的政治学得到了部分学者的重视并出现了一些重要的发展，但国家能力尚未成为跨国投资的解释对象，且外国直接投资结构的影响也有待进一步探讨。在经验上，本书考虑外国投资者数量和投资规模构建了对外国直接投资多元化的测量指数；在理论上，使用欧几里得式空间模型展示了外国直接投资多样性的提升将如何有助于提升东道国国家能力。

第三，重视外国投资者之间的异质性，发掘了中国资本对发展中国家政治发展的意义。归纳新兴的中国投资者与传统的西方七国集团投资者在时间范围、风险容忍度和投资者—东道国政府关系上的区别，并指出中国投资者相对占比的增加从长期而言将有助于提升发展中东道国国家能力。已有的研究通常将外国直接投资视为同质的，随着发展中国家对外直接投资的增加，这种处理方式愈发显得粗糙。已有研究注意到中国资本对发展中国家经济发展的意义[16]，本书则揭示了中国资本对发展中国家能力建设的助益。作为世界主要投资输出国，研究中国对外直接投资的特质孕育着新的理论增长点。

如果理论所揭示的因果关系在一定程度上符合现实，那么就会对实践产生启示，但这并不意味着能够给出具体的政策建议和行动方案。[17]识别出经济繁荣更深层次的决定因素并不能保证给我们清晰的政策建议。例如，发现法治与发展有因果关系并不意味着我们实际上知道如何在特定国家的特定条件下增进法治。[18]在此意义上，本项研究将国家能力视为内生变量的做法可能更显志向远大。基于理论发现有以下两方面的实践含义。

一方面，发展中国家在融入全球化的同时可以统筹兼顾国家能力建设。在面对外国投资者时，雷蒙德·弗农（Raymond Vernon）曾悲观地指出发展中国家所面临的"主权困境"。为了弥补国内资本的不足，发展中国家不得不将一部分主权让渡给跨国公司，进而削弱了国家管理经济事务的能力。[19]一些颇具现实关怀的依附论者亦将外国投资者视为对东道国的剥削。[20]重商主义者则将跨国公司的海外经营行为视作母国国家利益和外交政策的延伸。[21]不过基于本书中的理论机制，发展中国家在融入全球化的过程中仍然可以保持甚至扩大相对于外国投资者的议价能力，其要旨在于提高外资结构的多元化程度。而这需要通过逐步且普惠的推进对外开放来实现。

另一方面，中国资本"走出去"可以对广大发展中国家的经济发展与国家治理作出积极贡献。分析一个国家的崛起要看两个方面，首先是综合国力；其次是与外部世界的关系。就国际影响力而言，中国是一个十分特殊的地区性大国，是一个具有全球性影响的地区性大国。[22]愈来愈多的中国企业走出去重塑了全球外国直接投资市场，使得发展中国家，尤其是最不发达国家，在设法通过外部资本弥补本国的投资不足时拥有了新的不同于西方传统资本的外部选项。或许出于政治意识形态和经济利益竞争等考虑，中国企业在发展中世界的投资遭受了诸多不实宣传和报道，这甚至使得一些发展中东道国对中国资本产生了先入为主的消极看法。而基于本书的发现，中国资本的加入增加了一国的外资多元化程度，进而有助于提升东道国政府的议价能力；且中国资本平均而言更长的时间范围、更高的风险容忍度和更密切的投资者—东道国政府关系则有助于东道国在更长时间尺度上和更大的操作空间中规划和发展其国家能力。此外，部分由于中国资本所产生的竞争和示范效应，美国和日本等传统投资者也开始更加明确地鼓励参与发展中国家的基础设施项目。[23]因此，需要通过更多渠道和机制加强与其他主要资本输出国和发展中东道国的交流与合作，更充分地挖掘中国资本对发展中世界的价值。

第三节 有待深化研究的问题

毫无疑问，对于外国直接投资结构与东道国国家能力的研究，本书的理论不可能面面俱到，经验检验也不可能一劳永逸。"知识增时只益疑"，在本书基础上还有许多值得进一步探讨的议题。

其一，外国直接投资对地方政府治理能力的影响。在本书中，国家指的是作为行为体的中央政府。尽管中央政府十分重要，但讨论国家能力在一国之内的区域差异性也很重要。例如王裕华、竺波亮、叶静和耿曙讨论了外国直接投资对中国不同地区腐败程度和劳工福利的影响。[24]加菲亚斯论证了墨西哥的精英竞争对其不同州国家能力的影响。[25]阿西莫格鲁等讨论了国家能力对哥伦比亚不同省经济发展的影响。[26]印度和巴西等国家也被认为适合进行有关国家能力的次国家分析（sub-national analysis）。[27]部分学者的研究成果为测量一国之内国家能力差异提供了启示。[28]可进一步分析外国直接投资对同一国家内不同地区国家能力产生的异质性影响。

其二，外国直接投资结构的其他方面对东道国国家能力的影响。一国的外资结构当然包括除多元化程度和不同类型投资者相对占比以外的刻画方式。例如，东道国外国直接投资的行业构成和所有制构成也可以视作外资结构的重要维度。但这需要更高精度的数据收集加以支持。对相关问题的讨论有助于进一步为本项研究提供基于企业和行业特质的微观基础，深化我们对跨国政商关系的机制化理解。

其三，外国间接投资和外国援助等资本流动对东道国国家能力的影响。既有研究揭示了外国直接投资与外国间接投资、外国援助的联系和区别。研究者也在外国援助领域注意到中国资本所带来的更大的财政自由度。[29]本项研究对外国直接投资的适用性能否推广到其他的跨国资本流动形式值得进一步验证。

其四，不同国家的外国直接投资结构存在差异的原因。本项研究将东道国外资结构的多元化程度和不同类型外国投资者的相对占比视为外生因素。可以进一步探讨为什么不同东道国会拥有不同的外资结构，即将本书的核心解释变量内生化。为讨论此问题，我们需要更进一步地打开国家的"黑箱"，采用战略选择路径（strategic choice approach）探讨东道国内部不同行为体对不同类型外国投资者的偏好，以及战略环境对其实现偏好所产生的影响，这也有助于为各国不同的外资政策提供一种新解释。

其五，中国企业对外投资的行为模式。本书提供的初步证据显示，中国投资者总体上不倾向于选择外资多元化程度已经较高的东道国，而是选择开辟其他"蓝海"。甚至中国投资者在进行区位选择时并不一定青睐国家能力较高的东道国，但是中国在国家能力较低的东道国的投资从长期来看却能使后者的国家能力得到提升。其中或许反映出中国与西方资本不同的投资策略，未来需要进一步理论化。

注释

1. 转引自：[美]加里·金、[美]罗伯特·基欧汉、[美]悉尼·维巴：《社会科学中的研究设计》，陈硕译，上海：格致出版社、上海人民出版社 2014 年版，第 5 页。

2. David A. Lake and Christopher J. Fariss, "Why International Trusteeship Fails: The Politics of External Authority in Areas of Limited Statehood," *Governance: An International Journal of Policy, Administration, and Institutions*, Vol.27, No.4, 2014, p.569.

3. [美]约瑟夫·R.斯特雷耶：《现代国家的起源》，华佳、王夏、宗福常译，上海：格致出版社、上海人民出版社 2011 年版，第 1 页。

4. 郭忠华、郭台辉编：《当代国家理论：基础与前沿》，广州：广东人民出版社 2017 年版。

5. 探讨国内政治的国际起源也被称为是"颠倒的第二意向"。参见 Peter Gourevitch, "The Second Image Reversed: The International Sources of Domestic Politics," *International Organization*, Vol.32, No.4, 1978, pp.881—912。

6. 关于开放经济政治学，可参见 David A. Lake, "International Political Economy: A Maturing Interdiscipline," in Barry R. Weingast and Donald A. Wittman, eds., *The Oxford Handbook of Political Economy*, Oxford: Oxford University Press, 2006, pp.757—777; David A. Lake, "Open Economy Politics: A Critical Review," *Review of International Organizations*, Vol.4, No.3, 2009, pp.219—244。

7. 在图 6.1 中，将外国直接投资作为被解释变量的研究可属于第二、四、六类，即分别从国际政治、国内政治和国内经济的角度解释对外直接投资行为。第二类的代表性研究包括双边投资协定的承诺可信性与外国直接投资；国家间竞争性自由化与外国直接投资。第四类的代表性研究包括政体类型、政府质量与外国直接投资。第六类的代表性研究包括产品

225

周期论、垂直一体化工业组织理论、国际生产折衷理论、企业战略理论和异质性企业理论。相关文献参见 Jonathan Bonnitcha，Lauge N. Skovgaard Poulsen and Michael Waibel，*The Political Economy of the Investment Treaty Regime*，New York: Oxford University Press，2017，pp.155—180；Arusha Cooray，Artur Tamazian，and Krishna Chaitanya Vadlamannati，"What Drives FDI Policy Liberalization? An Empirical Investigation，" *Regional Science and Urban Economics*，Vol.49，2014，pp.179—189；Quan Li and Adam Resnick，"Reversal of Fortunes: Democracy，Property Rights and Foreign Direct Investment Inflows in Developing Countries，" *International Organization*，Vol.57，No.1，2003，pp.175—211；Joshua Aizenman and Mark M. Spiegel，"Institutional Efficiency，Monitoring Costs and the Investment Share of FDI，" *Review of International Economics*，Vol.14，No.4，2006，pp.683—697；Raymond Vernon，"International Investment and International Trade in the Product Cycle，" *Quarterly Journal of Economics*，Vol.80，No.2，1966，pp.190—207；Raymond Vernon，*Sovereignty at Bay: The Miltinational Spread of U.S. Enterprises*，New York: Basic Books，1971；Mark Casson，ed.，*The Growth of International Business*，London: George Allen and Unwin，1983；Richard E. Caves，*Multinational Enterprise and Economic Analysis*，New York: Cambridge University Press，1982；John H. Dunning，*International Production and the Multinational Enterprise*，London: George Allen and Unwin，1981；Michael E. Porter，*The Competitive Advantage of Nations*，New York: Free Press，1990；Marc J. Melitz，"The Impact of Trade on Intra-Industry Re-Allocation and Aggregate Industrial Productivity，" *Econometrica*，Vol.71，No.6，2003，pp.1695—1725；Elhanan Helpman，Marc J. Melitz and Stephen R. Yeaple，"Export versus FDI with Heterogeneous Firms，" *American Economic Review*，Vol.94，No.1，2004，pp.300—316。

8. 第二代国际政治经济学不再局限于对国际层次政治与经济互动的分析，而是更多地强调国内层次和国际层次的关联性及跨层次的政治与经济互动，这也使得国际政治经济学与比较政治学的研究领域进一步融合。

9. 王正毅:《超越"吉尔平式"的国际政治经济学——1990 年代以来 IPE 及其在中国的发展》，载《国际政治研究》2006 年第 2 期，第 22—39 页。Robert O. Keohane，"The Old IPE and the New，" *Review of International Political Economy*，Vol.16，No.1，2009，pp.34—46. David A. Lake，"Open Economy Politics: A Critical Review，" *Review of International Organizations*，Vol.4，No.3，pp.219—244. 李巍:《国际政治经济学的演进逻辑》，载《世界经济与政治》2009 年第 10 期，第 68—80 页。[美]本杰明·J. 科恩:《国际政治经济学:学科思想史》，杨毅、钟飞腾译，上海:上海人民出版社 2010 年版。

10. 对开放经济政治学研究此特征的一个批判性回顾，可参见陈兆源:《逆全球化动向的国内政治效应:核心议题与理论契机》，载《教学与研究》2018 年第 10 期，第 64—70 页。

11. Gary King，Robert O. Keohane，and Sidney Verba，*Designing Social Inquiry: Scientific Inference in Qualitative Research*，Princeton: Princeton University Press，1994，p.15. Gary King，Robert O. Keohane，and Sidney Verba，"The Importance of Research Design in Political Science，" *American Political Science Review*，Vol.89，No.2，1995，pp.475—481.

12. Benjamen J. Cohen，"Are IPE Journals Becoming Boring?" *International Studies Quarterly*，Vol.54，No.3，2010，pp.887—891.

13. Stephen Chaudoin，Helen V. Milner and Xun Pang，"International Systems and Domestic Politics: Linking Complex Interactions with Empirical Models in International Relations，" *International Organization*，Vol.69，No.2，2015，pp.275—309.

14. 张长东:《比较政治学视角下的国家理论发展》，载俞可平主编:《北大政治学评论(第三辑)》，北京:商务印书馆 2018 年版，第 197 页。

15. Jeffry A. Frieden and Lisa L. Martin，"International Political Economy: The State of the

Sub-Discipline," in Ira Katznelson and Helen Milner, *Political Science*：*The State of the Discipline*, New York：W.W. Norton, 2002, pp.118—146.

16. Dic Lo, "Towards a Conception of the Systemic Impact of China on Late Development," *Third World Quarterly*, Vol.41, No.5, 2020, pp.860—880. Christina Wolf and Sam-Kee Cheng, "Chinese FDI in Angola and Ethiopia：Between Flying Geese and Resource Colonialism?" IDCEA Working Paper, No.2, 2018, https：//www.soas.ac.uk/idcea/publications/working-papers/file139040.pdf. Christina Wolf and Sam-Kee Cheng, "Chinese Overseas Contracted Projects and Economic Diversification in Angola and Ethiopia 2000—2017," IDCEA Working Paper, No.3, 2018, https：//www.soas.ac.uk/idcea/publications/working-papers/file139041.pdf. Carlos Oya, "Labour Regimes and Workplace Encounters Between China and Africa," IDCEA Working Paper, No.5, 2018, http：//econ.ruc.edu.cn/docs/2019-11/2511c42556254cb6a0ca2a6b6fa8c3ab.pdf. Carlos Oya and IDCEA Team, "Researching Chinese Firms and Employment Dynamics in Sub-Sahara Africa：Context, Analytical Framework and Research Design," IDCEA Research Design and Concept Paper, 2019, http：//econ.ruc.edu.cn/docs/2019-11/9bbe6cf3d4ef43afa86b51ed636cf12f.pdf.

17. 刘丰：《国际关系理论研究的困境、进展与前景》,载《外交评论》2017 年第 1 期,第 37 页。

18. Dani Rodrik and Arvind Subramanian, "Institutions Rule：The Primacy of Institutions Over Geography and Integration in Economic Development," *Journal of Economic Growth*, Vol.9, No.2, 2004, p.137.

19. Raymond Vernon, *Sovereignty at Bay*：*The Multinational Spread of U.S. Enterprises*, New York：Basic Books, 1971.

20. Theotonio Dos Santos, "The Structure of Dependence," *American Economic Review*, Vol.60, No.2, 1970, pp.231—236.

21. [美]罗伯特·吉尔平：《跨国公司与美国霸权》,钟飞腾译,北京：东方出版社 2011 年版。

22. 宋新宁：《国际政治经济与中国对外关系》,香港：香港社会科学出版社 1997 年版,第 220—282 页。

23. 黄继朝、陈兆源：《竞争与差异化：日本对东南亚基础设施投资的策略选择》,《日本学刊》2022 年第 2 期,第 64—90 页。刘飞涛：《美国"印太"基础设施投资竞争策略》,载《国际问题研究》2019 年第 4 期,第 1—20 页。贺嘉洁：《角力湄公河：中国、日本和印度在湄公河次区域的基础设施投资比较研究》,载《东南亚纵横》2019 年第 4 期,第 22—29 页。赵洪：《中日对东南亚基础设施投资竞争及其影响》,载《国际论坛》2018 年第 2 期,第 39—45 页。Timur Dadabaev, "Japanese and Chinese Infrastructure Development Strategies in Central Asia," *Japanese Journal of Political Science*, Vol.19, No.3, 2018, pp.542—561. 在发展金融领域,研究发现,亚洲基础设施投资银行使得相关国际机制改变其政策来适应中国的规范,中国投资者的做法也同样会对其他国家投资者产生影响,参见 Zhongzhou Peng and Sow Keat Tok, "The AIIB and China's Normative Power in International Financial Governance Structure," *Chinese Political Science Review*, Vol.1, No.4, 2016, pp.736—753。

24. Yuhua Wang, *Tying the Autocrat's Hands*：*The Rise of the Rule of Law in China*, New York：Cambridge University Press, 2015. Boliang Zhu, "MNCs, Rents, and Corruption：Evidence from China," *American Journal of Political Science*, Vol.61, No.1, 2017, pp.84—99. 叶静、耿曙：《全球竞争下劳工福利"竞趋谷底"? ——发展路径、政商关系与地方社保体制》,载《中国社会科学（内部文稿）》2013 年第 1 期,第 133—151 页。

25. Francisco Garfias, "Elite Competition and State Capacity Development：Theory and Evi-

dence from Post-Revolutionary Mexico," *American Political Science Review*, Vol. 112, No. 2, 2018, pp. 339—357.

26. Daron Acemoglu, Camilo Garcia-Jimeno, and James A. Robinson, "State Capacity and Economic Development: A Network Approach," *The American Economic Review*, Vol. 105, No. 8, 2015, pp. 2364—2409.

27. Sumit Ganguly and William R. Thompson, *Ascending India and Its State Capacity: Extraction, Violence, and Legitimacy*, New Haven: Yale University Press, 2017. Peter B. Evans, *Dependent Development: The Alliance of Multinational, State, and Local Capital in Brazil*, Princeton: Princeton University Press, 1979.

28. Juan Pablo Luna and Hillel David Soifer, "Capturing Sub-National Variation in State Capacity: A Survey-Based Approach," *American Behavioral Scientist*, Vol. 61, No. 8, 2017, pp. 887—907. Erik Wibbel, "Seeing the State: Measuring State Capacity Across Geography," Working Paper, 2019, https://sites. duke. edu/statecapacity/files/2019/04/Wibbels-2019-Measuring-State-Capacity. pdf.

29. Matilda Dunfjäll, "Sino-African Relations and ODA in the Twenty-First Century: Chinese Aid and Public Expenditure in Education and Health Sectors of Sub-Saharan African Nations," *Chinese Political Science Review*, Vol. 4, No. 3, 2019, pp. 375—402.

附　录

1. 国家列表

附表 1.1　发展中国家列表

国家总数（N = 135）		按英文名称排序
阿富汗*	格林纳达	帕劳
阿尔及利亚	危地马拉	巴拿马
安哥拉*	几内亚*	巴布亚新几内亚
安提瓜和巴布达	几内亚比绍*	巴拉圭
阿根廷	圭亚那	秘鲁
巴哈马	海地*	菲律宾
巴林	洪都拉斯	卡塔尔
孟加拉国*	印度	卢旺达*
巴巴多斯	印度尼西亚	萨摩亚
伯利兹	伊朗	圣多美和普林西比民主共和国*
贝宁*	伊拉克	沙特阿拉伯
不丹*	以色列	塞内加尔*
玻利维亚	牙买加	塞舌尔
博茨瓦纳	约旦	塞拉利昂
巴西	肯尼亚	新加坡
文莱	基里巴斯*	所罗门群岛*
布基纳法索*	朝鲜	索马里*

（续表）

国家总数（N = 135）		按英文名称排序
布隆迪*	科威特	南非
柬埔寨*	老挝*	韩国
喀麦隆	黎巴嫩	南苏丹*
佛得角	莱索托*	斯里兰卡
中非共和国*	利比里亚*	圣基茨和尼维斯
乍得*	利比亚	圣卢西亚
智利	马达加斯加*	圣文森特和格林纳丁斯
中国	马拉维*	苏丹
哥伦比亚	马来西亚	苏里南
科摩罗*	马尔代夫	叙利亚
刚果共和国*	马里*	坦桑尼亚*
刚果民主共和国	马绍尔群岛	泰国
哥斯达黎加	毛里塔尼亚*	东帝汶*
科特迪瓦	毛里求斯	多哥*
古巴	墨西哥	汤加
吉布提*	密克罗尼西亚	特立尼达和多巴哥
多米尼克	蒙古国	突尼斯
多米尼加共和国	摩洛哥	土耳其
厄瓜多尔	莫桑比克*	图瓦卢*
埃及	缅甸*	乌干达*
萨尔瓦多	纳米比亚	阿拉伯联合酋长国
赤道几内亚	瑙鲁	乌拉圭
厄立特里亚*	尼泊尔*	瓦努阿图*
埃塞俄比亚*	尼加拉瓜	委内瑞拉

（续表）

国家总数（N = 135）		按英文名称排序
斐济	尼日尔*	越南
加蓬	尼日利亚	也门*
冈比亚*	阿曼	赞比亚*
加纳	巴基斯坦	津巴布韦

注：根据联合国相关标准整理而得。参见 United Nations，*World Economic Situation and Prospects*，New York：United Nations，2019，Statistical annex。其中"*"标记为最不发达国家（LDCs）。

附表 1.2　发达国家列表

国家总数（N = 36）		按英文名称排序
澳大利亚	德国	新西兰
奥地利	希腊	挪威
比利时	匈牙利	波兰
保加利亚	冰岛	葡萄牙
加拿大	爱尔兰	罗马尼亚
克罗地亚	意大利	斯洛伐克
塞浦路斯	日本	斯洛文尼亚
捷克	拉脱维亚	西班牙
丹麦	立陶宛	瑞典
爱沙尼亚	卢森堡	瑞士
芬兰	马耳他	英国
法国	荷兰	美国

注：根据联合国相关标准整理而得。参见 United Nations，*World Economic Situation and Prospects*，New York：United Nations，2019，Statistical annex。

附表 1.3　转型国家列表

国家总数(N = 17)		按英文名称排序
阿尔巴尼亚	哈萨克斯坦	塞尔维亚
亚美尼亚	吉尔吉斯斯坦	塔吉克斯坦
阿塞拜疆	北马其顿共和国	土库曼斯坦
白俄罗斯	摩尔多瓦	乌克兰
波斯尼亚和黑塞哥维那	黑山	乌兹别克斯坦
格鲁吉亚	俄罗斯	

注:根据联合国相关标准整理而得。参见 United Nations, *World Economic Situation and Prospects*, New York: United Nations, 2019, Statistical annex。

附表 1.4　经济合作与发展组织(OECD)成员国列表

国家总数(N = 36)		按英文名称排序
澳大利亚	匈牙利	挪威*
奥地利*	冰岛*	波兰
比利时*	爱尔兰*	葡萄牙*
加拿大*	以色列	斯洛伐克
智利	意大利*	斯洛文尼亚
捷克	日本	韩国
丹麦*	拉脱维亚	西班牙*
爱沙尼亚	立陶宛	瑞典*
芬兰	卢森堡*	瑞士*
法国*	墨西哥	土耳其*
德国*	荷兰*	英国*
希腊*	新西兰	美国*

注:统计截止至 2020 年 2 月,其中"*"标记表示该国为经济合作与发展组织(OECD)创始成员。根据 OECD 官网相关资料整理而得。资料来源:https://www.oecd.org/about/members-and-partners/。

附表 1.5　发展中国家外国直接投资存量的类别

按中文名称排序

国家总数（N = 132）

高,高 (20)	高,中 (13)	高,低 (0)	中,高 (11)	中,中 (42)		中,低 (13)	低,高 (2)	低,中 (12)	低,低 (19)
安提瓜和巴布达	佛得角		阿曼	阿根廷	毛里求斯	多哥	阿联酋	阿尔及利亚	阿富汗
巴巴多斯	刚果共和国		多米尼克	埃及	毛里塔尼亚	厄立特里亚	卡塔尔	东帝汶	埃塞俄比亚
巴哈马	圭亚那		哥斯达黎加	安哥拉	秘鲁	刚果民主共和国		菲律宾	巴基斯坦
巴林	利比里亚		格林纳达	巴布亚新几内亚	缅甸	津巴布韦		韩国	贝宁
巴拿马	密克罗尼西亚		马尔代夫	巴拉圭	摩洛哥	马达加斯加		喀麦隆	不丹
伯利兹	莫桑比克		马来西亚	巴西	墨西哥	马拉维		科威特	布基纳法索
赤道几内亚	纳米比亚		沙特阿拉伯	玻利维亚	南非	马里		斯里兰卡	布隆迪
斐济	圣多美和普林西比		苏里南	博茨瓦纳	尼加拉瓜	尼日尔		图瓦卢	朝鲜
黎巴嫩	所罗门群岛		文莱	多米尼加共和国	尼日利亚	塞拉利昂		土耳其	海地
马绍尔群岛	突尼斯		乌拉圭	厄瓜多尔	萨尔瓦多	索马里		伊拉克	基里巴斯
蒙古国	瓦努阿图		以色列	冈比亚	萨摩亚	坦桑尼亚		伊朗	几内亚
帕劳	约旦			哥伦比亚	苏丹	乌干达		中国	几内亚比绍

（续表）

国家总数（N = 132）　按中文名称排序

高,高 (20)	高,中 (13)	高,低 (0)	中,高 (11)	中,中 (42)		中,低 (13)	低,高 (2)	低,中 (12)	低,低 (19)
塞舌尔	赞比亚			洪都拉斯	泰国	中非共和国			科摩罗
圣基茨和尼维斯				吉布提	汤加				肯尼亚
圣卢西亚				加纳	危地马拉				卢旺达
圣文森特和格林纳丁斯				加蓬	委内瑞拉				孟加拉国
特立尼达和多巴哥				柬埔寨	叙利亚				尼泊尔
新加坡				科特迪瓦	也门				塞内加尔
牙买加				莱索托	印度尼西亚				印度
智利				老挝	越南				
				利比亚	乍得				

注：类别前者指存量占 GDP 的比，后者指存量人均值。分类依据和数据来源详见第一章表 1.1。括号中为各类国家总计数量。

附表 1.6　外资结构中包含的国家

国家总数（N = 37）		按英文名称排序
澳大利亚	匈牙利	挪威
奥地利	冰岛	波兰
比利时	爱尔兰	葡萄牙
加拿大	以色列	斯洛伐克
智利	意大利	斯洛文尼亚
中国	日本	西班牙
捷克	韩国	瑞典
丹麦	拉脱维亚	瑞士
爱沙尼亚	立陶宛	土耳其
芬兰	卢森堡	英国
法国	墨西哥	美国
德国	荷兰	
希腊	新西兰	

注：笔者自制。

2. 数据库

附表 2.1　发展中国家外国直接投资存量占 GDP 的比和人均值（1980—2018 年）

国　家	FDI 占 GDP 百分比（%）	人均 FDI 存量（美元）
阿富汗	3.692 193	16.968 22
阿尔及利亚	8.632 189	309.037 8
安哥拉	37.232 27	694.438 2
安提瓜和巴布达	50.451 05	6 549.743
阿根廷	17.430 22	1 410.339
巴哈马	79.083 4	22 430.97
巴林	58.370 97	10 551.83
孟加拉国	4.414 717	31.020 31
巴巴多斯	53.915 63	8 290.492

（续表）

国　家	FDI 占 GDP 百分比（％）	人均 FDI 存量（美元）
伯利兹	61.805 89	2 611.572
贝宁	8.864 392	65.539 94
不丹	2.932 184	62.175 6
玻利维亚	37.857 48	583.030 3
博茨瓦纳	26.855 12	1 280.439
巴西	19.020 07	1 396.447
文莱	30.686 76	8 198.874
布基纳法索	5.730 537	32.410 58
布隆迪	4.223 627	7.970 607
柬埔寨	43.153 53	358.340 6
喀麦隆	10.243 46	119.912 9
佛得角	43.590 75	1 308
中非共和国	17.172 49	67.596 81
乍得	35.256 63	199.980 4
智利	61.809 29	5 963.371
中国	11.405 65	333.381 9
哥伦比亚	23.591 85	1 228.178
科摩罗	5.616 26	69.016 39
刚果共和国	66.548 87	1 307.996
刚果民主共和国	23.148 82	89.835 53
哥斯达黎加	32.667 13	2 466.897
科特迪瓦	21.370 96	229.708 7
古巴	.	.
吉布提	42.970 97	614.589 2
多米尼克	53.098 42	3 554.582
多米尼加共和国	28.454 84	1 521.98

国　　家	FDI占GDP百分比（％）	人均FDI存量（美元）
厄瓜多尔	18.587 23	611.370 8
埃及	29.939 25	527.764 9
萨尔瓦多	23.086 33	681.461 8
赤道几内亚	68.151 79	5 173.537
厄立特里亚	26.284 31	110.737 1
埃塞俄比亚	13.131 52	49.249 5
斐济	49.964 73	1 976.167
加蓬	23.377 47	1 767.051
冈比亚	23.541 55	192.333 1
加纳	18.540 05	312.707 6
格林纳达	70.748 97	6 584.913
危地马拉	18.491 4	408.923 7
几内亚	12.583 25	85.380 91
几内亚比绍	6.715 868	35.077 26
圭亚那	63.868 6	1 696.54
海地	6.951 067	45.361 35
洪都拉斯	30.757 8	562.574
印度	6.697 192	84.234 7
印度尼西亚	14.852 16	349.679 6
伊朗	5.272 947	243.150 3
伊拉克	3.753 205	127.722 8
以色列	19.146 6	5 712.142
牙买加	56.398 64	2 443.291
约旦	57.777 66	1 723.13
肯尼亚	9.282 609	89.011 46
基里巴斯	4.387 187	64.248 39

（续表）

国　家	FDI 占 GDP 百分比（%）	人均 FDI 存量（美元）
朝鲜	1.427 786	9.005 951
科威特	4.387 211	1 587.99
老挝	23.744 04	263.536 7
黎巴嫩	73.538 07	5 348.091
莱索托	24.960 84	191.595 7
利比里亚	585.651 2	1 460.681
利比亚	20.100 01	1 146.245
马达加斯加	19.893 96	95.386 54
马拉维	13.690 41	46.174 77
马来西亚	38.111 32	2 442.67
马尔代夫	31.742 49	2 316.253
马里	14.466 55	86.449 07
马绍尔群岛	62.340 69	2 048.77
毛里塔尼亚	48.184	526.895 5
毛里求斯	18.206 2	1 412.392
墨西哥	23.970 13	1 983.363
密克罗尼西亚	42.812 08	1 332.285
蒙古国	88.970 96	2 246.258
摩洛哥	31.886 83	783.038 5
莫桑比克	66.086 16	298.319 2
缅甸	32.810 94	170.460 5
纳米比亚	44.420 6	1 421.856
瑙鲁	.	.
尼泊尔	1.990 287	11.809 36
尼加拉瓜	36.923 44	589.834 8
尼日尔	26.356 76	91.820 43

（续表）

国　家	FDI 占 GDP 百分比（％）	人均 FDI 存量（美元）
尼日利亚	22.907 86	271.268 1
阿曼	19.872 38	2 661.16
巴基斯坦	9.420 917	88.915 34
帕劳	77.301 79	7 963.835
巴拿马	58.336 65	4 343.91
巴布亚新几内亚	20.698 51	353.414 2
巴拉圭	14.201 25	369.196
秘鲁	22.865 82	1 026.521
菲律宾	13.694 18	253.269 9
卡塔尔	13.331 04	7 435.354
卢旺达	6.964 932	39.601 05
萨摩亚	20.833 97	521.208 5
圣多美和普林西比	58.997 99	819.087 1
沙特阿拉伯	18.370 48	3 074.477
塞内加尔	8.508 432	97.736 22
塞舌尔	110.664 1	12 823.45
塞拉利昂	25.067 54	90.344 89
新加坡	195.318 2	81 661.64
所罗门群岛	42.927 68	607.908 7
索马里	38.787 62	42.994 91
南非	28.516 65	1 510.53
韩国	8.744 555	1 788.492
南苏丹	.	.
斯里兰卡	11.225 72	225.039 9
圣基茨和尼维斯	152.669 3	23 673.14
圣卢西亚	49.835 76	4 055.404

（续表）

国　　家	FDI占GDP百分比(%)	人均FDI存量(美元)
苏丹	16.201 87	227.529 9
苏里南	34.473 92	2 656.408
叙利亚	17.794 38	231.664 3
坦桑尼亚	21.090 55	136.304 2
泰国	28.596 49	1 233.908
东帝汶	5.363 013	154.456
多哥	19.095 46	97.641 66
汤加	37.070 38	1 327.854
特立尼达和多巴哥	65.985 81	6 541.423
突尼斯	60.911 05	1 864.123
土耳其	12.589 05	1 066.676
图瓦卢	10.379 38	348.122 4
乌干达	18.618 4	102.180 1
阿拉伯联合酋长国	12.655 89	5 021.455
乌拉圭	22.975 2	2 840.713
瓦努阿图	50.016 56	1 302.285
委内瑞拉	18.347 07	1 008.436
越南	38.710 21	433.598 6
圣文森特和格林纳丁斯	127.902 4	8 810.353
也门	16.150 44	106.022 2
赞比亚	74.219 87	552.629 3
津巴布韦	14.940 6	120.113 3

　　注:各国相关数值取1980年至2018年间可得数据的平均值,根据UNCTAD数据库计算而得。按英文名称排序,缺失值用"."表示。

附表 2.2　各国国家代码与被解释变量、解释变量对应值

国　家	国家代码	国家能力	人口普查	新生儿死亡率	FDI 多元化指数	中国资本相对占比
巴哈马	31	·	1	8.606 667	1.758 065	0.000 900 1
古巴	40	0.062 386	·	4.043 334	1.818 233	0.598 878 9
海地	41	−1.471 483	0.588 235 3	30.7	1.377 314	0
多米尼加共和国	42	−0.087 397 5	1	22.873 33	2.761 56	0.000 094
牙买加	51	0.253 066 5	1	15.493 33	1.659 064	0.131 764 6
特立尼达和多巴哥	52	0.623 010 8	1	16.683 33	1.847 618	0.014 246 9
巴巴多斯	53	·	1	9.64	1.380 04	0.000 180 4
多米尼克	54	·	1	15.12	1.487 25	0.130 039 3
格林纳达	55	·	1	8.9	1.422 475	0.263 076 2
圣卢西亚	56	·	1	12.403 33	1.280 422	0.001 177 8
圣文森特和格林纳丁斯	57	·	1	12.56	1.927 011	0.503 926 6
安提瓜和巴布达	58	·	·	8.273 334	1.484 627	0.022 054
圣基茨和尼维斯	60	·	1	13.043 33	1.154 824	0
墨西哥	70	0.210 680 1	1	12.466 67	2.901 865	0.001 4
伯利兹	80	·	1	11.913 33	1.525 965	0.000 524 4

（续表）

国家	国家代码	国家能力	人口普查	新生儿死亡率	FDI多元化指数	中国资本相对占比
危地马拉	90	−0.252 928 2	1	19.736 67	2.726 835	0.000 103 4
洪都拉斯	91	−0.333 753 6	0.882 352 9	15.766 67	1.818 844	0.003 562 8
萨尔瓦多	92	−0.017 031	0.235 294 1	13.533 33	1.539 212	4.08E-07
尼加拉瓜	93	−0.148 484 4	0.058 823 5	14.463 33	1.982 449	0.001 348 2
哥斯达黎加	94	0.296 166 4	0.882 352 9	7.363 333	2.669 659	0.001 715 7
巴拿马	95	0.367 931 2		13.14	2.867 75	0.010 689 7
哥伦比亚	100	0.420 251 2	1	12.55	4.112 32	0.006 729 9
委内瑞拉	101	0.111 639	1	11.873 33	3.152 964	0.040 515 5
圭亚那	110	−0.445 33	1	25.266 67	1.454 787	0.318 322 7
苏里南	115	·	0.529 411 8	16.603 33	1.338 973	0.364 606 2
厄瓜多尔	130	0.281 027 4	1	13.483 33	2.881 815	0.088 966 2
秘鲁	135	0.158 911 7	1	15.356 67	3.341 694	0.018 516 8
巴西	140	0.619 887 3	1	15.973 33	5.730 772	0.004 075 1
玻利维亚	145	0.075 342 6	0.823 529 4	27.153 33	2.638 654	0.050 718 5
巴拉圭	150	−0.174 517 9	1	16.496 67	2.930 115	0.054 800 1
智利	155	1.302 091	1	5.873 333	3.812 268	0.001 618 8

（续表）

国 家	国家代码	国家能力	人口普查	新生儿死亡率	FDI多元化指数	中国资本相对占比
阿根廷	160	0.216 865 6	1	10.186 67	4.491 035	0.014 114 8
乌拉圭	165	0.984 903 6	1	7.686 666	3.807 441	0.010 469 4
佛得角	402	.	1	16.1	1.207 146	0.174 704 5
圣多美和普林西比民主共和国	403	.	.	20.85	1.376 154	0.288 015 5
几内亚比绍	404	−0.965 425 1	1	51.403 33	1.303 777	0.909 090 9
赤道几内亚	411	−1.134 072	.	40.54	1.425 463	0.082 445 4
冈比亚	420	−0.736 594 4	1	37.373 33	1.526 83	0.439 282 4
马里	432	−0.962 479 4	1	47.76	1.584 348	0.263 565 6
塞内加尔	433	−0.524 839 7	0.941 176 5	32.52	1.388 003	0.017 179 1
贝宁	434	−0.955 747 2	0.823 529 4	38.166 67	1.948 358	0.296 918 2
毛里塔尼亚	435	−0.788 446 3	1	41.376 67	1.490 641	0.467 413
尼日尔	436	−1.050 743	1	39.086 67	1.605 96	0.304 489 4
科特迪瓦	437	−0.874 324 9	.	43.3	2.395 653	0.018 534 2
几内亚	438	−0.997 657 8	0.588 235 3	44.15	1.811 611	0.445 232 4
布基纳法索	439	−0.730 335 9	1	36.593 33	1.327 402	0.000 473 1
利比里亚	450	−1.588 289	0.588 235 3	39.99	2.751 088	0.065 777

（续表）

国 家	国家代码	国家能力	人口普查	新生儿死亡率	FDI多元化指数	中国资本相对占比
塞拉利昂	451	−1.160 571	0.705 882 4	46.06	2.026 9	0.555 862 7
加纳	452	−0.711 517 1	0.705 882 4	33.846 67	2.604 922	0.070 338 8
多哥	461	−1.154 713	0.352 941 2	33.746 67	1.592 408	0.373 497 8
喀麦隆	471	−0.614 067 7	0.705 882 4	33.956 67	2.007 728	0.048 353 2
尼日利亚	475	−1.059 458	0	43.743 33	2.671 752	0.037 876 9
加蓬	481	−0.248 678 4	1	27.136 67	1.713 222	0.042 236 8
中非共和国	482	−1.486 055	0.823 529 4	48.11	1.344 341	0.344 144 4
乍得	483	−1.399 404	1	42.633 33	1.515 505	0.267 401 9
刚果共和国	484	−0.793 128	0	25.95	1.405 195	0.047 226 6
刚果民主共和国	490	−1.432 717	·	36.17	1.848 843	0.424 476 7
乌干达	500	−0.850 362 2	1	29.49	2.002 535	0.227 402 4
肯尼亚	501	−0.304 18	1	25.2	3.255 079	0.108 049 7
坦桑尼亚	510	−0.853 157 6	1	30.553 33	3.050 976	0.270 954 3
布隆迪	516	−1.214 094	0.823 529 4	32.986 67	1.761 974	0.513 069 9
卢旺达	517	−0.718 109 9	0.882 352 9	31.85	1.545 448	0.607 673 9
索马里	520	−2.523 221	0.647 058 8	43.12	1.271 789	0

（续表）

国　家	国家代码	国家能力	人口普查	新生儿死亡率	FDI 多元化指数	中国资本相对占比
吉布提	522	−0.453 949 2	0.176 470 6	41.76	1.729 624	0.440 183 2
埃塞俄比亚	530	−0.847 423 3	0.705 882 4	44.286 67	1.840 336	0.397 361 2
厄立特里亚	531	−0.469 879 3	.	25.63	1.612 708	0.455 087 6
安哥拉	540	−0.312 792 4	0	43.946 67	2.887 586	0.043 820 8
莫桑比克	541	−0.956 943 3	0.941 176 5	42.426 67	1.946 783	0.173 106 2
赞比亚	551	−0.452 793 2	1	30.52	1.666 17	0.434 430 2
津巴布韦	552	−0.239 119 8	1	24.63	1.799 882	0.344 272 7
马拉维	553	−0.838 873	1	35.65	1.704 745	0.265 199 9
南非	560	0.817 377 3	1	15.74	3.953 857	0.040 933 6
纳米比亚	565	0.330 89	1	20.803 33	2.027 009	0.275 629 1
莱索托	570	−0.172 169 3	1	38.726 67	1.551 459	0.299 115 2
博茨瓦纳	571	0.694 474 9	1	27.126 67	1.802 611	0.261 757 7
马达加斯加	580	−0.957 902 8	0.411 764 7	29.186 67	1.542 868	0.338 174 9
科摩罗	581	−1.584 653	1	40.106 67	1.114 553	0.471 327 7
毛里求斯	590	0.102 993 9	1	11.263 33	2.758 014	0.021 306

（续表）

国　家	国家代码	国家能力	人口普查	新生儿死亡率	FDI 多元化指数	中国资本相对占比
塞舌尔	591	·	1	9.113 334	2.415 247	0.163 626 9
摩洛哥	600	0.155 555 2	1	24.886 67	2.280 278	0.003 837 4
阿尔及利亚	615	0.150 567 6	1	19.43	2.522 107	0.044 491 5
突尼斯	616	0.205 715 4	0.588 235 3	18.433 33	3.018 742	0.001 584 1
利比亚	620	−0.095 558 2	·	13.186 67	2.628 758	0.029 440 2
苏丹	625	−1.074 658	1	35.773 33	1.311 347	0.613 920 2
南苏丹	626	·	·	51.75	1.118 572	0.977 030 8
伊朗	630	0.288 764 4	1	16.886 67	2.980 301	0.173 402 1
土耳其	640	0.870 818 2	1	16.92	8.057 714	0.008 122
伊拉克	645	−0.716 013	1	21.943 33	1.959 451	0.407 216 2
埃及	651	0.392 809 7	1	20.873 33	3.426 174	0.008 837 5
叙利亚	652	0.293 930 7	1	11.57	1.666 906	0.013 358 6
黎巴嫩	660	0.154 041 9	·	10.54	2.560 407	0.001 204 7
约旦	663	0.751 428 8	0.588 235 3	14.636 67	2.846 133	0.020 375 7
以色列	666	1.779 812	1	3.423 333	2.530 355	0.015 146 4

（续表）

国　家	国家代码	国家能力	人口普查	新生儿死亡率	FDI多元化指数	中国资本相对占比
沙特阿拉伯	670	0.824 492 3	0.823 529 4	11.11	3.979 626	0.021 286 9
也门	679	−0.568 723 6	0.117 647 1	33.86	1.743 49	0.208 548 3
科威特	690	1.328 719	1	6.623 333	2.401 391	0.074 340 9
巴林	692	1.142 65	1	6.106 667	2.943 898	0.007 347 8
卡塔尔	694	1.363 733	0.882 352 9	6.426 667	2.112 048	0.012 465 4
阿拉伯联合酋长国	696	1.475 256	1	5.66	4.088 782	0.035 304 3
阿曼	698	1.248 246	0.176 470 6	8.126 667	2.904 717	0.022 010 7
阿富汗	700	−1.857 113	.	56.286 67	1.522 621	0.673 774 5
中国	710	0.308 408 6	0.941 176 5	16.66	5.235 148	0
蒙古国	712	0.212 454 4	1	20.38	1.950 446	0.576 937 2
朝鲜	731	0.271 893 5	.	20.39	1.233 243	0.532 093
韩国	732	1.377 293	1	3.323 333	4.349 738	0.014 668 1
印度	750	0.032 774 2	1	40.36	5.916 496	0.008 359
不丹	760	−0.399 557 4	0.352 941 2	29.053 33	1.244 203	0
巴基斯坦	770	−0.244 045 3	0.941 176 5	55.62	3.100 22	0.246 330 7

（续表）

国　家	国家代码	国家能力	人口普查	新生儿死亡率	FDI多元化指数	中国资本相对占比
孟加拉国	771	−0.679 605 7	1	38.58	3.430 289	0.093 464 1
缅甸	775	−0.514 037 4	0.529 411 8	34.683 33	1.666 22	0.530 311 5
斯里兰卡	780	0.106 280 8	0.705 882 4	8.593 333	4.222 584	0.134 163 7
马尔代夫	781	.	.	18.546 67	1.677 606	0.213 545
尼泊尔	790	−0.824 697 8	1	37.073 33	1.929 787	0.525 093 2
泰国	800	0.747 847 4	1	11.226 67	3.296 542	0.014 574 5
柬埔寨	811	−0.907 992 2	.	28.996 67	1.931 353	0.494 157
老挝	812	−0.479 335 3	0.647 058 8	34.876 67	1.379 558	0.839 224 2
越南	816	0.014 844 6	.	15.146 67	3.344 723	0.078 261
马来西亚	820	1.095 797	1	5.226 667	5.303 503	0.021 169 8
新加坡	830	2.223 387	1	1.766 667	4.448 162	0.024 600 1
文莱	835	.	.	5.13	1.578 164	0.178 512 4
菲律宾	840	0.117 490 4	1	16.146 67	3.985 245	0.010 041 4
印度尼西亚	850	0.088 187 8	1	21.546 67	4.714 412	0.034 368 7
东帝汶	860	−1.421 187	.	34.373 33	2.019 125	0.642 622 5

（续表）

国　家	国家代码	国家能力	人口普查	新生儿死亡率	FDI 多元化指数	中国资本相对占比
巴布亚新几内亚	910	−0.470 281 3	1	27.36	1.739 472	0.223 871 8
瓦努阿图	935	.	1	13.233 33	1.427 854	0.257 611 3
所罗门群岛	940	−1.803 256	1	12.026 67	1.008 95	0
基里巴斯	946	.	.	28.533 33	1.098 914	1
图瓦卢	947	.	.	22.943 33	1.243 011	0
斐济	950	0.025 658 8	1	10.306 67	1.689 159	0.261 049 4
汤加	955	.	1	7.92	1.507 39	0.460 060 5
瑙鲁	970	.	.	24.856 67	1.055 308	0
马绍尔群岛	983	.	.	18	1.741 251	0.248 521 9
帕劳	986	.	.	14.37	1.796 585	0.728 127 3
密克罗尼西亚	987	.	.	22.593 33	1.237 676	0.789 717 1
萨摩亚	990	.	.	11.36	1.531 784	0.567 496 2

注：国家代码来自战争相关项目（The Correlates of War Project）。各国相关数值为平均值。国家能力数据来自汉森和西格曼数据库（1989 年至 2009 年）。人口普查为虚拟变量，过去 25 年间开展过不少于两次人口普查则取值为 1，否则为 0；数据来自全球人口普查实施数据库（1989 年至 2005 年）。新生儿死亡率指特定年份每千名活产婴儿中满 28 天前死亡的新生儿人数；数据来自世界银行世界发展指标（1989 年至 2018 年）。FDI 多元化指数，中国投资相对占比经笔者计算而得。数据来自 OECD 投资存量数据库及各年度《中国对外直接投资统计公报》（1989 年至 2018 年）。按国家代码升序排列，缺失值用"."表示。

附表 2.3 各国国家能力诸维度测量对应值

国 家	军事人员	军事支出	税收动员	统计能力	工业就业	中学入学率
巴哈马	0.028 881 1	10.471 36	·	·	15.231 59	85.943 13
古巴	4.305 343	13.557 14	·	·	18.609 82	89.714 76
海地	0.669 064	10.628 07	2.5	41.629 63	10.058 23	·
多米尼加共和国	3.255 895	11.889 49	·	72.740 75	20.668 57	70.530 24
牙买加	1.098 612	10.784 69	·	75.703 7	16.014 48	83.823 84
特立尼达和多巴哥	0.960 721 1	11.207 94	·	65.407 41	26.033 45	81.983 79
巴巴多斯	0	9.826 602	·	·	19.542 11	103.461
多米尼克	0	0	3.928 571	54.484 13	·	98.750 67
格林纳达	0	0	3.5	49.920 64	·	110.537 8
圣卢西亚	0	0	4.142 857	60.952 38	20.884 23	79.687 04
圣文森特和格林纳丁斯	0	0.769 310 3	3.892 857	55.873 02	18.694 48	98.089 21
安提瓜和巴布达	0	8.570 067	·	48.253 97	·	107.376 2
圣基茨和尼维斯	0	0	·	55.873 02	·	100.589 9
墨西哥	5.334 368	14.865 23	·	83.925 93	23.089 7	76.744 82
伯利兹	0	9.548 578	·	60.952 38	15.639 05	75.380 8

（续表）

国　家	军事人员	军事支出	税收动员	统计能力	工业就业	中学入学率
危地马拉	3.335 943	11.899 42	.	79.185 19	22.128 14	39.769 53
洪都拉斯	2.488 283	11.243 52	3.785 714	69.777 79	22.116 27	54.045 27
萨尔瓦多	3.067 706	11.811 9	.	85.111 11	23.113 27	63.210 92
尼加拉瓜	2.731 534	10.814 21	4	71.703 7	18.151 23	54.236 41
哥斯达黎加	1.070 149	11.435 45	.	79.925 92	19.808 45	80.272 09
巴拿马	1.240 916	11.928 07	.	75.777 78	16.392 88	67.364 87
哥伦比亚	5.152 381	14.860 49	.	83.629 63	18.932 7	81.191 91
委内瑞拉	4.419 266	14.288 81	.	80.000 01	20.187 04	73.839 2
圭亚那	0.548 741 5	9.199 84	3.5	55.396 83	22.071 29	90.267 6
苏里南	0.779 790 6	10.182 47	.	63.492 07	19.867 73	68.769 78
厄瓜多尔	4.022 605	13.341 71	.	77.925 93	17.947 87	74.032 1
秘鲁	4.675 885	13.843 93	.	86.518 52	14.644 71	83.069 23
巴西	5.710 939	16.269 67	.	81.703 7	20.367 14	99.833 93
玻利维亚	3.547 649	12.056 68	4	70	18.495 14	82.585 27
巴拉圭	2.666 393	11.494 11	.	68	15.695 96	54.658 88

（续表）

国　家	军事人员	军事支出	税收动员	统计能力	工业就业	中学入学率
智利	4.410 612	14.711 63	·	93.407 41	21.730 59	90.024 31
阿根廷	4.272 396	14.808 87	·	86.444 45	22.419 84	93.030 17
乌拉圭	3.208 475	12.576 17	·	89.777 78	19.905 84	96.229 42
佛得角	0.045 775 5	8.612 415	3.714 286	70.079 36	21.229 97	74.745 41
圣多美和普林西比民主共和国	0	2.302 585	3.5	62.936 51	14.667 79	58.317 89
几内亚比绍	2.067 644	9.090 576	2.75	42.148 14	8.142 5	22.669 37
赤道几内亚	0.028 881 1	8.597 087	·	35.396 82	15.745 66	24.158 02
冈比亚	0.086 643 4	8.588 6	3.5	64.962 97	14.075 04	28.120 86
马里	2.152 339	11.242 4	3.607 143	64	7.153	24.494 17
塞内加尔	2.626 803	11.591 95	3.964 286	74	11.605 55	28.785 38
贝宁	1.782 158	10.652 38	3.5	61.925 93	18.982 84	38.847 05
毛里塔尼亚	2.777 641	10.455 73	3.785 714	60.296 3	9.343 464	21.195 92
尼日尔	1.615 334	10.312 85	3.5	68.148 16	7.653 357	10.759 71
科特迪瓦	2.704 808	12.035 01	3.678 571	65.851 85	10.834 55	41.659 71
几内亚	2.478 218	10.865 46	3.107 143	57.111 11	5.554 697	22.423 52

（续表）

国　家	军事人员	军事支出	税收动员	统计能力	工业就业	中学入学率
布基纳法索	2.283 018	11.225 23	3.535 714	68.000 01	15.122 5	18.562 02
利比里亚	1.670 829	9.759 245	3.5	38.666 67	9.623 357	38.180 18
塞拉利昂	1.971 633	9.808 406	2.892 857	52.074 08	6.060 625	31.618 38
加纳	2.179 289	11.252 1	4.071 429	61.259 26	14.771 95	48.224 78
多哥	2.185 4	10.538 58	2.857 143	58.148 15	18.690 79	34.187 93
喀麦隆	2.797 571	12.212 43	3.535 714	61.111 11	11.196 73	34.786 89
尼日利亚	4.392 562	13.632 84	3	64.592 59	11.835 36	36.434 28
加蓬	1.812 287	11.493 94	.	40.296 29	8.312 072	46.120 83
中非共和国	1.212 584	10.037 66	2.571 429	48.370 37	10.210 87	13.614 7
乍得	3.439 955	10.875 09	2.607 143	57.333 34	2.502 571	15.437 71
刚果共和国	2.361 69	11.410 22	3	50.148 16	22.924 98	46.703 52
刚果民主共和国	4.220 16	12.183 9	2.678 571	43.851 86	8.980 625	36.984 63
乌干达	3.937 227	11.957 89	3.392 857	68.888 9	7.066 018	13.065 99
肯尼亚	3.146 088	12.707 58	4	58.814 81	9.190 893	46.002 5
坦桑尼亚	3.508 435	12.036 43	3.892 857	68.666 67	4.483 946	15.395 6

253

（续表）

国　家	军事人员	军事支出	税收动员	统计能力	工业就业	中学入学率
布隆迪	3.273 658	10.812 74	3.071 429	53.555 56	2.402 696	21.592 46
卢旺达	3.546 471	11.297 98	3.642 857	70.740 75	4.658 75	24.337 62
索马里	1.557 142	10.520 07	2.5	23.777 78	5.038 964	5.932 35
吉布提	2.100 326	9.982 005	3.5	47.698 42	6.730 893	25.515 87
埃塞俄比亚	5.102 256	12.685 96	3.857 143	70.222 23	7.765 697	22.002 6
厄立特里亚	4.914 356	11.598 45	3.5	33.555 56	7.396 304	40.273 53
安哥拉	4.702 305	14.113 84	2.5	45.999 99	8.591 036	17.611 53
莫桑比克	2.714 092	11.320 56	3.928 571	71.925 93	4.581 464	16.787 92
赞比亚	2.817 225	11.411 6	3.535 714	58.962 97	7.913 143	20.149 07
津巴布韦	3.574 027	12.481 08	3.678 571	55.481 47	9.772 928	43.958 18
马拉维	1.831 336	9.996 13	4	74.370 38	7.616 036	30.179 29
南非	4.212 525	14.965 99	.	82	24.743 43	88.923 19
纳米比亚	2.070 427	11.744 95	.	55.851 86	14.106 61	.
莱索托	0.693 147 2	10.404 92	4	66.888 89	9.353 697	39.392 41
博茨瓦纳	2.085 884	12.440 88	.	58.592 58	20.234 41	68.985 73

（续表）

国　家	军事人员	军事支出	税收动员	统计能力	工业就业	中学入学率
马达加斯加	3.016 657	11.060 88	3.571 429	63.555 56	6.414 893	30.971 58
科摩罗	0	·	2.5	46.031 73	13.698 09	42.388 28
毛里求斯	0.072 962 9	9.862 192	·	76.296 3	33.328 05	82.599 59
塞舌尔	0	9.387 04	·	65.317 45	·	86.662 86
摩洛哥	5.280 188	14.389 53	·	78.962 96	19.084 96	48.594 32
阿尔及利亚	4.869 617	14.740 21	·	57.851 85	27.429 96	70.312 45
突尼斯	3.566 781	12.987 22	·	74.000 01	33.762 79	73.172 17
利比亚	4.356 534	13.982 9	·	33.111 11	20.204 71	100.452 1
苏丹	4.564 942	13.140 02	2.964 286	45.111 11	11.135 09	40.154 87
南苏丹	4.941 642	13.401 06	2	34.814 82	19.632 73	10.349 3
伊朗	6.241 734	15.519 71	·	74	31.002 32	75.842 14
土耳其	6.438 737	15.876 78	·	82.666 67	21.546 2	79.555 8
伊拉克	6.017 83	15.005 83	·	46	17.519 95	42.385 69
埃及	6.100 269	14.980 77	·	87.481 48	16.915 86	76.947 37
叙利亚	5.796 298	14.397 61	·	50.740 74	20.683 2	55.916 5

255

（续表）

国　家	军事人员	军事支出	税收动员	统计能力	工业就业	中学入学率
黎巴嫩	3.989 531	13.253 03	·	58.222 22	19.014 05	·
约旦	4.639 34	13.559 88	·	73.407 42	20.041 21	78.116 32
以色列	5.173 591	16.097 75	·	·	21.549 05	100.486 8
沙特阿拉伯	5.240 906	17.016 83	·	·	13.567 16	101.055 5
也门	4.247 439	13.481 19	2.928 571	53.185 2	12.157 55	46.662 81
科威特	2.767 051	15.334 28	·	·	17.409 18	91.627 71
巴林	2.174 512	12.896 73	·	·	23.393 25	97.196 4
卡塔尔	2.395 339	14.075 29	·	·	27.345 07	90.683 33
阿拉伯联合酋长国	4.010 268	15.164 24	·	·	20.367 8	76.634 66
阿曼	3.661 572	14.730 95	·	·	15.959 86	79.823 94
阿富汗	4.214 281	12.544 74	2.884 615	45.259 26	12.290 54	32.561 02
中国	7.853 796	17.468 85	·	68.148 15	26.059 23	58.695 21
蒙古国	2.623 95	10.658 17	3.464 286	78.888 89	16.432 07	76.133 61
朝鲜	7.007 545	15.124 32	·	·	19.064 14	92.775 69
韩国	6.536 857	16.577 85	·	·	26.449 23	96.703 03
印度	7.162 294	16.558 7	4	80.000 01	17.841 91	55.824 04

（续表）

国　家	军事人员	军事支出	税收动员	统计能力	工业就业	中学入学率
不丹	1.762 704	9.890 038	3.892 857	68.571 43	7.575 964	59.955 48
巴基斯坦	6.394 86	15.108 64	3.214 286	77.185 19	18.745 39	31.917 73
孟加拉国	4.823 915	13.398 69	3	71.185 19	13.499 09	51.179 25
缅甸	5.857 539	14.555 04	3.333 333	56.074 07	13.441 79	38.872 69
斯里兰卡	4.692 342	13.562 66	3.5	78	25.080 91	90.971 78
马尔代夫	0	7.049 496	4.035 714	63.809 52	25.264 04	55.242 9
尼泊尔	3.921 301	11.327 46	3.5	70.148 15	9.535 411	48.637 11
泰国	5.696 17	14.982 29	·	82.740 75	20.245 2	69.759 62
柬埔寨	4.640 3	11.841 09	3.285 714	70.444 44	15.965 45	27.946 13
老挝	3.598 601	10.211 38	3.214 286	69.703 71	6.162 875	41.349 81
越南	6.381 715	14.335 23	3.863 636	74.370 38	17.540 43	46.581 97
马来西亚	4.710 76	14.888 88	·	78.074 07	29.095 43	75.766 04
新加坡	4.143 698	15.317 73	·	·	24.260 71	107.716 8
文莱	1.724 763	12.703 63	·	85.111 11	18.771 41	90.964 96
菲律宾	4.684 582	14.030 11	·	85.851 85	15.196 84	78.909 13
印度尼西亚	5.675 954	14.909 89	3.5		18.0717	63.655 16

（续表）

国　　家	军事人员	军事支出	税收动员	统计能力	工业就业	中学入学率
东帝汶	0	9.611 131	3	51.746 03	8.890 142	62.230 37
巴布亚新几内亚	1.325 419	10.697 1	3.5	45.925 93	4.075 982	18.101 24
瓦努阿图	0	0	3.5	49.523 81	5.814 839	37.003 32
所罗门群岛	0	0	2.892 857	42.380 95	8.878 786	28.543 95
基里巴斯	0	0	3.214 286	36.825 39	·	62.863 87
图瓦卢	0	0	3	37.592 57	·	71.188 42
斐济	1.423 485	10.537 17	3.75	61.984 13	13.527 09	84.451 47
汤加	0	0	·	54.285 71	36.123 77	102.917
瑙鲁	0	0	·	·	·	60.008 74
马绍尔群岛	0	0	2.5	39.682 54	68.329 32	·
帕劳	0	0	·	37.698 41	·	99.615 7
密克罗尼西亚	0	0	3	33.174 61	·	82.721 08
萨摩亚	0	0	4.357 143	53.492 07	19.974 14	83.375 89

注：各国相关数值为平均值。军事人员和军事支出来自战争相关项目数据库（1989 年至 2012 年），取自然对数处理；为使对数处理有意义，将取值为 0 的数据加 1 后再取对数。税收动员来自世界银行国家政策与制度评估（Country Policy and Institutional Assessment，CPIA）数据库（2005 年至 2018 年）。统计能力来自世界银行统计能力公告板（Bulletin Board on Statistical Capacity）数据库（2004 年至 2018 年）。工业就业来自国际劳工组织数据库（1991 年至 2018 年）。中学入学率来自联合国教科文组织统计研究所（1989 年至 2018 年）。按国家代码升序排列，缺失值用"·"表示。

附表 2.4　发展中国家及其所在地区对应表

国家总数（N ＝ 135）		按英文名称排序

南亚、东亚和太平洋国家

阿富汗	马来西亚	萨摩亚
孟加拉国	马尔代夫	新加坡
不丹	马绍尔群岛	所罗门群岛
文莱	密克罗尼西亚	韩国
柬埔寨	蒙古国	斯里兰卡
中国	缅甸	泰国
斐济	瑙鲁	东帝汶
印度	尼泊尔	汤加
印度尼西亚	巴基斯坦	图瓦卢
基里巴斯	帕劳	瓦努阿图
朝鲜	巴布亚新几内亚	越南
老挝	菲律宾	

中东、北非国家

阿尔及利亚	约旦	沙特阿拉伯
巴林	科威特	叙利亚
吉布提	黎巴嫩	突尼斯
埃及	利比亚	土耳其
伊朗	摩洛哥	阿拉伯联合酋长国
伊拉克	阿曼	也门
以色列	卡塔尔	

撒哈拉以南非洲国家

安哥拉	加蓬	尼日利亚
贝宁	冈比亚	卢旺达
博茨瓦纳	加纳	圣多美和普林西比民主共和国
布基纳法索	几内亚	塞内加尔

（续表）

国家总数（N = 135）		按英文名称排序

撒哈拉以南非洲国家

布隆迪	几内亚比绍	塞舌尔
喀麦隆	肯尼亚	塞拉利昂
佛得角	莱索托	索马里
中非共和国	利比里亚	南非
乍得	马达加斯加	南苏丹
科摩罗	马拉维	苏丹
刚果共和国	马里	坦桑尼亚
刚果民主共和国	毛里塔尼亚	多哥
科特迪瓦	毛里求斯	乌干达
赤道几内亚	莫桑比克	赞比亚
厄立特里亚	纳米比亚	津巴布韦
埃塞俄比亚	尼日尔	

北美洲与中美洲、拉丁美洲及加勒比海国家

安提瓜和巴布达	多米尼克	尼加拉瓜
阿根廷	多米尼加共和国	巴拿马
巴哈马	厄瓜多尔	巴拉圭
巴巴多斯	萨尔瓦多	秘鲁
伯利兹	格林纳达	圣基茨和尼维斯
玻利维亚	危地马拉	圣卢西亚
巴西	圭亚那	圣文森特和格林纳丁斯
智利	海地	苏里南
哥伦比亚	洪都拉斯	特立尼达和多巴哥
哥斯达黎加	牙买加	乌拉圭
古巴	墨西哥	委内瑞拉

附表 2.5　汉森和西格曼对国家能力的测量指标

变　　量	国家数	年份	维度
行政部门和公务员（Global Integrity，2012）	85	2004—2009	行政
行政效率（Adelman and Morris，1967）	69	1960—1962	行政
无支配体制（calculated from Polity Ⅳ）	175	1960—2009	强制
官僚质量（Political Risk Services）	148	1982—2009	行政
普查频率（calculated from UN 2011）	179	1960—2009	行政、汲取
对公务员的信心（World Values Surveys）	88	1981—2009	行政
契约密集型资金（WDI）	172	1960—2009	行政
政府决策的有效执行（IMD，2011）	57	1998—2009	行政
税收动员效率（World Bank CPIA）	74	2005—2009	行政、汲取
分形的边界（Alesina et al.，2011）	138	1960—2009	强制
每千人口中的军事人员（COW）	171	1960—2009	强制
（对数）每百万人口的军费开支（COW）	168	1960—2009	强制
对使用武力的垄断（Bertlesmann Transformation Index）	127	2003—2009	强制
（对数）山区地形（Fearon and Laitin，2003）	157	1960—2009	强制
政治恐怖的规模（Gibney et al.，2011）	170	1976—2009	强制
预算和财务管理质量（World Bank CPIA）	74	2005—2009	行政
公共行政质量（World Bank CPIA）	74	2005—2009	行政
相对政治能力（Arbetman-Rabinowitz et al.，2011）	152	1960—2007	汲取
统计能力（World Bank）	123	2004—2009	行政、汲取
税收逃避而非损害（IMD，2011）	57	1998—2009	汲取
收入税占税收的比（IMF，WDI）	152	1970—2009	行政、汲取
国际贸易税占税收的比（IMF，WDI）	155	1970—2009	行政、汲取
总税收占 GDP 的比（IMF，WDI，OECD）	152	1960—2009	汲取
韦伯式程度（Rauch and Evans，2000）	34	1970—2009	行政

资料来源：Jonathan K. Hanson and Rachel Sigman，"Leviathan's Latent Dimensions：Measuring State Capacity for Comparative Political Research，" Working Paper，2013，p. 10。

3. 发展中国家外国直接投资多元化指数年度变化图

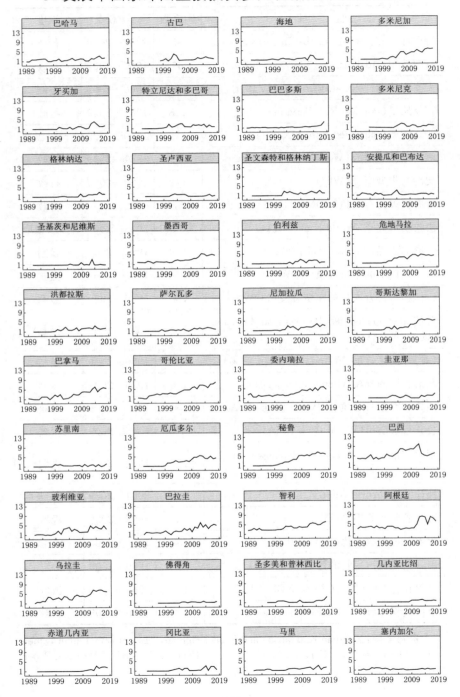

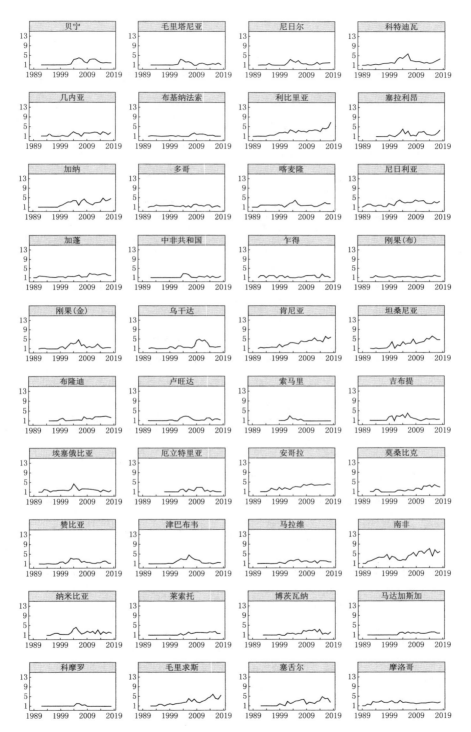

263

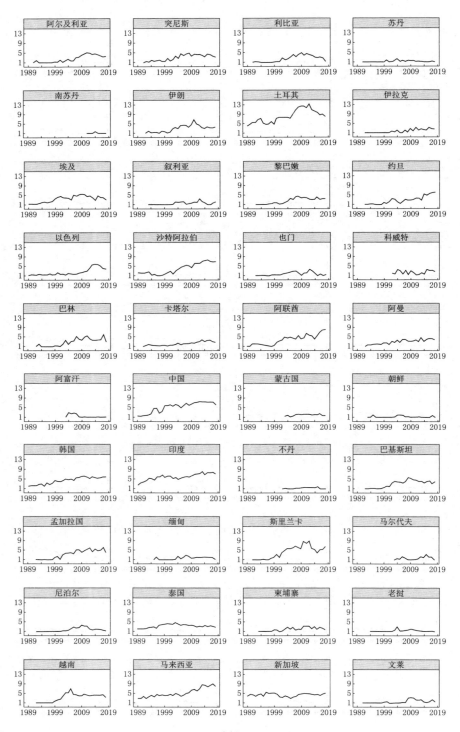

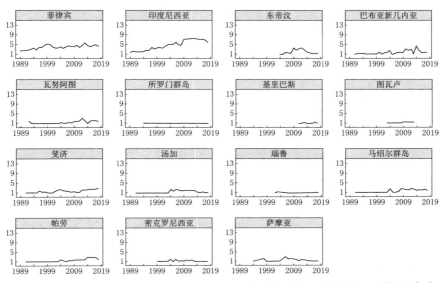

注：笔者自制。横轴为年份；纵轴为外国直接投资多元化指数。根据国家代码排序。

4. 发展中国家中国直接投资相对占比年度变化图

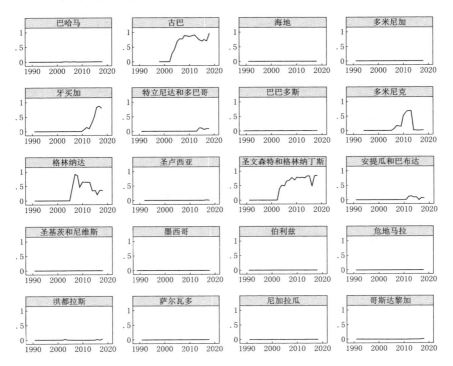

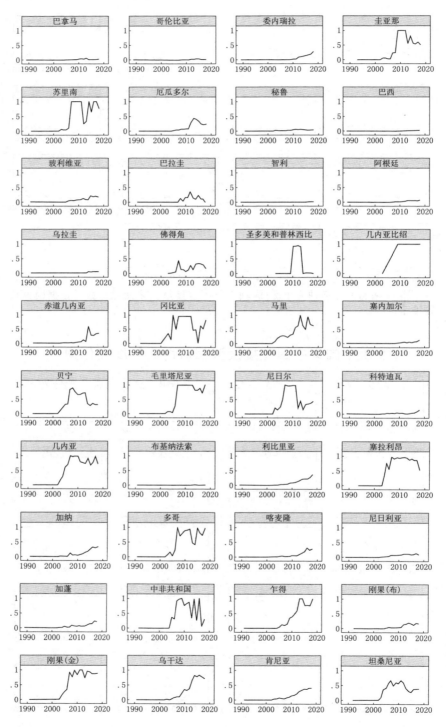

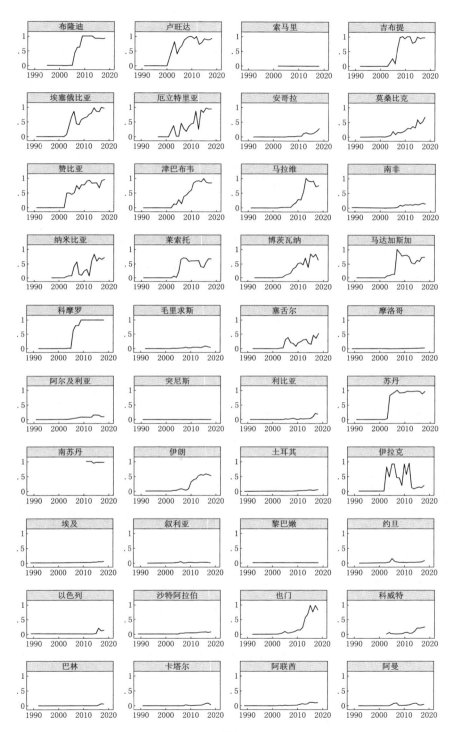

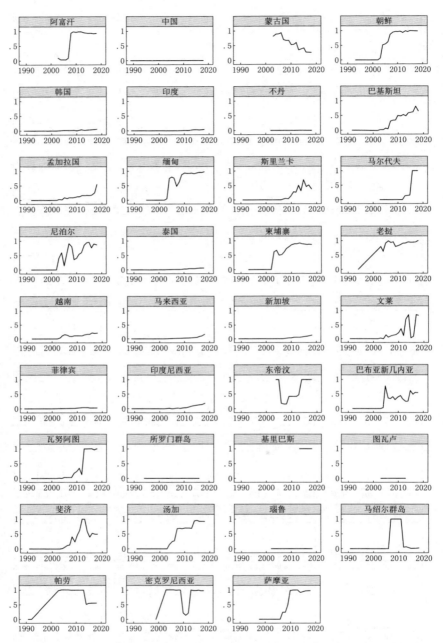

注：笔者自制。横轴为年份；纵轴为中国直接投资相对占比。根据国家代码排序。

5. 发展中世界国家能力年度变化图

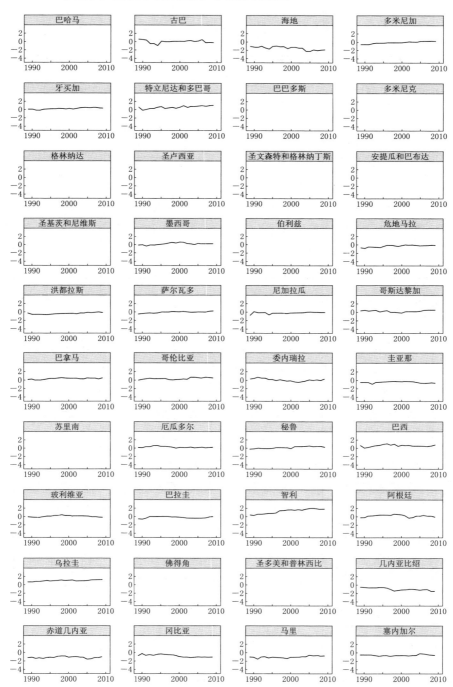

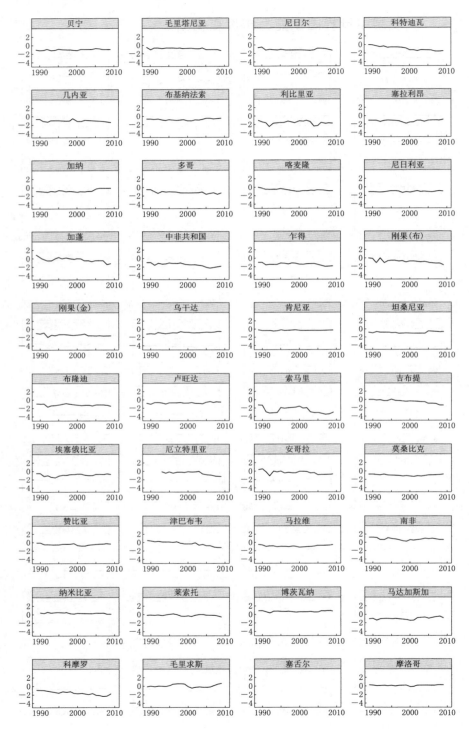

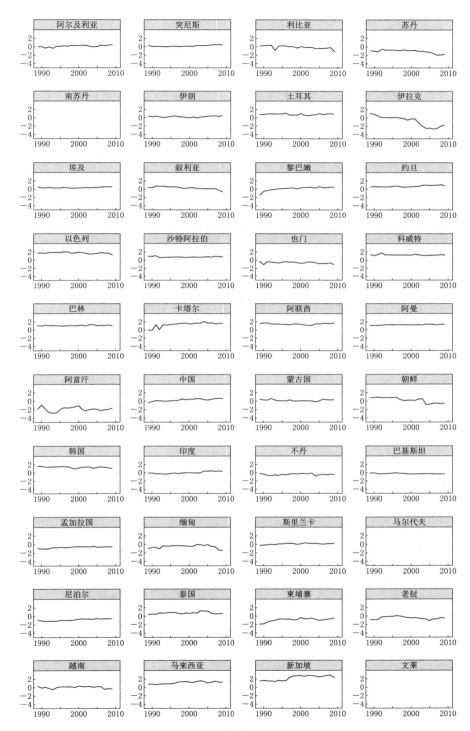

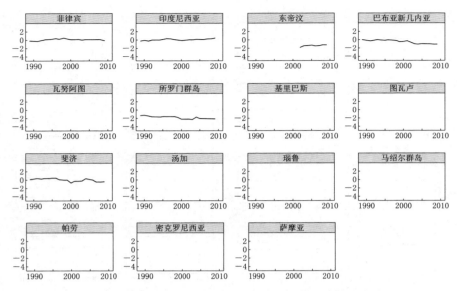

注：笔者自制。横轴为年份；纵轴为国家能力。根据国家代码排序。

参考文献

中文文献

马克思、恩格斯:《德意志意识形态》,载《马克思恩格斯选集》第 1 卷,北京:人民出版社 2012 年版,第 141—215 页。

马克思、恩格斯:《共产党宣言》,载《马克思恩格斯选集》第 1 卷,北京:人民出版社 2012 年版,第 376—435 页。

马克思:《不列颠在印度统治的未来结果》,载《马克思恩格斯选集》第 1 卷,北京:人民出版社 2012 年版,第 856—863 页。

马克思:《路易·波拿巴的雾月十八日》,载《马克思恩格斯选集》第 1 卷,北京:人民出版社 2012 年版,第 663—774 页。

恩格斯:《家庭、私有制和国家的起源》,载《马克思恩格斯选集》第 4 卷,北京:人民出版社 2012 年版,第 12—195 页。

邓小平:《在武昌、深圳、珠海、上海等地的谈话要点》,载《邓小平文选》(第三卷),北京:人民出版社 1993 年版,第 370—383 页。

江泽民:《高举邓小平理论伟大旗帜,把建设有中国特色社会主义事业全面推向二十一世纪——在中国共产党第十五次全国代表大会上的报告》,北京:人民出版社 1997 年版。

江泽民:《加快改革开放和现代化建设步伐,夺取有中国特色社会主义事业的更大胜利——在中国共产党第十四次全国代表大会上的报告》,北京:人民出版社 1992 年版。

江泽民:《实施"引进来"和"走出去"相结合的开放战略》,载《江泽民文选》(第二卷),北京:人民出版社 2006 年版,第 91—94 页。

习近平:《共创中韩合作未来　同襄亚洲振兴繁荣——在韩国国立首尔大学的演讲》,载《人民日报》2014 年 7 月 5 日。

习近平:《决胜全面建成小康社会　夺取新时代中国特色社会主义伟大胜利——在中国共产党第十九次全国代表大会上的报告》,载《人民日报》2017 年 10 月 28 日。

[美]C.赖特·米尔斯:《社会学的想象力》,陈强、张永强译,北京:生活·读书·新知三联书店 2001 年版。

[英]D.赫尔德、[美]J.罗西瑙等:《国将不国?——西方著名学者论全球化与

国家主权》，俞可平等译，南昌：江西人民出版社 2004 年版。

[美]阿图尔·科利：《国家引导的发展——全球边缘地区的政治权力与工业化》，朱天飚等译，长春：吉林出版集团有限责任公司 2007 年版。

[美]埃里克·A.诺德林格：《民主国家的自主性》，孙荣飞等译，南京：江苏人民出版社 2010 年版。

[乌拉圭]爱德华多·加莱亚诺：《拉丁美洲被切开的血管》，王玫等译，南京：南京大学出版社 2018 年版。

[美]爱德华·曼斯菲尔德、[美]海伦·米尔纳：《表决、否决与国际贸易协定的政治经济学》，陈兆源译，上海：上海人民出版社 2019 年版。

[德]安德烈·冈德·弗兰克：《依附性积累与不发达》，高铦、高戈译，南京：译林出版社 1999 年版。

[智]巴勃罗·聂鲁达：《英雄事业的赞歌》，王央乐译，北京：作家出版社 1961 年版。

[美]芭芭拉·格迪斯：《范式与沙堡：比较政治学中的理论建构与研究设计》，陈子恪、刘骥译，重庆：重庆大学出版社 2012 年版。

[美]保罗·法伊尔阿本德：《反对方法——无政府主义知识论纲要》，周昌忠译，上海：上海译文出版社 1992 年版。

[美]贝弗里·J.西尔弗：《劳工的力量：1870 年以来的工人运动与全球化》，张潞译，北京：社会科学文献出版社 2012 年版。

[美]本杰明·J.科恩：《国际政治经济学：学科思想史》，杨毅、钟飞腾译，上海：上海人民出版社 2010 年版。

蔡昉：《创造与保护：为什么需要更多的再分配》，载《世界经济与政治》2020 年第 1 期，第 5—21 页。

蔡阒、邵燕敏、何菊香、汪寿阳：《对外承包工程对中国对外直接投资的影响——基于分国别面板数据的实证研究》，载《管理评论》2013 年第 9 期，第 21—28 页。

蔡临哲：《埃塞俄比亚学习"中国模式"》，载《凤凰周刊》2013 年 5 月 15 日。

曹海军、韩冬雪：《"国家论"的崛起：国家能力理论的基本命题与研究框架》，载《思想战线》2012 年第 5 期，第 58—64 页。

曹海琴、于春洋：《国家建构理论的两大流派及其研究新进展》，载《国际论坛》2016 年第 3 期，第 54—59 页。

[美]查尔斯·蒂利：《民主》，魏洪钟译，上海：上海人民出版社 2009 年版。

陈俊龙：《中国国有企业海外投资软预算约束问题研究》，北京：经济科学出版社 2014 年版。

陈兆源：《东道国政治制度与中国对外直接投资的区位选择——基于 2000—2012 年中国企业对外直接投资的定量研究》，载《世界经济与政治》2016 年第 11 期，第 129—156 页。

陈兆源：《法律化水平、缔约国身份与双边投资协定的投资促进效应——基于中国对外直接投资的实证分析》，载《外交评论》2019 年第 2 期，第 29—58 页。

陈兆源：《法律化、制度竞争与亚太经济一体化的路径选择》，载《东南亚研究》2017年第5期，第64—76页。

陈兆源：《逆全球化动向的国内政治效应：核心议题与理论契机》，载《教学与研究》2018年第10期，第64—70页。

陈兆源、田野、韩冬临：《中国不同所有制企业对外直接投资的区位选择——一种交易成本的视角》，载《世界经济与政治》2018年第6期，第108—130页。

陈周旺：《国家建设、抗争与民主：查尔斯·蒂利国家与政治理论述评》，载刘春荣、陈周旺编：《复旦政治学评论》（第十辑），上海：上海人民出版社2012年版，第102—112页。

［美］戴维·斯塔萨维奇：《信贷立国：疆域、权力与欧洲政体的发展》，席天扬、欧恺译，上海：格致出版社、上海人民出版社2016年版。

［美］戴维·瓦尔德纳：《国家构建与后发展》，刘娟凤、包刚升译，长春：吉林出版集团有限责任公司2011年版。

［美］黛博拉·布罗蒂加姆、［美］奥德—黑尔格·菲耶尔斯塔德、［美］米克·摩尔主编：《发展中国家的税收与国家构建》，卢军坪、毛道根译，上海：上海财经大学出版社2016年版。

［美］道格拉斯·C.诺思：《经济史中的结构与变迁》，陈郁、罗华平等译，上海三联书店、上海人民出版社1994年版。

［美］道格拉斯·C.诺思、［美］约翰·约瑟夫·瓦利斯、［美］巴里·R.温格斯特：《暴力与社会秩序：诠释有文字记载的人类历史的一个概念性框架》，杭行、王亮译，上海：格致出版社、上海三联书店、上海人民出版社2017年版。

［美］道格拉斯·C.诺思：《制度、制度变迁与经济绩效》，杭行译，上海：格致出版社、上海三联书店、上海人民出版社2008年版。

邓慧慧、桑百川：《财政分权、环境规制与地方政府FDI竞争》，载《上海财经大学学报》2015年第3期，第79—88页。

董瑾、彭红斌编：《跨国公司概论》，北京：清华大学出版社2015年版。

樊鹏：《社会转型与国家强制：改革时期中国公安警察制度研究》，北京：中国社会科学出版社2017年版。

［埃塞］范塔洪：《非中关系：新殖民主义还是战略伙伴——以埃塞俄比亚为案例分析》，刘继森等译，北京：世界知识出版社2018年版。

［美］弗朗西斯·福山：《国家构建：21世纪的国家治理与世界秩序》，郭华译，上海：学林出版社2017年版。

［美］弗朗西斯·福山：《政治秩序的起源：从前人类时代到法国大革命》，毛俊杰译，桂林：广西师范大学出版社2014年版。

郭忠华、郭台辉编：《当代国家理论：基础与前沿》，广州：广东人民出版社2017年版。

郭忠华：《"国家建构"涵义考辨》，载《中国社会科学报》2017年10月11日。

［美］哈尔·R.范里安：《微观经济学：现代观点》，费方域、朱保华等译，上海：格致出版社、上海三联书店、上海人民出版社2015年版。

韩剑、徐秀军:《美国党派政治与中国对美直接投资的区位选择》,载《世界经济与政治》2014 年第 8 期,第 135—154 页。

何晨青:《埃塞俄比亚"民主发展型国家"的理论与实践》,载《当代世界》2017年第 5 期,第 48—51 页。

贺嘉洁:《角力湄公河:中国、日本和印度在湄公河次区域的基础设施投资比较研究》,载《东南亚纵横》2019 年第 4 期,第 22—29 页。

[荷]亨德里克·斯普路特:《战争、贸易和国家的形成》,载[美]罗伯特·E.戈定主编:《牛津比较政治学手册(上)》,唐士其等译,北京:人民出版社 2016 年版,第211—235 页。

[美]胡安·J.林茨、[美]阿尔弗莱德·斯泰潘:《民主转型与巩固的问题:南欧、南美和后共产主义欧洲》,孙龙等译,杭州:浙江人民出版社 2008 年版。

黄冬娅:《比较政治学视野中的国家基础权力发展及其逻辑》,载谭安奎主编:《中大政治学评论》第 3 辑,北京:中央编译出版社 2008 年版,第 211—249 页。

黄冬娅:《国家如何塑造抗争政治——关于社会抗争中国家角色的研究评述》,载《社会学研究》2011 年第 2 期,第 217—242 页。

黄继朝、陈兆源:《竞争与差异化:日本对东南亚基础设施投资的策略选择》,《日本学刊》2022 年第 2 期,第 64—90 页。

黄玖立、房帅、冼国明:《外资进入与东道国国家治理能力提升》,载《经济社会体制比较》2018 年第 6 期,第 96—108 页。

黄清吉:《国家能力基本理论研究》,载《政治学研究》2007 年第 4 期,第 45—53 页。

黄胜、叶广宇、申素琴:《新兴经济体企业国际化研究述评——制度理论的视角》,载《科学学与科学技术管理》2015 年第 4 期,第 36—49 页。

黄振乾、唐世平:《现代化的"入场券"——现代欧洲国家崛起的定性比较分析》,载《政治学研究》第 2018 年第 6 期,第 26—41 页。

[美]加里·金、[美]罗伯特·基欧汉、[美]悉尼·维巴:《社会科学中的研究设计》,陈硕译,上海:格致出版社、上海人民出版社 2014 年版。

[美]贾恩弗兰科·波齐:《国家形成理论》,载[英]凯特·纳什、[英]阿兰·斯科特主编:《布莱克维尔政治社会学指南》,李雪等译,杭州:浙江人民出版社 2007年版,第 97—108 页。

[美]贾恩弗朗哥·波齐:《国家:本质、发展与前景》,陈尧译,上海:上海人民出版社 2007 年版。

简军波等著:《中国对欧投资:基于政治与制度的分析》,上海:上海人民出版社2014 年版。

蒋冠宏、蒋殿春:《中国对发展中国家的投资——东道国制度重要吗?》,载《管理世界》2012 年第 11 期,第 45—56 页。

蒋俊彦、吴迪:《对外开放与地方政府规模:基于省级面板数据的实证分析》,载《教学与研究》2011 年第 12 期,第 66—72 页。

[美]杰克·斯奈德:《从投票到暴力:民主化和民族主义冲突》,吴强译,北京:

中央编译出版社 2017 年版。

解晓岩:《中埃塞合作走上"高速路"》,载《人民日报》2014 年 5 月 4 日。

[英]卡尔·波兰尼:《大转型:我们时代的政治与经济起源》,冯钢、刘阳译,杭州:浙江人民出版社 2007 年版。

[英]卡尔·波普尔:《猜想与反驳:科学知识的增长》,上海:上海译文出版社 1986 年版。

[英]卡尔·波普尔:《科学发现的逻辑》,查汝强等译,杭州:中国美术学院出版社 2008 年版。

郎平:《贸易制度的和平效应分析——基于地区特惠安排与全球贸易体制的比较》,载《世界经济与政治》2009 年第 7 期,第 66—72 页。

郎平:《区域贸易制度和平效应的路径分析:发展中国家的视角》,北京:中国社会科学出版社 2016 年版。

[阿根廷]劳尔·普雷维什:《外围资本主义——危机与改造》,苏振兴、袁兴昌译,北京:商务印书馆 2005 年版。

李俊:《东方工业园:助力埃塞经济发展》,载《丝路瞭望》2017 年 10 月 16 日。

李巍:《国际政治经济学的演进逻辑》,载《世界经济与政治》2009 年第 10 期,第 68—80 页。

李巍:《制度之战:战略竞争时代的中美关系》,北京:社会科学文献出版社 2017 年版。

李晓、杨弋:《"一带一路"沿线东道国政府质量对中国对外直接投资的影响——基于因子分析的实证研究》,载《吉林大学社会科学学报》2018 年第 4 期,第 53—65 页。

李雪:《经济全球化、劳资关系与社会福利支出——基于长江三角洲地区 16 市 2000—2014 年面板数据的分析》,载《东南大学学报(哲学社会科学版)》2018 年第 2 期,第 122—132 页。

李雪:《全球竞争下社会保障支出的地区差异:基于长三角和珠三角的比较》,载《社会保障评论》2019 年第 2 期,第 25—48 页。

李月军:《从传统帝国到民族国家——近代中国国家转型的战争逻辑》,载杨光斌主编:《比较政治评论(第一辑)》,北京:中国社会科学出版社 2013 年版,第 85—118 页。

李智彪:《对中国企业投资非洲的实证分析与思考——以埃塞俄比亚中资企业为研究案例》,载《西亚非洲》2010 年第 5 期,第 5—11 页。

[英]理查德·邦尼主编:《经济系统与国家财政:现代欧洲财政国家的起源:13—18 世纪》,沈国华译,上海:上海财经大学出版社 2018 年版。

[英]理查德·邦尼主编:《欧洲财政国家的兴起:1200~1815 年》,沈国华译,上海:上海财经大学出版社 2016 年版。

[英]理查德·格林菲尔德:《埃塞俄比亚新政治史》(上册),北京:商务印书馆 1974 年版。

[美]理查德·拉克曼:《不由自主的资产阶级:近代早期欧洲的精英斗争与经

济转型》,郦菁等译,复旦大学出版社 2013 年版。

林毅夫、王燕:《超越发展援助:在一个多极世界中重构发展合作新理念》,宋琛译,北京:北京大学出版社 2016 年版。

林毅夫、王燕:《重新审视发展融资及开发银行:耐心资本作为比较优势》,载《中国金融学》2018 年第 1 期,第 1—26 页。

[澳]琳达·维斯、[澳]约翰·M.霍布森:《国家与经济发展:一个比较及历史性的分析》,黄兆辉、柳志强译,长春:吉林出版集团有限责任公司 2009 年版。

刘飞涛:《美国"印太"基础设施投资竞争策略》,载《国际问题研究》2019 年第 4 期,第 1—20 页。

刘丰:《国际关系理论研究的困境、进展与前景》,载《外交评论》2017 年第 1 期,第 23—42 页。

刘鸿武等:《新时期中非合作关系研究》,北京:经济科学出版社 2016 年版。

刘洁、魏方欣:《基于协同演化的企业发展研究》,北京:经济管理出版社 2016 年版。

刘夏莲:《论中国对外投资》,载《世界经济研究》1983 年第 3 期,第 26—31 页。

刘小鲁、聂辉华:《国企混合所有制改革:怎么混? 混得怎么样?》,人大国发院年度研究报告,2015 年 10 月总期第 6 期,第 25—29 页。

[美]刘易斯·威尔斯:《第三世界跨国企业》,叶刚、杨宇光译,上海:上海翻译出版公司 1986 年版。

刘瑜:《民主化后国家能力的变化——对"第三波"民主化国家/地区的类型学分析(1974—2014)》,载《学海》2016 年第 2 期,第 153—166 页。

[刚果民主共和国]龙刚:《反思非洲殖民主义遗产》,载《世界经济与政治》2013 年第 9 期,第 71—89 页。

卢凌宇:《研究问题与国际关系理论的"重要性"》,载《世界经济与政治》2017 年第 5 期,第 65—95 页。

逯建、杨彬永:《FDI 与中国各城市的税收收入:基于 221 个城市数据的空间面板分析》,载《国际贸易问题》2015 年第 9 期,第 3—13 页。

[美]罗伯特·H.贝茨:《当一切土崩瓦解:20 世纪末非洲国家的失败》,赵玲译,北京:民主与建设出版社 2015 年版。

[美]罗伯特·吉尔平:《国际关系政治经济学》,杨宇光等译,上海:上海世纪出版集团 2011 年版。

[美]罗伯特·吉尔平:《跨国公司与美国霸权》,钟飞腾译,北京:东方出版社 2011 年版。

[美]罗伯特·吉尔平:《全球政治经济学:解读国际经济秩序》,杨宇光、杨炯译,上海:上海世纪出版集团 2013 年版。

罗杭:《"适度的分裂":重释欧洲兴起、亚洲衰落与复兴》,载《世界经济与政治》2016 年第 10 期,第 137—154 页。

[德]马克斯·韦伯:《经济与社会》(上卷),林荣远译,北京:商务印书馆 1997 年版。

马戎：《族群、民族与国家构建：当代中国民族问题》，北京：社会科学文献出版社 2012 年版。

［美］玛格利特·利瓦伊：《统治与岁入》，周军华译，上海：格致出版社、上海人民出版社 2010 年版。

［美］玛丽·E.加拉格尔：《全球化与中国劳工政治》，郁建兴、肖扬东译，杭州：浙江人民出版社 2010 年版。

［英］迈克尔·曼：《民主的阴暗面：解释种族清洗》，严春松译，北京：中央编译出版社 2015 年版。

［英］迈克尔·曼：《社会权力的来源（第二卷·上）》，刘北成等译，上海：上海人民出版社 2007 年版。

毛捷、管汉晖、林智贤：《经济开放与政府规模——来自历史的新发现（1850—2009）》，载《经济研究》2015 年第 7 期，第 87—101 页。

毛维准：《国际贸易机制对国内武装冲突影响的研究——基于回归断点设计的数量分析（1946—2009 年）》，载《世界经济与政治》2012 年第 4 期，第 124—154 页。

欧树军：《国家基础能力的基础》，北京：中国社会科学出版社 2013 年版。

欧阳景根：《国家能力研究：应对突发事件视野下的比较》，长春：吉林出版集团有限责任公司 2011 年版。

潘春阳、廖佳：《中国 OFDI 的制度效应存在吗？》，载《经济评论》2018 年第 6 期，第 53—67 页。

潘春阳、卢德：《中国的对外直接投资是否改善了东道国的制度质量？——基于"一带一路"沿线国家的实证研究》，载《上海对外经贸大学学报》2017 年第 4 期，第 56—72 页。

潘毅、卢晖临、郭于华、沈原主编：《富士康辉煌背后的连环跳》，香港：商务印书馆 2011 年版。

庞珣：《国际关系研究的定量方法：定义、规则与操作》，载《世界经济与政治》2014 年第 1 期，第 5—25 页。

钱穆：《中国历代政治得失》，北京：生活·读书·新知三联书店 2001 年版。

［美］乔尔·S.米格代尔：《强社会与弱国家：第三世界的国家社会关系及国家能力》，张长东等译，南京：江苏人民出版社 2012 年版。

［美］乔治·H.邓特曼、［加］何满镐：《广义线性模型导论》，林毓玲译，上海：格致出版社、上海人民出版社 2012 年版。

曲博：《危机下的抉择：国内政治与汇率制度选择》，上海：上海人民出版社 2012 年版。

任剑涛：《驾驭权力与现代国家建构》，载《探索》2015 年第 2 期，第 96—105 页。

［埃及］萨米尔·阿明：《不平等的发展：论外围资本主义的社会形态》，高铦译，北京：社会科学文献出版社 2017 年版。

［美］萨义德·A.阿德朱莫比：《埃塞俄比亚史》，北京：商务印书馆 2009 年版，第 189—190 页。

［美］塞缪尔·P.亨廷顿：《变化社会中的政治秩序》，王冠华、刘为等译，上海：上海世纪出版集团 2008 年版。

［美］塞缪尔·亨廷顿：《文明的冲突与世界秩序的重建》，周琪等译，北京：新华出版社 1998 年版。

石广生：《中国对外经济贸易的发展历程和伟大成就》，2002 年 7 月 17 日，商务部网站，http://www.mofcom.gov.cn/article/bg/200207/20020700032817.shtml。

宋新宁：《国际政治经济与中国对外关系》，香港：香港社会科学出版社 1997 年版。

宋新宁、田野：《国际政治经济学概论》（第三版），北京：中国人民大学出版社 2020 年版。

［英］苏珊·斯特兰奇：《权力流散：世界经济中的国家与非国家权威》，肖宏宇、耿协峰译，北京：北京大学出版社 2005 年版。

唐睿：《政治吸纳与执政地位——基于 1946—2010 年的跨国分析》，载《世界经济与政治》2017 年第 7 期，第 140—153 页。

［英］特伦斯·麦德明：《竞争者，殖民者，还是开发者？——非洲眼中多面的中国》，载《国际经济评论》2013 年第 1 期，第 122—135 页。

田野：《国际经贸规则与中国国有企业改革》，载《人民论坛·学术前沿》2018 年第 23 期，第 74—83 页。

田野：《国际制度、预算软约束与承诺可信性——中国加入 WTO 与国有企业改革的政治逻辑》，载《教学与研究》2011 年第 11 期，第 6—13 页。

田野：《国家的选择：国际制度、国内政治与国家自主性》，上海：上海人民出版社 2014 年版。

王辉耀主编：《中国企业国际化报告（2014）》，北京：社会科学文献出版社 2014 年版。

王鹏：《国际投资协定的权力结构分析》，北京：法律出版社 2019 年版。

王绍光：《安邦之道：国家转型的目标与途径》，北京：生活·读书·新知三联书店 2007 年版。

王绍光、胡鞍钢：《中国国家能力报告》，沈阳：辽宁人民出版社 1993 年版。

王文治、扈涛：《中国对外承包工程投资区位的决定因素——基于"亚非拉"国家的经验研究》，载《世界经济研究》2014 年第 7 期，第 67—73 页。

王永钦、杜巨澜、王凯：《中国对外直接投资区位选择的决定因素：制度、税负和资源禀赋》，载《经济研究》2014 年第 12 期，第 126—142 页。

王永中、徐沛原：《中国对拉美直接投资的特征与风险》，载《拉丁美洲研究》2018 年第 3 期，第 51—71 页。

王振宇、顾昕：《族群多样性与经济增长：国际文献综述》，载《制度经济学研究》2016 年第 4 期，第 1—16 页。

王正毅：《边缘地带发展论——世界体系与东南亚的发展》，上海：上海人民出版社 1997 年版。

王正毅：《超越"吉尔平式"的国际政治经济学——1990 年代以来 IPE 及其在

中国的发展》,载《国际政治研究》2006 年第 2 期,第 22—39 页。

王正毅:《世界体系论与中国》,北京:商务印书馆 2000 年版。

辛万翔、曾向红:《"多国体系"中行为体的不同行为逻辑及其根源——兼与许田波商榷》,载《世界经济与政治》2010 年第 3 期,第 59—73 页。

新华社:《李克强出席埃塞首条高速公路竣工典礼并参观东方工业园》,2014 年 5 月 6 日,http://www.gov.cn/guowuyuan/2014-05/06/content_2673338.htm。

新华社:《中国投资成为推动埃塞发展的重要动力》,2016 年 11 月 11 日,http://www.xinhuanet.com/world/2016-11/11/c_1119894677.htm。

[匈]亚诺什·科尔内:《短缺经济学(下卷)》,高鸿业校,北京:经济科学出版社 1986 年版。

闫雪凌、林建浩:《领导人访问与中国对外直接投资》,载《世界经济》2019 年第 2 期,第 147—169 页。

杨光斌:《发现真实的"社会"——反思西方治理理论的本体论假设》,载《中国社会科学评价》2019 年第 3 期,第 13—26 页。

杨光斌:《关于国家治理能力的一般理论——探索世界政治(比较政治)研究的新范式》,载《教学与研究》2017 年第 1 期,第 5—22 页。

杨光斌:《国家建构、公民权利与全球化》,载《教学与研究》2013 年第 3 期,第 90—93 页。

杨光斌:《"国家治理体系和治理能力现代化"的世界政治意义》,载《政治学研究》2014 年第 2 期,第 3—6 页。

杨光斌:《民主观:二元对立或近似值》,载《河南大学学报(社会科学版)》2012 年第 5 期,第 54—65 页。

杨光斌、释启鹏:《带有明显意识形态偏见的西方自由民主评价体系——以传播自由主义民主的几个指数为例》,载《当代世界与社会主义》2017 年第 5 期,第 52—61 页。

杨光斌:《政体理论的回归和超越——建构一种超越"左"右的民主观》,载《中国人民大学学报》2011 年第 4 期,第 2—15 页。

杨光斌:《作为建制性学科的中国政治学——兼论如何让治理理论起到治理的作用》,载《政治学研究》2018 年第 1 期,第 12—22 页。

杨瑞龙、邢华:《科斯定律与国家理论——权力、可信承诺与政治企业家》,载《学术月刊》2007 年第 1 期,第 84—90 页。

杨挺、陈兆源、李彦彬:《展望 2022 年中国对外直接投资趋势》,载《国际经济合作》2022 年第 1 期,第 21—29 页。

杨云:《埃塞俄比亚"民主发展型国家"初探》,载《国际研究参考》2018 年第 5 期,第 16—23 页。

姚洋:《可信承诺与国家治理现代化》,载《南风窗》2017 年第 4 期,第 15—17 页。

叶静、耿曙:《全球竞争下劳工福利"竞趋谷底"? ——发展路径、政商关系与地方社保体制》,载《中国社会科学(内部文稿)》2013 年第 1 期,第 133—151 页。

［英］伊·拉卡托斯：《科学研究纲领方法论》，兰征译，上海：上海译文出版社1986年版。

易建平：《关于国家定义的重新认识》，载《历史研究》2014年第2期，第149页。

于春洋：《现代民族国家建构：理论、历史与现实》，北京：中国社会科学出版社2016年版。

余文胜：《欧加登，牵动中国人神经》，载《世界知识》2007年第10期，第36—37页。

［日］羽田正：《东印度公司与亚洲之海》，毕世鸿、李秋艳译，北京：北京日报出版社2019年版。

［英］约翰·斯托普福德、［英］苏珊·斯特兰奇著：《竞争的国家、竞争的公司》，查立友等译，北京：社会科学文献出版社2003年版。

［美］约瑟夫·R.斯特雷耶：《现代国家的起源》，华佳、王夏、宗福常译，上海：格致出版社、上海人民出版社2011年版，第1页。

曾剑宇、蒋骄亮、何凡：《东道国国家风险与我国对外承包工程——基于跨国面板数据的实证研究》，载《国际商务》2017年第6期，第6—18页。

曾毅：《现代国家构建理论：从二维到三维》，载《复旦学报（社会科学版）》2014年第6期，第161—169页。

曾毅：《政体新论：破解民主—非民主二元政体观的迷思》，北京：中国社会科学出版社2015年版。

张长东：《比较政治学视角下的国家理论发展》，载俞可平主编：《北大政治学评论（第三辑）》，北京：商务印书馆2018年版，第197—234页。

张长东：《税收与国家建构：发展中国家政治发展的一个研究视角》，载《经济社会体制比较》2011年第3期，第195—201页。

张春：《中非合作论坛与中国特色国际公共产品供应探索》，《外交评论》2019年第3期，第1—28页。

张建红、姜建刚：《双边政治关系对中国对外直接投资的影响研究》，载《世界经济与政治》2012年第12期，第133—155页。

张金翠、葛传红：《中欧历史分岔发展的悲观理论——评许田波〈战争与国家形成：古代中国与近代早期欧洲之比较〉》，载《国际政治研究》2009年第1期，第156—162页。

张静：《国家政权建设与乡村自治单位——问题与回顾》，载《开放时代》2001年第9期，第5—13页。

张静：《社会冲突的结构性来源》，北京：社会科学文献出版社2012年版。

张孝芳：《从欧洲之内到欧洲之外：现代国家形成理论的演进》，载《教学与研究》2015年第8期，第79—85页。

赵鼎新：《东周战争与儒法国家的诞生》，夏江旗译，上海：华东师范大学出版社2011年版。

赵鼎新：《在西方比较历史方法的阴影下——评许田波〈古代中国和近现代欧

洲的战争及国家形成〉》,载《社会学研究》2006 年第 5 期,第 213—220 页。

赵洪:《中日对东南亚基础设施投资竞争及其影响》,载《国际论坛》2018 年第 2 期,第 39—45 页。

郑青亭:《埃塞俄比亚复制"中国模式"》,载《21 世纪经济报道》2016 年 2 月 29 日。

郑新业、张阳阳、马本、张莉:《全球化与收入不平等:新机制与新证据》,载《经济研究》2018 年第 8 期,第 132—145 页。

郑永年、黄彦杰:《制内市场:中国国家主导型政治经济学》,邱道隆译,杭州:浙江人民出版社 2021 年版。

中国境外经贸合作区:《埃塞俄比亚东方工业园》,2019 年 4 月 30 日,http://www.cocz.org/news/content-243511.aspx。

中国驻埃塞俄比亚大使馆经济商务处、商务部对外投资和经济合作司:《对外投资合作国别(地区)指南:埃塞俄比亚》,2019 年。

中华人民共和国商务部、国家统计局、国家外汇管理局:《2020 年度中国对外直接投资统计公报》,北京:中国商务出版社 2021 年版。

中华人民共和国商务部:《中国对外投资发展报告(2019)》,2020 年,http://images.mofcom.gov.cn/fec/202005/20200507111104426.pdf。

中华人民共和国商务部:《中国对外投资合作发展报告(2014)》,2015 年,http://fec.mofcom.gov.cn/article/tzhzcj/tzhz/upload/duiwaitouzihezuofazhanbaogao2014.pdf。

中华人民共和国驻埃塞俄比亚联邦民主共和国大使馆:《驻埃塞俄比亚大使腊翊凡与埃塞总理共同出席亚的斯—阿达玛高速路二期竣工仪式》,2016 年 8 月 9 日,http://et.china-embassy.org/chn/zagx/t1387980.htm。

中华人民共和国驻埃塞俄比亚联邦民主共和国大使馆:《驻埃塞俄比亚大使腊翊凡与海尔马里亚姆总理共同出席中资企业项目竣工仪式》,2015 年 5 月 19 日,http://et.china-embassy.org/chn/sgxx/zyhd/t1265139.htm。

钟飞腾:《对外直接投资的国际政治经济学:一种分析框架》,载《世界经济与政治》2010 年第 12 期,第 137—151 页。

钟飞腾:《管控投资自由化:美国应对日本直接投资的挑战(1985—1993 年)》,北京:社会科学文献出版社 2011 年版。

钟飞腾:《国内联盟、制度与对外直接投资》,载《国际政治研究》2006 年第 2 期,第 95—110 页。

钟飞腾:《新型全球化与"一带一路"研究范式的兴起》,载《晋阳学刊》2019 年第 6 期,第 78—92 页。

钟伟云编:《埃塞俄比亚》,北京:社会科学文献出版社 2016 年版。

周超、刘夏、任洁:《外商直接投资对于东道国营商环境的改善效应研究——来自 34 个"一带一路"沿线国家的证据》,载《国际商务(对外经济贸易大学学报)》2019 年第 1 期,第 59—71 页。

周瑾艳:《作为非洲道路的民主发展型国家——埃塞俄比亚的启示》,载《文化纵横》2019 年第 3 期,第 29—39 页。

周黎安、陶婧：《政府规模、市场化与地区腐败问题研究》，载《经济研究》2009年第1期，第57—69页。

周强、陈兆源：《经济危机、政治重组与西方民粹主义——基于国内政治联盟的形式模型与经验检验》，载《世界经济与政治》2019年第11期，第78—104页。

周勇：《广义估计方程估计方法》，北京：科学出版社2013年版。

[美]朱迪亚·珀尔、[美]达纳·麦肯齐：《为什么：关于因果关系的新科学》，江生、于华译，北京：中信出版集团2019年版。

朱平芳、张征宇、姜国麟：《FDI与环境规制：基于地方分权视角的实证研究》，载《经济研究》2011年第6期，第133—145页。

英文文献

Abouharb, M. Rodwan and Anessa L. Kimball, "A New Dataset on Infant Mortality Rates, 1816—2002," *Journal of Peace Research*, Vol. 44, No. 6, 2007, pp.743—754.

Acemoglu, Daron and James A. Robinson, *The Narrow Corridor: States, Societies, and the Fate of Liberty*, New York: Penguin Press, 2019.

Acemoglu, Daron and James A. Robinson, *Why Nations Fail: The Origins of Power, Prosperity, and Poverty*, New York: Crown Business, 2012.

Acemoglu, Daron, Camilo Garcia-Jimeno, and James A. Robinson, "State Capacity and Economic Development: A Network Approach," *American Economic Review*, Vol.105, No.8, 2015, pp.2364—2409.

Acemoglu, Daron, "Politics and Economics in Weak and Strong States," *Journal of Monetary Economics*, Vol.52, No.7, 2005, pp.1199—1226.

Acemoglu, Daron, Simon Johnson and James A. Robinson, "Reversal of Fortune: Geography and Institutions in the Making of the Modern World Income Distribution," *Quarterly Journal of Economics*, Vol.117, No.4, 2002, pp.1231—1294.

Acemoglu, Daron, Simon Johnson and James A. Robinson, "The Colonial Origins of Comparative Development: An Empirical Investigation," *American Economic Review*, Vol.91, No.5, 2001, pp.1369—1401.

Acemoglu, Daron, Simon Johnson, and James Robinson, "The Rise of Europe: Atlantic Trade, Institutional Change, and Economic Growth," *American Economic Review*, Vol.95, No.3, 2015, pp.546—579.

Acker, Alison, *The Making of a Banana Republic*, Boston: South End, 1988.

Adem, Seifudein, "China in Ethiopia: Diplomacy and Economics of Sino-optimism," *African Studies Review*, Vol.55, No.1, 2012, pp.143—160.

Adserà, Alícia and Carles Boix, "Trade, Democracy, and the Size of the Public Sector: The Political Underpinnings of Openness," *International Organization*, Vol.56, No.2, 2002, pp.229—262.

Ahlquist, John S. and Aseem Prakash, "The Influence of Foreign Direct Investment on Contracting Confidence in Developing Countries," *Regulation & Governance*, Vol.2, No.3, 2008, pp.316—339.

Ahlquist, John S., "Building Strategic Capacity: The Political Underpinnings of Coordinated Wage Bargaining," *American Political Science Review*, Vol.104, No.1, 2010, pp.171—188.

Aizenman, Joshua and Mark M. Spiegel, "Institutional Efficiency, Monitoring Costs and the Investment Share of FDI," *Review of International Economics*, Vol.14, No.4, 2006, pp.683—697.

Akaike, Hirotugu, "A New Look at the Statistical Model Identification," *IEEE Transactions on Automatic Control*, Vol.19, No.6, 1974, pp.716—723.

Albertus, Michael and Victor Menaldo, "Coercive Capacity and the Prospects for Democratization," *Comparative Politics*, Vol.44, No.2, 2012, pp.151—169.

Alzenman, Joshua, "Foreign Direct Investment as a Commitment Mechanism in the Presence of Managed Trade," *International Economic Journal*, Vol.10, No.4, 1996, pp.1—28.

Ames, Edward and Richard T. Rapp, "The Birth and Death of Taxes: A Hypothesis," *Journal of Economic History*, Vol.37, No.1, 1977, pp.161—178.

Andersen, David, Jørgen Møller, and Svend-Erik Skaaning, "The State-Democracy Nexus: Conceptual Distinctions, Theoretical Perspectives, and Comparative Approaches," *Democratization*, Vol.21, No.7, 2014. pp.1203—1220.

Anderson, Perry, *Lineages of the Absolutist State*, London: Verso Books, 1974.

Andrews, Matt, Lant Pritchett, and Michael Woolcock, *Building State Capability: Evidence, Analysis, Action*, Oxford: Oxford University Press, 2017.

Angeles, Luis and Aldo Elizalde, "Pre-colonial Institutions and Socioeconomic Development: The Case of Latin America," *Journal of Development Economics*, Vol.124, 2017, pp.22—40.

Annen, Kurt and Stephen Knack, "On the Delegation of Aid Implementation to Multilateral Agencies," *Journal of Development Economics*, Vol.133, 2018, pp.295—305.

Arel-Bundock, Vincent and Walter Mebane, "Measurement Error, Missing Values and Latent Structure in Governance Indicators," Presented at the 2011 Annual Meeting of the American Political Science Association, 2011, https://ssrn.com/abstract=1899725.

Arias, Eric, Layna Mosley, and B. Peter Rosendorff, "Financial Statecraft: Government Choice of Debt Instruments," Working Paper, 2020, http://laynamosley.web.unc.edu/files/2020/01/AMR-January-2020.pdf.

Arias, Luz Marina, "A Collective-Action Theory of Fiscal-Military State Building," in Norman Schofield, Gonzalo Caballero, and Daniel Kselman, eds., *Advances in Political Economy: Institutions, Modelling and Empirical Analysis*,

Berlin: Springer-Verlag, 2013, pp.47—66.

Armijo, Leslie Elliott, ed., *Financial Globalization and Democracy in Emerging Markets*, Basingstoke: Palgrave Macmillan, 2001.

Arrighi, Giovanni, "The African Crisis," *New Left Review*, Vol. 15, 2002, pp.5—36.

Baccini, Leonardo and Johannes Urpelainen, *Cutting the Gordian Knot of Economic Reform: When and How International Institutions Help*. New York: Oxford University Press, 2014.

Baccini, Leonardo and Johannes Urpelainen, "International Institutions and Domestic Politics: Can Preferential Trading Agreements Help Leaders Promote Economic Reform?" *Journal of Politics*, Vol.76, No.1, 2014, pp.195—214.

Bäck, Hanna and Axel Hadenius, "Democracy and State Capacity: Exploring a J-Shaped Relationship," *Governance: An International Journal of Policy, Administration, and Institutions*, Vol.21, No.1, 2008, pp.1—24.

Bader, Julia, "China, Autocratic Patron? An Empirical Investigation of China as a Factor in Autocratic Survival," *International Studies Quarterly*, Vol. 59, No. 1, 2015, pp.23—33.

Bak, Daehee and Chungshik Moon, "Foreign Direct Investment and Authoritarian Stability," *Comparative Political Studies*, Vol.49, No.14, 2016, pp.1998—2037.

Balasubramanyam, V. N., M. Salisu, and David Sapsford, "Foreign Direct Investment as an Engine of Growth," *Journal of International Trade & Economic Development*, Vol.8, No.1, 1999, pp.27—40.

Barry R. Weingast, "The Economic Role of Political Institutions: Market-Preserving Federalism and Economic Development," *Journal of Law, Economics, & Organization*, Vol.11, No.1, 1995, pp.1—31.

Basu, Kaushik, "The Traveler's Dilemma: Paradoxes of Rationality in Game Theory," *American Economic Review*, Vol.84, No.2, 1994, pp.391—395.

Bates, Robert H. and Da-Hsiang Donald Lien, "A Note on Taxation, Development, and Representative Government," *Politics & Society*, Vol.14, No.1, 1985, pp.53—70.

Bates, Robert H., *Prosperity and Violence: The Political Economy of Development*, New York: W. W. Norton, 2001.

Bates, Robert H., *The Development Dilemma: Security, Prosperity, and a Return to History*, Princeton: Princeton University Press, 2017.

Bates, Robert H., *When Things Fell Apart: State Failure in Late-Century Africa*, Cambridge: Cambridge University Press, 2008.

Bean, Richard, "War and the Birth of the Nation-State," *Journal of Economic History*, Vol.33, No.1, 1973, pp.203—221.

Beblawi, Hazem and Giacomo Luciani, eds., *The Rentier State*, London: Croom

Helm, 1987.

Beblawi, Hazem, "The Rentier State in the Arab World," *Arab Studies Quarterly*, Vol.9, No.4, 1987, pp.383—398.

Beisheim, Marianne, Andrea Liese, Hannah Janetschek, and Johanna Sarre, "Transnational Partnerships: Conditions for Successful Service Provision in Areas of Limited Statehood," *Governance: An International Journal of Policy, Administration, and Institutions*, Vol.27, No.4, 2014, pp.655—673.

Benabdallah, Lina, "Contesting the International Order by Integrating It: The Case of China's Belt and Road Initiative," *Third World Quarterly*, Vol.40, No.1, 2019, pp.92—108.

Bénassy-Quéré, Agnès, Maylis Coupet, and Thierry Mayer, "Institutional Determinants of Foreign Direct Investment," *The World Economy*, Vol.30, No.5, 2007, pp.764—782.

Beramendi, Pablo, Mark Dincecco, and Melissa Rogers, "Intra-Elite Competition and Long-Run Fiscal Development," *Journal of Politics*, Vol.81, No.1, 2019, pp.49—65.

Berman, Nicolas, Mathieu Couttenier, Dominic Rohner, and Mathias Thoenig, "This Mine is Mine! How Minerals Fuel Conflicts in Africa," *American Economic Review*, Vol.107, No.6, 2017, pp.1564—1610.

Berwick, Elissa and Fotini Christia, "State Capacity Redux: Integrating Classical and Experimental Contributions to an Enduring Debate," *Annual Review of Political Science*, Vol.21, No.1, 2018, pp.71—91.

Besley, Timothy and Torsten Persson, *Pillars of Prosperity: The Political Economics of Development Clusters*, Princeton: Princeton University Press, 2011.

Besley, Timothy and Torsten Persson, "State Capacity, Conflict, and Development," *Econometrica*, Vol.78, No.1, 2010, pp.1—34.

Besley, Timothy and Torsten Persson, "The Causes and Consequences of Development Clusters: State Capacity, Peace, and Income," *Annual Review of Economics*, Vol.6, No.1, 2014, pp.927—949.

Besley, Timothy and Torsten Persson, "The Origins of State Capacity: Property Rights, Taxation, and Politics," *American Economic Review*, Vol.99, No.4, 2009, pp.1218—1244.

Besley, Timothy and Torsten Persson, "Why Do Developing Countries Tax So Little?" *Journal of Economic Perspectives*, Vol.28, No.4, 2014, pp.99—120.

Betz, Hans-Georg, *Radical Right-Wing Populism in Western Europe*, Basingstoke: Macmillan, 1994.

Betz, Timm and Amy Pond, "Foreign Financing and the International Sources of Property Rights," *World Politics*, Vol.71, No.3, 2019, pp.503—541.

Bhushan, Aniket and Yiagadeesen Samy, "Aid and Taxation: Is Sub-Saharan Africa Different?" Research Report, The North-South Institute, 2012, http://www.nsi-ins.ca/wp-content/uploads/2013/02/2012-Aid-and-Taxation.pdf.

Biscaye, Pierre E., Travis W. Reynolds, and C. Leigh Anderson, "Relative Effectiveness of Bilateral and Multilateral Aid on Development Outcomes," *Review of Development Economics*, Vol.21, No.4, 2017, pp.1425—1447.

Bizhan, Nematullah, "Aid and State-Building, Part I: South Korea and Taiwan," *Third World Quarterly*, Vol.38, No.5, 2018, pp.999—1013.

Bizhan, Nematullah, "Aid and State-Building, Part II: Afghanistan and Iraq," *Third World Quarterly*, Vol.38, No.5, 2018, pp.1014—1031.

Blaydes, Lisa and Christopher Paik, "The Impact of Holy Land Crusades on State Formation: War Mobilization, Trade Integration, and Political Development in Medieval Europe," *International Organization*, Vol.70, No.3. 2016, pp.551—586.

Block, Fred, "The Ruling Class Does Not Rule: Notes on the Marxist Theory of the State," in Fred L. Block, *Revising State Theory: Essays in Politics and Postindustrialism*, Philadelphia: Temple University Press, 1987, pp.51—68.

Bockstette, Valerie, Areendam Chanda and Louis Putterman, "States and Markets: The Advantage of an Early Start," *Journal of Economic Growth*, Vol.7, No.4, 2002, pp.347—369.

Boix, Carles, Michael K. Miller, and Sebastian Rosato, "A Complete Data Set of Political Regimes, 1800—2007," *Comparative Political Studies*, Vol.46, No.12, 2013, pp.1523—1554.

Bonnitcha, Jonathan, Lauge N. Skovgaard Poulsen and Michael Waibel, *The Political Economy of the Investment Treaty Regime*, New York: Oxford University Press, 2017, pp.155—180.

Börzel, Tanja A. and Vera Van Hüllen, "State-Building and the European Union's Fight Against Corruption in the Southern Caucasus: Why Legitimacy Matters," *Governance: An International Journal of Policy, Administration, and Institutions*, Vol.27, No.4, 2014, pp.613—634.

Boucoyannis, Deborah, "No Taxation of Elites, No Representation: State Capacity and the Origins of Representation," *Politics & Society*, Vol.43, No.3, 2015, pp.303—332.

Box, George E. P. and Norman R. Draper, *Response Surfaces, Mixtures, and Ridge Analyses*, 2nd Edition, Hoboken: John Wiley & Sons, 2007.

Bräutigam, Deborah A. and Stephen Knack, "Foreign Aid, Institutions, and Governance in Sub-Saharan Africa," *Economic Development and Cultural Change*, Vol.52, No.2, 2004, pp.255—285.

Bräutigam, Deborah A., "Introduction: Taxation and State-Building in Developing Countries," in Deborah Bräutigam, Odd-Helge Fjeldstad and Mick Moore, eds., *Taxation and State-Building in Developing Countries: Capacity and Consent*, Cambridge:

Cambridge University Press, 2008, pp.1—33.

Brautigam, Deborah, "A Critical Look at Chinese 'Debt-Trap Diplomacy': The Rise of a Meme," *Area Development and Policy*, Vol.5, No.1, 2020, pp.1—14.

Brautigam, Deborah, *Will Africa Feed China*? New York: Oxford University Press, 2015.

Brautigam, Deborah, Xiaoyang Tang, and Ying Xia, "What Kinds of Chinese 'Geese' Are Flying to Africa? Evidence from Chinese Manufacturing Firms," *Journal of African Economies*, Vol.27, No.S1, 2018, pp.29—51.

Buckley, Peter J., L. Jeremy Clegg, Adam R. Cross, Xin Liu, Hinrich Voss and Ping Zheng, "The Determinants of Chinese Outward Foreign Direct Investment," *Journal of International Business Studies*, Vol.38, No.4, 2007, pp.499—518.

Buckley, Peter J., Timothy M. Devinney and Jordan J. Louviere, "Do Managers Behave the Way Theory Suggests? A Choice-Theoretic Examination of Foreign Direct Investment Location Decision-Making," *Journal of International Business Studies*, Vol.38, No.7, 2007, pp.1069—1094.

Bunte, Jonas B., *Raise the Debt: How Developing Countries Choose Their Creditors*, New York: Oxford University Press, 2019.

Bustikova, Lenka and Cristina Corduneanu-Huci, "Patronage, Trust, and State Capacity: The Historical Trajectories of Clientelism," *World Politics*, Vol.69, No.2, 2017, pp.277—326.

Callaghy, Thomas M., "The State and the Development of Capitalism in Africa: Theoretical, Historical, and Comparative Reflections," in Donald Rothchild and Naomi Chazan, eds., *The Precarious Balance: State-Society Relations in Africa*, Boulder: Westview Press, 1988, pp.67—99.

Callahan, William A., "China's 'Asia Dream': The Belt Road Initiative and the New Regional Order," *Asian Journal of Comparative Politics*, Vol.1, No.3, 2016, pp.226—243.

Cameron, David R., "The Expansion of the Public Economy: A Comparative Analysis," *American Political Science Review*, Vol.72, No.4, 1978, pp.1243—1261.

Campbell, Ivan, Thomas Wheeler, Larry Attree, Dell Marie Butler and Bernardo Mariani, *China and Conflict-affected States: Between Principle and Pragmatism*, London: Saferworld, 2012.

Cantwell, John, John H. Dunning and Sarianna M. Lundan, "An Evolutionary Approach to Understanding International Business Activity: The Co-Evolution of MNEs and the Institutional Environment," *Journal of International Business Studies*, Vol.41, No.4, 2010, pp.567—586.

Carathers, Thomas, "How Democracies Emerge: The 'Sequencing' Fallacy," *Journal of Democracy*, Vol.18, No.1, 2007, pp.12—27.

Carbone, Giovanni and Vincenzo Memoli, "Does Democratization Foster State

Consolidation? Democratic Rule, Political Order, and Administrative Capacity," *Governance: An International Journal of Policy, Administration, and Institutions*, Vol.28, No.1, 2015, pp.5—24.

Carbone, Giovanni, "Democratisation as a State-Building Mechanism: A Preliminary Discussion of an Understudied Relationship," *Political Studies Review*, Vol.13, No.1, 2015, pp.11—21.

Casson, Mark, ed., *The Growth of International Business*, London: George Allen and Unwin, 1983.

Caves, Richard E., *Multinational Enterprise and Economic Analysis*, New York: Cambridge University Press, 1982.

Centeno, Miguel A., Atual Kholi, and Deborah J. Yashar, eds., *States in the Developing World*, New York: Cambridge University Press, 2017.

Centeno, Miguel Angel, "Blood and Debt: War and Taxation in Nineteenth-Century Latin America," *American Journal of Sociology*, Vol.102, No.6, 1997, pp.1565—1605.

Centeno, Miguel Angel, *Blood and Debt: War and the Nation-State in Latin America*, University Park: Pennsylvania State University Press, 2002.

Charron, Nicholas and Victor Lapuente, "Does Democracy Produce Quality of Government?" *European Journal of Political Research*, Vol.49, No.4, 2010, pp.443—470.

Chaudoin, Stephen, Helen V. Milner and Xun Pang, "International Systems and Domestic Politics: Linking Complex Interactions with Empirical Models in International Relations," *International Organization*, Vol.69, No.2, 2015, pp.275—309.

Chege, Michael, "The Revolution Betrayed: Ethiopia, 1974—9," *The Journal of Modern African Studies*, Vol.17, No.3, 1979, pp.359—380.

Chen, Muyang, "State Actors, Market Games: Credit Guarantees and the Funding of China Development Bank," *New Political Economy*, Vol.25, No.3, 2020, pp.453—468.

Choi, Eun Kyong, "Informal Tax Competition among Local Governments in China since the 1994 Tax Reforms," *Issues & Studies*, Vol.45, No.2, 2009, pp.159—183.

Chole, Eshetu and Makonnen Manyazewal, "The Macroeconomic Performance of the Ethiopian Economy 1974—90," in Mekonen Taddesse, ed., *The Ethiopian Economy: Structure and Policy Issues*, Proceedings of the First Annual Conference on the Ethiopian Economy, Addis Ababa, 1992.

Christensen, Darin, "Concession Stands: How Mining Investments Incite Protest in Africa," *International Organization*, Vol.73, No.1, 2019, pp.65—101.

Chuaire, María Franco, Carlos Scartascini and Mariano Tommasi, "State Capacity and the Quality of Policies. Revisiting the Relationship between Openness and Government Size," *Economics & Politics*, Vol.29, No.2, 2017, pp.133—156.

Cingolani, Luciana, "Infrastructural State Capacity in the Digital Age: What Drives the Performance of COVID-19 Tracing Apps?" *Governance: An International Journal of Policy, Administration, and Institutions*, forthcoming.

Cingolani, Luciana, Kaj Thomsson, and Denis de Crombrugghe, "Minding Weber More Than Ever? The Impacts of State Capacity and Bureaucratic Autonomy on Development Goals," *World Development*, Vol.72, 2015, pp.197—207.

Cingolani, Luciana, "The Role of State Capacity in Development Studies," *Journal of Development Perspectives*, Vol.2, No.1—2, 2018, pp.88—114.

Cohen, Benjamen J., "Are IPE Journals Becoming Boring?" *International Studies Quarterly*, Vol.54, No.3, 2010, pp.887—891.

Colen, Liesbeth, Miet Maertens and Johan Swinnen, "Foreign Direct Investment as an Engine for Economic Growth and Human Development: A Review of the Arguments and Empirical Evidence," in Olivier De Schutter, Johan Swinnen and Jan Wouters, eds., *Foreign Direct Investment and Human Development: The Law and Economics of International Investment Agreements*, Abingdon: Routledge, 2013, pp.70—115.

Committee for Development Policy and United Nations Department of Economic and Social Affairs, *Handbook on the Least Developed Country Category: Inclusion, Graduation and Special Support Measures*, 3rd Edition, United Nations, 2018.

Cooray, Arusha, Artur Tamazian, and Krishna Chaitanya Vadlamannati, "What Drives FDI Policy Liberalization? An Empirical Investigation," *Regional Science and Urban Economics*, Vol.49, 2014, pp.179—189.

Cottiero, Christina, "Staying Alive: The Strategic Use of Regional Integration Organizations by Vulnerable Political Leaders," presented at UCSD 15th Annual IR Workshop Retreat, 2018, http://ir-group.ucsd.edu/retreat/current/papers/Cottiero_prospectus_5.21.pdf.

Cox, Robert W. and Timothy J. Sinclair, eds., *Approaches to World Order*, New York: Cambridge University Press, 1996.

Cui, James, "QIC Program and Model Selection in GEE Analyses," *The Stata Journal*, Vol.7, No.2, 2007, pp.209—220.

Cullather, Nick, *Secret History: The CIA's Classified Account of Its Operations in Guatemala, 1952—1954*, Stanford: Stanford University Press, 1999.

Dadabaev, Timur, "Japanese and Chinese Infrastructure Development Strategies in Central Asia," *Japanese Journal of Political Science*, Vol. 19, No. 3, 2018, pp.542—561.

Dahl, Robert A., "The Concept of Power," *Behavioral Science*, Vol.2, No.3, 1957, pp.201—215.

Datz, Giselle, "What Life After Default? Time Horizons and the Outcome of the Argentine Debt Restructuring Deal," *Review of International Political Economy*,

Vol.16, No.3, 2009, pp.456—484.

Delacroix, Jacques and Charles C. Ragin, "Structural Blockage: A Cross-National Study of Economic Dependency, State Efficacy, and Underdevelopment," *American Journal of Sociology*, Vol.86, No.6, 1981, pp.1311—1347.

De Mello, Luiz R. Jr., "Foreign Direct Investment in Developing Countries and Growth: A Selective Survey," *Journal of Development Studies*, Vol.34, No.1, 1997, pp.1—34.

Devarajan, Shantayanan, David R. Dollar, and Torgny Holmgren, eds., *Aid and Reform in Africa: Lessons from Ten Case Studies*, Washington, D.C.: The World Bank, 2001.

De Waal, Alex, "The Theory and Practice of Meles Zenawi," *African Affairs*, Vol.112, No.446, 2013, pp.145—155.

Dietrich, Simone, *States, Markets, and Foreign Aid*, New York: Cambridge University Press, 2021.

Dincecco, Mark and Gabriel Katz, "State Capacity and Long Run Economic Performance," *The Economic Journal*, Vol.126, No.590, 2014, pp.189—218.

Dincecco, Mark and Massimiliano G. Onorato, *From Warfare to Wealth: The Military Origins of Urban Prosperity in Europe*, New York: Cambridge University Press, 2017.

Dincecco, Mark, Giovanni Federico, and Andrea Vindigni, "Warfare, Taxation, and Political Change: Evidence from the Italian Risorgimento," *Journal of Economic History*, Vol.71, No.4, 2011, pp.887—914.

Dincecco, Mark, *Political Transformations and Public Finances: Europe, 1650—1913*, New York: Cambridge University Press, 2011.

Dincecco, Mark, *State Capacity and Economic Development: Present and Past*, New York: Cambridge University Press, 2018.

Dincecco, Mark, "The Rise of Effective States in Europe," *Journal of Economic History*, Vol.75, No.3, 2015, pp.901—918.

Dixon, William J. and Terry Boswell, "Dependency, Disarticulation, and Denominator Effects: Another Look at Foreign Capital Penetration," *American Journal of Sociology*, Vol.102, No.2, 1996, pp.543—562.

Domínguez, Jorge I., "Business Nationalism: Latin American National Business Attitudes and Behavior toward Multinational Enterprises," in Jorge I. Domínguez, ed., *Economic Issues and Political Conflict: U. S.-Latin American Relations*, London: Butterworth Scientific, 1982, pp.16—68.

Doner, Richard F., Bryan K. Ritchie, and Dan Slater, "Systemic Vulnerability and the Origins of Developmental States: Northeast and Southeast Asia in Comparative Perspective," *International Organization*, Vol.59, No.2, 2005, pp.327—361.

Dos Santos, Theotonio, "The Structure of Dependence," *American Economic Re-*

view, Vol.60, No.2, 1970, pp.231—236.

Downing, Brian, *The Military Revolution and Political Change: Origins of Democracy and Autocracy in Early Modern Europe*, Princeton: Princeton University Press, 1992.

Dreher, Axel, Andreas Fuchs, Roland Hodler, Bradley C. Parks, Paul A. Raschky, and Michael J. Tierney, "African Leaders and the Geography of China's Foreign Assistance," *Journal of Development Economics*, Vol.140, 2019, pp.44—71.

Dreijmanis, John, ed., *Max Weber's Complete Writings on Academic and Political Vocations*, translated by Gordon C. Wells, New York: Algora Publishing, 2008.

Drezner, Daniel W., "Globalization and Policy Convergence," *International Studies Review*, Vol.3, No.1, 2001, pp.53—78.

Driessen, Miriam, *Tales of Hope, Tastes of Bitterness: Chinese Road Builders in Ethiopia*, Hong Kong: Hong Kong University Press, 2019.

Dube, Arindrajit, Ethan Kaplan, and Suresh Naidu, "Coups, Corporations, and Classified Information," *Quarterly Journal of Economics*, Vol.126, No.3, 2011, pp.1375—1409.

Dunfjäll, Matilda, "Sino-African Relations and ODA in the Twenty-First Century: Chinese Aid and Public Expenditure in Education and Health Sectors of Sub-Saharan African Nations," *Chinese Political Science Review*, Vol.4, No.3, 2019, pp.375—402.

Dunning, John H., *International Production and the Multinational Enterprise*, London: George Allen and Unwin, 1981.

Dutta, Nabamita, Peter T. Leeson and Claudia R. Williamson, "The Amplification Effect: Foreign Aid's Impact on Political Institutions," *Kyklos*, Vol.66, No.2, 2013, pp.208—228.

Eastin, Josh and Ka Zeng, "Foreign Direct Investment and Labor Rights Protection in China: A Tale of Two Sectors," in Shiping Hua and Sujian Guo, eds., *China in the Twenty-first Century: Challenges and Opportunities*, New York: Palgrave Macmillan, 2007, pp.89—111.

Edwards, Zophia, "No Colonial Working Class, No Post-Colonial Development: A Comparative-Historical Analysis of Two Oil-Rich Countries," *Studies in Comparative International Development*, Vol.53, No.4, 2018, pp.477—499.

Egan, Patrick J. W., "Hard Bargains: The Impact of Multinational Corporations on Economic Reform in Latin America," *Latin American Politics and Society*, Vol.52, No.1, 2010, pp.1—32.

Elman, Colin and Miriam Fendius Elman, "Lessons from Lakatos," in Colin Elman and Miriam Fendius Elman, eds., *Progress in International Relations Theory: Appraising the Field*, Cambridge: The MIT Press, 2003, pp.19—68.

Elman, Colin, Diana Kapiszewski, "Data Access and Research Transparency in the Qualitative Tradition," *PS: Political Science and Politics*, Vol.47, No.1, 2014, pp.43—47.

Ertman, Thomas, *Birth of the Leviathan: Building State and Regimes in Medieval and Early Modern Europe*, New York: Cambridge University Press, 1997.

Escribà-Folch, Abel, "Foreign Direct Investment and the Risk of Regime Transition in Autocracies," *Democratization*, Vol.24, No.1, 2017, pp.61—80.

Esping-Andersen, Gøsta, *The Three Worlds of Welfare Capitalism*, Cambridge: Polity Press, 1989.

Evans, Peter B., *Dependent Development: The Alliance of Multinational, State, and Local Capital in Brazil*, Princeton: Princeton University Press, 1979.

Evans, Peter B., Dietrich Rueschemeyer, and Theda Skocpol, "On the Road toward a More Adequate Understanding of the Statae," in Peter B. Evans, Dietrich Rueschemeyer, and Theda Skocpol, eds., *Bringing the State Back In*, New York: Cambridge University Press, 1985, pp.351—352.

Evans, Peter B., "Transnational Linkages and the Economic Role of the State: An Analysis of Developing and Industrialized Nations in the Post-World War II Period," in Peter B. Evans, Dietrich Rueschemeyer, and Theda Skocpol, eds., *Bringing the State Back In*, New York: Cambridge University Press, 1985, pp.192—226.

Evans, Peter, *Embedded Autonomy: States and Industrial Transformation*, Princeton: Princeton University Press, 1995.

Evans, Peter, "The Eclipse of the State? Reflections on Stateness in an Era of Globalization," *World Politics*, Vol.50, No.1, 1997, pp.62—87.

Evans, Peter, "The State as Problem and Solution: Predation, Embedded Autonomy and Adjustment," in Stephan Haggard and Robert Kaufman, eds., *The Politics of Economic Adjustment: International Constraints, Distributive Politics, and the State*, Princeton: Princeton University Press, 1992, pp.139—181.

Fairbank, John K., Alexander Eckstein, and L. S. Yang, "Economic Change in Early Modern China: An Analytic Framework," *Economic Development and Cultural Change*, Vol.9, No.1, 1960, pp.1—26.

Fearon, James D. and David D. Laitin, "Integrating Qualitative and Quantitative Methods," in Janet M. Box-Steffensmeier, Henry E. Brady, and David Collier, eds., *The Oxford Handbook of Political Methodology*, New York: Oxford University Press, 2008, pp.756—776.

Fei, Ding and Chuan Liao, "Chinese Eastern Industrial Zone in Ethiopia: Unpacking the Enclave," *Third World Quarterly*, Vol.41, No.4, 2020, pp.623—644.

Ferry, Lauren L., Emilie M. Hafner-Burton, and Christina J. Schneider, "Catch Me If You Care: International Development Organizations and National Corruption," *The Review of International Organizations*, Vol.15, No.4, 2020, pp.767—792.

Findley, Michael G., "Does Foreign Aid Build Peace?" *Annual Review of Politi-*

cal Science, Vol.21, No.1, 2018, pp.359—384.

Finer, Samuel E., "State- and Nation-Building in Europe: The Role of the Military," in Charles Tilly, ed., *The Formation of National State in Western Europe*, Princeton: Princeton University Press, 1975, pp.84—163.

Finer, Samuel E., *The History of Government from the Earliest Times*, *Volume 3: Empires, Monarchies, and the Modern State*, New York: Oxford University Press, 1997.

Frieden, Jeffry A. and Lisa L. Martin, "International Political Economy: The State of the Sub-Discipline," in Ira Katznelson and Helen Milner, *Political Science: The State of the Discipline*, New York: W.W. Norton, 2002, pp.118—146.

Frieden, Jeffry A., "International Investment and Colonial Control: A New Interpretation," in Jeffry A. Frieden, David A. Lake, and J. Lawrence Broz, eds., *International Political Economy: Perspectives on Global Power and Wealth*, 5th Edition, New York: W. W. Norton, 2010, pp.119—138.

Friedman, Milton, "The Methodology of Positive Economics," in Milton Friedman, ed., *Essays in Positive Economics*, Chicago: University of Chicago Press, 1953, pp.3—43.

Frye, Timothy and Andrei Shleifer, "The Invisible Hand and the Grabbing Hand," *American Economic Review*, Vol.87, No.2, 1997, pp.354—358.

Fukuyama, Francis and Sanjay Marwah, "Comparing East Asia and Latin America: Dimensions of Development," *Journal of Democracy*, Vol. 11, No. 4, 2000, pp.80—94.

Fukuyama, Francis, "Democracy and the Quality of the State," *Journal of Democracy*, Vol.24, No.4, 2013, pp.5—16.

Fukuyama, Francis, *Political Order and Political Decay: From the Industrial Revolution to the Globalization of Democracy*, New York: Farrar, Straus and Giroux, 2014.

Fukuyama, Francis, "The Imperative of State-Building," *Journal of Democracy*, Vol.15, No.2, 2004, pp.17—31.

Gallagher, Kevin P., *The China Triangle: Latin America's China Boom and the Fate of the Washington Consensus*, New York: Oxford University Press, 2016.

Galston, William A., "The Populist Challenge to Liberal Democracy," *Journal of Democracy*, Vol.29, No.2, 2018, pp.5—19.

Gandhi, Jennifer, *Political Institutions Under Dictatorship*, New York: Cambridge University Press, 2008.

Ganguly, Sumit and William R. Thompson, *Ascending India and Its State Capacity: Extraction, Violence, and Legitimacy*, New Haven: Yale University Press, 2017.

Garfias, Francisco and Emily A. Sellars, "When State Building Backfires: Elite

Coordination and Popular Grievance in Rebellion," *American Journal of Political Science*, forthcoming.

Garfias, Francisco, "Elite Coalitions, Limited Government, and Fiscal Capacity Development: Evidence from Bourbon Mexico," *Journal of Politics*, Vol.81, No.1, 2019, pp.94—111.

Garfias, Francisco, "Elite Competition and State Capacity Development: Theory and Evidence from Post-Revolutionary Mexico," *American Political Science Review*, Vol.112, No.2, 2018, pp.339—357.

Geddes, Barbara, "A Game Theoretic Model of Reform in Latin American Democracies," *American Political Science Review*, Vol.85, No.2, 1991, pp.371—392.

Geddes, Barbara, *Politician's Dilemma: Building State Capacity in Latin America*, Berkeley: University of California Press, 1994.

Gerring, John, *Case Study Research: Principles and Practices*, New York: Cambridge University Press, 2006.

Gerring, John, Daniel Ziblatt, Johan Van Gorp, Julián Arévalo, "An Institutional Theory of Direct and Indirect Rule," *World Politics*, Vol.63, No.3, 2011, pp.377—433.

Giannecchini, Philip and Ian Taylor, "The Eastern Industrial Zone in Ethiopia: Catalyst for Development?" *Geoforum*, Vol.88, 2018, pp.28—35.

Globerman, Steven and Daniel Shapiro, "Governance Infrastructure and US Foreign Direct Investment," *Journal of International Business Studies*, Vol.34, No.1, 2003, pp.19—39.

Godley, Andrew C., "Pioneering Foreign Direct Investment in British Manufacturing," *The Business History Review*, Vol.73, No.3, 1999, pp.394—429.

Goertz, Gary and James Mahoney, *A Tale of Two Cultures: Qualitative and Quantitative Research in the Social Sciences*, Princeton: Princeton University Press, 2012.

Goertz, Gary, *Multimethod Research, Causal Mechanisms, and Case Studies: An Integrated Approach*, Princeton: Princeton University Press, 2017.

Goldsmith, Arthur A., "Foreign Aid and Statehood in Africa," *International Organization*, Vol.55, No.1, 2001, pp.123—148.

Goldstone, Jack A., Robert H. Bates, David L. Epstein, Ted Robert Gurr, Michael B. Lustik, Monty G. Marshall, Jay Ulfelder, and Mark Woodward, "A Global Model for Forecasting Political Instability," *American Journal of Political Science*, Vol.54, No.1, 2010, pp.190—208.

Gourevitch, Peter, "The Second Image Reversed: The International Sources of Domestic Politics," *International Organization*, Vol.32, No.4, 1978, pp.881—912.

Granger, C. W. J., "Investigating Causal Relations by Econometric Models and Cross-spectral Methods", *Econometrica*, Vol.37, No.3, 1969, pp.424—438.

Grzymala-Busse, Anna, *Rebuilding Leviathan: Party Competition and State Exploitation in Post-Communist Democracies*, New York: Cambridge University

Press, 2007.

Guerin, Selen S. and Stefano Manzocchi, "Political Regime and FDI from Advanced to Emerging Countries," *Review of World Economics*, Vol. 145, No. 1, 2009, pp. 75—91.

Gupta, Sanjeev, Benedict J. Clements, Alexander Pivovarsky, and Erwin R. Tiongson, "Foreign Aid and Revenue Response: Does the Composition of Aid Matter?" IMF Working Papers, 2003, https://www.imf.org/external/pubs/ft/wp/2003/wp03176.pdf.

Habib, Mohsin and Leon Zurawicki, "Corruption and Foreign Direct Investment," *Journal of International Business Studies*, Vol. 33, No. 2, 2002, pp. 291—307.

Hafner-Burton, Emilie M. and Christina J. Schneider, "Donor Rules or Donors Rule? International Institutions and Political Corruption," *American Journal of International Law (Unbound)*, Vol. 113, 2019, pp. 346—350.

Hafner-Burton, Emilie M. and Christina J. Schneider, "The Dark Side of Cooperation: International Organizations and Member Corruption," *International Studies Quarterly*, Vol. 63, No. 4, 2019, pp. 1108—1121.

Haftel, Yoram Z., *Regional Economic Institutions and Conflict Mitigation: Design, Implementation, and the Promise of Peace*, Ann Arbor: University of Michigan Press, 2012.

Haggard, Stephan and Robert R. Kaufman, *Development, Democracy, and Welfare States: Latin America, East Asia, and Eastern Europe*, Princeton: Princeton University Press, 2008.

Haggard, Stephan, David Kang, and Chung-In Moon, "Japanese Colonialism and Korean Development: A Critique," *World Development*, Vol. 25, No. 6, 1997, pp. 867—881.

Hameiri, Shahar, *Regulating Statehood: State Building and the Transformation of the Global Order*, Basingstoke: Palgrave Macmillan, 2010.

Hamilton, Alexander, James Madison, and John Jay, *The Federalist Papers*, New York: Oxford University Press, 2008[1788].

Han, Donglin, Zhaoyuan Chen, and Ye Tian, "To Sign or not to Sign: Explaining the Formation of China's Bilateral Investment Treaties," *International Relations of the Asia Pacific*, Vol. 20, No. 3, 2020, pp. 345—382.

Hanson, Jonathan K. and Rachel Sigman, "Leviathan's Latent Dimensions: Measuring State Capacity for Comparative Political Research," Working Paper, 2013, http://www-personal.umich.edu/~jkhanson/resources/hanson_sigman13.pdf.

Hanson, Jonathan K., "Democracy and State Capacity: Complements or Substitutes?" *Studies in Comparative International Development*, Vol. 50, No. 3, 2015, pp. 304—330.

Hanson, Jonathan K., "Forging then Taming Leviathan: State Capacity, Constraints on Rulers, and Development," *International Studies Quarterly*, Vol. 58, No. 2, 2014, pp. 380—392.

Hanson, Jonathan K., "State Capacity and the Resilience of Electoral Authoritarianism: Conceptualizing and Measuring the Institutional Underpinnings of Autocratic Power," *International Political Science Review*, Vol. 39, No. 1, 2018, pp. 17—32.

Hechter, Michael and Nika Kabiri, "Attaining Social Order in Iraq," in Stathis N. Kalyvas, Ian Shapiro, and Tarek Masoud, eds., *Order, Conflict, and Violence*, New York: Cambridge University Press, 2008, pp. 43—74.

Hechter, Michael and William Brustein, "Regional Modes of Production and Patterns of State Formation in Western Europe," *American Journal of Sociology*, Vol. 85, No. 5, 1980, pp. 1061—1094.

Hechter, Michael, *Containing Nationalism*, New York: Oxford University Press, 2004.

Heckelman, Jac C. and Stephen Knack, "Aid, Economic Freedom, and Growth," *Contemporary Economic Policy*, Vol. 27, No. 1, 2009, pp. 46—53.

Heckelman, Jac C. and Stephen Knack, "Foreign Aid and Market-Liberalizing Reform," *Economica*, Vol. 75, No. 299, 2008, pp. 524—548.

He, Kai and Huiyun Feng, "Leadership Transition and Global Governance: Role Conception, Institutional Balancing, and the AIIB," *The Chinese Journal of International Politics*, Vol. 12, No. 2, 2019, pp. 153—178.

Held, David, Anthony McGrew, David Goldblatt, and Jonathan Perraton, *Global Transformations: Politics, Economics and Culture*, Cambridge: Polity Press, 1999.

Helpman, Elhanan, Marc J. Melitz and Stephen R. Yeaple, "Export versus FDI with Heterogeneous Firms," *American Economic Review*, Vol. 94, No. 1, 2004, pp. 300—316.

Henze, Paul B., *Layers of Time: A History of Ethiopia*, New York: Palgrave, 2000.

Herbst, Jeffrey, *States and Power in Africa: Comparative Lessons in Authority and Control*, Princeton: Princeton University Press, 2000.

Herbst, Jeffrey, "War and the State in Africa," *International Security*, Vol. 14, No. 4, 1990, pp. 117—139.

Herfindahl, Orris C., *Concentration in the U.S. Steel Industry*, New York: Columbia University, PhD Dissertation, 1950.

Hilbe, Joseph M. and James W. Hardin, "Generalized Estimating Equations for Longitudinal Panel Analysis," in Scott Menard, ed., *Handbook of Longitudinal Research: Design, Measurement, and Analysis*, Burlington: Academic Press, 2008, pp. 467—474.

Hintze, Jerry L. and Ray D. Nelson, "Violin Plots: A Box Plot-Density Trace Synergism," *The American Statistician*, Vol. 52, No. 2, 1998, pp. 181—184.

Hintze, Otto, "Military Organization and the Organization of the State," in Felix Gilbert, ed., *The Historical Essays of Otto Hintze*, New York: Oxford University Press, 1975[1906], pp.178—215.

Hirschman, Albert O., *Exit, Voice, and Loyalty: Responses to Decline in Firms, Organizations, and States*, Cambridge: Harvard University Press, 1970.

Hirschman, Albert O., *National Power and the Structure of Foreign Trade*, Berkley: University of California Press, 1945.

Hirst, Paul and Grahame Thompson, *Globalization in Question: The International Economy and the Possibilities of Governance*, Cambridge: Polity Press, 1996.

Hsiao, Cheng, *Analysisof Panel Data*, 2nd Edition, New York: Cambridge University Press, 2003.

Hsiao, Cheng, "Benefits and Limitations of Panel Data," *Econometric Reviews*, Vol.4, No.1, 1985, pp.121—174.

Hsiao, Cheng, "Panel Data Analysis—Advantages and Challenges," *TEST*, Vol.16, No.1, 2007, pp.1—22.

Huang, Zhenqian and Xun Cao, "The Lure of Technocracy? Chinese Aid and Local Preferences for Development Leadership in Africa," AidData Working Paper, No.89, 2019, http://docs.aiddata.org/ad4/pdfs/WPS89_The_Lure_of_Technocracy_Chinese_Aid_and_Local_Preferences_for_Development_Leadership_in_Africa.pdf.

Hu, Bo, Alfredo Schclarek, Jiajun Xu, Jianye Yan, "Long-term Finance Provision: National Development Banks vs Commercial Banks," *World Development*, Vol.158, 2022, 105973.

Hui, Victoria Tin-bor, *War and State Formation in Ancient China and Early Modern Europe*, New York: Cambridge University Press, 2005.

Hymer, Stephen Herbert, *The International Operations of National Firms: A Study of Direct Foreign Investment*, Cambridge: The MIT Press, 1976.

Immergut, Ellen M., "Veto Points, and Policy Results: A Comparative Analysis of Health Care," *Journal of Public Policy*, Vol.10, No.4, 1990, pp.395—398.

International Crisis Group, "China's New Courtship in South Sudan," African Report, No.186, 2012, https://d2071andvip0wj.cloudfront.net/186-china-s-new-courtship-in-south-sudan.pdf.

Iwasaki, Ichiro and Masahiro Tokunaga, "Macroeconomic Impacts of FDI in Transition Economies: A Meta-Analysis" *World Development*, Vol.61, No.1, 2014, pp.53—69.

Iyer, Lakshmi, "Direct versus Indirect Colonial Rule in India: Long-Term Consequences," *The Review of Economics and Statistics*, Vol.92, No.4, 2010, pp.693—713.

Jacobs, Alan M. et al., "The Qualitative Transparency Deliberations: Insights and Implications," *Perspectives on Politics*, Vol.19, No.1, 2021, pp.171—208.

James, Wendy, Donald L. Donham, Eisei Kurimoto, and Alessandro Triulzi, eds., *Remapping Ethiopia: Socialism & After*, London: James Currey, 2002.

Jann, Ben, "Plotting Regression Coefficients and Other Estimates," *The Stata Journal*, Vol.14, No.4, 2014, pp.708—737.

Jensen, Nathan, "Democratic Governance and Multinational Corporations: Political Regimes and Inflows of Foreign Direct Investment," *International Organization*, Vol.57, No.3, 2003, pp.587—616.

Jensen, Nathan M., Glen Biglaiser, Quan Li, Edmund Malesky, Pablo M. Pinto, Santiago M. Pinto, and Joseph L. Staats, *Politics and Foreign Direct Investment*, Ann Arbor: University of Michigan Press, 2012.

Jensen, Nathan, "Political Risk, Democratic Institutions, and Foreign Direct Investment," *Journal of Politics*, Vol.70, No.4, 2008, pp.1040—1052.

Johnston, Alastair Iain, "China in a World of Orders: Rethinking Compliance and Challenge in Beijing's International Relations," *International Security*, Vol.44, No.2, 2019, pp.9—60.

Jones, Bruce, "China and the Return of Great Power Strategic Competition," Washington, DC: The Brookings Institution, 2020, https://www.brookings.edu/wp-content/uploads/2020/02/FP_202002_china_power_competition_jones.pdf.

Kamrava, Mehran, ed., *The "Resource Curse" in the Persian Gulf*, London: Routledge, 2019.

Kaplan, Robert D., "Was Democracy Just a Moment?" *The Atlantic Monthly*, Vol.280, No.6, 1997, pp.55—80.

Kaplan, Stephen B., "Banking Unconditionally: The Political Economy of Chinese Finance in Latin America," *Review of International Political Economy*, Vol.23, No.4, 2016, pp.643—676.

Kaplan, Stephen B., *Globalizing Patient Capital: The Political Economy of Chinese Finance in the Americas*, New York: Cambridge University Press, 2021.

Kaplan, Stephen B., "The Rise of Patient Capital: The Political Economy of Chinese Global Finance," Institute for International Economic Policy Working Paper, No.2, 2018, https://www2.gwu.edu/~iiep/assets/docs/papers/2018WP/KaplanIIEP2018-2.pdf.

Kaufman, Robert R. and Alex Segura-Ubiergo, "Globalization, Domestic Politics, and Social Spending in Latin America: A Time-Series Cross-Section Analysis, 1973—97," *World Politics*, Vol.53, No.4, 2001, pp.553—587.

Kebede, Messay, "The Civilian Left and the Radicalization of the Dergue," *Journal of Developing Societies*, Vol.24, No.2, 2008, pp.159—182.

Keele, Luke, "The Statistics of Causal Inference: A View from Political Methodology," *Political Analysis*, Vol.23, No.3, 2015, pp.313—335.

Keller, Edmond J., "State, Party, and Revolution in Ethiopia," *African Studies Review*, Vol.28, No.1, 1985, pp.1—17.

Kennedy, Paul, *The Rise and Fall of the Great Powers: Economic Change and*

Military Conflict from 1500 to 2000, New York: Random House, 1987.

Kentor, Jeffrey and Terry Boswell, "Foreign Capital Dependence and Development: A New Direction," *American Sociological Review*, Vol. 68, No. 2, 2003, pp. 301—313.

Keohane, Robert O., "The Old IPE and the New," *Review of International Political Economy*, Vol. 16, No. 1, 2009, pp. 34—46.

Kerner, Andrew, "What We Talk About When We Talk About Foreign Direct Investment," *International Studies Quarterly*, Vol. 58, No. 4, 2014, pp. 804—815.

Khaler, Miles and David A. Lake, eds., *Governance in a Global Economy: Political Authority in Transition*, Princeton: Princeton University Press, 2003.

Khaler, Miles and David A. Lake, "Governance in a Global Economy: Political Authority in Transition," *PS: Political Science and Politics*, Vol. 37, No. 3, 2004, pp. 409—414.

Kibria, Ahsan, Reza Oladi, Sherzod B. Akhundjanov, "Foreign Direct Investment and Civil Violence in Sub-Saharan Africa," *World Economy*, Vol. 43, No. 4, 2020, pp. 948—981.

Kiewiet, D. Roderick and Mathew D. McCubbins, *The Logic of Delegation*, Chicago: University of Chicago Press, 1991.

King, Gary, "Replication, Replication," *PS: Political Science and Politics*, Vol. 28, No. 3, 1995, pp. 444—452.

King, Gary, Robert O. Keohane, and Sidney Verba, *Designing Social Inquiry: Scientific Inference in Qualitative Research*, Princeton: Princeton University Press, 1994.

King, Gary, Robert O. Keohane, and Sidney Verba, "The Importance of Research Design in Political Science," *American Political Science Review*, Vol. 89, No. 2, 1995, pp. 475—481.

Kobrin, Stephen J., "Sovereignty@Bay: Globalization, Multilateral Enterprise, and the International Political System," in Alan M. Rugman and Thomas L. Brewer, eds., *The Oxford Handbook of International Business*, New York: Oxford University Press, 2001, pp. 181—205.

Kohli, Atul, "Japanese Colonialism and Korean Development: A Reply," *World Development*, Vol. 25, No. 6, 1997, pp. 883—888.

Kohli, Atul, Peter Evans, Peter J. Katzenstein, Adam Przeworski, Susanne Hoeber, James C. Scott and Theda Skocpol, "The Role of Theory in Comparative Politics: A Symposium," *World Politics*, Vol. 48, No. 1, 1995, pp. 1—49.

Kohli, Atul, *State-Directed Development: Political Power and Industrialization in the Global Periphery*, New York: Cambridge University Press, 2004.

Kohli, Atul, "Where Do High Growth Political Economies Come from? The Japanese Lineage of Korea's 'Developmental State'," *World Development*, Vol. 22, No. 9, 1994, pp. 1269—1293.

Kohn, Melvin L., "Cross-National Research as an Analytic Strategy," *American Sociological Review*, Vol.52, No.6, 1987, pp.713—731.

Kolstad, Ivar and Arne Wiig, "What determines Chinese outward FDI?"*Journal of World Business*, Vol.47, No.1, 2012, pp.26—34.

Kornbluh, Peter, *The Pinochet File: A Declassified Dossier on Atrocity and Accountability*, New York: The New Press, 2003.

Krasner, Stephen D. and Thomas Risse, "External Actors, State-Building, and Service Provision in Areas of Limited Statehood: Introduction," *Governance: An International Journal of Policy, Administration, and Institutions*, Vol.27, No.4, 2014, pp.545—567.

Krasner, Stephen D., *Defending the National Interest: Raw Materials Investments and U.S. Foreign Policy*, Princeton: Princeton University Press, 1978.

Kwok, Chuck C. Y. and Solomon Tadesse, "The MNC as an Agent of Change for Host-Country Institutions: FDI and Corruption," *Journal of International Business Studies*, Vol.37, No.6, 2006, pp.767—785.

Lachmann, Richard, "Elite Conflict and State Formation in 16th- and 17th-Century England and France," *American Sociological Review*, Vol.54, No.2, 1989, pp.141—162.

Lake, David A. and Christopher J. Fariss, "Why International Trusteeship Fails: The Politics of External Authority in Areas of Limited Statehood," *Governance: An International Journal of Policy, Administration, and Institutions*, Vol.27, No.4, 2014, pp.569—587.

Lake, David A. and Robert Powell, eds., *Strategic Choice and International Relations*, Princeton: Princeton University Press, 1999.

Lake, David A., "Economic Openness and Great Power Competition: Lessons for China and the United States," *The Chinese Journal of International Politics*, Vol.11, No.3, 2018, pp.237—270.

Lake, David A., "International Political Economy: A Maturing Interdiscipline," in Barry R. Weingast and Donald A. Wittman, eds., *The Oxford Handbook of Political Economy*, Oxford: Oxford University Press, 2006, pp.757—777.

Lake, David A., "Open Economy Politics: A Critical Review," *Review of International Organizations*, Vol.4, No.3, 2009, pp.219—244.

Lake, David A., *The Statebuilder's Dilemma: On the Limits of Foreign Intervention*, Ithaca: Cornell University Press, 2016.

Lange, Matthew and Dietrich Reuschemeyer, eds., *State and Development: Historical Antecedents of Stagnation and Advance*, New York: Palgrave McMillan, 2005.

Lange, Matthew, *Lineages of Despotism and Development: British Colonialism and State Power*, Chicago: The University of Chicago Press, 2009.

Larkey, Patrick, Chandler Stolp, and Mark Winer, "Theorizing about the

Growth of Government: A Research Assessment," *Journal of Public Policy*, Vol.1, No.2, 1981, pp.157—220.

Lavers, Tom and Festus Boamah, "The Impact of Agricultural Investments on State Capacity: A Comparative Analysis of Ethiopia and Ghana," *Geoforum*, Vol.72, 2016, pp.94—103.

Lee, Cheol-Sung, *When Solidarity Works: Labor-Civic Networks and Welfare States in the Market Reform Era*, New York: Cambridge University Press, 2016.

Lee, Chia-Yi, "Chinese Outward Investment in Oil and Its Economic and Political Impact in Developing Countries," *Issue & Studies*, Vol.51, No.3, 2015, pp.131—163.

Lee, Ching Kwan, *The Specter of Global China: Politics, Labor and Foreign Investment in Africa*, Chicago: University of Chicago Press, 2017.

Lee, Ching Kwan, "The Spectre of Global China," *New Left Review*, No.89, 2014, pp.29—65.

Lee, Melissa M. and Nan Zhang, "Legibility and the Informational Foundations of State Capacity," *Journal of Politics*, Vol.79, No.1, 2017, pp.118—132.

Lee, Su-Hoon, *State-Building in the Contemporary Third World*, Boulder: Westview Press, 1988.

Lepage, Henri, *Tomorrow, Capitalism: The Economics of Economic Freedom*, La Salle: Open Court, 1982.

Leutert, Wendy and Haver, Zachary, "From Cautious Interaction to Mature Influence: China's Evolving Engagement with the International Investment Regime," *Pacific Affairs*, Vol.93, No.1, 2020, pp.59—88.

Leuthold, Jane H., "Tax Shares in Developing Countries: A Panel Study," *Journal of Development Economics*, Vol.35, No.1, 1991, pp.173—185.

Levi, Margaret, "The Predatory Theory of Rule," *Politics & Society*, Vol.10, No.4, 1981, pp.431—465.

Levitsky, Steven and Lucan A. Way, *Competitive Authoritarianism: Hybrid Regimes After the Cold War*, New York: Cambridge University Press, 2010.

Levy, Jack S., "Case Studies: Types, Designs, and Logics of Inference," *Conflict Management and Peace Science*, Vol.25, No.1, 2008, pp.1—18.

Lewin, Arie Y., Chris P. Long and Timothy N. Carroll, "The Coevolution of New Organizational Forms," *Organization Science*, Vol.10, No.5, 1999, pp.535—550.

Li, Quan and Adam Resnick, "Reversal of Fortunes: Democracy, Property Rights and Foreign Direct Investment Inflows in Developing Countries," *International Organization*, Vol.57, No.1, 2003, pp.175—211.

Li, Quan, "Democracy, Autocracy, and Tax Incentives to Foreign Direct Investors: A Cross-National Analysis," *Journal of Politics*, Vol.68, No.1, 2006, pp.62—74.

Li, Quan, Erica Owen, and Austin Mitchell, "Why Do Democracies Attract More or Less Foreign Direct Investment? A Metaregression Analysis," *International*

Studies Quarterly, Vol.62, No.3, 2018, pp.495—504.

Liang, Kung-Yee and Scott L. Zeger, "Longitudinal Data Analysis Using Generalized Linear Models," *Biometrika*, Vol.73, No.1, 1986, pp.13—22.

Lijphart, Arend, "Comparative Politics and the Comparative Method," *American Political Science Review*, Vol.65, No.3, 1971, pp.682—693.

Lin, Justin Yifu and Yan Wang, "The New Structural Economics: Patient Capital as a Comparative Advantage," *Journal of Infrastructure, Policy and Development*, Vol.1, No.1, 2017, pp.4—23.

Linz, Juan J. and Alfred Stepan, *Problems of Democratic Transition and Consolidation: Southern Europe, South America, and Post-Communist Europe*, Baltimore MD: Johns Hopkins University Press, 1996.

Linz, Juan J., "State Building and Nation Building," *European Review*, Vol.1, No.4, 1993, pp.355—369.

Lipsey, Robert E., "Inward FDI and Economic Growth in Developing Countries," Transnational Corporations, Vol.9, No.1, 2000, pp.67—95.

Locke, Richard M., "The Promise and Perils of Globalization: The Case of Nike," in Thomas A. Kochan and Richard L. Schmalensee, eds., *Management: Inventing and Delivering Its Future*, Cambridge: The MIT Press, 2003, pp.39—70.

Lo, Dic, "Towards a Conception of the Systemic Impact of China on Late Development," *Third World Quarterly*, Vol.41, No.5, 2020, pp.860—880.

Lucas, Robert E., "Why Doesn't Capital Flow from Rich to Poor Countries," *American Economic Review*, Vol.80, No.2, 1990, pp.92—96.

Magaloni, Beatriz, "Credible Power-Sharing and the Longevity of Authoritarian Rule," *Comparative Political Science*, Vol.41, No.4/5, 2008, pp.715—741.

Mahoney, James, "Qualitative Methodology and Comparative Politics," *Comparative Political Studies*, Vol.40, No.2, 2007, pp.122—144.

Mahoney, James, "Strategies of Causal Inference in Small-N Analysis," *Sociological Methods & Research*, Vol.28, No.4, 2000, pp.387—424.

Mamdani, Mahmood, *Citizen and Subject: Contemporary Africa and the Legacy of Late Colonialism*, Princeton: Princeton University Press, 1996.

Mann, Michael, "Infrastructural Power Revisited," *Studies in Comparative International Development*, Vol.43, No.3—4, 2008, pp.355—365.

Mann, Michael, *State, War and Capitalism*, Oxford: Blackwell, 1988.

Mann, Michael, "The Autonomous Power of the State: Its Origins, Mechanisms and Results," *European Journal of Sociology*, Vol.25, No.2, 1984, pp.185—213.

Mann, Michael, *The Sources of Social Power, Volume 1: A History of Power from the Beginning to A.D. 1760*, Cambridge: Cambridge University Press, 1986.

Mann, Michael, *The Sources of Social Power, Volume 2: The Rise of Classes and Nation States 1760—1914*, Cambridge: Cambridge University Press, 1993.

Mansfield, Edward D. and Jack Snyder, "Democratic Transitions, Institutional Strength, and War," *International Organization*, Vol.56, No.2, 2002, pp.297—337.

Mansfield, Edward D. and Jack Snyder, *Electing to Fight: Why Emerging Democracies Go to War*, Cambridge: The MIT Press, 2005.

Mansfield, Edward D. and Jon C. Pevehouse, "Trade Blocs, Trade Flows, and International Conflict," *International Organization*, Vol.54, No.4, 2000, pp.775—808.

Mansfield, Edward D., "Preferential Peace: Why Preferential Trading Arrangements Inhibit Interstate Conflict," in Edward Mansfield and Brian M. Pollins, *Economic Interdependence and International Conflict: New Perspectives on an Enduring Debate*, Ann Arbor: University of Michigan Press, 2003, pp.222—236.

Marcus, Harold G., *A History of Ethiopia*, Berkeley: University of California Press, 1994.

Markus, Stanislav, "Secure Property as a Bottom-Up Process: Firms, Stakeholders, and Predators in Weak States," *World Politics*, Vol. 64, No. 2, 2012, pp.242—277.

Marshall, Monty G. and Keith Jaggers, "Polity IV Project: Dataset Users' Manual," Center for Systemic Peace, George Mason University, 2009, https://www.systemicpeace.org/inscrdata.htm.

Marx, Karl and Friedrich Engels, *The German Ideology*, Amherst: Prometheus Books, 1998.

Matanock, Aila M., "Governance Delegation Agreements: Shared Sovereignty as a Substitute for Limited Statehood," *Governance: An International Journal of Policy, Administration, and Institutions*, Vol.27, No.4, 2014, pp.589—612.

Maurer, Noel, *The Empire Trap: The Rise and Fall of U.S. Intervention to Protect American Property Overseas, 1893—2013*, Princeton: Princeton University Press, 2013.

Mazumder, Soumyajit, "Can I Stay A BIT Longer? The Effect of Bilateral Investment Treaties on Political Survival," *The Review of International Organizations*, Vol.11, No.4, 2016, pp.477—521.

Mazzuca, Sebastián and Gerardo L. Munck, "State or Democracy First? Alternative Perspectives on the State-Democracy Nexus," *Democratization*, Vol. 21, No. 7, 2014, pp.1221—1243.

McFerson, Hazel M., "Extractive Industries and African Democracy: Can the 'Resource Curse' be Exorcised?" *International Studies Perspectives*, Vol. 11, No. 4, 2010, pp.335—353.

Melitz, Marc J., "The Impact of Trade on Intra-Industry Re-Allocation and Aggregate Industrial Productivity," *Econometrica*, Vol.71, No.6, 2003, pp.1695—1725.

Metaferia, Getachew, *Ethiopia and the United States: History, Diplomacy, and Analysis*, New York: Algora Publishing, 2008.

Meyer, William H., "Human Rights and MNCs: Theory versus Quantitative Analysis," *Human Rights Quarterly*, Vol.18, No.2, 1996, pp.368—397.

Mezzadri, Alessandra, *The Sweatshop Regime: Labouring Bodies, Exploitation, and Garments Made in India*, New York: Cambridge University Press, 2017.

Migdal, Joel S., "The State in Society: An Approach to Struggle for Domination," in Joel Samuel Migdal, Atul Kohli and Vivienne Shue, eds., *State Power and Social Forces: Domination and Transformation in the Third World*, New York: Cambridge University Press, 1994, pp.7—34.

Mihalache-O'Keef, Andreea S., "Whose Greed, Whose Grievance, and Whose Opportunity? Effects of Foreign Direct Investments (FDI) on Internal Conflict," *World Development*, Vol.106, 2018, pp.187—206.

Mijiyawa, Abdoul' Ganiou, "Reforming Property Rights Institutions in Developing Countries: Can FDI Inflows Help?" *World Economy*, Vol. 37, No. 3, 2014, pp.410—433.

Milkias, Paulos, *Haile Selassie, Western Education and Political Revolution in Ethiopia*, Youngstown: Cambria Press, 2006.

Miller, Paul D., *Armed State Building: Confronting State Failure, 1898—2012*, Ithaca: Cornell University Press, 2013.

Mo, Peng, Ryan J. Orr, and Jianzhong Lu, "Addis Ababa Ring Road Project: A Case Study of a Chinese Construction Project in Ethiopia," presented at International Conference on Multi-National Construction Projects, Shanghai, China, 2008, https://www.irbnet.de/daten/iconda/CIB12171.pdf.

Moore, Mick, "Globalisation and Power in Weak States," *Third World Quarterly*, Vol.28, No.4, 2007, pp.1757—1776.

Moosa, Imad A., *Foreign Direct Investment: Theory, Evidence and Practice*, Basingstoke: Palgrave, 2002.

Moran, Theodore H., Edward M. Graham, and Magnus Blomstrom, eds., *Does Foreign Direct Investment Promote Development? New Methods, Outcomes and Policy Approaches*, Washington, D.C.: Peterson Institute for International Economics, 2005.

Moravcsik, Andrew, "Active Citation: A Precondition for Replicable Qualitative Research," *PS: Political Science and Politics*, Vol.43, No.1, 2010, pp.29—35.

Moravcsik, Andrew, "Transparency: The Revolution in Qualitative Research," *PS: Political Science and Politics*, Vol.47, No.1, 2014, pp.48—53.

Morgan, Pippa and Yu Zheng, "Tracing the Legacy: China's Historical Aid and Contemporary Investment in Africa," *International Studies Quarterly*, Vol.63, No.3, 2019, pp.558—573.

Mosley, Layna and Saika Uno, "Racing to the Bottom or Climbing to the Top? Economic Globalization and Collective Labor Rights," *Comparative Political Science*,

Vol.40, No.8, 2007, pp.923—948.

Mosley, Layna, *Global Capital and National Governments*, New York: Cambridge University Press, 2003.

Mosteller, Frederick and David L. Wallace, "Inference in an Authorship Problem," *Journal of the American Statistical Association*, Vol.58, No.302, 1963, pp.275—309.

Mosteller, Frederick, "A Statistical Study of the Writing Styles of the Authors of 'The Federalist' Papers," *Proceedings of the American Philosophical Society*, Vol.131, No.2, 1987, pp.132—140.

Mukherjee, Shivaji, "Colonial Origins of Maoist Insurgency in India: Historical Institutions and Civil War," *Journal of Conflict Resolution*, Vol.62, No.10, 2018, pp.2232—2274.

Muralidharan, Karthik, Paul Niehaus, and Sandip Sukhtankar, "Building State Capacity: Evidence from Biometric Smartcards in India," American Economic Review, Vol.106, No.10, 2016, pp.2895—2929.

Murray, Charles, "How to Accuse the Other Guy of Lying with Statistics," *Statistical Science*, Vol.20, No.3, 2005, pp.239—241.

Myers, Robert J., "Accuracy of Age Reporting in the 1950 United States Census," *Journal of the American Statistical Association*, Vol. 49, No. 268, 1954, pp.826—831.

Myers, Robert J., "Errors and Bias in the Reporting of Ages in Census Data," *Transactions of the Actuarial Society of America*, Vol. 41, No. 104, 1940, pp.394—415.

Mylonas, Harris, *The Politics of Nation-Building: Making Co-Nationals, Refugees and Minorities*, New York: Cambridge University Press, 2013.

Navia, Patricio and Thomas D. Zweifel, "Democracy, Dictatorship, and Infant Mortality Revisited," *Journal of Democracy*, Vol.14, No.3, 2003, pp.90—103.

Nelder, J. A. and R. W. M. Wedderburn, "Generalized Linear Models," *Journal of the Royal Statistical Society. Series A (General)*, Vol. 135, No. 3, 1972, pp.370—384.

Nettl, J. P., "The State as a Conceptual Variable," *World Politics*, Vol. 20, No.4, 1968, pp.559—592.

Nielson, Richard A., Michael G. Findley, Zachary S. Davis, Tara Candland, and Daniel L. Nielson, "Foreign Aid Shocks as a Cause of Violent Armed Conflict," *American Journal of Political Science*, Vol.55, No.2, 2011, pp.219—232.

Norris, Pippa and Ronald Inglehart, *Cultural Backlash: Trump, Brexit, and Authoritarian Populism*, New York: Cambridge University Press, 2019.

North, Douglass C. and Barry R. Weingast, "Constitutions and Commitment: The Evolution of Institutions Governing Public Choice in Seventeenth-Century

England," *Journal of Economic History*, Vol.49, No.4, 1989, pp.803—832.

Nunn, Nathan and Nancy Qian, "US Food Aid and Civil Conflict," *American Economic Review*, Vol.104, No.6, 2014, pp.1630—1666.

O'Conner, James, *The Fiscal Crises of the State*, New York: St. Martin's Press, 1973.

Offe, Claus and Volker Ronge, "Theses on the Theory of the State," *New German Critique*, No.6, 1975, pp.137—147.

Olson, Mancur, "Dictatorship, Democracy, and Development," *American Political Science Review*, Vol.87, No.3, 1993, pp.567—576.

Olson, Mancur, The Logic of Collective Action: Public Goods and the Theory of Groups, Cambridge: Harvard University Press, 1965.

Oman, Charles, *Policy Competition for Foreign Direct Investment: A Study of Competition among Governments to Attract FDI*, Paris: OECD, 2000.

Onorato, Massimiliano Gaetano, Kenneth Scheve, and David Stasavage, "Technology and the Era of the Mass Army," *Journal of Economic History*, Vol. 74, No.2, 2014, pp.449—481.

Oppenheimer, Franz, *The State: Its History and Development Viewed Sociologically*, translated by John M. Gitterman, New York: B.W. Huebsch, 1922.

Oqubay, Arkebe and Justin Yifu Lin, eds., *China-Africa and an Economic Transformation*, New York: Oxford University Press, 2019.

Ottervik, Mattias, "Conceptualizing and Measuring State Capacity: Testing and Validity of Tax Compliance as a Measure of State Capacity," QoG Working Paper Series, No.20, 2013, https://www.gu.se/sites/default/files/2020-05/2013_20_Ottervik.pdf.

Oya, Carlos and Florian Schaefer, "Chinese Firms and Employment Dynamics in Africa: A Comparative Analysis," IDCEA Research Synthesis Report, SOAS, University of London, 2019, https://www.soas.ac.uk/idcea/publications/reports/file141857.pdf.

Oya, Carlos and IDCEA Team, "Researching Chinese Firms and Employment Dynamics in Sub-Sahara Africa: Context, Analytical Framework and Research Design," IDCEA Research Design and Concept Paper, 2019, http://econ.ruc.edu.cn/docs/2019-11/9bbe6cf3d4ef43afa86b51ed636cf12f.pdf.

Oya, Carlos, "Labour Regimes and Workplace Encounters Between China and Africa," IDCEA Working Paper, No.5, 2018, http://econ.ruc.edu.cn/docs/2019-11/2511c42556254cb6a0ca2a6b6fa8c3ab.pdf.

Pablo M. Pinto and Boliang Zhu, "Brewing Violence: Foreign Investment and Civil Conflict," *Journal of Conflict Resolution*, Vol.66, No.6, 2022, pp.1010—1036.

Paglayan, Agustina S., "Education or Indoctrination? The Violent Origins of Public School Systems in an Era of State-Building," *American Political Science Review*, forthcoming.

Paglayan, Agustina S., *Political Origins of Public Education System*, Stanford: Stanford University, PhD Dissertation, 2017.

Paglayan, Agustina S., "The Non-Democratic Roots of Mass Education: Evidence from 200 Years," *American Political Science Review*, 2021, Vol. 115, No. 1, pp.179—198.

Pan, Wei, "Akaike's Information Criterion in Generalized Estimating Equations," *Biometrics*, Vol.57, No.1, 2001, pp.120—125.

Pandya, Sonal S., "Democratization and Foreign Direct Investment Liberalization, 1970—2000," *International Studies Quarterly*, Vol.58, No.3, 2014, pp.475—488.

Pandya, Sonal S., "Labor Markets and the Demand for Foreign Direct Investment," *International Organization*, Vol.64, No.3, 2010, pp.389—409.

Pandya, Sonal S., *Trading Spaces: Foreign Direct Investment Regulation, 1970—2000*, New York: Cambridge University Press, 2014.

Pavone, Tommaso, "Constitutional Constraints, Organizational Preferences, and Qualitative Methods: A Replication and Reassessment of North and Weingast," Working Paper, 2014, https://dx.doi.org/10.2139/ssrn.2439406.

Peng, Zhongzhou and Sow Keat Tok, "The AIIB and China's Normative Power in International Financial Governance Structure," *Chinese Political Science Review*, Vol.1, No.4, 2016, pp.736—753.

Perrot, Jean-Claude and Stuart J. Woolf, *State and Statistics in France, 1789—1815*, London: Harwood Academic Publishers, 1984.

Philip T. Hoffman, "What Do States Do? Politics and Economic History," *Journal of Economic History*, Vol.75, No.2, 2015, pp.303—332.

Phillips, Nicola, "The Slow Death of Pluralism," *Review of International Political Economy*, Vol.16, No.1, 2009, pp.85—94.

Pinto, Pablo M. and Santiago M. Pinto, "The Politics of Investment Partisanship: And the Sectoral Allocation of Foreign Direct Investment," *Economics & Politics*, Vol.20, No.2, 2008, pp.216—254.

Pinto, Pablo M., *Partisan Investment in the Global Economy*, New York: Cambridge University Press, 2013.

Poggi, Gianfranco, *The Development of the Modern State: A Sociological Introduction*, Stanford: Stanford University Press, 1978.

Polanyi, Karl, *The Great Transformation: The Political and Economic Origins of Our Time*, Boston: Beacon Press, 1944.

Porter, Bruce D., *War and the Rise of the State: The Military Foundation of Modern Politics*, New York: Free Press, 1994.

Porter, Michael E., *The Competitive Advantage of Nations*, New York: Free Press, 1990.

Poulantzas, Nicos, *Political Power and Social Classes*, London: Verso, 1968.

Poulsen, Lauge Skovgaard, "The Significance of South-South BITs for the International Investment Regime: A Quantitative Analysis," *Northwestern Journal of International Law & Business*, Vol.30, No.1, 2010, pp.101—130.

Powell, Benjamin and Matt E. Ryan, "Does Development Aid Lead to Economic Freedom?" *Journal of Private Enterprises*, Vol.22, No.1, 2006, pp.1—21.

Przeworski, Adam and Fernando Limongi, "Political Regimes and Economic Growth," *Journal of Economic Perspectives*, Vol.7, No.3, 1993, pp.51—69.

Putnam, Robert D., "Diplomacy and Domestic Politics: The Logic of Two-Level Games," *International Organization*, Vol.42, No.3, 1988, pp.435—441.

Qian, Yingyi and Barry R. Weingast, "Federalism as a Commitment to Reserving Market Incentives," *Journal of Economic Perspectives*, Vol. 11, No. 4, 1997, pp.83—92.

Queralt, Didac, "War, International Finance, and Fiscal Capacity in the Long Run," *International Organization*, Vol.73, No.4, 2019, pp.713—753.

Raleigh, Clionadh, Andrew Linke, Håvard Hegre, and Joakim Karlsen, "Introducing ACLED: An Armed Conflict Location and Event Dataset: Special Data Feature," *Journal of Peace Research*, Vol.47, No.5, 2010, pp.651—660.

Rasler, Karen A. and William R. Thompson, "War Making and State Making: Governmental Expenditures, Tax Revenues, and Global Wars," *American Political Science Review*, Vol.79, No.2, 1985, pp.491—507.

Remmer, Karen L., "Does Foreign Aid Promote the Expansion of Government?" *American Journal of Political Science*, Vol.48, No.1, 2014, pp.77—92.

Repnikova, Maria, "The Balance of Soft Power: The American and Chinese Quests to Win Hearts and Minds," *Foreign Affairs*, Vol. 101, No. 4, 2022, pp.44—51.

Riker, William H., "Implications from the Disequilibrium of Majority Rule for the Study of Institutions," *American Political Science Review*, Vol. 74, No. 2, 1980, pp.432—446.

Risse-Kappen, Thomas, ed, *Bringing Transnational Relations Back In: Non-State Actors, Domestic Structures and International Institutions*, New York: Cambridge University Press, 1995.

Risse, Thomas and Eric Stollenwerk, "Legitimacy in Areas of Limited Statehood," *Annual Review of Political Science*, Vol.21, No.1, 2018, pp.403—418.

Rodrik, Dani and Arvind Subramanian, "Institutions Rule: The Primacy of Institutions Over Geography and Integration in Economic Development," *Journal of Economic Growth*, Vol.9, No.2, 2004, pp.131—165.

Rodrik, Dani, "Why Do More Open Countries Have Bigger Governments," *Journal of Political Economy*, Vol.106, No.5, 1998, pp.997—1032.

Roeder, Philip G., *Where Nation-States Come From: Institutional Change in the*

Age of Nationalism, Princeton: Princeton University Press, 2007.

Rogowski, Ronald, *Commerce and Coalitions: How Trade Affects Domestic Political Alignments*, Princeton: Princeton University Press, 1989.

Ross, Michael L., "What Have We Learned about the Resource Curse?" *Annual Review of Political Science*, Vol.18, No.1, 2015, pp.239—259.

Santoro, Michael A., *Profits and Principles: Global Capitalism and Human Rights in China*, Ithaca: Cornell University Press, 2000.

Sauvant, Karl P., "The State of the International Investment Law and Policy Regime," *Columbia FDI Perspectives*, No.247, 2019, http://ccsi.columbia.edu/files/2018/10/No-249-Kerner-FINAL.pdf.

Savoia, Antonio and Kunal Sen, "Measurement, Evolution, Determinants, and Consequences of State Capacity: A Review of Recent Research," *Journal of Economic Surveys*, Vol.29, No.3, 2015, pp.441—458.

Schäferhoff, Macro, "External Actors and the Provision of Public Health Services in Somalia," *Governance: An International Journal of Policy, Administration, and Institutions*, Vol.27, No.4, 2014, pp.675—695.

Schelling, Thomas C., *The Strategy of Conflict*, Cambridge: Harvard University Press, 1960.

Schemm, Paul, "Investors Shy Away from Ethiopia in the Wake of Violent Protests," *Washington Post*, November 1, 2016, https://www.washingtonpost.com/world/africa/investors-shy-away-from-ethiopia-in-the-wake-of-violent-protests/2016/11/01/2d998788-9cae-11e6-b552-b1f85e484086_story.html.

Schlesinger, Stephen and Stephen Kinzer, *Bitter Fruit: The Story of the American Coup in Guatemala*, Cambridge: Harvard University Press, 1999.

Scholte, Jan Aart, *Globalization: A Critical Introduction*, London and New York: Macmillan, 2000.

Schumpeter, Joseph A., *Capitalism, Socialism and Democracy*, New York and London: Harper and Brothers, 1942.

Schumpeter, Joseph A., *The Economics and Sociology of Capitalism*, Princeton: Princeton University Press, 1991.

Scott, James C., *Seeing Like a State: How Certain Schemes to Improve the Human Condition Have Failed*, New Haven: Yale University Press, 1998.

Scott, James C., *The Art of Not Being Governed: An Anarchist History of Upland Southeast Asia*. New Haven: Yale University Press, 2009.

Secorun, Laura. "Ethiopia Vows to Protect European Companies after Farms Attacked," *The Guardian*, October 26, 2016, https://www.theguardian.com/sustainable-business/2016/oct/26/ethiopia-vows-to-protect-european-companies-after-farms-attacked.

Sell, Susan K., Private Power, Public Law: The Globalization of Intellectual Property Rights, Cambridge: Cambridge University Press, 2003.

Seyoum, Mebratu and Jihong Lin, "Private Chinese Investment in Ethiopia: Determinants and Location Decisions," *Journal of International Development*, Vol.27, No.7, 2015, pp.1223—1242.

Sigmund, Paul, *The Overthrow of Allende and the Politics of Chile, 1964—1973*, Pittsburgh: University of Pittsburgh Press, 1977.

Sikkink, Kathryn, *Ideas and Institutions: Developmentalism in Brazil and Argentina*, Ithaca: Cornell University Press, 1991.

Simpson, Edward H., "Measurement of Diversity," *Nature*, Vol.163, No.4148, 1949, p.688.

Singer, J. David, "Reconstructing the Correlates of War Dataset on Material Capabilities of States, 1816—1985," *International Interactions*, Vol.14, No.2, 1987, pp.115—132.

Singer, J. David, Stuart Bremer, and John Stuckey, "Capability Distribution, Uncertainty, and Major Power War, 1820—1965," in Bruce Russett, ed., *Peace, War, and Numbers*, Beverly Hills: Sage, 1972, pp.19—48.

Sklar, Richard L., "The Nature of Class Domination in Africa," *The Journal of Modern African Studies*, Vol.17, No.4, 1979, pp.531—552.

Skocpol, Theda, "Bringing the State Back In: Strategies of Analysis in Current Research," in Peter B. Evans, Dietrich Rueschemeyer, and Theda Skocpol, eds., *Bringing the State Back In*, New York: Cambridge University Press, 1985, pp.3—37.

Skocpol, Theda, "Political Response to Capitalist Crisis: Neo-Marxist Theories of the State and the Case of the New Deal," *Politics & Society*, Vol.10, No.2, 1980, pp.155—201.

Skocpol, Theda, *States and Social Revolutions*, New York: Cambridge University Press, 1979.

Skowronek, Stephen, *Building a New American State: The Expansion of National Administrative Capacities, 1877—1920*. New York: Cambridge University Press, 1982.

Slater, Dan, "Can Leviathan be Democratic? Competitive Elections, Robust Mass Politics, and State Infrastructural Power," *Studies in Comparative International Development*, Vol.43, No.3—4, 2008, pp.252—272.

Slater, Dan, *Ordering Power: Contentious Politics and Authoritarian Leviathans in Southeast Asia*, New York: Cambridge University Press, 2010.

Slobodian, Quinn, *Globalists: The End of Empire and the Birth of Neoliberalism*, Cambridge: Harvard University Press, 2018.

Smith, Jackie, Melissa Bolyard and Anna Ippolito, "Human Rights and the Global Economy: A Response to Meyer," *Human Rights Quarterly*, Vol.21, No.1, 1999, pp.207—219.

Smith, Zachary Snowdon, "Apple Becomes 1st Company Worth ＄3 Trillion—Greater Than The GDP Of The UK," *Forbes*, January 3, 2022.

Soifer, Hillel and Matthias vom Hau, "Unpacking the Strength of the State: The Utility of State Infrastructural Power," *Studies in Comparative International Development*, Vol.43, No.3—4, 2008, pp.219—230.

Soifer, Hillel David, "Erratum to: State Power and the Economic Origins of Democracy," *Studies in Comparative International Development*, Vol.51, No.4, 2016, pp.530—538.

Soifer, Hillel David, *State Building in Latin America*, New York: Cambridge University Press, 2015.

Soifer, Hillel David, "State Power and the Economic Origins of Democracy," *Studies in Comparative International Development*, Vol.48, No.1, 2013, pp.1—22.

Soifer, Hillel, "State Infrastructural Power: Approaches to Conceptualization and Measurement," *Studies in Comparative International Development*, Vol.43, No.3—4, 2008, pp.231—251.

Sonal S. Pandya, "Political Economy of Foreign Direct Investment: Globalized Production in the Twenty-First Century," *Annual Review of Political Science*, Vol.19, No.1, 2016, pp.455—475.

Spruyt, Hendrik, *The Sovereign State and Its Competitors*, Princeton: Princeton University Press, 1994.

Stallings, Barbara and Eun Mee Kim, *Promoting Development: The Political Economy of East Asian Foreign Aid*, Singapore: Palgrave Macmillan, 2017.

Stephen, Matthew D. and David Skidmore, "The AIIB in the Liberal International Order," *The Chinese Journal of International Politics*, Vol. 12, No. 1, 2019, pp.61—91.

Stevis-Gridneff, Matina, "Ethiopia Opens Door to the World With Unprecedented Privatization Plan," *Wall Street Journal*, June 6, 2018, https://www.wsj.com/articles/ethiopia-opens-door-to-the-world-with-unprecedented-privatization-plan-1528275922.

Strange, Austin M., Axel Dreher, Andreas Fuchs, Bradley Parks and Michael J. Tierney, "Tracking Underreported Financial Flows: China's Development Finance and the Aid-Conflict Nexus Revisited," *Journal of Conflict Resolution*, Vol. 61, No. 5, 2017, pp.935—963.

Sun, Irene Yuan, *The Next Factory of the World: How Chinese Investment is Reshaping Africa*, Brighton: Harvard Business Review Press, 2017.

Sutton, John, "Institution Building for Industrialization: The Case of the Ethiopian Investment Commission," in Fantu Cheru, Christopher Cramer, and Arkebe Oqubay, eds., *The Oxford Handbook of the Ethiopian Economy*, New York: Oxford University Press, 2019, pp.858—872.

Tang, Shiping, "The Future of International Order(s)," *The Washington Quar-*

terly, Vol.41, No.4, 2018, pp.117—131.

Tarrosy, Istvan and Zoltán Vörös, "Revisiting Chinese Transportation Projects in Ethiopia," *The Diplomat*, January 26, 2019, https://thediplomat.com/2019/01/revisiting-chinese-transportation-projects-in-ethiopia/.

Tashakkori, Abbas and Charles Teddlie, *Mixed Methodology: Combining Qualitative and Quantitative Approaches*, Thousand Oaks: Sage, 1998.

Taylor, Charles L., ed., *Why Governments Grow: Measuring Public Sector Size*, Beverly Hills: Sage, 1983.

Taylor, Ian, *The Forum on China-Africa Coopoeration* (*FOCAC*), London: Routledge, 2011.

Teera, Joweria M. and John Hudson, "Tax Performance: A Comparative Study," *Journal of International Develooment*, Vol.16, No.6, 2004, pp.785—802.

Terpstra, Taco, *Trade in the Ancient Mediterranean: Private Order and Public Institutions*, Princeton: Princeton University Press, 2019.

Terzi, Alessio and Stefano Marcuzzi, "Are Multinationals Eclipsing Nation-States?" *Project Syndicate*, February 1, 2019.

Theodore H. Moran, *Beyond Sweatshops: Foreign Direct Investment and Globalization in Developing Countries*, Washington, DC: Brookings Institution Press, 2002.

Thies, Cameron G., "State Building, Interstate and Intrastate Rivalry: A Study of Post-Colonial Developing Country Extractive Efforts, 1975—2000," *International Studies Quarterly*, Vol.48, No.1, 2004, pp.53—72.

Thies, Cameron G., "The Political Economy of State Building in Sub-Saharan Africa," *Journal of Politics*, Vol.69, No.3, 2007, pp.716—731.

Thies, Cameron G., "War, Rivalry, and State Building in Latin America," *American Journal of Political Science*, Vol.49, No.3, 2005, pp.451—465.

Tian, Ye and Min Xia, "WTO, Credible Commitments, and China's Reform of State-owned Enterprises," *Economic and Political Studies*, Vol.5, No.2, 2017, pp.158—178.

Tilly, Charles, *Coercion, Capital and European States*, A.D. 990—1992, Cambridge: Basil Blackwell, 1990.

Tilly, Charles, ed., *The Formation of National State in Western Europe*, Princeton: Princeton University Press, 1975.

Tilly, Charles, "War Making and State Making as Organized Crime," in Peter B. Evans, Dietrich Rueschemeyer, and Theda Skocpol, eds., *Bringing the State Back In*, New York: Cambridge University Press, 1985, pp.169—191.

Titmuss, Richard Morris, *Problems of Social Policy*, London: Kraus, 1950.

Tomashevskiy, Andrey, "Capital Preferences: International Capital and Government Partisanship," *International Studies Quarterly*, Vol.59, No.4, 2015, pp.776—789.

Treier, Shawn and Simon Jackman, "Democracy as a Latent Variable,"

American Journal of Political Science, Vol.52, No.1, 2008, pp.201—217.

Tsebelis, George, *Veto Players: How Political Institutions Work*, Princeton: Princeton University Press, 2002.

UNCTAD, *The Least Developed Countries Report: The Least Developed Countries in the Post-COVID World: Learning from 50 Years of Experience*, New York: United Nations, 2021.

UNCTAD, *World Investment Report: Global Value-Chains: Investment and Trade for Development*, New York: United Nations, 2013.

UNCTAD, *World Investment Report: Special Economic Zone*, New York: United Nations, 2019.

UNCTAD, *World Investment Report: Transnational Corporations and Export Competitiveness*, New York: United Nations, 2002.

UNCTAD, *World Investment Report: Transnational Corporations and Export Competitiveness*. New York: United Nations, 2003.

UNCTAD, *World Investment Report: Trends and Determinants*, New York: United Nations, 1998.

United Nations, *South-south Cooperation in International Investment Arrangements*, New York: United Nations, 2006.

United Nations, *World Economic Situation and Prospects*, New York: United Nations, 2019.

Van Creveld, Martin, *The Rise and Decline of the State*, Cambridge: Cambridge University Press, 1999.

Vernon, Raymond, "International Investment and International Trade in the Product Cycle," *Quarterly Journal of Economics*, Vol.80, No.2, 1966, pp.190—207.

Vernon, Raymond, *Sovereignty at Bay: The Multinational Spread of U.S. Enterprises*, New York: Basic Books, 1971.

Vreeland, James Raymond, *The IMF and Economic Development*, New York: Cambridge University Press, 2003.

Vreeland, James Raymond, "Why Do Governments and the IMF Enter into Agreements? Statistically selected Cases," *International Political Science Review*, Vol.24, No.3, 2003, pp.321—343.

Vu, Tuong, "Studying the State through State Formation," *World Politics*, Vol.62, No.1, 2010, pp.148—175.

Wade, Robert, *Governing the Market: Economic Theory and the Role of Government in East Asian Industrialization*, Princeton: Princeton University Press, 1990.

Wallerstein, Immanuel, *The Modern World-System I*, New York: Academic Press, 1974.

Walter, Andrew and Gautam Sen, *Analyzing the Global Political Economy*, Princeton: Princeton University Press, 2009.

Waltz, Kenneth and James Fearon, "A Conversation with Kenneth Waltz," *Annual Review of Political Science*, Vol.15, No.1, 2012, pp.1—12.

Waltz, Kenneth N., *Theory of International Politics*, Reading: Addison-Wesley Publishing Company, 1979.

Wang, Erik H. and Yiqing Xu, "Awakening Leviathan: The Effect of Democracy on State Capacity," *Research and Politics*, Vol.5, No.2, 2018, pp.1—7.

Wang, Hongying, "The New Development Bank and the Asian Infrastructure Investment Bank: China's Ambiguous Approach to Global Financial Governance," *Development and Change*, Vol.50, No.1, 2019, pp.221—244.

Wang, Shaoguang and Angang Hu, *The Chinese Economy in Crisis: State Capacity and Tax Reform*, New York: Routledge, 2001.

Wang, Yuhua, *Tying the Autocrat's Hands: The Rise of the Rule of Law in China*, New York: Cambridge University Press, 2015.

Watkins, Frederick Mundell, *State as a Concept of Political Science*, New York and London: Harper and Brothers, 1934.

Way, Lucan A. and Steven Levitsky, "The Dynamics of Autocratic Coercion after the Cold War," *Communist and Post-Communist Studies*, Vol.39, No.3, 2006, pp.387—410.

Weber, Max, "VIII. Bureaucracy," in Hans H. Gerth and C. Wright Mills, eds., *From Max Weber: Essays in Sociology*, New York: Oxford University Press, 1946, pp.196—244.

Wei, Shang-Jin, "How Taxing is Corruption on International Investors?" *Review of Economics and Statistics*, Vol.82, No.1, 2000, pp.1—11.

Weiss, Linda A., *The Myth of the Powerless State*, Ithaca: Cornell University Press, 1998.

Weiss, Linda, ed., *State in the Global Economy: Bringing Domestic Institutions Back in*, New York: Cambridge University Press, 2013.

Wellhausen, Rachel L., *The Shield of Nationality: When Governments Break Contracts with Foreign Firms*, New York: Cambridge University Press, 2017.

Wheeler, Nicholas C., "The Noble Enterprise of State Building: Reconsidering the Rise and Fall of the Modern State in Prussia and Poland," *Comparative Politics*, Vol.44, No.1, 2011, pp.21—38.

Wibbel, Erik, "Seeing the State: Measuring State Capacity Across Geography," Working Paper, 2019, https://sites.duke.edu/statecapacity/files/2019/04/Wibbels-2019-Measuring-State-Capacity.pdf.

Williamson, Oliver E., "Comparative Economic Organization: The Analysis of Discrete Structural Alternatives," *Administrative Science Quarterly*, Vol.36, No.2, 1991, pp.269—296.

Wimmer, Andreas, *Nation Building: Why Some Countries Come Together*

While Others Fall Apart, Princeton: Princeton University Press, 2018.

Wise, Carol, *Dragonomics: How Latin America Is Maximizing (or Missing Out on) China's International Development Strategy*, New Haven: Yale University Press, 2020.

Wolf, Christina and Sam-Kee Cheng, "Chinese FDI in Angola and Ethiopia: Between Flying Geese and Resource Colonialism?" IDCEA Working Paper, No.2, 2018, https://www.soas.ac.uk/idcea/publications/working-papers/file139040.pdf.

Wolf, Christina and Sam-Kee Cheng, "Chinese Overseas Contracted Projects and Economic Diversification in Angola and Ethiopia 2000—2017," IDCEA Working Paper, No. 3, 2018, https://www.soas.ac.uk/idcea/publications/working-papers/file139041.pdf.

World Bank, *Chinese FDI in Ethiopia: A World Bank Survey*, New York: The World Bank, 2012.

Xinhua, "Chinese Firms Committed to Long Term Investments in Ethiopia," November 27, 2019, https://www.chinadaily.com.cn/a/201911/27/WS5dde3528a310cf3e3557a643.html.

Xinhua, "Growing Chinese Investment in Ethiopia Acknowledgment of Enduring Ties," January 28, 2020, http://www.china.org.cn/world/Off_the_Wire/2020-01/28/content_75654658.htm.

Young, Andrew T. and Estefania Lujan Padilla, "Foreign Aid and Recipient State Capacity," in Nabamita Dutta and Claudia R. Williamson, eds., *Lessons on Foreign Aid and Economic Development: Micro and Macro Perspectives*, Cham: Palgrave Macmillan, 2019, pp.169—186.

Young, Andrew T. and Kathleen M. Sheehan, "Foreign Aid, Institutional Quality, and Growth," *European Journal of Political Economy*, Vol. 36, 2014, pp.195—208.

Young, Joseph, Quan Li, Nathan Jensen, and Andrew Kerner, "What do We Mean by FDI," An *International Studies Quarterly* Online Symposium, July 7, 2017, https://www.dhnexon.net/wp-content/uploads/2020/05/ISQSymposiumKerner.pdf.

Zeger, Scott L., Kung-Yee Liang, and Paul S. Albert, "Models for Longitudinal Data: A Generalized Estimating Equation Approach," *Biometrics*, Vol. 44, No. 4, 1988, pp.1049—1060.

Zhang, Youyi, "Third-Party Market Cooperation under the Belt and Road Initiative: Progress, Challenges, and Recommendations," *China International Strategy Review*, Vol.1, No.2, 2019, pp.310—329.

Zhao, Dingxin, *The Confucian-Legalist State: A New Theory of Chinese History*, New York: Oxford University Press, 2015.

Zhu, Boliang, "MNCs, Rents, and Corruption: Evidence from China," *American Journal of Political Science*, Vol.61, No.1, 2017, pp.84—99.

Ziso，Edson，*A Post State-Centric Analysis of China-Africa Relations：Internationalisation of Chinese Capital and State-Society Relations in Ethiopia*，Cham：Palgrave Macmillan，2018.

Zorn，Christopher J. W.，"Generalized Estimating Equation Models for Correlated Data：A Review with Applications，" *American Journal of Political Science*，Vol.45，No.2，2001，pp.470—490.

319

后　记

经济全球化和国家权力是历久弥新的研究主题,同时也是我们所处时代极为重要的"约束条件"及"赋能因素"。外国直接投资和国家能力两大议题间的联系是我为本科三年级学年论文所选的主题,那也是我第一篇真正意义上的学术论文,当时的选题反映并塑造了我对国家理论的兴趣。在博士论文中,我的研究进路从"国内政治因素的国际经济效应"转移至"国际经济因素的国内政治效应",探讨了开放经济条件下的国家能力建设问题。在某种意义上,博士论文是对学术"初心"的一次复归,尽管两者的研究旨趣和变量关系迥然不同。本书正是在我的博士论文基础上修改而成的。草鞋无样,边打边像。虽然从正式落笔到初稿完成花费的时间不过月余,但文字背后的准备工作事实上早已开始,跨国资本与民族国家的互动一直占据着我既有研究工作的中心位置。

若从国际政治经济学学科史的一般分类来看,第一代国际政治经济学颇为正确地认识到了经济因素以及经济学方法对于解释国际政治现象的重要性;第二代国际政治经济学则意识到对国际经济现象和对外经济政策的研究同样需要纳入国内政治因素和政治学机制,第二代研究的重要标志便是关注经济全球化的国内政治基础。伴随着经济全球化的高歌猛进,这种被称为"开放经济的政治学"的范式转变(持拉卡托斯式科学进步观的人或许会更愿意将此称之为"问题转变")在约 20 年间带来了一系列令人眼前一亮的成果。但与此同时,这一领域可供摘取的"低垂果实"也在迅速变少。区别于上述两代国际政治经济学的研究,本书想要进一步展示的是,在全球化时代,国际经济因素需要并且能够在对国内政治现象的解释中占有一席之地。

如果按照以研究问题界定所属学科的传统,本书显得更贴近于比较政治学,但书中对跨国关系的强调或许让本书对国际政治经济学及其他国际问题研究者更有亲近感。在学科意义上，与其说我是希望比较政治学者更加关注跨国联系要素，倒不如说我更加热切地期待国际政治经济学和其他国际关系学者进入比较政治领域，推动一种更加整合的世界政治研究，以期更具创造性地结合相关学科资源来回答社会科学的重大问题、回应社会科学的重要理论。

"人之为学有难易乎？学之，则难者亦易矣。"正是得到师长和同侪们慷慨给予的学习机会，拙著才得以面世。首先我要感谢导师田野教授。从本科到研究生，田老师的学术兴趣、学术品格与学术追求都深刻影响了我。田老师屡屡提醒我们跨越学科藩篱的重要性，并且在其研究中身体力行。采用"颠倒的第二意向"这一研究路径，田老师对"国际制度与国家自主性""国际贸易与政体类型"等议题作出了开创性贡献。田老师十分支持我从国际政治经济学的视角研究那些通常被认为属于比较政治学的问题，并使我在领会国家主义相关理论的过程中受到很大教益。与田老师的每次交谈都让人如坐春风，他总是耐心地听取关于此项目所取得的进展，毫无保留地在研究设计、理论机制和实证方法等方面提供帮助。

我还要感谢戴维·莱克（David A. Lake）教授。初次见面时，我向莱克教授展示了这项研究计划尚不成熟的最早版本，他对该研究方向及其潜力的认可大大鼓励了我。之后在加州大学圣迭戈分校政治学系访学期间，莱克教授担任我的合作导师。我们定期会面，就书中的思路、框架和核心概念等进行讨论，这无疑极大促进了我对相关议题的积累。莱克教授的近著《国家建设者的困境》（The Statebuilder's Dilemma）从跨国联系视角对特定发展中国家的国家建设进行了出色的讨论。在交流中，他用该书中的逻辑类推为理解不同大国的对外投资提供了诸多启发性洞见。除此之外，莱克教授还慷慨地为这项研究提供了许多参考资料，同时引荐了其他从事相关研究的学者。在访学阶段，与弗朗西斯科·加菲亚斯（Francisco Garfias）、直井惠（Megumi Naoi）、阿古斯蒂娜·帕戈拉扬（Agustina S. Paglayan）的讨论为我从比较政治和比较政治经济学的视角理解后发国家的国家建设开阔了视野，使我更深切地体会到国家能力作为国家行为体的"一项投资"如何受到了国内政治经济因素的影响。许多关于"投资国家能力"背后所包含的动机和所面对的情境，是我很可能不通过他们就无法收获的认识。

感谢周强博士，他总是热情地与我讨论关于本项研究的任何问题，对书中理论模型的建构和拓展贡献了不可或缺的见解。感谢庞珣教授的鞭策，她在普林斯顿大学访学期间曾对本项目初步的理论机制提出了直率的批评意见，让我获益良多。韩冬临教授一如既往地在选题可行性、数据库建设、实证统计模型等方面提供了指导。杨光斌教授为我研读比较政治打下了重要基础，他对国家建设、国家能力和国家治理的研究与讲授激发了我的学术兴趣。王正毅教授从一开始就勉励我应当将探究跨国投资与民族国家的关系作为博士论文的主题，他对国际政治经济学、依附理论和政治地理学的开创性贡献为本书提供了丰富参照。

在本书酝酿阶段，保建云教授、李巍教授和韩彩珍教授在论文开题时提出了很多建设性意见。还有许多人在本书成形过程中贡献了智慧，他们包括卡莱斯·鲍什（Carles Boix）、曹峋、陈佳、冯一郎、黄琪轩、蒋俊彦、斯蒂芬·卡普兰（Stephen B. Kaplan）、李泉、李晓隽、爱德华·曼斯菲尔德（Edward Mansfield）、莉萨·马丁（Lisa Martin）、海伦·米尔纳（Helen Milner）、巴勃罗·平托（Pablo Pinto）、玛格丽特·罗伯茨（Margaret Roberts）、史为夷、宋亦明、孙忆、杨攻研、杨继东、张友谊、竺波亮。同时，清华大学张聪博士、北京大学李晨阳博士帮助搜求了本研究所亟需的文献书籍。

文稿完成后，宋新宁教授、王正毅教授、郑宇教授、谢韬教授、翟东升教授、曲博教授、徐秀军研究员、钟飞腾研究员、李巍教授、韩彩珍教授认真评阅了博士论文并给予进一步修改的宝贵建议。围绕外资结构中的来源国多元化维度，侯蕾副研究员对书中的理论模型和实证分析做出了详细评论，助使相关讨论更加严谨。唐世平教授对本书研究路径的鼓励、对研究设计的强调以及对青年学者的帮助都给我留下了深刻印象。书中部分内容曾在第十一届国际政治经济学论坛、中非智库论坛第十届会议、第七届"全球治理·东湖论坛"、复旦国际关系论坛、中国人民大学明德国关青年论坛、清华大学国际关系研究院等场合宣读，与会者和评论人提供了诸多中肯意见，在此一并致谢。

感谢中国人民大学拔尖创新人才培育资助计划、中国人民大学科学研究基金等科研项目以及教育部研究生奖学金、安子介国际贸易研究奖、中国人民大学吴玉章奖学金等在博士期间给予我的研究资助。感谢《世界经济与政治》、*International Relations of the Asia-Pacific* 等中英文期刊赐予的发表机会，编辑部和匿名审稿人的专业意见对于我的学术成长至关重要。

博士毕业后，我如愿进入中国社会科学院世界经济与政治研究所工作。中国社科院世经政所是国际问题研究的学术重镇，并拥有广泛的政策影响力，为开展国际政治与世界经济的交叉研究、基础理论与现实政策的协同研究、国际关系与区域国别的互促研究提供了优质平台。

本书能选入上海人民出版社久负盛名的"当代国际政治丛书"是我莫大的荣幸。出版过程中，感谢王正毅教授的热情推荐。上海人民出版社的范蔚文副社长在事务繁忙中抽空评阅了书稿，对其中所体现的学科意识予以了格外肯定，使我倍受鼓舞。史桢菁女士细致周到的编辑工作亦为本书的呈现增色不少。尽管如此，本书可能还是难免有一些由于著者能力和精力的不足而留下的遗憾。一是需要进一步阐述理论机制中外资来源国多元化、不同来源国资本特质的现实表现，并发展出更为形式化的理论模型；二是需要进一步深化对除非洲以外的其他地区发展中国家比较案例的过程追踪分析；三是需要对书中提出的辅助假说进行更为系统的探讨。当然也欢迎并期待有类似学术兴趣的同仁能在未来延续这些讨论。

"古人学问无遗力，少壮工夫老始成。"我深知，融入学术共同体并尽可能地作出一些贡献是一个持续的过程，需要一时的劲头更需要长久的耐力。要特别感谢妻子，尽管毕业后她并未从事学术工作，但她总是我最不倦怠的读者和倾听者。她一直是爱、支持与洞察力的源泉。感谢父母，他们用辛勤的工作为我求学提供支持，同时教会我理解、感激与乐观。感谢女儿，她的到来是我所能经历的最为美妙的事情之一，充满爱意地，我将本书献给她。

2022 年 11 月 15 日
于京西万泉河

图书在版编目(CIP)数据

投资国家能力:外国直接投资结构与发展中世界的
国家建设/陈兆源著.—上海:上海人民出版社,
2023
(当代国际政治丛书)
ISBN 978 - 7 - 208 - 18008 - 6

Ⅰ.①投… Ⅱ.①陈… Ⅲ.①外商直接投资-研究
Ⅳ.①F830.59

中国版本图书馆 CIP 数据核字(2022)第 201078 号

责任编辑 史桢菁
封扉设计 人马艺术设计 · 储平

当代国际政治丛书
投资国家能力:外国直接投资结构与发展中世界的国家建设
陈兆源 著

出 版 上海人民出版社
(201101 上海市闵行区号景路 159 弄 C 座)
发 行 上海人民出版社发行中心
印 刷 常熟市新骅印刷有限公司
开 本 720×1000 1/16
印 张 21.25
插 页 2
字 数 320,000
版 次 2023 年 1 月第 1 版
印 次 2023 年 1 月第 1 次印刷
ISBN 978 - 7 - 208 - 18008 - 6/F · 2784
定 价 85.00 元

当代国际政治丛书